中国社会科学院创新工程学术出版资助项目

宋前文獻引《春秋》研究

郜同麟◎著

中国社会科学出版社

圖書在版編目(CIP)數據

宋前文獻引《春秋》研究/郜同麟著. —北京：中國社會科學出版社，2015.4

ISBN 978－7－5161－6023－7

Ⅰ.①宋… Ⅱ.①郜… Ⅲ.①中國歷史—春秋時代—編年體 ②《春秋》—研究 Ⅳ.①K225.04

中國版本圖書館 CIP 數據核字(2015)第 080198 號

出 版 人　趙劍英
責任編輯　郭曉鴻
特約編輯　李　英
責任校對　朱妍潔
責任印製　戴　寬

出　　版　中国社会科学出版社
社　　址　北京鼓樓西大街甲 158 號
郵　　編　100720
網　　址　http://www.csspw.cn
發 行 部　010－84083685
門 市 部　010－84029450
經　　銷　新華書店及其他書店

印　　刷　北京君昇印刷有限公司
裝　　訂　廊坊市廣陽區廣增裝訂廠
版　　次　2015 年 4 月第 1 版
印　　次　2015 年 4 月第 1 次印刷

開　　本　710×1000　1/16
印　　張　26.5
插　　頁　2
字　　數　448 千字
定　　價　86.00 元

目　録

凡　例

一、現存的宋前文獻有數百種，前人又輯得宋前佚書百餘種，但多數文獻中提到《春秋》經傳的内容較少。本書用來輯録《春秋》引文的文獻主要爲第二章第一節中所述的五十餘種文獻，這五十餘種文獻中的《春秋》引文已佔宋前文獻中《春秋》引文的絶大多數，且在思想史、語言學和文獻學方面都有相當的代表性。另外，本書對其他文獻也稍有涉及。

二、爲節省篇幅，本書對常用的直接引文一般以上標的形式標注出處，上標第一項爲該文獻在文後所附《徵引文獻》中的序號，第二項爲頁碼；對於引用到部分觀點或間接引用的文獻以頁下注的形式注明。

三、本書所引用的《春秋》經傳注，在没有特殊説明的情况下，均引自中華書局影印阮元校刻《十三經注疏》。爲省繁冗，本書不再一一標注出處。

四、所引文獻如果存在訛誤情况，本書一般在訛字後以括號注出本字。如果有因書頁殘損造成的闕字，一般以“□”代替。

五、本書對部分引文的標點作了修改，與原文不盡相同。

六、本書對一些常見的文獻使用簡稱，主要有：

《左傳》杜預注——杜注

《公羊傳》何休注——何注

《穀梁傳》范甯注——范注

《十三經注疏校勘記》——《校勘記》

《七經孟子考文》——《考文》

《説文解字》——《説文》

《説文解字繫傳》——《繫傳》

段玉裁《説文解字注》——段注

《經典釋文》——《釋文》

《太平御覽》——《御覽》

慧琳《一切經音義》——《慧琳音義》

玄應《一切經音義》——《玄應音義》

第一章

概論

第一節 前人研究綜述

《春秋》經傳，包括《春秋》經和《春秋左氏傳》、《春秋公羊傳》、《春秋穀梁傳》，是極爲重要的儒家文獻。它們對中國的哲學、史學、文學、政治學、法學等諸方面都産生了深遠的影響。《春秋》經傳的研究著作可謂汗牛充棟，其中包括注譯、校勘、詞彙研究、語法研究、義例研究、義理闡發等多個方面。但對其他文獻引《春秋》經傳的研究却并不充分。《春秋》經傳作爲重要的儒家經典，歷代都被廣泛徵引，用以考史實、作論據、釋字義等。這些引文對于《春秋》經傳的研究也有重大意義。本書對這些關於《春秋》經傳的引文材料進行了系統整理，并在相關的文獻學、語言文字學和學術史方面做了一些初步研究。

清代漢學興盛，清儒們利用一切當時可以見到的材料來整理經書。清代關於《春秋》經傳的注疏，如惠棟《春秋左傳補注》、洪亮吉《春秋左傳詁》、劉文淇《春秋左氏傳舊注疏證》、陳立《公羊義疏》等都利用了一些關於《春秋》經傳的引文材料。惠書一般只是利用古書中的引文出注異文。洪亮吉全以古書中引到的《左傳》舊注及與《左傳》相關的内容爲説，除了用引文來注異文外，還用引文以釋經傳。劉文淇除了利用《校勘記》等前人已有的對《春秋》引文的研究外，還擴大了研究對象，利用了一些前人較少注意的文獻，如《通典》、《太平御覽》等書，用以校經、釋經。陳立蒐集了《漢書》、《春秋繁露》、《白虎通義》等漢代典籍引用《公羊傳》的内容，用以釋《公羊》大義，他對《春秋》經傳引文的利用已超出異文研究和經傳注釋的範圍，進入義理研究的領域了。但這些注疏的研究本體仍是《春秋》經傳，引文材料不過是研究工具而已。

清代的學術筆記，如徐文靖《管城碩記》、趙翼《陔餘叢考》、王引之《經義述聞》、邵晋涵《南江札記》、俞樾《群經平議》、于鬯《香草校書》等，也都利用了一些引文材料。這些書雖然精義頗多，但它們的目的仍是校勘、注釋經傳，而非研究引文本身。

清代專門做異文研究的，有陳樹華《春秋經傳集解考正》、萬希槐《十三經證異》和李富孫《春秋三傳異文釋》。這三部書都以校正經傳文字爲目的，蒐集文獻中引用《春秋》經傳的異文，以校勘經傳。三書中當以陳書爲最早，可惜并無刻本，現存有盧文弨抄本，《續修四庫全書》即據之影印。陳樹華在《凡例》中說："此書專訂譌字，定句讀，而音義之失亦間及之。"[14][頁16] 由此可見此書的旨趣。該書以版本校勘爲主，旁及引文異文，異文之下多有考證。該書最大的特點在於不僅輯録經傳異文，對其他文獻引《左傳》杜預注的異文也做了收集。阮元編《十三經注疏校勘記》，於《左傳》一經多取材於該書。

萬希槐書，據其兄萬三峯之序，"乙亥來歸，自宜取其書流覽至竟"云云，則該書於嘉慶乙亥，即嘉慶十九年（1815）已撰成。李富孫《春秋三傳異文釋》撰成於嘉慶十八年（1814），則兩書時代相當。不過萬書撰成後并没有馬上得到刻印流傳，至1923年方由湖北官書局以活字印成。該書例言曰："……不揣檮昧，摭拾群書，以昭同異。其字或通轉，或假借，或正字，或俗體，或古文，或今文，必求漢魏名儒之説，綴以所聞，更低一格，附於各條之後……《證異》引經語，上自周秦，下訖有唐。蓋唐以前藏書家皆寫本，其中文字異同皆有師授，讐校亦復精確。漢注唐疏及兩《漢書》注、《文選》注、《初學記》、《藝文類聚》、《太平御覽》所引可覆按也。自五代時，馮道作板本，宋初盛行，學者喜其書之易得，一以板本爲主，而寫本浸以亡佚，踵謬承訛，無從是正。正不特宋儒改易經文，顛倒次序，爲不可訓也。故是書一以唐爲斷限。"由此可見，萬希槐作此書的目的是羅列、考證經書的文字異同，方法是蒐集唐以前注疏、類書中的異文。該書徵引極爲繁富，但也存在一些問題。首先，該書大多只是羅列異文，多數條目没有考證或考證極簡略。其次，該書例言中雖號稱自注疏、類書無所不採，但實際上仍以經史注疏爲主，於諸子、類書中的材料利用較少，於經史注疏的材料也有不少遺漏。最後，該書爲数不多的考證也頗有可商之處，如《左傳·隱公元年》“贈死不及尸，弔生不及哀”，萬希槐曰：“‘不及尸’、‘不及哀’，《荀子》、《説苑》皆作‘不及柩尸’、‘不及悲哀’。古本當如此。”[127][卷41頁4B]實際上，《荀子》、《説苑》可能都是以當時口語化的雙音詞改《左傳》的單音詞，而非《左傳》本如此作。

清代做《春秋》經傳異文研究者，當以李富孫《春秋三傳異文釋》最爲詳贍，該書共十二卷，其中《左傳異文釋》十卷，《公羊傳異文釋》、《穀梁傳異文釋》各一卷。李氏在其自序中説：“三傳之文最爲錯雜，唐陸德明《經典釋文》廑采諸家之文字音切，而未盡會通其誼。兹就曌窟之餘，見經史傳注、諸子百氏所引，以及漢唐宋石經、宋元槧本，校其異同，或字有古今，或音近通假，或沿襲乖舛，悉據古誼而疏證之。而前儒之論説，竝爲蒐緝，使正其譌繆，辨其得失，折衷以求一是。學者讀之，而經傳之異文亦可無惑於紛紛之岐説矣。”[16][頁1]其自序雖説涉及了“宋元槧本”，但實際上仍以引書異文爲主，版本不過偶一引用而已。該書雖然引書繁富，考證精詳，但也有一些問題。首先，該書對於多數異文僅考察異文之間的關係，而没有注意到異文所在的上下文環境。如《左傳·隱公元年》“共叔段”，李富孫曰：“《潛夫論·志氏姓》作‘恭’。案《詩·韓奕》箋云：‘古之恭字或作共。’是共爲古借字。”[16][頁2]“恭”、“共”古通，這自然是對的，但它們僅是在“恭敬”的意義上互通，而“共叔段”是由段出奔共而得名，“共”爲地名。作爲地名的“共”是否還可寫作“恭”可能還是有疑問的。汪繼培注《潛夫論》曰：“隱元年《左傳》‘共叔段’……疏云：‘賈、服以共爲謚。’此作恭叔，義與賈、服同。”[117][頁450]汪氏考證出《潛夫論》作“恭”的原因，自然比李富孫高明得多。其次，李富孫有過信異文的傾向，於異文多言“通”。如《左傳·隱公三年》“又取成周之禾”，李富孫曰：“《詩·兔罝（引者按：罝當作爰)》疏引作‘之粟’。案，禾以連稾本而言，粟，穀實也。時值秋獲，當取其禾，言粟，亦可通。”[16][頁5]按：杜預注曰：“秋，今之夏也。麥、禾皆未熟，言取者，蓋芟踐之。”清代以來，學者們雖已普遍認爲《左傳》傳文多用夏正，但漢唐學者們恐怕還没有這種認識，孔穎達也不太可能以粟解禾，《毛詩正義》此文恐有訛誤。再次，李富孫收集的《春秋》經傳異文仍然很不全面。於類書多隨意引用，而不是全面調查；於經史注疏中引到的異文也遺漏頗多。

清代還有些學者對專書的引經做過研究，其中以《説文解字》引經研究最多，有吴玉搢《説文引經考》、邵瑛《説文解字群經正字》、程際盛《説文引經考》、吴雲蒸《説文引經異字》、承培元《説文引經證例》、高翔麟《説文經典異字釋》、柳榮宗《説文引經考異》、雷浚《説文引經例辨》、陳瑑《説文引經考證》、楊廷端《説文經斟》等。其他作專書引經研究的，還有繆祐孫《漢書引經異文録證》、皮錫瑞《漢碑引經考》。這些都對各書中的《春秋》經傳引文作了一些研究，主要以輯録和考證異文爲主。

近代以來出現了不少關於《春秋》經傳的注釋、校勘的著作。王叔岷《左傳考校》對阮元《校勘記》、王引之《經義述聞》等多有補正，所依據的材料除金澤文庫本、敦煌卷子本《左傳》外，即以王氏蒐集的古書中引用《左傳》的異文爲主。楊伯峻《春秋左傳注》也頗有利用文獻中關於《左傳》的引文來校勘、注釋之處。吴静安《春秋左氏傳舊注疏證續》繼承了劉文淇《春秋左氏傳舊注疏證》的方法，對於文獻中引用《左傳》的佚注、佚説做了一些收集整理。南京師範大學蘇芃的碩士學位論文《讀〈左〉賸録》① 採用傳統的札記式的寫作方法，對《文選》李善注、《原本玉篇殘卷》中引《左傳》的内容進行了一些研究。

近代以來的學者更有專就文獻中《春秋》經傳引文進行研究者。劉師培嘗擬作《〈史記〉述〈左傳〉考》，現僅於《左盦集》中存其《自序》，《自序》稱："師培治《左氏》久，因依傳文之序，取《史記》述傳文者，條比其文，排次衆説，成《〈史記〉述〈左傳〉考》若干卷，以存西漢古文之説。"[97][頁1219]可見劉氏作此書的目的，是存《左傳》古説，與清代僅研究異文者已不同。繼起者有劉正浩《太史公左氏春秋義述》、《周秦諸子述左傳考》、《兩漢諸子述左傳考》。其中《太史公左氏春秋義述》一書筆者未見。劉氏於《周秦諸子述左傳考·自序》中稱："《左傳》爲春秋信史，絶無可疑；在其刊布之前，飽學之士，或親睹史策，或飽飫舊聞，奚異乎攬誦左氏之新編也？今旁搜遠紹，集《論語》以下諸子而述之，蓋亦前修所謂‘子可證經’之餘緒，焉得謂之誣也。雖然，諸子之説古也，非無所事：或取前賢一言，演爲一説；或援古代一事，證成一誼；是則本

① 蘇芃：《讀〈左〉賸録》，南京師範大學碩士學位論文，2007 年。

編採輯諸子述傳文者二百餘條，即是諸子有二百餘誼本諸春秋卿大夫之言行矣。兹編約略言之，佗日余當審爲董理，以證《左傳》爲百家思想之淵海也。”[195][序頁5]可見劉正浩此三書的目的也都是證《左傳》經義，存《左傳》古説。

近年來，對專書引書進行研究的論著較多，與《春秋》經傳有關的，如葉程義《禮記正義引書考》①、周玲《宋本〈玉篇〉引十三經注疏異文整理》②、楊思範《慧琳音義引經研究》③、李玲玲《初學記引經研究》④、郜同麟《〈春秋左傳正義〉引經研究》⑤、鄭穎《〈白虎通〉引經釋例》⑥等。這些論著一般都以異文研究爲主，旁及一些引書體例和輯佚方面的研究。另外，龍文玲《〈鹽鐵論〉引書用書蠡測》⑦對《鹽鐵論》引書所涉及的一些學術文化及文學問題進行了分析，與上述論著的研究角度稍有不同。

日本也有個别學者對文獻引《春秋》經傳的問題進行過一些研究，如藤川熊一郎《韓非子所傳春秋經考》⑧對《韓非子》所引《春秋》説的性質、特點和系統做了研究，并分條做了考證；吉本道雅《史記述春秋經傳小考》⑨對《史記》引《春秋》經傳的特點做了一些研究，并對《史記》引《春秋》經傳的條目做了輯録。

以上所引述到的各家著作，總體上看有兩個特點：一、以異文研究爲主，旁及《春秋》義理和學術文化史的研究；二、以《春秋》經傳爲研究本體，研究的目的是證經、校經。

第二節　研究對象和研究意義

本書上節中已指出，前人對《春秋》經傳引文的研究大多以《春秋》

---

① 葉程義：《禮記正義引書考》，（臺北）義聲出版社 1981 年版。

② 周玲：《宋本〈玉篇〉引十三經注疏異文整理》，華東師範大學碩士學位論文，2007 年。

③ 楊思範：《慧琳音義引經研究》，蘇州大學博士學位論文，2008 年。

④ 李玲玲：《初學記引經研究》，浙江大學博士學位論文，2009 年。

⑤ 郜同麟：《〈春秋左傳正義〉引經研究》，浙江大學碩士學位論文，2008 年。

⑥ 鄭穎：《〈白虎通〉引經釋例》，浙江大學碩士學位論文，2009 年。

⑦ 龍文玲：《〈鹽鐵論〉引書用書蠡測》，見《中國典籍與文化》2010 年第 1 期。

⑧ 藤川熊一郎：《韓非子所傳春秋經考》，分載於《東洋文化》1935 年第一百二十六號、1936 年第一百二十七號和 1936 年第一百二十八號。

⑨ 吉本道雅：《史記述春秋經傳小考》，載《史林》第 71 卷第 6 號。

經傳爲研究本體，而引文本身的意義却少有人關注。由於儒學是古代中國社會的意識形態，關係着中國古代士人的信仰，所以清儒對《春秋》經傳的研究有維護經書純潔性的目的，用來校勘的《春秋》經傳引文自然只是經書的維護工具而已。但近代以來，儒學逐步退出意識形態領域，《春秋》經傳也不再有之前的神聖性，以前作爲工具的《春秋》經傳引文本身也可以成爲研究對象。本書即以這些引文作爲研究對象，探討其中所體現出的文獻學規律、學術思想嬗變和語言文字變遷。

本書研究的第一步便是對文獻中引用《春秋》經傳内容的蒐輯。如上節所引萬希槐《十三經證異》的例言中所説，宋代雕版印刷術的發展使古書版本趨於固定，因此宋以後文獻中引文的文獻學、語言學價值相對較小。故而本書以宋爲斷限，對之前文獻中的《春秋》三傳引文進行全面整理研究。另外，宋初所編的幾部書，如《太平御覽》、《論語注疏》、《爾雅注疏》等皆前有所承，其主體仍爲宋代之前的文獻，故而本書也將其列入研究範圍。本書的研究对象主要包括：

1. 古注疏

古注疏中引用《春秋》經傳的條目極多。古代經師歷來重視溝通各經之間的關係，所以在疏釋一經時往往遍引群經，其中也大量引用《春秋》經傳。《春秋》經傳作爲與歷史有關的經典，也經常作爲典故被文學、史學作品徵引，這些作品的注疏在注明出典時也會大量引用《春秋》經傳的原文。另外，《春秋》經傳中所包含的名物、史地等方面的材料極爲豐富，注家也往往引用《春秋》經傳的内容作爲佐證。

2. 類書

類書作爲引文的淵藪，《春秋》經傳中的語句同樣也被大量引用，這些引文往往具有很大的校勘價值。范希曾《書目答問補正》即稱："古類書不特所引佚文足資考證，即見存諸書，亦可訂正文字異同。"[132][頁189]類書中所引《春秋》經傳的内容也有訂補今本的價值，清人對此已做了大量的研究。另外，類書引書多有改動，這些改動在語言研究上也有不可低估的價值。

3. 小學類

古代字書、韵書、音義等小學類書除列出字音、字義外，還往往引書以作例證，其中所引《春秋》經傳的内容也有不少。這些材料既有助於校勘，其所釋字義又對《春秋》經傳的解讀有一定幫助。但需注意的是，小學類書經常以所釋字破讀引文。

4. 諸子

諸子中直接引用《春秋》經傳的內容不是太多，但多引春秋史實，其中多有可與《春秋》經傳對勘者。諸子對春秋歷史的評價同樣可以作爲研究早期《春秋》學的重要資料。另外，諸子中的個别語句也與《春秋》經傳有相近之處，可相對勘。

5. 史傳

史傳所引《春秋》經傳主要集中在詔令、奏諫及贊語中，其數量并不是太多，但對了解各個時期普通知識分子對於《春秋》的理解有重大的價值。

6. 其他

除前面所舉的幾類書外，其他一些文獻，如《開元占經》等卜筮書，《唐律疏議》等法律文獻中都引用《春秋》經傳以作證明或依據。這些文獻的引文同樣有着相當的校勘學、語言學和學術史方面的意義。

本書的研究意義主要在文獻學、學術思想史和語言文字學三個方面。

1. 文獻學

《春秋》引文研究在文獻學方面的意義，首先在引書體例的總結上。歷來研究引文的學者都注重引書體例的研究，如王引之、俞樾等都有零星的總結，但這種總結都不成系統，也很不全面。所以仍有許多古籍整理者、研究者因不知古書的引書體例而誤（具體例證詳見本書第二章第二節）。本書則整理出比較全面的文獻引用《春秋》經傳注的體例，對古籍整理有一定的幫助。

其次，本書還總結了一些古籍校勘的一般方法。當前學術界已有不少關於校勘學的理論著作，但這些著作中所提出的校勘方法大多是由傳統的經史校勘中總結出來的，并不能完全適應普通古籍的校勘。本書所涉及的部分研究對象，如《太平御覽》、《原本玉篇殘卷》等，都屬於校勘質量比較差的古籍。利用對這些古籍中《春秋》引文的校勘，可以總結出一些普通古籍的失誤原因，這對一般古籍的整理工作有一定的借鑒意義。

最後，《春秋》經傳雖經過歷代學者的校勘，其中仍有部分問題没有解决。通過對文獻中《春秋》經傳引文的研究，可以校正今本《春秋》經傳中的多處訛誤，并提供一些不見於《經典釋文》、《春秋正義》等書中的《春秋》經傳異文。另外，歷代校勘家所關注的主要是《春秋》經傳的校勘，不太重視各傳的古注。通過對《春秋》注引文的研究，也可以爲三傳之注提供一些校勘意見。

另外，不少文獻近年來都有整理本、精校本出版，但這些文獻中的引文標點、校勘都還有不少問題。將這些文獻中關於《春秋》經傳注的引文與今本校勘，也可以改善這些文獻的整理質量。

2. 學術文化史

傳統對於《春秋》學史的研究主要集中於一些《春秋》學著作的解讀，但一些重要的《春秋》學家的著作現已亡佚不存，對他們的相關研究也就相對缺乏，而他們著作中引述《春秋》的相關內容也就顯得彌足珍貴。如劉歆作爲《左傳》學的一位大師，其著作今已不見，而《漢書·律曆志》、《漢書·五行志》中就保留了一些劉歆的《春秋》學説，這正是研究劉歆《春秋》學的重要材料。

傳統《春秋》學對於《春秋》學自身發展脈絡、《春秋》學與其他學術的相互關係都少有研究。通過文獻中保留的零星的《春秋》學材料，正可以勾勒出《春秋》學的發展軌迹。

前人對"《春秋》大義"的研究，一般都以《公羊傳》爲本體，以研究"《春秋》大義"的具體含義爲目的，對於歷代如何運用"《春秋》大義"則少有措意。通過對文獻中關於《春秋》經傳內容的考察，也可以看出歷代學者、政治家對"《春秋》大義"的具體使用情況。

另外，《春秋》學史不僅僅是《春秋》學家的《春秋》學史。作爲"六經"之一的《春秋》對普通知識分子乃至普通人的思想及生活也產生了深遠的影響。如敦煌寫本伯 3813 號背《判文》："長安婦女阿劉新婦趙產子，劉往看，未到，聞啼聲，乃却回，'此豺狼之聲，若不死，必滅吾族'。趙聞之，遂不舉。鄰人告言，勘當得實。尉判趙當罪，丞斷歸罪於劉，縣令判劉、趙俱免。三見不定，更請覆斷。"這是敦煌一件普通的法律文書，其中所記録的事件與《左傳》中越椒、楊食我出生之事如出一轍，由此可見三傳對普通民衆影響之大。學術界對這方面的研究明顯不足。

3. 語言文字學

古人在引用文獻時，往往采用同義詞替换、語句整體改造、節引、意引等方式改造原文，這對常用詞、語法演變的研究有一定意義。另外，通過對古人引書時所更换的同義詞、引文上下語境、引書者對引文的解釋等方面的研究，可以看出當時訓詁學的發展，還可對三傳中一些較難解釋的字句給出比較合理的解釋。再者，古人引書中一些因形近而誤的異文也可以爲文字演變的研究提供一些材料，對古籍中與《左傳》相關的人名、地名異文的音韵分析也可以爲音韵學研究提供資料。

第二章

宋前文獻引《春秋》綜合研究

第一節　相關文獻叙録

本節列出了本書用來收集《春秋》引文的主要文獻，并對各書與《春秋》經傳的關係及各書中引用《春秋》經傳注的大致情况做了簡單的介紹。

《尚書正義》，舊題漢孔安國傳，唐孔穎達疏。

《尚書》僞孔傳晚出，其注釋體例與鄭玄等漢代注家不同。故雖《尚書》内容多與《春秋》相合，但僞孔傳中并未有稱引《春秋》經傳之處。《尚書正義》爲唐初孔穎達主編的《五經正義》之一。《尚書正義·序》稱先代《尚書》疏“惟劉焯、劉炫最爲詳雅”[128][頁110]，則此書蓋據二劉之書而作。該書與各經注疏體例相近，都引證詳博，共引《春秋》經傳三百餘條，但異文不多。本書所用《十三經注疏》皆以中華書局影印阮元校刻《十三經注疏》爲主，并參考了《十三經注疏校勘記》的校勘成果。

《毛詩正義》，漢毛亨傳，漢鄭玄箋，唐孔穎達疏。

《詩經》中部分篇目作於春秋時期，其小序多有可與《左傳》對照之處。《左傳》中引《詩》較多，間或對《詩》義進行闡發。《詩》毛傳可能吸收了部分《左傳》中的《詩經》釋義（如《小雅·皇皇者華》毛傳與《左傳·襄公四年》部分文字相近），而《左傳》杜預注也引用了一些毛傳的内容，這些都可以用來校勘。如《左傳·昭公二十三年》杜預注“殳長而無刃”，《詩經·衛風·伯兮》傳作“殳長丈二而無刃”[128][頁527]，與宋本

《左傳》杜注同，可補今本《左傳》注之誤。鄭玄箋《詩》，除了直接引用《春秋》經傳之外，也化用了一些《春秋》經義。這都可以用來研究漢代的《春秋》學。《毛詩正義》於諸經疏中卷帙最多，引書也最爲繁富，引《春秋》經傳一千餘條，其中不少保存了經書古本原貌。如《左傳·桓公六年》"書曰'寔來'，不復其國也"，《詩經·大雅·韓奕》疏引，"寔"作"實"[128][頁573]，錢大昕即以爲當是服虔本原貌[126][頁43]。有些引文則可以校正今本，如《左傳·僖公四年》"雖衆，無所用之"，《詩經·商頌·殷武》疏引作"雖君之衆"[128][頁627]，與《周禮注疏》、《文選》注、《太平御覽》等同，當爲《左傳》原貌。另外，《毛詩正義》中還保存了不少《左傳》賈逵注、服虔注等古注，歷代輯佚家多據之輯録。

《韓詩外傳》，漢韓嬰撰。

《韓詩外傳》爲漢代今文韓詩學派創始人韓嬰爲解釋《詩》義而作的一部書。依《漢書·藝文志》所説，該書"或取《春秋》，采雜説，咸非其本義"[67][頁1708]。該書直接解釋《詩》義的内容并不多，大多是採先秦歷史故事以闡發經義，其中也有部分内容與《春秋》經傳相近。據《史記·儒林傳》，韓嬰"孝文帝時爲博士，景帝時爲常山王太傅"[130][頁3124]，則此書之作亦在文景之際。而據戴宏説，《公羊傳》在景帝時方由公羊壽與胡毋子都著於竹帛①。那麼《韓詩外傳》的成書年代與《公羊傳》相近，而兩書中有幾處内容幾乎完全相同。這恐怕不是因爲某書襲用了另一書，而是兩書參考了同一種材料。這説明《公羊傳》在寫定時也參考了其他關於春秋時期歷史的著作。同樣，《韓詩外傳》中也有部分内容與《穀梁傳》非常相近。該書雖也有些内容與《左傳》相關，但遠没有像和二傳那樣相近的内容。這恐怕是因爲今古文學派在形成之初就有分野存在，兩派之間的關注點就不相同。《韓詩外傳》與二傳相近的内容也有校勘的價值，如俞樾曾據該書校《公羊傳·莊公十二年》"爾虜焉故"之"故"爲"知"[119][頁371]。本書的通行本有許維遹《韓詩外傳校釋》和屈守元《韓詩外傳箋疏》，本書以屈本爲主，并參考了許本。

《周禮注疏》，漢鄭玄注，唐賈公彦疏。

《周禮》本質上是一部政書，所以《春秋》經傳中的歷史記載有許多可與之對照的内容。因此，無論鄭衆、鄭玄還是賈公彦，都大量地引用

① 見《公羊傳·序》徐疏引。

《春秋》經傳的内容來注解《周禮》。由於二鄭在漢代得見古文經，其引文往往反映古文《春秋》經傳的原貌。如《周禮·小宗伯》鄭司農注曰："古文《春秋經》'公即位'爲'公即立'。"[128][頁766]即與今見申簋、頌壺等青銅器銘文相合①。

據《禮記正義·序》，賈公彦曾參撰《禮記正義》，可知賈氏爲當時禮學專家。《周禮注疏》引書賅博，朱熹稱其爲五經疏中最好，亦非虛譽。由於《周禮注疏》爲賈公彦私撰，因此没有《五經正義》那樣濃的官方色彩。表現在引書方面，首先此書所引《左傳》注多非杜預注，雖然大多并未標明注者，但無疑是唐以前的古注。這對輯録《左傳》舊説，探尋古代《春秋》學説都有很大的價值。其次，該書的引書體例與《五經正義》也略有不同，如引《左傳》每稱"左氏某公傳"，這在其他書中很罕見。另外，《周禮注疏》所引經書也多與定本不同，如《左傳·桓公六年》"季梁"，《周禮·太宰》疏引作"季良"[128][頁648]，與《漢書·古今人表》[67][頁906]及《文選》李善注同，當爲《左傳》古本。據《周禮注疏》也可校正許多今本《春秋》經傳的訛誤，如《左傳·僖公元年》"夏，邢遷于夷儀"，《周禮·大宗伯》疏引，"夏"下有"六月"[128][頁759]，與金澤文庫本同，當爲《左傳》原貌。

《儀禮注疏》，漢鄭玄注，唐賈公彦疏。

由於《儀禮》的性質，《儀禮注疏》引書不多，引《春秋》經傳二百餘條。但鄭玄注引書中的古字、賈公彦疏中的異文都不容輕忽。《左傳·哀公十二年》"若可尋也"，《儀禮·有司徹》鄭玄注引，"尋"作"燖"[128][頁1206]，可能是漢代古文。《左傳·僖公九年》"無下拜"，《儀禮·覲禮》疏引，"無"作"毋"[128][頁1092]，可能是受了漢代"無"多作"毋"的影響。

《禮記正義》，漢鄭玄注，唐孔穎達疏。

作爲一部先秦至漢初儒家論文合集，《禮記》中有許多内容與《春秋》經傳相近，如《檀弓》中的歷史故事，《王制》、《郊特牲》等篇中記載的祭祀制度，都可以用來與《春秋》經傳作對比。《禮記》鄭玄注中也引用不少《春秋》經傳的内容，這可以用來考察鄭玄的《春秋》學，徐孝寔《春秋左氏傳鄭箋輯述》② 對此已做了不少工作。而《禮記正義》中

① 可參《金文大字典》，第3230—3237頁。

② 徐孝寔：《春秋左氏傳鄭箋輯述》，見《文史》第八輯。

關於《春秋》經傳的八百餘條引文也有不小的校勘價值，如《左傳・僖公二十八年》“賜之大輅之服，戎輅之服”，《禮記・曲禮上》疏[128][頁1233]引，“輅”皆作“路”，即存古字。葉程義有《禮記正義引書考》，涉及了一些《禮記正義》引《春秋》經傳注的内容。

《春秋左傳正義》，晋杜預注，唐孔穎達疏。

《左傳正義》對《春秋》經傳同樣有校勘價值，其中保存了一些《左傳》異文。另外，該書對《公羊》、《穀梁》二傳的引文也可以用來校勘今本。如《公羊傳・僖公二十六年》“乞師者何？卑辭也”，《左傳・僖公二十六年》疏引，無“師”字[128][頁1821]，與唐石經、公使庫本、鄂本、余本《公羊傳》合。另外，《左傳正義》中的本證也可以用來校勘《左傳》本身。郜同麟有《〈春秋左傳正義〉引經研究》，涉及一部分《左傳正義》引用《春秋》經傳的情況。

《春秋公羊傳注疏》，漢何休注，舊題唐徐彦疏。

何休鄙薄古學，有《左氏膏肓》、《穀梁廢疾》之作，可見其對《左傳》、《穀梁傳》的偏見。雖然《公羊傳》何休注中没明引到《左傳》和《穀梁傳》，但其中却也有一些暗用《左氏》學的地方，如隱公三年注“禮，天子七月而葬，同軌畢至……士逾月，外姻至”，即暗用《左傳・隱公元年》説。《公羊傳》徐彦疏自錢大昕、潘重規以後，已確定爲北朝作品，是現存唯一完整的北朝經疏，故而價值極大。但作者門户之見較大，極少引用《左傳》、《穀梁傳》説。不過其中引用了不少早期《公羊》家説，可用以研究早期學術，尤其是北朝《春秋》學的情況。

《春秋穀梁傳注疏》，晋范甯集解，唐楊士勛疏。

范甯注號稱“集解”，其中不僅引用了《穀梁》學先師的見解，還引用了一些《左傳》及《公羊傳》的内容。楊士勛曾參與《左傳正義》的修撰，對於《左傳》相當熟悉。《穀梁傳注疏》也引用了一些《左傳》、《公羊傳》的内容，不過該書部頭較小，引用數量較少，校勘價值也不大。

《論語義疏》，晋何晏集解，南朝梁皇侃疏。

《論語義疏》是現存可以確定時代的最早經疏，其體例與後來的《五經正義》有很大的不同。如引《左傳》，每在引文後注明“事在《春秋》某年”，有時還以夾行注注明卷數。與《五經正義》的另一重要不同是，《論語義疏》以義理闡述爲主，引書較少，全書僅引《春秋》經傳二十三條。

《論語注疏》，晉何晏集解，宋邢昺疏。

《論語》、《孝經》、《爾雅》三經注疏爲宋初邢昺所編，但這三部書皆前有所本，如《論語注疏》就沿襲了不少皇侃《論語義疏》的内容，所以其校勘價值在同時代其他文獻之上。《論語注疏》中也確實有不少可校勘今本的内容，如《論語·先進》疏引《左傳·桓公五年》杜預注有“雩之言遠也”[128][頁2501]一句，爲今本所無；又如《左傳·宣公四年》“邧子田，見之，懼而歸，以告”，《論語·公冶長》疏引，“以告”上有“夫人”二字[128][頁2475]，與唐石經及宋本同。另外，《論語注疏》中還引用了不少《春秋》經傳佚注，爲前代輯佚家所忽視。

《孝經注疏》，唐李隆基注，宋邢昺疏。

《孝經注疏》字數較少，引書也不多，引《春秋》經傳不足三十條，但也有部分條目有校勘價值。如《左傳·襄公七年》：“《詩》曰：‘退食自公，委蛇委蛇。’”杜預注：“言人臣自公門入私門，無不順禮。”《孝經·事君》疏引，杜注“公門”下多“而退”二字[128][頁2560]，與《詩》義更爲切合，可能更接近於杜預注原貌。

《爾雅注疏》，晉郭璞注，宋邢昺疏。

《爾雅》郭璞注中引用了一些《春秋》經傳的内容作爲《爾雅》釋義的書證，但有些解釋與通行《春秋》經傳注本的釋義不同，如《爾雅·釋詁下》“俶，作也”，郭璞注引《公羊傳》“俶甚也”釋之，但《公羊傳》何休注作“俶，始怒也”。這種不同表現出晉代經學家對《春秋》經傳理解的變化。邢昺疏則補充了郭注的書證。但郭注、邢疏都往往以假借字、本字改經字，雖然不可據之校勘，但也提供了經書的本字，有利於對經傳更好地闡釋。

《説文解字》，漢許慎撰。

《説文解字》在對文字釋義析形的同時，也引用了一些書證，其中就有不少《春秋》經傳的内容。該書所用皆漢代古經，故多與今本不同，這些異文雖有可校正今本之處，但大多是由通假、異體字，甚至文字譌誤造成的。清到近代在《説文》引經研究方面的成果較多，有吳玉搢《説文引經考》、邵瑛《説文解字群經正字》、程際盛《説文引經考》、吳雲蒸《説文引經異字》、承培元《説文引經證例》、高翔麟《説文經典異字釋》、柳榮宗《説文引經考異》、雷浚《説文引經例辨》、陳瑑《説文引經考證》、楊廷端《説文經斠》、馬宗霍《説文解字引經考》等。

《説文解字繫傳》，南唐徐鍇注。

《説文繫傳》引書較多，引《春秋》經傳五百餘條，多數是爲《説文》的釋義提供書證。其中多以假借字、本字改經，甚至有些臆改的情況。但部分異文也有校勘價值，如《左傳・隱公五年》杜預注“東平剛父縣西南有郕鄉”，《説文繫傳》卷十二引，無“父”字[135][頁131]，與《後漢書・郡國志》合，當爲杜注原貌。

《原本玉篇殘卷》，南朝梁顧野王撰。

《玉篇》本梁顧野王撰，但今傳本《玉篇》經唐孫強增加字，宋陳彭年修訂，已遠非舊觀。清末黎庶昌、羅振玉先後在日本發現了少量原本《玉篇》寫本殘卷，使今日可復睹《玉篇》原貌。原本《玉篇》書證非常豐富，其中就引用了不少《春秋》經傳的内容，其中一些很有價值。如《左傳・昭公四年》“旦而召其徒”，原本《玉篇》“占”下引，“召”作“占”，正是《左傳》原貌①。另外，該書又引用了不少《春秋》經傳古注，如《公羊傳》劉兆注、《穀梁傳》劉兆注等，可資輯佚之用。由於《原本玉篇殘卷》爲抄本，其中多有俗譌體，更有不少内容因傳抄而致誤。如“訒”字下引《公羊傳》“吾爲子口隱”作“口”，猶與今傳本《公羊傳》合；而“隊”字下引《左傳》“右拔戟，以成一隊”竟作“墜”，則定爲傳抄之誤了。胡吉宣《〈玉篇〉引書考異》及蘇芃《讀〈左〉脞録》用原本《玉篇》校正了一些《春秋》經傳中的問題。

《玉篇》，南朝梁顧野王撰，唐孫强增加字，宋陳彭年修訂。

經過歷次修訂的《玉篇》已非顧書原貌，該書釋義較粗疏，書證也極少。但在這極少的書證中也有一些是《春秋》經傳的内容，部分也保留了一些《春秋》經傳的古貌。如《左傳・哀公二十六年》“掘褚師定子之墓”，《玉篇》“搰”下引，“掘”作“搰”[147][頁119]，可能齊梁間《左傳》之本如此作；《左傳・襄公六年》“堙之環城”，《玉篇》引“堙”作“垔”[147][頁27]，正保留了古字原貌。本書所用《玉篇》爲中國書店影印張氏澤存堂本《宋本玉篇》。周玲有《宋本〈玉篇〉引十三經注疏異文整理》。

《經典釋文》，唐陸德明撰。

陸德明《經典釋文》除了對各書的字詞注音釋義外，還保留了大量的

---

① 參胡吉宣《〈玉篇〉引書考異》，《中華文史論叢》增刊《語言文字研究專輯》（上），第101頁；蘇芃《讀〈左〉脞録》，第24頁。

異文，并引用了一些古注。該書中所保留的異讀也透露出了當時經書的異文情況。這無論對於校勘，還是對於探索經書古本之貌，都是大有裨益的。另外，陸德明在對其他書所作的音、訓中也引用了一些《春秋》經傳的内容，同樣有着一定的校勘價值。本書所用《經典釋文》爲中華書局影印通志堂本，并參考了黄焯所編《經典釋文彙校》和上海古籍出版社影印宋元遞修本《經典釋文》。

《一切經音義》，唐釋玄應撰。

《一切經音義》爲貞觀年間釋玄應所編，全書爲佛教二百四十餘部經律論注音訓釋，共成二十五卷。該書“注釋訓解，援引群籍，證據卓明，奂然可領”[166][頁1]，引用文獻非常豐富。但該書以引用小學類書爲主，引《春秋》經傳注僅百餘條。但這些引文價值却非常大，有些可以提供經傳異文，以見經傳古本之貌，如卷十六引《左傳·隱公六年》“猶懼不蔇”，“蔇”作“暨”；有些可補歷代輯佚之闕，如卷一所引《左傳·隱公元年》服虔注“滋，益也；蔓，延也”，即爲諸輯佚家所未見；有些則可以提供經傳異訓，如卷五引《左傳·莊公三十二年》“犖有力焉”，而以“犖”爲形容詞“卓犖”義。該書雖然中土有傳本，學者也間或使用，但其中可研究之處仍有不少。該書主要有兩個版本系統，一爲宋元明藏本，清莊炘刊本即據此本刊行，而《叢書集成》初編有影印本；一爲高麗藏本，日本弘教書院有排印本，臺灣中央研究院歷史語言研究所曾據弘教書院本影印，并有周法高所編索引。周法高説：“余嘗以弘教書院排印之高麗藏本與莊本對校一部分，知高麗藏本實優於宋元明藏本。”① 因此本書以史語所影印本爲底本，并參考了《叢書集成》初編影印《海山仙館叢書》本。

《一切經音義》，唐釋慧琳撰。

由於玄應《一切經音義》存在不少疏漏，慧琳又在《玄應音義》的基礎上，重修了一百卷的《一切經音義》。該書於元和二年（807）撰成，但并未得到廣泛流傳，中原在宋代可能已没有該書。而北方的遼則尚存此書，後傳入朝鮮、日本②。該書引經至夥，引《春秋》經傳達一千六百餘條，其中保存了大量《春秋》經傳古注，如《左傳》服虔注、《公羊傳》劉兆注、《穀梁傳》劉兆注、《穀梁傳》徐邈注等。該書的許多異文可校

① 見《重印玄應一切經音義序》，第1頁。

② 以上據姚永銘《慧琳〈一切經音義〉研究》，第7—11頁。

今本，如《左傳·莊公六年》“後君噬齊”，《慧琳音義》卷四二引杜注有“噬，齧也”[172][册58頁244]一句，與《釋文》出“齧也”[84][頁227]音相合，可證今本杜注脱“噬，齧也”一句。有些異文雖與今本皆可通，但也是唐以前的古本，《穀梁傳·昭公二十年》“兩足不能相過，齊謂之綦，楚謂之踂，衛謂之輒”，《慧琳音義》卷十八引作“兩足不相過謂之縶”[172][册57頁759]，則其所見本“輒”作“縶”，與《釋文》或本同[84][頁338]。雖然該書價值極大，但由於作者、傳抄者皆佛家弟子，對儒家經典不熟悉，該書也存在很多問題，如引書名不嚴謹（如誤以《詩經》毛傳爲《春秋傳》，誤以《周禮》杜子春注爲《左傳》杜預注等）、割裂文句、譌脱嚴重等。該書目前主要有兩個版本：上海古籍出版社影印日本獅谷白蓮社本及《中華大藏經》影印高麗藏本。由於麗藏本較獅谷本的底本早，故而本書主要採用麗藏本。蘇州大學楊思範博士的畢業論文《〈慧琳音義〉引儒家經典研究》對《慧琳音義》引《春秋》經傳的内容做了不少研究。

《史記》，漢司馬遷撰，劉宋裴駰集解，唐司馬貞索隱，唐張守節正義。

班固在《漢書·司馬遷傳》中説：“司馬遷據《左氏》、《國語》，采《世本》、《戰國策》，述《楚漢春秋》，接其後事，訖于天漢。其言秦漢，詳矣。至於采經摭傳，分散數家之事，甚多疏略，或有抵梧。”[67][頁2737]正如班氏所云，《史記》在“本紀”、“世家”部分中大量地化用了《左傳》、《公羊傳》，這些内容有很多可以校勘今本《春秋》經傳。另外，《史記》引用《左傳》多以訓詁改字、增字，通過對《史記》中這些改動的研究，也可以見出漢代經師對《春秋》、《左傳》的理解，如《春秋·桓公元年》“鄭伯以璧假許田”，《史記·魯世家》作“鄭以璧易天子之許田”，於“許田”上加“天子”，與《公羊傳》“諱取周田”之説正合。而《史記》中人名、地名與今本《春秋》三傳的不同也説明了上古音的一些特點。班固稱司馬遷“其是非頗繆於聖人”，《史記》中確實有一些對歷史的評論與《春秋》三傳不同，這也正體現了漢初的思想。從《史記》對《春秋》經傳的取舍中也可以看出先秦到漢初歷史觀的轉變。《史記》三家注也引用了不少《春秋》經傳注的内容，裴駰《集解》輯録前世注解，其中多存《左傳》賈、服注等已佚古注；司馬貞《索隱》於史實、地理多有考辨，多有可補《春秋》古注之處；張守節《正義》在其“注例”中稱“《史記》文……與三傳同者，取杜元凱、服虔、何休、賈逵、范甯等注……又徐中散作音訓，校集諸本異同，或義理可通者，稱‘一本云’、‘又一本云’，自是別記異文，裴氏亦引之爲注。”[130][頁14]因此其中也大量保存了古注和古異文。吉本道雅有《史記述春秋經傳小考》①，主要對《史記》對《春秋》三傳的取捨、《春秋》三傳的相互關係進行了研究。趙生群有《〈史記〉三家注稱引〈左傳〉〈國語〉考校》②。

《漢書》，漢班固撰，唐顔師古注。

儒家思想在漢代是作爲意識形態存在的，漢代君臣奏議中也時見對《春秋》經傳的引用，《漢書》就保存了大量的這種材料。另外，《漢書·古今人表》中的人物多數出自《左傳》，《漢書·五行志》大多是對《春秋》災異的解釋，《漢書·地理志》間或注出春秋時的古地名，這都可以用來校勘今本《春秋》經傳。《漢書》顔師古注也引用不少《春秋》經傳的内容，有些條目很有價值。如《左傳·宣公十二年》“屈蕩尸之”，《漢書·王嘉傳》顔師古注引，“尸”作“户”[67][頁3488]，錢謙益即以爲是[116][頁1748]。清人繆祐孫《漢書引經異文録證》中有一些關於《漢書》正文引《春秋》經傳的内容。

《後漢書》，劉宋范曄撰，唐李賢注。

東漢尚文，這不僅體現在白虎觀會議等學術會議的召開上，同時也體現在當時君臣奏疏對儒家經典的大量引用上。《後漢書》作爲記録東漢歷史的正史，其中保留了大量當時的詔旨、奏議、對話等材料，其中引用了不少《春秋》經傳的原文，對《春秋》典故的引用更是數量繁多。《後漢書》的作者范曄是范甯之孫。出生於這樣一個《春秋》學世家，范曄在行文中更不免受到《春秋》經傳的影響。《後漢書》的“志”取自司馬彪《續漢書》，其中《郡國志》列舉了當時的地名，多有可與《左傳》相對比之處。唐章懷太子李賢組織對《後漢書》所作的注，於正文所引典故、史實悉加注釋，其中多引《春秋》經傳。而劉昭爲《後漢書·郡國志》所作的注，廣輯衆説，對《春秋》地名的研究多有幫助。

《三國志》，晋陳壽撰，劉宋裴松之注。

三國亂世，尚武力，重權謀而輕經術，《三國志》之傳主也多各國之

---

① 吉本道雅：《史記述春秋經傳小考》，見《史林》1988年第71卷第6號。

② 趙生群：《〈史記〉三家注稱引〈左傳〉〈國語〉考校》，載方銘主編《〈春秋〉三傳與經學文化》，長春出版社2010年版。

爪牙，多質而少文。雖然三國時各國通經之士亦不少，如魏之孫炎、董遇、賈洪、裴濳、鍾繇、管輅、賈逵、杜畿、李典，蜀之關羽、張裔、來敏、孟光、尹默、李譔、張浩，吴之孫權、士燮、張昭、諸葛瑾、張紘、程秉、闞澤等皆善《春秋》，但或其事不顯、其文不彰，或武功蓋世反掩文事，故《三國志》中引經之語極少。但晋以來之史家却受《左傳》影響極大，其中頗有引《左傳》典故之處，裴注所引各家書中即多有之。其校勘價值雖然不大，但亦可以觀《左傳》在當時的影響。

《國語》，三國吴韋昭注。

舊稱《國語》與《左傳》皆左丘明撰，可知二書關係極大。《國語》與《左傳》相近之文極多，很多内容僅文字略做調整，所以二書多有可互校之處，前人也在這方面做出了不小的成就。另外，通過《國語》與《左傳》的異文還可以考見一些《左傳》學舊説，如《左傳・僖公二十三年》"薄而觀之"，《國語・晋語四》作"設微薄而觀之"[61][頁346]，可知舊有讀《左傳》之"薄"爲名詞者。《國語》韋昭注中也有不少引用《左傳》的内容，同樣有很大的校勘價值。本書以上海古籍出版社整理本《國語》爲底本，并參考了《四部叢刊》影印明代翻刻公序本。

《列女傳》，漢劉向編。

《列女傳》是劉向編撰的女性專史。該書的傳主上至夏妺喜，下至漢初緹縈等，而以春秋戰國時期的女性最多。《列女傳》中春秋時期的内容主要來自《左傳》、《國語》，也有個别材料出自《穀梁傳》。可能爲了通俗易懂，劉向對《左傳》、《國語》的語言做了較大的改動，從這種改動中可以看出先秦至漢的語言轉變。《列女傳》與《左傳》的部分異文還具有校勘價值。現存的《列女傳》刻本主要有明萬歷刊本（《四部叢刊》初編有影印本）明嘉靖本、《文選樓叢書》本（《叢書集成》初編有影印本）、清三家校注本（《續修四庫全書》有影印本）等，其中《文選樓叢書》本乃據宋余氏勤有堂本影刻，而萬歷本亦來自宋本①。本書即以《叢書集成》初編影印的《文選樓叢書》本爲底本，并參考了《四部叢刊》本及清三家校注本。

《水經注》，北魏酈道元撰。

《水經注》是北魏酈道元注釋《水經》的著作，其書對各條河道的起

① 關於《列女傳》的版本，參張濤《劉向〈列女傳〉的版本問題》，《文獻》1989年第3期。

止源流，以及河道周圍的城鄉亭聚、山丘阜岡均詳加注釋，而注釋的主要手段就是引證古書。其中引用《春秋》經傳五百餘條，又引杜預《春秋釋例》、京相璠《春秋土地名》等有關《春秋》的著作數百條，其中不少可以補正今本《春秋》經傳。可以校正今本者，如《左傳·僖公二十四年》“臣之罪甚多矣”，《水經注·河水》引，無“甚”字[134][頁107]，與《後漢書》李賢注、《太平御覽》等書所引同。可以提供早期異本者，如《左傳·桓公十三年》“及鄢，亂次以濟”，《水經注·沔水》引，“濟”下多“淇水”二字[134][頁667]，與《釋文》及金澤文庫本《左傳》合；《左傳·僖公二年》“虞師、晋師滅下陽”，《水經注·河水》引作“夏陽”[134][頁104]，與服虔本同。《水經注》中的地理記載又可以補杜預注之闕，如《左傳·桓公五年》“城祝丘”，杜預不言祝丘何地，《水經注·沭水》：“沭水又南逕東海郡即丘縣，故春秋之祝丘也。”[134][頁615]《水經注》又多引古佚注，可輯漢魏古説，如《左傳·成公六年》“必居郇、瑕氏之地”，《水經注·涑水》引服虔説曰：“郇國在解縣東，郇瑕氏之墟也。”[134][頁170]各輯佚書皆未輯此條《左傳》服虔注。本書所用《水經注》以陳橋驛《水經注校證》爲主，并參考了楊守敬、熊會貞《水經注疏》。

《元和郡縣圖志》，唐李吉甫撰。

《元和郡縣圖志》是現存最早又較完整的地理總志，由李吉甫撰成於元和八年（813）。該書於各州縣城邑下往往記有歷代地理沿革，春秋地名自然也在其採擇之列。該書共引《春秋》經傳兩百餘條，以引證地名爲主，今日恰可據以考釋春秋古地名之方位。該書所用《左傳》注以杜預注爲主，間用服虔注，可資輯佚。該書除引《春秋》經傳外，還記録了一些關於《春秋》經傳的民間傳説。如河南道齊州長清縣條：“隔馬山，在縣東南三十五里。《左傳》曰，晋侯伐齊，齊師遁，夙沙衛殺馬於隘以塞道，後因爲隔馬山。”[180][頁279]《左傳·襄公十八年》原文作“夙沙衛連大車以塞隧而殿”，《元和郡縣圖志》所記蓋附會春秋史實的民間傳説。本書所用爲中華書局標點本。

《通典》，唐杜佑撰。

《通典》是唐杜佑在劉秩《政典》的基礎上，採經史之文撰作而成的從唐虞時代到唐天寶的政治制度史。全書共二百卷，“以大曆之始，實纂斯典，累紀而成”，最終於德宗貞元十七年（801）完成。其書對春秋時期政治制度的論述大部分採自《春秋》經傳。又該書“兵典”羅列了歷代的戰例，《左傳》中豐富的戰爭描述也是《通典》採擇的重點。另外，"職方"門中列舉歷代輿地變遷，也頗涉及《春秋》地名。《四庫提要》稱該書"其各門徵引《尚書》、《周官》諸條，多存舊詁"[145][頁694]，其實不僅《尚書》、《周禮》，其引《春秋》經傳也保留了不少舊注，如《職官》門"歷代職官總序"引《左傳·昭公十七年》黃帝以來官名即用服虔注，較《左傳正義》所引加詳。該書所引南北朝時期君臣奏議，也保存了不少六朝學者的經義。另外，該書的一些引文還有一定的校勘價值。但該書由杜佑一人獨力完成，其中難免有些失誤，甚至相互矛盾之處。如"州郡"門於京兆府鄠謂"夏有扈國，亦謂之觀扈"[154][頁4509]，於魏郡又謂"魏州，夏觀扈之國"[154][頁4760]，前後矛盾。本書所用爲中華書局標點本《通典》。

《晏子春秋》

《晏子春秋》一書主要記述春秋時期齊國晏嬰的言行，大約成書於戰國至漢初①。《晏子春秋》的編者大概盡可能多地收羅了當時關於晏子的記載，其中相當一部分與《左傳》内容相近，如：《晏子春秋·内篇諫上》晏子與齊景公的對話與《左傳·昭二十年》"景公疥"一段極爲相近；《晏子春秋·内篇問下》晏子與叔向的對話與《左傳·昭公三年》的相關内容幾乎相同；《晏子春秋·内篇雜上》所記崔杼弑莊公後晏子之言行與《左傳·襄公二十五年》的内容幾乎完全相同；《晏子春秋·内篇雜上》所記晏子諫齊景公事與《左傳·莊公二十二年》陳敬仲諫齊桓公事大致相同。這些相近的記載對於研究詞彙演變有重要價值，詳參本書第四章。另外有些異文也有助於《左傳》校勘，如《左傳·襄公十七年》"晏嬰麤縗斬"，《晏子春秋·内篇雜上》"縗"作"衰"[170][頁367]，與《釋文》本同；《左傳·昭公二十年》"出入周疏"，《晏子春秋·外篇》"疏"作"流"[170][頁443]，與《釋文》本同；同年"古者無死，爽鳩氏之樂，非君所願也"，《晏子春秋·外篇》"者"作"若"[170][頁441]，《校勘記》即據以校《左傳》。本書所用《晏子春秋》爲吴則虞《晏子春秋集釋》本。

① 關於該書的成書時代有多種説法，可參吴則虞《晏子春秋集釋·前言》、董治安《與吴則虞先生談〈晏子春秋〉的時代》（載《文史哲》1962年第2期）、譚家健《〈晏子春秋〉簡論》（載《北京師範大學學報》1982年第2期）等。

《孔子家语》

經宋代王柏的考訂，學界已普遍認爲《孔子家語》爲王肅僞作。但如《四庫提要》所説，“特其流傳已久，且遺文軼事往往多見於其中，故自唐以來，知其僞而不能廢也”[145][頁769]，該書也自有其價值在。該書乃雜輯經子史傳而成，《春秋》經傳中孔子及其弟子行事、言論也大多被採入其中，據之略可考見魏晋時《春秋》經傳之貌。王肅在襲用經傳原文時多有改動，這改動便包含了王氏對《春秋》經傳的理解。史稱王氏曾爲《左傳》作注，從《孔子家語》及注中也略可見王氏的《左傳》學及對於前代注家的依違。蓋因該書爲僞書，學者少有措意，故素無精校本。本書以《四部叢刊》影印明翻宋本爲底本，并參考了《百子全書》本及《續修四庫全書》影印元刻《新編孔子家語句解》。但《句解》是節録本，很不完整，《百子全書》本多據他書校改，篇次亦有移易，校勘價值并不太大。

《新語》，漢陸賈撰。

《史記·陸賈傳》稱：“陸生迺粗述存亡之徵，凡著十二篇。每奏一篇，高帝未嘗不稱善，左右呼萬歲，號其書曰‘新語’。”[130][頁1699]則是書乃陸賈爲漢高祖所作。此書歷代學者皆以爲陸賈撰，而《四庫提要》以爲僞作[145][頁771]，余嘉錫已辨其誤[146][頁524—538]。此書僅萬餘字，而歷引春秋史事，反復陳説，諄諄之意可見。該書兩引《穀梁傳》，其叙夾谷之會與《穀梁傳》大致相同，其他用《穀梁》義者亦復不少，故戴彦升①、唐晏②、余嘉錫③、王利器④等皆謂陸賈曾從浮丘伯習《穀梁傳》。又，劉師培曰：“觀陸賈《新語》，《道基》篇明引《穀梁傳》，而《輔政》、《無爲》、《至德》、《懷慮》、《明誡》諸篇均述《公羊》誼，爲《繁露》所本。若《辨惑》一篇，甄引孔子論嘉樂諸言，則又悉本《左傳》。”[97][頁1215]則陸賈誠三傳兼通者。該書雖然明引《春秋》經傳可資校勘者不多，但於漢初學術史、《春秋》古義的研究都有極大的意義。本書所用《新語》爲王利器《新語校注》本。

《新書》，漢賈誼撰。

《漢書·賈誼傳》稱誼“凡所著述五十八篇”[67][頁2265]，這些文章結集即

① 見《浮溪精舍叢書·新語》序，本書轉引自《新語校注》，第216—219頁。

② 見唐晏《陸子新語校注序》，本書轉引自《新語校注》，第222—223頁。

③ 見《四庫提要辨證》，第524—538頁。

④ 見《新語校注·前言》，第9—10頁。

爲《新書》。宋以來或疑該書爲僞作，余嘉錫①、閻振益、鍾夏②已駁之。據《漢書·賈誼傳》，誼嘗事河南守吴公，吴公嘗學事於李斯之門[67][頁2221]，李斯又爲荀子弟子；又據《經典釋文·序録》，荀子曾以《左傳》授張蒼，蒼又傳賈誼；《新書》中尊儒重禮勸學，與《荀子》之思想頗合，則賈誼之學與荀子有很大的關係。趙陽認爲“荀子對於賈誼的影響是深刻的”③，這是很有見地的。如前所述，賈誼爲荀子《左傳》學的再傳弟子，故該書引用了不少《左傳》的内容。據吴濤統計，《新書》中共引用《左傳》19次④，則史稱賈誼習《左傳》，誠非訛傳。又，吴濤認爲賈誼熟悉《公羊傳》、《穀梁傳》，恐怕未必是。《新書》中未引《公羊傳》，亦未見用《公羊》義者。《禮》篇中所記歲凶之禮雖與《穀梁傳·襄公二十四年》相近，但這可能是二者都襲用了古禮，而非《新書》引用《穀梁傳》。《新書》中關於《左傳》的内容對漢初《左傳》的傳承、《左傳》學思想的研究都有一定幫助，而從賈誼對《左傳》的改寫中也可以看出先秦至漢初語言的轉變。本書所用爲閻振益、鍾夏校注本。

《新序》，漢劉向撰。

《新序》是劉向編撰的先秦至漢的故事集。《漢書·楚元王傳》稱向“及采傳記行事，著《新序》、《説苑》凡五十篇奏之”[67][頁1958]，沈欽韓《漢書疏證》説：“此二書舊本有之，向重爲訂正，非創自其手也。”[68][頁762]因此這些材料絶大部分應早於劉向的時代，其中有些可能是先秦的材料，在今日看來頗爲珍貴。《崇文總目》説：“所載皆戰國秦漢間事，以今考之，春秋時尤多，漢事不過數條。大抵採百家傳記，以類相從，故頗與《春秋》内外傳、《戰國策》、太史公書互相出入。”⑤ 該書雖大多採自“百家傳記”，但還是有部分内容直接來自《春秋》經傳，更有不少内容可與《春秋》經傳互補。雖然該書并非劉向自撰，但還是體現了劉向的個

---

① 見《四庫提要辨證》，第521頁。

② 見《新書校注·前言》，第1—4頁。

③ 見趙陽《賈誼〈新書〉與儒家經傳的思想聯繫》，揚州大學碩士學位論文，2004年，第31頁。

④ 見吴濤《賈誼〈新書〉引〈春秋〉述略》，《洛陽師范學院學報》2009年第3期。吴氏的統計并不準確，如《保傅》篇所記接太子之禮，吴濤以爲乃引《左傳·桓公六年》，但兩處之文并不相近，《保傅》可能是記録的古禮；《禮容語下》加陵之會，吴濤以爲引成公十六年傳，二文雖有相關性，但《新書》實全襲《國語》。另外，《胎教》中“楚有申包胥而昭王反復”、“殷并於周，陳亡於楚，以其殺比干與泄冶”等可能正是引自《左傳》，而吴文皆未提及。

⑤ 見《四庫全書總目提要》第772頁引。

人色彩，如經常在章末出現的按語以及對《穀梁傳》的採用。《漢書·儒林傳》稱："宣帝即位，聞衛太子好《穀梁春秋》，以問丞相韋賢、長信少府夏侯勝及侍中樂陵侯史高，皆魯人也，言穀梁子本魯學，公羊氏乃齊學也，宜興《穀梁》……劉向以故諫大夫通達待詔，受《穀梁》。"[67][頁2618]是宣帝時《穀梁》始興，而劉向在其中也起了不小的作用。這也正是《新序》中援用《穀梁傳》的原因。該書對《春秋》經傳的引用，不少保存了古本的原貌，如《左傳·僖公三十年》"亡鄭以倍鄰"，《新序》引，"倍"作"陪"，與唐石經、金澤文庫本、宋本同；《左傳·昭公四年》"晋、楚唯天所相"，《新序》無"晋楚"二字，與《群書治要》同。劉向所做的不僅是匯編材料，而且還對材料做了一些修訂，從劉向對材料的改造中也可以看出詞彙的更替、思想的演變。另外，劉向所做的某些改動還可以作爲訓詁《春秋》經傳的依據，如《公羊傳·宣公十二年》"左執茅旌"，《新序》引作"旄旌"[164][頁514]，"茅"正"旄"之假借。該書有石光瑛所作《新序校釋》，其校釋極精，但於《新序》本書或有譌脱，本書又參校了《四部叢刊》本。

《説苑》，漢劉向撰。

劉向在上《説苑》的奏章中説："所校中書《説苑雜事》，及臣向書、民間書、誣校讎，其事類衆多，章句相溷，或上下謬亂，難分别次序。除去與《新序》復重者，其餘者淺薄，不中義理，别集以爲百家，後令以類相從，一一條别篇目，更以造新事十萬言以上，凡二十篇，七百八十四章，號曰《新苑》。"可見，《説苑》是劉向在原有書的基礎上整理加工而成的。雖然劉向稱其"淺薄"，但《説苑》中却大量引用了《春秋》經傳，其中有四十餘章與《春秋》經傳（主要是《左傳》）叙事相近，有七章直接解釋《春秋》經，其他叙事與《春秋》經傳互補，文字與《春秋》經傳相似者，爲數更夥。《説苑》中多用《左氏》、《公羊》義，而《穀梁》義却極爲少見。這恐怕是因爲這部書先有成書，與《新序》的情况不同。另外，《説苑》中的一些語言特點，如好用"奚"字作爲疑問代詞（對《春秋》經傳的引用也多改"何"爲"奚"），也與《新序》不同。《説苑》中的内容可以校補今本《春秋》經傳的地方也非常多，如《左傳·僖公十九年》"退脩教"，《説苑》"退"下有"而"字[144][頁379]，與金澤文庫本同；《左傳·哀公元年》"死不知曠"，《説苑》作"死知不曠"[144][頁327]，與金澤文庫本、《群書治要》同。本書所用《説苑》爲向宗魯所著《説苑校證》。

但可能由於手民疏失，該書中有一些譌誤，因此本書又參考了《四部叢刊》本和《百子全書》本（該本爲《説苑校證》底本）。

《鹽鐵論》，漢桓寬撰。

《鹽鐵論》是對西漢昭帝始元六年舉行的鹽鐵會議的記録。《漢書·公孫劉田王楊蔡陳鄭傳》後的“贊”曰：“所謂鹽鐵議者，起始元中，徵文學賢良問以治亂，皆對願罷郡國鹽鐵酒榷均輸，務本抑末，毋與天下爭利，然後［教］化可興。御史大夫弘羊以爲此乃所以安邊竟，制四夷，國家大業，不可廢也。當時相詰難，頗有其議文。至宣帝時，汝南相（桓）寬次公治《公羊春秋》，舉爲郎，至廬江太守丞，博通善屬文，推衍鹽鐵之議，增廣條目，極其論難，著數萬言，亦欲以究治亂，成一家之法焉。”[67][頁2903]該書雖經桓寬的增廣，但仍比較真實地表現了當時實際政治辯論的場景。作爲意識形態的《春秋》學在這次辯論中也起到了很大的作用，從《鹽鐵論》的記載來看，當時的經濟、邊防、法制政策都受到了《公羊春秋》的很大影響。因此，這部書乃研究漢代《春秋》學思想、《春秋》學佚説及《春秋》與政治實踐關係的重要材料。本書所用《鹽鐵論》爲王利器《鹽鐵論校注》本。

《潛夫論》，漢王符撰。

《後漢書·王符傳》曰：符“志意藴憤，乃隱居著書三十餘篇，以譏當時失得，不欲章顯其名，故號曰《潛夫論》。其指訐時短，討讁物情，足以觀見當時風政。”[72][頁1630]其實從該書的《叙録》來看，王符大約自認爲該書是自成系統的①。而從全書内容看，該書并非只有“指訐時短”的政論文，也有不少涉及哲學、教育、歷史等方面的内容。《後漢書》本傳載符與馬融、張衡等相友善，則生當後漢末。當時古文學已在學術界佔了統治地位，而其友馬融又爲古文大家，所以王符受古文學的影響較大。《潛夫論》一書中有不少直接引用《左傳》的内容，而化用《左傳》原文的亦復不少。後漢末古文家多兼習今文，同樣該書中又有部分内容用《公羊》義。該書對《左傳》的引用保留了部分《左傳》的古貌，如《襄公四年》“靡奔有鬲氏”，《潛夫論·五德志》引，“奔”下有“於”字[117][頁395]，與《水經注》所引同。另外，如《後漢書》本傳所言，該書“足以觀見

① 《潛夫論》以《贊學》開篇，與《論語》之《學而》、《荀子》之《勸學》、徐幹之《治學》同，可見該書的篇章次序是精心安排的、有系統的。

當時風政”，對該書引用《春秋》義的分析，也可以看出當時學界對《春秋》的一般理解。本書所用《潛夫論》爲中華書局《潛夫論箋校正》本，但該本也有部分文字訛誤，本書又參考了《四部叢刊》本。

《中論》，漢徐幹撰。

據原序，該書是徐幹見當時之作“曾無闡宏大義，敷散道教，上求聖人之中，下救流俗之昏者”，於是才作《中論》，可見該書的目的是翼教救俗。全書今存二十篇，前十篇論治學修身，後十篇論政治。徐幹一生的行迹，今多不可考，其學問淵源亦不可知。今觀其書中多引《詩》、《書》、《左傳》，則甚重經術。全書多用春秋史實，而又有數處大段引用《左傳》原文，并標明出處，這在漢代諸子中是罕見的。另外，該書還有幾處引用“春秋外傳”的内容，可見徐氏對《國語》也較爲重視。這可能是由於東漢古文經學興起，相傳與《左傳》同一作者的《國語》也受到了關注。本書所用《中論》爲徐湘霖《中論校注》本，并參考了《四部叢刊》本。

《韓非子》

《韓非子》多用寓言，如《十過》、《解老》、《喻老》、《説林》、《内儲説》、《外儲説》、《難》等篇多是由寓言及對寓言的評論組成的，這些寓言很大一部分來自《左傳》、《國語》，有很多條寓言的叙述方式和《左傳》非常相近，這就爲《左傳》的校勘、訓詁提供了旁證。其《内儲説》篇中魯哀公與孔子關於“霣霜不殺菽”的對話可能是現存關於《春秋》微言大義的最早記載。而《姦劫弑臣》篇中的“《春秋》記之曰”，《外儲説》篇中的“子夏之説《春秋》”等内容都是研究先秦《春秋》學説的寶貴資料。《韓非子》對春秋歷史的評論也可爲探討《春秋》學説形成的歷史提供幫助。乾道本《韓非子》有舊注，但并無引用《春秋》經傳的内容。日本學者藤川熊一郎有《韓非子所傳春秋經考》。

《吕氏春秋》，秦吕不韋著，漢高誘注。

《吕氏春秋》是吕不韋組織門客編寫的，這些門客中有相當一部分儒生，他們有些恐怕正是《春秋》的傳習者。《求人》篇中稱：“觀於《春秋》，自魯隱公以至哀公十有二世……”[101][頁2746]這是其編寫者中有《春秋》傳習者的明證。劉師培稱：“《吕覽》一書多成於荀卿門人之手，荀卿爲《左氏春秋》之先師，故《吕覽》一書多引《左氏》之文……著《吕覽》者曾親見《左氏》之書，昭然無疑。”[97][頁297—299]誠非虚言。劉申叔又謂《吕氏春秋》引《左傳》之文“有與《左氏》之文小有不同者，而遺聞佚事又足補《左氏春秋》之缺”[97][頁297]。此則本書對於《春秋》學的價值之一。另外，據《吕氏春秋》引《左傳》之内容與《左傳》的異文又頗可以考先秦之語音、詞彙的演變。有一些異文也具一定的校勘價值，如馬叙倫就曾據《吕氏春秋·權勳》謂《左傳·僖公五年》“脣亡齒寒”之“亡”爲“竭”之壞字。高誘爲該書所作的注中也引用了一些《春秋》經傳的内容，這些注文大多是以《春秋》證《吕覽》。通過這些注文一方面可以溝通《春秋》經傳與《吕覽》，另一方面也可以考見以高誘爲代表的漢末學者對《春秋》的理解。高誘注中的部分《春秋》經傳引文也很有校勘價值，如《左傳·僖公四年》“昭王南征而不復”，《吕氏春秋·音初》高注引，“征”下有“没”字[101][頁624]，與唐石經同。本書所用《吕氏春秋》爲王利器《吕氏春秋注疏》本。

《淮南子》，漢許慎、高誘注。

《淮南子》成書於漢初，一方面繼承了先秦諸子，尤其是道家的傳統，另一方面也表現出了漢代的一些特徵，故而此書在思想史上具有重要意義。表現在《春秋》學方面，《淮南子》既像先秦諸子著作一樣，多化用《春秋》史實、典故，又引用了不少“《春秋》大義”。由於《淮南子》成書的時間與《公羊傳》著於竹帛的時代相當，故而該書引用的《春秋》大義表現出《春秋》學形成之初的情形。另外，《淮南子》中引到《春秋》經傳的内容有些也比較有價值。如《左傳·僖公三十三年》“鄭之有原圃，猶秦之有具囿也”，《淮南子·墜形》注引，“囿”作“圃”[74][頁316]，盧文弨即以爲是[192][頁826]。本書所用《淮南子》爲何寧《淮南子集釋》本。

《白虎通義》，漢班固撰。

東漢章帝建初四年（79），“下太常……諸儒會白虎觀，講議五經同異……帝親稱制臨決，如孝宣甘露石渠故事，作白虎議奏”[72][頁138]，事後章帝又令班固將其事撰集成書，即今《白虎通義》。該書現存的四十四門，大部分都是關於禮制的内容，其中有不少據《春秋》經傳證禮、議禮的内容，所以該書保存了一些漢代的《春秋》説。但全書大部分都是用《公羊》、《穀梁》義，而少見《左氏》義。本書所用爲中華書局陳立《白虎通疏證》點校本，陳氏校勘之功不可没，但有些改動并没有説明，所以本書又參考了《四部叢刊》影印元大德五年無錫州學覆宋監本。鄭穎有《〈白虎通〉引文釋例》，對《白虎通義》中所引的各經經文及經説進行了匯集。

《論衡》，漢王充撰。

對於王充及其《論衡》，自章太炎、胡適以來，學者們都給予很高的評價，多以爲其具"科學精神"、"自然主義"或"唯物主義"，對此，龔鵬程已有所廓清①。龔氏認爲："王充的理論……是基於與人爭勝、炫鬻才華的樂趣，以及宣漢頌世的目的建立的。"[64][頁218]這是筆者不能同意的。筆者認爲，王充是古文經學者，故而《論衡》經常出現對《公羊》、《穀梁》的嚴厲抨擊（參《正説》、《案書》篇），而其對災異、譴告的批判恐怕也都是對今文經學的批判。另外，筆者認爲王充對"天人感應"的否定也并非否認"天"的神性，《論衡》中濃重的宿命論即可爲證。王充認爲"天命"是有絶對權威的，絶對地掌握着個人乃至國家的命運，而人的禳、雩等祭祀活動都是無效的。由於王充的古文學立場，其書中對《公羊》、《穀梁》的批評非常多，除了前面提到的《正説》、《案書》兩篇的直接抨擊外，還有不少對二傳具體觀點的駁斥，如《感虚》篇駁《穀梁傳》梁山崩河壅，晋君祠而河流之事；《儒增》篇駁《公羊》、《穀梁》殽之戰秦"匹馬隻輪無反者"之説，等等。王充所批判的這些觀點在漢代應當都是主流觀點，而其所持的論點又往往是古文學的普遍觀點，所以藉《論衡》可以考見許多今已不傳的漢代《春秋》學説。另外，該書對《左傳》的大量引用又頗可見經書古貌，如《龍虚》篇引《左傳·昭公二十九年》"能飲食之"，"之"作"龍"[102][頁287]，正與《國語·晋語八》韋注所引同。本書所用《論衡》爲中華書局黄暉校釋、劉盼遂集解本《論衡校釋》。

《風俗通義》，漢應劭撰。

《後漢書·應劭傳》曰："撰《風俗通》，以辯物類名號，識時俗嫌疑。"[72][頁1614]是該書爲辯風正俗而作。《四庫提要》曰："其書因事立論，文辭清辨，可資博洽，大致如王充《論衡》。"[145][頁1033]其説是，該書思想上與《論衡》極近，文字亦有因襲之處。《隋書·經籍志》著録該書有三十卷，今僅存十卷。《後漢書》本傳稱應劭曾作《春秋决獄》，可知應氏精於《春秋》學。故該書中引《春秋》經傳及《國語》較多，所引《春秋》傳又以《左傳》居多，間引《公羊》，而不及《穀梁》。又，是書立論每以《左傳》爲證，引《公羊》不過取其熟語而已。則應氏蓋亦習

① 參龔鵬程《漢代思潮》第九章《世俗化的儒家：王充》。

《左氏春秋》古文經者。該書的引文有很高的價值，校勘方面，如《姓氏》篇謂載氏爲春秋載國之後[41][頁544]，可證《左傳·隱公十年》"宋人、蔡人、衛人伐戴"之"戴"當爲"載"之譌；訓詁方面，如《釋忌》篇謂"兒墮地便能開目視者，謂之寤生"[41][頁561]，可爲《左傳·隱公元年》"莊公寤生"提供另一解釋；義理方面，如《十反》篇謂石碏"純臣之道備矣，於恩未也"[41][頁229]，知《公羊》傳"親親相匿"的觀點影響到了《左傳》的闡釋。本書所用《風俗通義》爲王利器校注本，所用佚文亦取自該本，取其有王氏校注，不再從原書引用。

《群書治要》，唐魏徵等撰。

《群書治要》是唐初魏徵、虞世南、褚亮、蕭德言等奉太宗李世民之命，輯録前世書籍而成的，於貞觀五年（631）書成奏上①。該書"採摭群書，翦截淫放"，博採經史諸子，删其繁蕪，取其精粹，編輯成五十卷的濃縮本。魏徵在《序》中稱："今之所撰，異乎先作，總立新名，各全舊體，欲令見本知末，原始要終。"[120][序頁3A]該書所選取的都是文義大致完整的片段。因爲該書是以"務乎政術"、"網羅治體"[120][序頁2A]爲目的的，所以其選取的文章大多是對統治者規諫的內容。全書第四、第五、第六三卷是輯録《左傳》的內容，但第四卷今已亡佚。該書雖然明顯有據傳世本校改的現象，但其中仍保存了不少唐代《左傳》的原貌。如《左傳·宣二年》"臣侍君宴，過三爵，非禮也"，《群書治要》無"君"字，與日本保延五年古抄本同；《左傳·襄二十六年》"今又有甚於此"，《群書治要》句末有"者"字，與金澤文庫本同；《左傳·昭七年》"遂赦之"，《群書治要》"赦"作"舍"，與李盛鐸舊藏敦煌《左傳》寫卷同；《左傳·哀元年》"死不知曠"，《群書治要》作"死知不曠"，與金澤文庫本同。另外，該書所加的夾行小注也都是截取的《左傳》杜預注，但其中有個别地方不見於今本杜注，如《左傳·昭元年》"是楚所以駕於晋也"下《群書治要》有"駕猶陵也"之注，不見今本《左傳》注，這恐怕正是杜預注的佚文。因爲該書是對《左傳》的節選，所以大都有所省略，但有些省略讓人難以理解，如《左傳·成十六年》"韓之戰，惠公不振旅；箕之役，先軫不反命；邲之師，荀伯不復從"，《群書治要》删"箕之役，先軫不反命"；《左傳·襄十一年》"鄭人賂晋侯以師悝、師觸、師蠲"，《群書治

① 參《唐會要》卷三十六"修撰"，第651頁。

要》删“師悝”，這兩個地方都是并列結構，《群書治要》在引用時去一存二，并不能節約多少篇幅。還有一些片段，由於《治要》的删節，變得文義支離，如引《左傳·襄四年》魏絳和戎之事，於魏絳所述夏羿之事全部省略，但“故魏絳及之”下又有“及後羿事也”之注。該書在引用《左傳》時還將原書中的一些古字改爲今字，如改“説”爲“悦”，改“辟”爲“避”，改“罷”爲“疲”，改“共”爲“供”之類。該書《宋史·藝文志》已不録，可知在中土早亡，日本金澤文庫有該書鐮倉時代（1192—1330）的抄本，但已缺卷四、卷十三、卷二十，元和二年（1616）德川家康曾據金澤文庫本用活字重印，天明六年（1786）尾張藩又據元和本重印，《四部叢刊》有據天明本的影印本。本書即主要採用《四部叢刊》本，并參考了元和本。

《北堂書鈔》，唐虞世南撰。

《北堂書鈔》是虞世南在任隋秘書郎時編纂的，是現存保存完整的最早的一部類書。虞氏以博學著稱，該書乃虞氏個人編撰，“以準備作文的參考資料，既非參加官修，也不是奉詔命之作”[188][頁65]。該書每一部類下以大字摘出需要的句子，而以夾行小字注出出處及上下文，有些條目中還有以“謹案”起首的編者案語。該書引書繁多，而《春秋》經傳也是其中的大宗，共引《春秋》三傳及注近千條，其校勘價值也很大。胡道静指出：“《北堂書鈔》撰於隋代，所引經典，是隋前舊本，與孔穎達、陸德明訂定諸經之本頗有不同，往往於義爲長。”[188][頁68]孫星衍曾從中校《左傳》誤字兩例①。另外，該書引用的一些古注，如《穀梁傳》徐邈注，也可以補清人輯佚之遺。該書雖有清孔廣陶校本，但脱衍訛誤仍有不少。因該書素無善本，前代學者對該書的利用并不太充分。本書所用《北堂書鈔》爲《唐代四大類書》影印清孔廣陶三十有三萬卷堂校注重刻陶宗儀傳鈔宋本。

《藝文類聚》，唐歐陽詢等撰。

《藝文類聚》是唐初所編的一部類書，該書爲唐高祖李淵下令編修，由歐陽詢、令狐德棻、陳叔達、裴矩、趙弘智、袁朗等參與修撰，并於武德七年（624）編成奏上②。該書於每個子目下分“事”與“文”，“事居

① 見孫星衍《明鈔本北堂書鈔跋》，原載王重民所輯《孫淵如外集》，今引自胡道静《中國古代的類書》，第69頁。

② 參《唐會要》卷三十六“修撰”，第651頁。

其前，文列于後"[176][頁27]，其對《春秋》經傳的引用全部在"事"類中。該書主要是爲當時寫作駢體文服務的，所以引用經書并不太多，全書共引《左傳》279條①、《公羊傳》6條②、《穀梁傳》11條③。該書雖然在後代被多次竄改④，但仍有部分條目保留了早期《春秋》經傳的風貌。如：《左傳·昭七年》"孟僖子病不能相禮"，《類聚》引，無"相"字，與《釋文》、《考文》古本合；《左傳·昭二十年》"出入、周疏"，《類聚》引，"疏"作"流"，與《正義》所稱"定本"、《釋文》所引"傳本"同。該書引用《左傳》有兩條標出了"昭上"[176][頁85]、"僖中"[176][頁616]的字樣，使我們對唐初《左傳》的分卷情況略窺一斑。另外，《藝文類聚》在引用《左傳》時所加的注文有些并非採自杜預注，這也保存了一些《左傳》古注。如《居處部》引《左傳·哀三年》"命藏象魏"下曰："象魏，門闕也，法令懸之，故謂其書爲象魏也。"⑤ 當然，由於類書係編撰者多處抄掇而來，所以在體例上難免有不統一或不恰當的地方，如其引《左傳》或稱"左傳"，或稱"左氏傳"，或稱"傳"，或稱"春秋"，有個别條目甚至没有標出引書名⑥；卷三十九禮部"朝會"類中，既出"朝以正班爵之義，會以訓上下之則"，又出"故會以訓上下之則，制財用之節，朝以正班爵之義，帥長幼之序"[176][頁709—710]，前後重複。該書現存最早版本爲南宋紹興刻本，中華書局本、董治安所編《唐代四大類書》本、《中華再造善本叢書》本均據該本影印，另外汪紹楹有以紹興本爲底本的校勘整理本，由上海古籍出版社1965年出版。本書即主要採用汪校本，并參考了《唐代四大類書》中的影印本。

《初學記》，唐徐堅等著。

《初學記》是唐玄宗年間徐堅主編的一部官修類書，全書共24部類，313子目，每子目下分叙事、事對、詩文三部分。該書對《春秋》經傳的

---

① 該書標明引《左傳》的有280條，其中1條實出自《禮記》。

② 該書標明引《公羊傳》的有7條，其中1條實出自《穀梁傳》。

③ 該書標明引《穀梁傳》的有11條，1條實出自《尚書》，加上前面標明出自《公羊》而實出《穀梁》的1條，共11條。

④ 參汪紹楹《校藝文類聚序》，《藝文類聚》，第17—18頁。

⑤ 余蕭客《古經解鉤沉》即輯録此條，但云出自《太平御覽》，不知《御覽》實抄自《類聚》。

⑥ 如卷八十八木部"木"類中，引"鳥能擇木"一條，即出《左傳·哀十一年》。該條之前雖有"傳曰"，但"傳曰"後之文并非《左傳》中的文字。

引用主要在叙事、事對兩類。據李玲玲統計，全書共引《左傳》233 條，《公羊傳》、《穀梁傳》各 14 條。該書的引文也有較大的價值。可校勘今本者，如《左傳・宣公四年》"及食大夫黿"，《初學記》卷二六引，"黿"下有"羹"字[7][頁640]，王引之以爲是[87][頁423]。《公羊傳・僖公十六年》何休注"是月，邊也，魯人語也"，《初學記》卷四引，"是"作"提"[7][頁66]，沈濤即以爲是[118][頁615]。保留古代異本者，如《左傳・哀公元年》"復禹之績"，《初學記》卷二四引，"績"作"迹"[7][頁561]，與《御覽》引《帝王世紀》[150][頁754]、《釋文》一本[84][頁297]合。有可以用以輯佚者，《初學記》共引《左傳》馬融注、服虔注、《穀梁傳》徐邈注各一條①。本書所引《初學記》爲汪紹楹整理本，并參考了《唐代四大類書》影印古香齋本。李玲玲有博士學位論文《〈初學記〉引經考》。

《白氏六帖事類集》，唐白居易編。

《白氏六帖事類集》，又名《白氏經史事類》，是白居易爲做詩文之用編撰的資料集。《四庫全書總目》謂"此書雜採成語故實，備詞藻之用"[145][頁1143]，其説是。該書不分部類，僅分作千餘門。又該書體例與《北堂書鈔》略近，均大字摘録詞藻，小字引注或引出上下文，《四庫全書總目》謂"其體例與《北堂書鈔》同，而割裂餖飣，又出其下"。該書內容駁雜瑣碎，又不注出處，非常不便使用。且該書雖有宋本存世，但流傳不廣，較常見的是與《孔氏六帖》合刊的本子，與本書原貌相差較大。由於以上原因，學界對該書的利用較少。該書引用《春秋》三傳三千餘條，文獻價值極大。其夾行注多引古注，雖不標注者名氏，但藉之亦可考見《左傳》古義。如《左傳・僖公二十四年》"昔周公弔二叔之不咸"，《白氏六帖》卷十一引此後注曰"咸，和也"[2][頁2053]，與《左傳正義》載鄭衆、賈逵説相近。從該書引用《春秋》經傳的異文中也可見出經書古本。如《左傳・宣公十二年》"山鞠窮乎"，《白氏六帖》卷九引作"山芎藭"[2][頁2038]，與《説文解字繫傳》所引同，可能是當時《左傳》異本。今存宋本《白氏六帖》有三種，即紹興間明州刊本《白氏六帖事類集》，静嘉堂文庫藏《白氏六帖類取》，晁仲衍添注本《新雕白氏六帖事類添注出經》。後兩本無影印本傳世，明州本有張芹伯影印本，《唐代四大類書》又據張本影印。本書所用即《唐代四大類書》本。

① 見李玲玲《〈初學記〉引經考》，第 390—391 頁。

《太平御覽》，宋李昉等編。

《太平御覽》是宋初由李昉主持編纂的一部大型類書，完成於宋太平興國八年（984）十二月。該書雖完成於宋初，但其採用之書則應是宋前之本。另外，《太平御覽》還大量襲用了前代的類書，胡道静説："《御覽》也不全是從原書採摭，而是以前代類書爲藍本，修葺增删而成。"[188][頁119]所以其校勘價值還是很大的。孫原湘即曰："竊謂《御覽》一書，其援引浩博，足以存秦、漢以來失傳之書，世所知也。其具存古訓，可以訂證宋以後經、史刊本之訛，世未有知之者。"① 實際上，與孫氏同時的高郵王氏父子及之後的俞樾等學者都非常重視《太平御覽》的校勘價值，并取得了很大的成就。但該書中還有一些很有價值的條目未引起前輩學者的關注，如卷三五五引《左傳·宣公二年》"臣侍君宴，過三爵，非禮也"無"君"字，與保延五年日本古抄本《左傳》及《白氏六帖》卷五所引同；卷三七〇引《左傳·宣公四年》"公子宋與子家將見"，"見"上有"入"字，與保延本同。另外，該書還間引古注，可資輯佚。但該書卷帙龐大，又多方抄掇，所以其中有不少問題，如誤標引書名（如《兵部·拒守》於引《左傳》後有"又曰：倍則攻，敵則戰，少則守"[150][頁1468]之文，實引自《孫子兵法》）、因節引而致語意混亂、同部類中同條復引，等等，而文字訛誤更有不少。本書所用《太平御覽》爲中華書局影印宋本，該本實爲《四部叢刊》三編本，乃張元濟以宋蜀刻本爲主，并以宋建本補配而成。

《文選》，南朝梁蕭統編，唐李善注。

《文選》是現存最早的詩文總集，由梁昭明太子蕭統主編。該書成書以後即引起很大影響，爲之注音、注釋的書也有很多，其中影響最大的便是李善注。《文選》李善注蒐集材料豐富，引書極多，引《春秋》經傳近兩千條，不過重複較多，如引《左傳·宣公二年》"疇昔之羊子爲政"一句竟達九次之多。其引文有較大的校勘、輯佚價值，如《左傳·僖公四年》"雖衆，無所用之"，《文選》卷十潘岳《西征賦》李善注引，作"雖君之衆"[157][頁152]，與《詩經·商頌·殷武》疏[128][頁627]、《周禮·大司馬》疏[128][頁835]所引同，當爲《左傳》原貌。《左傳·昭公二十六年》

① 見孫原湘《重刊宋本〈太平御覽〉序》，《天真閣集》卷四十，《續修四庫全書》第1488册，第312頁。

“諸侯釋位，以間王政”，《文選》卷三五潘勗《册魏公九錫文》李善注引此文有服虔注：“諸侯釋其私政而佐王室。”[157][頁500]爲各輯佚書所未載。本書所用《文選》爲中華書局影印胡克家刻本《文選》，并參考了上海古籍出版社整理本《文選》、《唐鈔文選集注彙存》和胡克家《文選考異》。

第二節　引文體例研究

一　書名

（一）引《春秋》經而稱“左傳”。

漢代以後《春秋》三傳中《左傳》一家獨大，對於一般學者而言，“左傳”可能就成了《春秋》經與《左傳》的合稱。所以往往會引用《春秋》經而稱“左傳”。如：

《北堂書鈔》卷九十：“《左傳》云：‘鼷鼠食郊牛角。’”[5][頁808]按：此爲成公七年《春秋》經。

《禮記·檀弓上》疏：“《春秋左傳》云：‘晋侯殺其世子申生。’父不義也。孝子不陷親於不義……”[128][頁1277]按：此爲僖公五年《春秋》經。

《後漢書·班彪傳》李賢注：“春王猶《左傳》云‘春王正月’也。”[72][頁1367]按：此爲隱公元年《春秋》經。

《御覽》卷八七六：“《左傳》曰：‘僖公十五年九月晦，震夷伯之廟。’董仲舒以爲……”[150][頁3890]按：此爲僖公十五年《春秋》經。

有些文獻中引作“春秋左氏”，恐怕也不是特指《左氏春秋》，而是與引作“左傳”同，都是認爲“左傳”包含《春秋》經。如：

《周禮·秋官·序官》疏：“云‘讀如衛侯燬之燬’者，《春秋左氏》：‘衛侯燬滅邢。’”[128][頁868]按：所引爲僖公二十五年《春秋》經，《公羊》、《穀梁》兩家經文與此不異，賈公彦没必要特稱“左氏春秋”。

有些文獻在引用《公羊傳》、《穀梁傳》中的經文時也稱“左傳”或“左氏”。如：

《周禮·冬官·序官》疏：“子春云‘妢讀爲焚咸丘之焚’者，《左氏·桓七年》‘春二月已亥，焚咸丘’，《公羊》云：‘焚之者，何樵之也……’”[128][頁906]按：所引“左氏”爲桓公七年《春秋》經，“公羊”爲該年《公羊傳》。

《儀禮·士喪禮》疏：“云‘衣被曰襚’者，案《左傳·隱元年》

‘秋七月，天王使宰咺來歸惠公仲子之賵’，《穀梁傳》曰‘乘馬曰賵，衣衾曰禭，貝玉曰含，錢財曰賻’是也。”[128][頁1129] 按：所引“左傳”爲隱公元年《春秋》經，“穀梁傳”爲該年《穀梁傳》。

《後漢書·樂恢傳》李賢注：“《左傳》曰：‘齊崔氏出奔衛。’《公羊傳》曰：‘崔氏者何？齊大夫。稱崔氏者何？貶。曷爲貶？譏世卿也。’”[72][頁1479] 按：所引“左傳”爲宣公十年《春秋》經，“公羊傳”爲該年《公羊傳》。

更有甚者，有些文獻在引用《公羊》、《穀梁》經時也稱《左傳》，如：

《文選》卷五左思《吴都賦》注：“《左氏傳》曰：‘公觀魚于棠。’”[157][頁91] 按：《左傳》中無此文，《左氏春秋·隱公五年》作“公矢魚于棠”，《公羊》、《穀梁》經皆作“公觀魚于棠”。此處《文選》注引《公羊》、《穀梁》經而標“左氏傳”。

（二）引《公羊傳》而用《左氏》經

三家《春秋》經文不盡相同，按照常理，引用某家傳，就應該用該家經文。但事實上，不少文獻往往在引用《公羊傳》時還用《左氏》經文。如：

《禮記·曲禮上》：“成二年，季孫行父、臧孫許會晋郤克、衛孫良夫、曹公子首及齊侯戰于鞌。《公羊傳》云：‘前此者，晋郤克與臧孫許同時而聘於齊……’”[128][頁1253] 按：“季孫行父”以下爲成公二年經文，《公羊》經“首”作“手”，此用《左氏》經。

《史記·外戚世家》索隱：“《公羊》‘紀裂繻來逆女。何以書？譏也，譏不親迎也。’”[130][頁1968] 按：《公羊》經“裂繻”作“履緰”，此作“裂繻”，乃用《左氏》經。

《後漢書·爰延傳》李賢注：“《公羊》經書‘宋萬弑其君捷’。傳曰：‘宋萬嘗與魯莊公戰，獲于莊公，歸舍諸宫中……’”[72][頁1619] 按：此引《公羊傳·莊公十二年》，《公羊》經“捷”作“接”，此用《左氏》經。

後代對這種體例不太瞭解，有臆改的情况。

《漢書·杜鄴傳》顔師古注：“隱二年‘紀侯使履（裂）繻來逆女’。《公羊傳》曰‘婚禮不稱主人’，主人謂婿也。”[67][頁3475] 《校勘記》曰：“殿本‘履’作‘裂’。”[67][頁3480] 按：《漢書》整理本據殿本的校改是正確的，《漢書》抄刻者蓋以“裂繻”非《公羊》經而改，但改“裂”爲

“履”，又不改“繻”字，反而不倫不類。

（三）引《穀梁傳》而用《左氏》經

《儀禮·士冠禮》疏：“故隱元年‘公及邾儀父盟于蔑’，《穀梁傳》云：‘儀，字也。父，猶傳也，男子之美稱也。’”[128][頁958]按：《穀梁》經“蔑”作“眛”，此用《左氏》經。

（四）引《穀梁傳》范甯注而稱“何休曰”

《穀梁傳》范甯注經常被誤引作“何休曰”，這可能也是《穀梁傳》弱勢地位的表現。如：

《文選》卷四三劉孝標《重荅劉秣陵沼書》注[157][頁610]、卷六十任昉《齊竟陵文宣王行狀》[157][頁828]皆曰：“《穀梁傳》曰：‘兄弟，天倫也。’何休曰：‘兄先弟後，天之倫次也。’”按：此爲《穀梁傳·隱公元年》傳及范甯注，何休從未注過《穀梁傳》。此處引作“何休”，可能是作者無意識的筆誤，也反映出《穀梁傳》范甯注的地位較低。

《文選》卷三八任昉《爲齊明帝讓宣城郡公第一表》注：“《穀梁傳》曰：‘大夫，國體也。’何休曰：‘君之卿佐，是謂股肱，故曰國體。’”[157][頁536]按：此爲《穀梁傳·昭公十五年》傳及范甯注。

（五）引《公羊傳》而稱“春秋”

漢代《公羊傳》居於統治地位，漢代文獻引《春秋》往往用《公羊》家説，有時引《公羊傳》也稱“春秋”。王利器《古書引經傳經説稱爲本經考》一文即謂“稱引經傳可徑稱爲本經”①。如：

《漢書·終軍傳》：“今天下爲一，萬里同風，故《春秋》‘王者無外’。”[67][頁2818]按：此引《公羊傳·隱公元年》文。

《鹽鐵論·論功》：“《春秋》曰：‘桓公之與戎、狄，驅之爾。’况以天下之力乎？”[169][頁542]按：此引《公羊傳·莊公三十年》文。

《後漢書·楊終傳》：“魯文公毁泉臺，《春秋》譏之曰‘先祖爲之而己毁之，不如勿居而已’，以其無妨害於民也。”[72][頁1598]按：此引《公羊傳·文公十六年》文。

《通典·禮二十八》引孔融曰：“臣惟古典，《春秋》‘女在其國稱女，在途稱婦’。然則在途之臣，應與爲比。”[154][頁1894]按：此引《公羊傳·隱公二年》文。

① 見《王利器論學雜著》，北京師範大學出版社 1990 年版，第 542 頁。

但部分古籍整理者却因不知此例而誤校，如：

《鹽鐵論·周秦》："今廢其德教，而責之以禮義，是虐民也。《春秋傳》曰：'子有罪，執其父。臣有罪，執其君，聽失之大者也。'"[169][頁585] 王利器曰："'傳'字原無，今據《治要》引補。這是成公十六年《公羊傳》文。"[169][頁588] 今按：王校未必是。《鹽鐵論》全書或稱"春秋"，或稱"傳"，未有作"春秋傳"者。且漢人引《公羊傳》多或稱"春秋"，《鹽鐵論》中此例就有不少。此處作"春秋"自通，不必補"傳"字。

（六）引《左傳》而稱"春秋"

漢代以後，《左傳》地位提昇，稱"春秋"，往往就是指《左傳》。敦煌伯 3649 號《雜抄》云："論經史何人修撰製注……《春秋》，孔子修，杜預注。"徑以《左傳》當《春秋》。文獻中引用《左傳》也常稱"春秋"，如：

《水經注·淄水》："《春秋·莊公八年》，襄公使連稱、管至父戍葵丘。"[134][頁627] 按：此文見《左傳·莊公八年》，不見於《春秋》經。

《北堂書鈔》卷一〇二："《春秋》云：'昔辛甲之爲太史，命官箴王闕。'"[5][頁431] 按：此文見《左傳·襄公四年》，不見於《春秋》經。

《周禮·喪祝》疏："按《春秋》，晋文公卒，殯于曲沃，是爲去絳就祖殯。"[128][頁815] 按：此文見《左傳·僖公三十二年》，不見於《春秋》經。

《藝文類聚》卷二一："《春秋》曰：'劉子曰：人受天地之中以生，所謂命也。'"[176][頁384] 按：此文見《左傳·成公十三年》，不見於《春秋》經。

但部分古籍整理者往往因不知此例而誤校。如：

《詩經·大序》疏："其六情者，則《春秋》云'喜、怒、哀、樂、好、惡'是也。"[128][頁272] 《毛詩校勘記》曰："閩本、明監本、毛本同。案此不誤，浦鏜云'春秋下當脱左氏傳三字'，非也。凡引其書之支屬，即稱其大名，如《易緯》單稱《易》，《書序》單稱《書》，古人之通例，不可枚舉者也。"[107][頁358] 按：《校勘記》之説是，浦鏜誤校。

《論語·爲政》皇侃疏："故《春秋》云：'是謂比周。'言其爲惡周遍天下也。"[104][頁238] 《校勘記》："'春秋'下，飽本有'傳'字。"按：《論語義疏》多稱《左傳》爲《春秋》，飽本則多改"春秋"爲"春秋傳”或“左傳”①，其實皆誤。

《水經注·陰溝水》：“昔晉文公戰勝于楚，周襄王勞之于此。故《春秋》書‘甲午至于衡雝，作王宮于踐土’。”[134][頁550]楊守敬曰：“《左傳·僖二十八年》文。‘故《春秋》書’四字，當作‘左傳’二字。”[133][頁1935]段熙仲曰：“按《左氏傳》盛行後，前人往往簡稱《春秋傳》，此不必改，但增一‘傳’字即可。”[133][頁1992]按：楊、段之説皆非，《水經注》於《左傳》多稱“春秋”，此處不必改。

麗藏本《玄應音義》卷二四：“《春秋》‘怨偶曰讎’是也。”[166][頁95A]莊炘刊本“春秋”下有“傳”字[173][頁1121]，周法高以爲莊本是[166][頁56]。按：周説非。《慧琳音義》卷七十引《玄應音義》亦僅作“春秋”[172][册58頁878]，麗藏本不誤。

（七）引《春秋》説而稱“春秋”

古人不但引《公羊傳》、《左傳》稱“春秋”，引用一般的《春秋》説時，亦稱“春秋”。王利器《古書引經傳經説稱爲本經考》一文謂“稱引緯説可徑稱爲本經”②。如：

《説苑·政理》：“《春秋》曰：四民均則王道興而百姓寧。所謂四民者，士農工商也。”向宗魯曰：“或謂‘春秋’下有脱字，非也，漢人引師説，多直稱本經。”[144][頁172]

《鹽鐵論·錯幣》：“《春秋》曰：‘算不及蠻、夷則不行。’故王者外不鄣海澤以便民用，内不禁刀幣以通民施。”[169][頁58]王利器曰：“這當是《春秋》師説。《史記·商君傳》：‘利不百，不變法；功不十，不易器。’《漢書·韓安國傳》：‘利不十者不易業，功不百者不變常。’意義和此相近。這裏也是文學引《春秋》師説來反對變法改制的意思。”[169][頁67]

《風俗通義·聲音》：“《春秋》：‘師曠爲晉平公奏清徵之音……”[41][頁286]按：此文出自《韓非子·十過》，而《風俗通義》引作“春秋”。

---

① 又如《論語·八佾》皇侃疏：“杜注《春秋》及《公羊傳》皆云：諸侯六六三十六人；大夫四四十六人；士二二四人也。”（第247頁）鮑本改“杜注《春秋》及《公羊傳》”爲“杜注《左傳》及何休注《公羊傳》”。《論語·雍也》皇侃疏：“《春秋》昭公三年冬，晏子曰：‘齊舊四量：豆、甌、釜、鍾。四升爲豆，各自加其四以登於釜，釜十則鍾。’”（第302頁）鮑本於“春秋”下加“傳”字。《論語·憲問》皇侃疏：“子産卒，仲尼聞之，出涕曰：‘古之遺愛也。’事在《春秋》（第二十四卷）魯昭公二十年冬也。”（第455頁）鮑本於“冬”下加“傳”字。例多不再舉。

② 見《王利器論學雜著》，北京師範大學出版社1990年版，第544頁。

（八）引《春秋》説而稱“春秋傳”

《鹽鐵論·本議》：“傳曰：‘諸侯好利則大夫鄙，大夫鄙則士貪，士貪則庶人盗。’”[169][頁4] 王利器曰：“《説苑·貴德》篇：‘故天子好利則諸侯貪，諸侯貪則大夫鄙，大夫鄙則庶人盗。’《公羊傳·桓十五年》何休注：‘王者不當求，求則諸侯貪，大夫鄙，士庶盗竊。’又見《春秋繁露·玉英》篇，都是《公羊》家舊説。”[169][頁21]

《詩經·大雅·緜》鄭玄箋：“《春秋傳》曰：‘蜃，宜社之肉。’”孔穎達疏：“三傳皆無此文，而言‘傳曰’，衍字也。”[128][頁511] 按：《周禮·大宗伯》疏引《五經異義》曰：“《左氏》説，脤，社祭之肉，盛之以蜃。”[128][頁511] 是此文爲《左傳》師説。

《禮記·曾子問》疏：“《春秋傳》曰：日有食之，天子伐鼓於社，責上公也；諸侯伐鼓於朝，退自責也。”[128][頁1394] 按：《左傳·文公十五年》雖有天子、諸侯伐鼓之文，但并無“責上公”、“退自責”之説。《禮記·郊特牲》疏引王肅説曰：“《春秋》説，伐鼓於社責上公。”[128][頁1449] 是此爲《春秋》舊説。

（九）引《春秋》經而稱“春秋傳”

《白虎通義·嫁娶》：“天子之妃謂之后何？后者，君也。天子妃至尊，故謂后也。明配至尊，爲海内小君，天下尊之，故繫王言之，[曰王后也]。《春秋傳》曰：‘迎王后于紀。’”[1][頁489] 按：引文見桓公八年《春秋》經。

《周禮·萍氏》鄭玄注：“《春秋傳》曰：‘夜中星隕如雨。’”[128][頁885] 按：引文見莊公七年《春秋》經。

《禮記·曲禮》下鄭玄注：“天子之言出，諸侯之生名，皆有大惡，君子所遠，出、名以絶之。《春秋傳》曰‘天王出居於鄭’、‘衛侯朔入於衛’是也。”[128][頁1267] 按：引文見莊公六年、僖公二十四年《春秋》經。

《説文·禾部》：“《春秋傳》曰‘大有年’。”[137][頁146] 按：引文見宣公十六年《春秋》經。

但有些文獻可能確實存在誤衍“傳”字的情况。

《白虎通義·誅伐》：“諸侯有三年之喪，有罪且不誅何？君子恕己，哀孝子之思慕，不忍加刑罰。《春秋傳》曰：‘晋士匄帥師侵齊，至穀，聞齊侯卒，乃還。’《傳》曰：‘大其不伐喪也。’”[1][頁212] 按：所引爲襄公十九年《春秋》經及《公羊傳》。後既稱“傳曰”，前不當又作“春秋傳”。“春秋傳”中的“傳”字可能是後世誤衍。

（十）《公羊傳》與《穀梁傳》互誤

由於《公羊傳》、《穀梁傳》形式相近，故文獻每互誤此二書。

《漢書・楚元王傳》“魯隱之始即位也，周大夫祭伯乖離不和，出奔於魯”，張晏注：“隱元年‘祭伯來’，《穀梁傳》曰‘奔也’。”[67][頁1936]按：《穀梁傳》無此文，所引爲《公羊傳・隱公元年》文。

《御覽》卷四八〇：“《穀梁》曰：晋大夫敗齊師於鞌。郤克曰：‘與我紀侯之甗，且以蕭同叔子爲質。’”[150][頁2200]按：《穀梁傳》無此文，所引爲《公羊傳・成公二年》文。

《白氏六帖》卷一：“《公羊》：冬，無冰。時燠也。”[2][頁1948]按：《公羊傳》無此文，所引爲《穀梁傳・桓公十四年》文。

（十一）引《公羊》説而稱《公羊傳》

《尚書・舜典》疏：“《公羊傳》云‘害物曰災’，是爲害也。”[128][頁129]按：《公羊傳》無此文。《公羊傳・隱公五年》：“螟。何以書？記災也。”何休注：“災者，有害於人物，隨事而至者。”[128][頁2208]是《尚書正義》所引爲《公羊》家説。

《文選》卷二張衡《西京賦》注：“《公羊傳》曰：郛者何？域（城）外大郭也。”[157][頁38]按：《公羊傳》無此文。《公羊傳・文公十五年》：“郛者何？恢郭也。”何休注：“恢，大也。郭，城外大郭。”[128][頁2274]是《文選》注所引爲《公羊》家説。

或有學者不知此例而誤校。如：

《後漢書・孝章帝紀》李賢注：“《公羊傳》曰：‘存二王之後，所以通三正也。’漢之二王，殷、周之後也。”[72][頁150]整理者據《校補》於“傳”下增“注”字。按：《公羊傳・隱公三年》何休注：“王者存二王之後，使統其正朔，服其服色，行其禮樂，所以尊先聖，通三統，師法之義，恭讓之禮，於是可得而觀之。”與《後漢書》注所引亦不合，《校補》之説不可信。《通典・禮三十四》引崔靈恩曰：“又《春秋公羊》説曰：‘存二王之後，所以通三正。’以上皆無謂二王之後爲三恪之文。”[154][頁2030]則《後漢書》注所引爲《公羊》家舊説，而冠以“公羊傳”之名。

（十二）引《左傳》注而稱“左傳（春秋傳）”

《玉篇・手部》：“《春秋傳》曰，食指動謂第二指也。”[147][頁115]按：

引文爲《左傳·宣公四年》杜預注。

《文選》卷五左思《吴都賦》劉淵林注："鶢鶋，鳥也，似鳳。《左傳》曰：海鳥爰居，止魯東門外三日，臧文仲使國人祭之，不知其鳥，以爲神也。"[157][頁84] 按：引文爲《左傳·文公二年》杜預注。

《慧琳音義》卷二十"癬疥"下曰："《左傳》云，皮毛無疥癬也。"[172][册57頁800] 按：引文爲《左傳·桓公六年》杜預注。

（十三）引《穀梁傳》注而稱"穀梁傳"

《後漢書·孝安帝紀》李賢注："《穀梁傳》曰：'大行受大名。'"[72][頁205] 按：引文見桓公十八年《穀梁傳》范甯注。

《文選》卷三五張協《七命》注："《穀梁傳》曰：凡地之所生，謂之毛。"[157][頁496] 按：引文見定公元年《穀梁傳》范甯注。

（十四）引《春秋傳》而稱"春秋傳注"

因爲有些《春秋傳》文也訓詁字義，與注文類似，故引者或誤以爲注文。如：

《史記·張儀傳》正義："《左傳》晋有公族、餘子、公行。杜預云：'皆官（宦）卿之嫡爲公族大夫。餘子，嫡子之母弟也。公行，庶子掌公戎行也。'"[130][頁2279] 按："宦卿之嫡爲公族大夫"一句爲宣公二年《左傳》文。

《慧琳音義》卷八五："杜注《左傳》，竊賄爲盗。"[172][册59頁91] 按：引文爲文公十八年《左傳》。

《慧琳音義》卷八八："何注《公羊傳》云，覿，見也。"[172][册59頁137] 按：《公羊傳·莊公二十四年》："覿者何？見也。"[128][頁2237]《慧琳音義》蓋據此傳文，而誤以爲何休注。

（十五）引《春秋傳》而稱"禮"

有些文獻在引用《春秋傳》中關於禮制的内容時，稱"禮曰"。如：

《漢書·霍光傳》："臣敞等議，禮曰'爲人後者爲之子也'，昌邑王宜嗣後，遣宗正、大鴻臚、光禄大夫奉節使徵昌邑王典喪。"[67][頁2940] 按：引文見《公羊傳·成公十五年》。

《穀梁傳·僖公十一年》范甯注："禮，龍見而雩。常祀不書，書者皆以旱也。"[128][頁2396] 按："龍見而雩"爲桓公五年《左傳》文。

整理者有不識此例而誤校者。

《風俗通義·過譽》："《春秋》諸侯朝覲會遇，大夫亦豫其好。《禮記》曰：'大夫三月葬，同位畢至。'此言謹終悼亡，不説子弟當見寵拔也。"王利器曰："此《左傳·隱公元年》文，《禮記·王制》、《雜記》俱言'大夫三月而葬'，無下句。"[41][頁196]按：應劭所引當即《左傳》。古人多引《春秋傳》而稱"禮"。《禮記》之書名形成較晚，漢人未有稱之者。

《詩經·陳風·東門之枌》疏："禮，孫以王父字爲氏。此人上祖必有字子仲者，故氏子仲也。"[128][頁376]北京大學出版社整理本《毛詩正義》改"禮"爲"公羊傳"，且曰："此乃《春秋公羊傳》成公十五年語，非《禮記》語。"[108][頁441]按：此爲整理者妄改，文獻中多引《公羊傳》作"禮"。

（十六）關於《春秋傳》篇名的標法

《春秋傳》的篇名都是某公某年，與其他書的篇名不同，在篇名的標識上也有一些不同。主要有以下幾種：

1.《左傳》（《春秋》、《公羊傳》、《穀梁傳》）某年

這種《春秋傳》篇名的標法最爲常見，略舉三例：

《水經注·泱水》："《春秋左傳·襄公二十六年》，楚子、秦人侵吴及雩婁，聞吴有備而還是也。"[134][頁746]

《儀禮·士昏禮》疏："知大古之羹無鹽菜者，《左傳·桓二年》臧哀伯云：'大羹不致。'"[128][頁963]

《史記·管蔡世家》索隱："《春秋·隱五年》'衞師入郕'。"[130][頁1564]

2. 某年《左傳》（《公羊傳》、《穀梁傳》）

這種標法也是比較常見的，如：

《周禮·司尊彝》疏："《春秋傳》者，文公六年《左氏傳》云：'閏月不告朔，猶朝於廟。'"[128][頁774]

《周易·泰卦》疏："'婦人謂嫁曰歸'，隱二年《公羊傳》文也。"[128][頁28]

3.《春秋》某年經（傳、《左傳》、《公羊傳》、《穀梁傳》）

《儀禮·覲禮》疏："《春秋·襄十一年》經書'公會晋侯宋公之等伐鄭'。"[128][頁1092]

《論語·憲問》疏："案《春秋》襄二十三年左氏傳，以阿順季氏出奔邾，又以防求爲後於魯，致防而奔齊。"[128][頁2511]

《詩經·周頌·豐年》疏："《春秋》宣十六年穀梁傳曰：'五穀大熟爲大有年。'"[128][頁594]

4.《左氏》（公羊、穀梁）某年傳

《史記·陳杞世家》索隱："《左氏·隱四年》傳云'莒人伐杞，取牟

婁’。牟婁，曹東邑也。”[130][頁1583]

《禮記·月令》疏：“按《公羊·隱五年》傳云：‘三公者何？天子之相也。’”[128][頁1356]

5.《左氏》某公傳

此例主要存在於《周禮注疏》中。

《周禮·調人》疏：“言‘仇讎’者，案《左氏·桓公》傳云：‘怨耦曰仇。’則仇是怨也，讎謂報也。”[128][頁732]

《周禮·天官·序官》疏：“《左氏·莊公》傳云‘水昏正而栽’，知是十月始興土功。”[128][頁639]

前人或不知此例而誤校。

《周禮·内宰》疏：“云‘量，豆、區之屬’者，此案《左氏·昭公》傳晏子云：‘齊舊四量，豆、區、釜、鍾。’”[128][頁685]《校勘記》曰：“浦鏜云：‘昭公下當脱三年。’”[193][頁463]按：浦説誤，《周禮注疏》多稱“左氏某公傳”。

6.《左傳》+卷名

此例多見於《太平御覽》中。

《御覽》卷八〇七：“《左傳·昭四》曰：有星孛于大辰……”[150][頁3586]按：引文見《左傳·昭公十七年》，當《左傳》第二十三卷，昭公第四。

《御覽》卷九一七：“《左傳》曰：哀上，曹伯陽即位，好田弋……”[150][頁4066]按：引文見《左傳·哀公七年》，當《左傳》第二十九卷哀上。

後人轉寫，或誤於卷名後加“年”字。如：

《御覽》卷三七二：“又襄四年曰：齊侯襲莒……”[150][頁1714]按：引文見《左傳·襄公二十三年》，當《左傳》第十七卷襄公第四，今本衍“年”字。

《御覽》卷四九九：“又襄五年曰：楚伐鄭，至于城麇……”[150][頁2269]按：引文見《左傳·襄公二十六年》，當《左傳》第十八卷襄公第五，今本衍“年”字。

7.《春秋》+卷號+某年

此例主要見於《論語義疏》，卷號一般以夾行注注出，可能是南北朝引經之例。如：

《論語·子路》皇侃疏：“吴公子札出聘于上國，適衛，説蘧瑗、史狗、史鰌、公子荆、公子叔、公子朝，曰：‘衛多君子，未有患巳。’事在

《春秋》（原注：第十九卷）襄公二十九年傳也。”[104][頁439]

《論語·憲問》皇侃疏：“子産卒，仲尼聞之，出涕曰：‘古之遺愛也。’事在《春秋》（原注：第二十四卷）魯昭公二十年冬也。”[104][頁455]

二　合引

（一）《春秋傳》内部不同篇目合引

文獻有時合引《春秋傳》不同篇目，不單獨標注篇名。如：

《原本玉篇殘卷·糸部》“絜”字下：“《左氏傳》‘絜粢豐盛’，‘享祀豐絜’。”[181][頁171]按：“絜粢豐盛”見於《左傳·桓公六年》，“享祀豐絜”見於《左傳·僖公五年》。

《藝文類聚》卷三八：“《左傳》曰：龍見而雩，雪霜風雨之災則禜之。”[176][頁678]按：“龍見而雩”見《左傳·桓公五年》，“雪霜”句則見《左傳·昭公元年》。

（二）《春秋傳》與其他書合引

文獻中多有《春秋傳》與其他書合引的情況，如：

《史記·循吏傳》索隱：“《左傳》及《系家》云子産死，孔子泣曰‘子産，古之遺愛也’。”[130][頁3101]

《詩經·詩譜序》疏：“《左傳》及《國語》稱魯叔孫穆子聘於晉，晉人爲之歌《文王》、《大明》、《綿》。”[128][頁263]

當《春秋傳》與文獻所引另一書文字不完全一致時，引文可能會採用另一書的原文。如：

《説文繫傳》卷十六“裻”下曰：“《春秋左傳》及《國語》曰：‘衣之偏裻。’”[135][頁170]按：《左傳·閔公二年》作“公衣之偏衣”，《國語·晋語一》作“衣之偏裻之衣”[61][頁277]，此用《國語》文。值得注意的是，《繫傳》此處注“裻”字，《左傳》中并無“裻”字，徐鍇僅是連帶引及《左傳》。

合引中的引文也可能與兩書均不同，而是引者綜合兩書而得。如：

《史記·王翦傳》正義引《括地志》曰：“《左傳》及注《水經》云‘楚大城城父，使太子建居之’。”[130][頁2340]按：《左傳·昭公十九年》曰：“若大城城父，而寘大子焉。”《水經注·汝水》曰：“昔楚平王大城城父，以居太子建。”[134][頁501]引文與此二者均不同。

（三）參用《春秋》三傳，不分别標示

《周禮·大司馬》鄭玄注：“《春秋傳》曰‘粗者曰侵，精者曰伐’，

又曰‘有鍾鼓曰伐’。”[128][頁835]按：“粗者”二句爲《公羊傳》，“有鍾鼓曰伐”出自《左傳》。《詩經·小雅·采薇》疏引前揭《周禮》注曰：“鄭參用三傳之文也。”[128][頁413]

《禮記·大學》鄭玄注：“《春秋傳》曰‘登戾之’，又曰‘鄭伯之車僨於濟’。”[128][頁1674]按：“登戾之”用《公羊傳·隱公五年》説，“鄭伯”句出《左傳·隱公三年》。

《通典》卷七十六：“《穀梁傳》曰：因蒐狩以習用武事，禮之大者也。艾蘭以爲防，（蘭，香草也。防，爲田之大限。）① ……禽雖多，天子取三十焉。一爲乾豆，（謂自左膘而射，達於右腢，爲上等。腢，膊前骨也，音虞，又五口反。）二爲賓客，（謂射右耳本，爲次等。）三爲充君之庖。（謂射左髀達於右䯒，爲下等。）其餘與士衆以習射於射宫。（取三十以供乾豆、賓客、君之庖。射宫，澤宫。）射而中，田不得禽則得禽；射而不中，田得禽則不得禽。是以知古之貴仁義而賤勇力也。（射以不爭爲仁，揖讓爲義。）”[154][頁2068—2069]按：此文“一爲”至“之庖”爲《公羊傳·桓公四年》傳及何休注，餘皆爲《穀梁傳·昭公八年》傳及范甯注。

（四）叙事參用三傳

漢以後文獻叙述春秋史實，每參用三傳之文，《史記》、《新序》、《説苑》、《孔子家語》等書中此類之例極多，今略舉一例：

《水經注·泗水》：“宋華元居于稷里，宣公十五年，楚、鄭圍宋，晋解揚違楚，致命于此。宋人懼，使華元乘闉夜入楚師，登子反之牀曰：寡君使元以病告，弊邑易子而食，析骸以爨，城下之盟，所不能也。子反退一舍，宋、楚乃平。”[134][頁599]按：“乘闉”爲《公羊傳·宣公十五年》事，而“登子反之牀”則爲《左傳》所獨有。此段乃酈道元綜合二傳而成。

（五）相近内容雜糅到一起

有些文獻引《春秋傳》會將語義相近的其他篇目，甚至其他文獻中的内容雜糅進來。如：

《新書·禮容語下》：“魯叔孫昭聘於宋，宋元公與之燕，飲酒，樂。昭子右坐，歌終而語，因相泣也。樂祁曰：‘過哉，君！非哀所也。’已而告人曰：‘今茲，君與叔孫其皆死乎？吾聞之，哀樂而樂哀，皆喪心

---

① 括號中爲原文注。

也。心之精爽是謂魂魄，魂魄已失，何以能久？且吾聞之，主民者不可以媮，媮必死。今君與叔孫其語皆媮，死日不遠矣。’居六月，宋元公薨。閒一月，叔孫婼卒。”[162][頁378]按：此文大部分引自《左傳·昭公二十五年》，而“主民者不可以媮，媮必死”則出自《左傳·文公十七年》。

《北堂書鈔》卷一一三：“《左傳》云：‘亂者取之，亡者侮之，推亡固存，邦乃其昌。’”[5][頁476]按：《左傳·襄公十四年》：“仲虺有言曰：‘亡者侮之，亂者取之。推亡、固存，國之道也。’”《尚書·仲虺之誥》：“兼弱攻昧，取亂侮亡，推亡固存，邦乃其昌。”[128][頁161]《北堂書鈔》因二者語義相近而雜糅到一起。

《初學記》卷十八：“齊慶氏亡，分其邑與晏子，晏子不受。人問曰：‘富者，人所欲也，何爲不受？’對曰：‘無功之賞，不義之富，禍之媒也。我非惡富，恐失富也。’”[7][頁442]按：此文大部分引自《左傳·襄公二十八年》，而“無功之賞，不義之富，禍之媒也”三句則引自《晏子春秋》①。

（六）引此處之傳用彼處之注

有些文獻引用《春秋傳》并連帶引用古注，一般注文與傳文是對應的，但在有些情況下并不完全對應。如：

《詩經·周南·兔罝》疏：“莊二十八年《左傳》‘楚伐鄭，入自純門，及逵市’，杜預云：‘逵并九軌。’”[128][頁281]按：所引傳出自《左傳·莊公二十八年》，但所引杜預注出自《左傳·隱公十一年》。

《文選》卷二張衡《西京賦》注：“《左氏傳》曰‘楚莊王欲納夏姬’，杜預曰：‘夏姬，鄭穆公女，陳大夫御叔妻。’”[157][頁49]按：所引傳出自《左傳·成公二年》，所引注出自《左傳·宣公九年》。

《慧琳音義》卷四：“《左傳》‘耳不聽五音之和謂之聾’，杜預曰：‘聾，暗也。’”[172][冊57頁473]按：所引傳出自《左傳·僖公二十四年》，所引注出自《左傳·宣公十四年》。

有些文獻整理者因不知此例而誤校。如：

《後漢書·郡國志》“高平侯國”劉昭注：“《左傳·隱九年》費伯城郎，杜預曰縣東南有郁郎亭。”[72][頁3456]整理者改“九”作“元”，且謂

---

① 今本《晏子春秋》已無此文，而沈啟南本猶存此文於注，參《晏子春秋集釋》，第406—407頁。

“據《左傳》改”[72][頁3467]。按：劉昭所引杜預注確爲《左傳·隱公元年》杜注，但隱公九年《春秋》經亦書“城郎”，則此處“九”未必爲“元”字之誤。

《後漢書·郡國志》“方與有武唐亭”，劉昭注：“《左傳·桓二年》‘盟于唐’，杜預曰在西南。”[72][頁3456]《校勘記》：“隱二年經‘公及戎盟于唐’，杜注‘高平方與縣北有武唐亭’。劉昭注引經傳及杜注多刪節，若此注則有脱誤矣。”[72][頁3467]按：桓公二年《春秋》經亦稱“公及戎盟于唐”之文，劉昭蓋引桓公二年經而引隱公二年注。

《後漢書·郡國志》“昌慮”劉昭注：“《左傳·昭三十一年》‘邾黑肱以濫來奔’，杜預曰縣所治，城東北有郳城。郳，小邾國也。”[72][頁3458]《校勘記》：“昭三十一年經‘黑肱以濫來奔’，杜預注‘黑肱，邾大夫；濫，東海昌慮縣’。又莊五年經‘郳犁來來朝’，杜注‘東海昌慮縣東北有郳城；黎來，名’。《釋文》‘郳，五兮反，國名，後爲小邾’。此注節引杜注錯亂，驟睹之幾不可解。”[72][頁3468]按：劉昭注引昭公三十一年經，并引莊公五年注，改杜注“昌慮縣”爲“縣所治城”乃劉昭注體例，“郳，小邾國也”爲劉昭增加之文，全注并無錯亂。

（七）引《春秋傳》傳文及注文的位置問題

有些文獻在引用《春秋傳》傳文時一并引用相關的注文。依照傳統的書籍樣式，一般以雙行小字和單行大字的方式區别正文與注文。但在引文當中，這種樣式有時會不太合適。引文中標示注文的方式主要有以下三種：

1. 以雙行注標示注文

主要有《藝文類聚》、《太平御覽》、《通典》等大型類書、政書採用這種方式，這類書籍本身一般是單行大字，所以可以用雙行小字的方式出注。因此例簡單，僅舉一例：

《藝文類聚》卷二：“《左氏傳》曰：‘楚子次於乾谿，雨雪，王皮冠，秦復陶（原有雙行小字：秦所遺羽衣也），翠被豹舄，執鞭以出。’”[176][頁21]

2. 注文與正文雜錯并行

一些注疏中引用《春秋》傳的注文時，因其本身已是雙行小字，只得將引文中的注文抄在正文中間，與正文雜錯并行。如：

《論語·憲問》皇侃疏：“齊侯將爲臧紇田，臧孫聞之，見齊侯，與之言伐晉。對曰：‘多則多矣，抑君似鼠。夫鼠，晝伏夜動，不穴於寢廟，畏人故也。今君聞晋之亂而後作焉，寧將事之，非鼠如何？'乃弗與田，臧孫知齊侯將敗，不欲受其邑，故以比鼠，欲使怒而止。仲尼曰：'智之難也……'"[104][頁458]按："乃弗與田"以上，及"仲尼曰"以下皆《左傳·襄公二十三年》傳文，"臧孫知"至"而止"則爲本年注文。

這種正文、注文雜錯的樣式明顯不利於區别二者，因此有些文獻會在注文前冠以"注曰"或"某注曰"。如：

《水經注·淮水》："《春秋左傳·昭公九年》，楚公子棄疾遷許于夷，寔城父矣。取州來淮北之田以益之，伍舉授許男田。杜預曰：此時改城父爲夷，故傳寔之者也。然丹遷城父人于陳，以夷濮西田益之。"[134][頁708]按："杜預"以下至"者也"爲杜預注的内容。

這種注文標注形式的現代標點是需要注意的一個問題，《史記·吴世家》索隱："十五年傳曰：'會于戚，討曹成公也，執而歸諸京師。諸侯將見子臧於王而立之。子臧曰："前志有之，曰聖達節，杜預曰：聖人應天命，不拘常禮也。次守節，杜預曰：謂賢者也。下失節。杜預曰：愚者，妄動也。爲君，非吾節也。雖不能聖，敢失守乎？"遂逃奔宋。'"[130][頁1450]整理者没有將混雜在《左傳》正文中的杜預注標示出來，反而用引號引在子臧之語内，這顯然是不合適的。

這種方式雖然標明了注文的起首，但其訖止處仍不明瞭，故而後世一般將注文全置於正文之後。

3. 注文置於正文之後

《北堂書鈔》卷一一八："《左傳》'齊晋戰於鞌，高固入晋師，桀石以投人，禽之而乘其車'，杜注曰：'桀，擔也。既獲其人，因釋己車而乘所獲者車。'"[5][頁495]按：所引杜注"桀，擔也"爲"投人"下注，"既獲"以下爲"其車"下注。

這種標注方式雖然解决了明瞭注文起訖的問題，但因割裂了正文與注文，注文所注何文則變得不明晰了。因此，有些文獻在引用注文時往往抄出注文對應的正文。如：

《後漢書·張衡傳》李賢注："《左傳》魯叔孫豹曰：'太上有立德，其次有立功，其次有立言。'杜預注云：'立德，黄帝、堯、舜也。立功，禹、稷也。立言，史佚、周任、臧文仲。'"[72][頁1906]按：所引杜注之"立德"、"立功"、"立言"皆杜注中本無，乃李賢爲表明杜預所注之文而從正文中抄出者。現存注疏文獻中合引《春秋傳》正文、注文大多都採用這種形式。

三　改字

漢代以來的文獻引用《春秋》經傳時，大多并非照録原文，往往會略作改動，包括改字、增字、省字等。改字主要有以下幾種情況：

（一）以同義詞改字

《史記》、《新序》、《説苑》等化用《春秋》經傳的内容，往往用當時通行的詞語改寫原文中較爲生僻的詞語，本書第四章中將對此有專門討論。各類文獻的直接引文中，也多以同義詞改引文，如：

《周禮·大祝》鄭玄注："鄭司農説'設軍社'以《春秋傳》曰所謂'君以師行，祓社釁鼓，祝奉以從'者也。"賈公彦達疏："司農引《春秋傳》者，定四年《左氏傳》，按彼祝佗云'君以軍行'者，師則軍也。故《尚書》云'大巡六師'，《詩》云'六師及之'，皆以師名軍。"[128][頁811]

《後漢書·郎顗傳》："《春秋》曰：'有星孛于大辰。大辰者何？大火也。大火爲大辰，伐又爲大辰，北極亦爲大辰。'"[72][頁1063]按：此引《公羊傳·昭公十七年》，今本《公羊傳》"北極"作"北辰"，何休注："北辰，北極，天之中也。"

《文選》卷十潘岳《西征賦》注："《左氏傳》曰：秦伯不廢孟明，曰：孤之罪也。"[157][頁150]按：此引《左傳·僖公三十三年》，今本《左傳》"廢"作"替"，《説文·竝部》："替，廢。"[137][頁216]

《初學記》卷二六："晋靈公使宰夫煑熊蹯，不熟，殺之，寘諸畚，載以過朝。"[7][頁639]按：此引《左傳·宣公二年》，今本《左傳》"煑"作"胹"，《經典釋文》："胹，煮也。"[84][頁244]

（二）以分别文、異體字、後起本字改字

"以同義詞改字"主要是由於詞彙的演變造成的，而由於文字的演化，後世引者每以當時通行字改古字，如以"悦"改"説"，以"境"改"竟"，以"墜"改"隊"，以"早"改"蚤"等。又如：

《論語·雍也》皇侃疏："《春秋》昭公三年冬，晏子曰：'齊舊四量：豆、甌、釜、鍾。四升爲豆，各自加其四以登於釜，釜十則鍾。'"[104][頁302]按：今《左傳·昭公三年》"甌"作"區"。《廣雅·釋器》："甌，瓻也。"王念孫疏證："甌之言區也。"[60][頁218]"甌"、"區"

古今字。

《慧琳音義》卷六四："《春秋傳》曰：'奉迤渶盥。'"[172][册58頁756]按：此引《左傳·僖公二十三年》，今本作"奉匜沃盥"。張涌泉師曰："'匚'旁的'𠃊'筆俗作'乀'，又變作'乂'、'廴'、'辶'等形。"如"匹"俗作"迊"，"匜"俗作"迆"，"匠"俗作"近"皆其例[37][下編頁24—25]，所以"匜"俗寫有可能訛變作"迤"。而"渶"則又"沃"改變聲旁之俗字。

《慧琳音義》卷八："《左傳》曰：'環城，附於堞。'"[172][册57頁540]按：此引《左傳·襄公六年》，今本"附"作"傅"。《説文·人部》："傅，相也。"[137][頁164]《玉篇·阜部》："附，依也，近也，著也。"[147][頁417]是《左傳》作"傅"爲借字，《慧琳音義》引作"附"則以後起本字改。

通過對文獻引書改字的研究，還可以看出漢字演變的一些規律，限於篇幅，略舉三例如下：

1. 地名多加"邑"旁

金文中地名多無"邑"旁，如"鄭"止作"奠"，"郕"止作"成"之類。《左傳》本爲古文，地名也多無"邑"旁，後世地名則多加"邑"旁。後世文獻中引用《左傳》多贅加"邑"旁，即以當時通行字改《左傳》地名。此例極多，此處略舉數例：

《左傳·隱公十一年》："與鄭人蘇忿生之田：温、原、絺、樊。"《説文·邑部》[137][頁133]、《史記·秦本紀》正義引《括地志》[130][頁220]"絺"作"郗"；《慧琳音義》卷八十引，"樊"作"𨟚"[172][册58頁1088]。

《左傳·僖公元年》："公賜季友汶陽之田及費。"《史記·魯世家》"費"作"鄪"。[130][頁1534]

《左傳·定公八年》："陽虎入于讙、陽關以叛。"《漢書·地理志》應劭注引，"讙"作"酄"[67][頁1582]。

2. 水名加"水"旁

《左傳·隱公元年》杜預注："鄭在熒陽宛陵縣西南。"《釋文》："熒，本或作滎，非。"[84][頁221]《校勘記》："熒陽、熒澤字古無從水者，陸氏《音義》全書皆作'熒'，是也。"[27][頁789]但文獻中引用《左傳》，"熒"多或作"滎"，如《左傳·襄公十八年》杜預注"旃然水出熒陽城皋縣"，《水經注·濟水》引，"熒"作"滎"[134][頁194]。

《左傳·哀公六年》："江、漢、睢、章，楚之望也。"《水經注·江水》[134][頁796]、《北堂書鈔》卷八八[5][頁368]、《漢書·地理志》顔師古注[67][頁1567]、《藝文類聚》卷八[176][頁155]、《御覽》卷六一[150][頁291]、卷六五[150][頁309]引，“雎”作“沮”，“章”作“漳”。《周禮·小宗伯》疏[128][頁766]、《文選》卷二七顔延年《始安郡還都與張湘州登巴陵城樓作》[157][頁383]、《説文繫傳》卷二一[135][頁217]引，“章”亦作“漳”。

3. 與衣物布帛有關加“糹”旁

《左傳·桓公二年》“藻率鞞鞛”，《後漢書·輿物志》劉昭注[72][頁3672]、《文選》卷三張衡《東京賦》李善注[157][頁58]、《通典·禮二十三》[154][頁1753]引，“率”作“繂”。

《左傳·僖公六年》“大夫衰絰”，《藝文類聚》卷八四引，“衰”作“縗”[176][頁1432]。

（三）據《春秋傳》原注改字

上例提到的是引者據一般的訓詁改字，但有些引文改字有其特殊原因，其中就包括據原注改字。如：

《原本玉篇殘卷·阜部》“陰”字下云：“又曰：鹿死不釋（擇）陰。”[181][頁486]按：此引《左傳·文公十七年》文，今本《左傳》“陰”作“音”，杜預曰：“音，所茠蔭之處。古字聲同，皆相假借。”是杜預讀傳之“音”爲“陰”，顧野王則徑據杜注改字。

《文選》卷十三張華《鷦鷯賦》注：“《左氏傳》曰：‘虞叔有玉，虞公求之。’”[157][頁202]按：此引《左傳·桓公十年》，今本“之”作“旃”，杜預注：“旃，之也。”是李善據杜預訓詁改字。

《史記·樂書》集解：“《公羊傳》曰：‘龜青緣。’”[130][頁1202]按：此引《公羊傳·定公八年》，今本“緣”作“純”，何休注：“純，緣也。”是裴駰據何休訓詁改字。

（四）因所注之文改引文

王引之在《經義述聞》中曾説：“古人引書不皆如其本字，苟所引之書作彼字，所注之書作此字，而聲義同者，則寫從所注之書。”[述聞][頁139]其説是。引文據以改字的正文與引文本身可能是異體字關係，如：

《爾雅·釋言》“諐，過也”，邢昺疏：“諐者，《左傳》曰‘禮義不諐’之類是也。”[128][頁2581]按：此引《左傳·昭公四年》，今本“諐”作“愆”，《説文·心部》：“愆，過也，从心衍聲。諐，籀文。”[137][頁221]

《周禮·考工記·陶人》“陶人爲甗，實二鬴”，鄭玄注：“量，六斗四升曰鬴。”賈公彦疏：“‘六斗四升曰鬴’，昭三年《左氏傳》齊晏子辭。”[128][頁924]按：此引《左傳·昭公三年》，今本“鬴”作“釜”，《説文·鬲部》：“釜，鬴或从金父聲。”[137][頁62]

也可能是古今字關係，如：

《爾雅·釋器》“木謂之剫”郭璞注：“《左傳》曰：‘山有木，工則剫之。’”[128][頁2600]按：此引《左傳·隱公十一年》文，今本“剫”作“度”。《詩經·魯頌·閟宮》：“徂來之松，新甫之柏，是斷是度，是尋是尺。”馬瑞辰曰：“度者，剫之省借……剫與斷義近，故《詩》以斷、度并舉。”[106][頁1154]是“度”本有斷義，後增加偏旁作“剫”。

也可能是本字與假借字的關係，如：

《漢書·高祖本紀》“已而有娠”，應劭注：“娠，動，懷任之意。《左傳》曰‘邑姜方娠’。”[67][頁2]按：此引《左傳·昭公元年》文，今本“娠”作“震”。《漢書》孟康注曰：“娠音身，《漢》、《史》身多作娠，古今字也。”顔師古曰：“孟説是也。《漢書》皆以娠爲任身字。‘邑姜方震’，自爲震動之字，不作娠。”孟康以爲“娠”與“身”同源，其説是，但顔師古以爲“娠”、“震”無關，則非。《左傳釋文》：“震，本又作娠。”[84][頁272]《左傳》杜預注：“懷胎爲震。”《説文·女部》：“娠，女妊身動也。”段玉裁曰：“其字亦叚震爲之，昭元年《左傳》‘邑姜方震大叔’是也。”[140][頁614]是《左傳》作“震”爲假借字，《漢書》作“娠”，乃據“震”别構之後起本字。

《詩經·小雅·小弁》“行有死人，尚或墐之”，毛傳：“墐，路冢也。”孔穎達疏：“墐者，堙藏之名耳。此言‘行有死人’，是於路傍，故曰路冢。《左傳》曰‘道墐相望’是也。”[128][頁453]按：此引《左傳·昭公三年》，今本“墐”作“殣”。《説文·土部》：“墐，涂也。”[137][頁287]《玉篇·歹部》：“殣，路冢也。”[147][頁223]是《左傳》作“殣”爲本字，《毛詩正義》引，據《詩經》改作“墐”，則以假借字改本字。

可能是聯綿詞的不同形式，如：

《詩經·邶風·旄丘》“狐裘蒙戎，匪車不東”，毛傳：“蒙戎，以言亂也。”孔穎達疏：“以蒙戎者，亂之貌，故云‘蒙戎，以言亂也’。《左傳》曰：‘士蔿賦詩云，狐裘蒙戎。’杜預云：‘蒙戎，亂貌。’以此傳爲説。”[128][頁306]按：此引《左傳·僖公五年》，今本傳注“蒙戎”皆作“尨茸”。“蒙”、“尨”雙聲，“戎”、“茸”雙聲，兩者不過同一聯綿詞的不同形式而已。

可能是近義詞，如：

《後漢書·文苑傳》“繁手超於北里”，李賢注：“《左傳》曰：‘繁手淫聲，慆堙心耳，乃忘和平。’”[72][頁2643]按：此引《左傳·昭公元年》，今本“繁”作“煩”。孔穎達疏：“手煩不已，則雜聲并奏，記傳所謂鄭、衛之聲，謂此也。”[128][頁2025]《文選》馬融《长笛赋》：“繁手累發，密櫛疊重。”吕延济注：“手指繁捻而累舉如梳齒也。”[98][頁329]是“繁”、“煩”義近，作“繁”作“煩”義皆可通。

王引之以爲據所注之文改字需“聲義同”，但實際上所改之字與原文未必聲義全同，甚至有可能毫無關係。如：

《詩經·小雅·十月之交》“此日而食，于何不臧”，孔穎達疏：“昭七年《左傳》，晋侯問於士文伯曰：‘《詩》所謂此日而食，于何不臧，何也？’對曰：‘不善政之謂也。’”[128][頁446]按：今本《左傳·昭公七年》作“彼日而食”。《左傳》與《詩經》不同，可能是當時的傳本不同，《毛詩正義》引《左傳》，改《左傳》原文從《詩經》。

雖然大多數注疏文獻都遵循這一體例，但也有少部分古注并不據所注之文改字，《文選》李善注即是如此，斯波六郎已有過考證①。

（五）引《公羊傳》受《左傳》影響改字

《左傳》與《公羊傳》在傳文上有一些差别，對同一事件的表述也有所不同。但由於《左傳》的强勢地位，文獻在引用《公羊傳》時，往往受《左傳》影響改字。

《中論·慎所從》：“齊景公欲廢太子陽生而立庶子荼，謂大夫陳乞曰：‘吾欲立荼，如何？’乞曰：‘所樂乎爲君者，欲立則立之，不欲立則不立。君欲立之，則臣請立之。’於是立荼。此則似順而違道者也。”[191][頁258]按：此處化用《公羊傳·哀公六年》之文，但《公羊傳》齊景公所立者名“舍”，《左傳》名“荼”，此作“荼”，蓋受《左傳》影響而改。

《後漢書·孔融傳》李賢注：“《公羊傳》曰：‘鞌之戰，齊師大敗。齊侯使國佐如師。郤克曰：“與我紀侯之甗，反魯、衛之侵地，使耕者東西其畝，以蕭同叔子爲質，則吾舍子。”……’”[72][頁2266]按：《公羊傳》“蕭同叔子”皆作“蕭同姪子”，此作“叔”，應該是受了《左傳》的影響。另外，“東西其畝”，《公羊傳》作“東畝”，此作“東西其畝”可能

① 見斯波六郎《文選李善注所引尚書考證》，汲古書院 1982 年版，第 66 頁。

是受了《左傳》“盡東其畝”的影響。

《御覽》卷三六七：“公子翬諂于隱公，謂隱公曰：‘百姓安子，諸侯説子，盍終爲君矣。’隱公曰：‘否。使脩菟裘，吾將老焉。’公子翬恐若其言聞于桓，於是謂桓公曰：‘吾爲子口隱矣。’”[150][頁1692]按：此處引用《公羊傳·隱公四年》文，但《公羊傳》“菟裘”作“塗裘”，此處作“菟裘”，當是受《左傳·隱公十一年》的影響。

（六）引《穀梁傳》受《左傳》影響改字

《水經注·河水》：“《春秋穀梁傳》曰：‘晉獻公將伐虢，荀息曰：君何不以屈産之乘，垂棘之璧，假道于虞。’”[134][頁116]按：此引《穀梁傳·僖公二年》文，但《穀梁傳》“假道”作“借道”。《左傳·僖公二年》作“晉荀息請以屈產之乘與垂棘之璧假道於虞以伐虢”，《水經注》引《穀梁傳》作“假道”，蓋受《左傳》影響而改。

《史記·魯世家》集解：“《穀梁傳》曰：‘祊者，鄭伯之所受命於天子而祭泰山之邑也。許田乃魯之朝宿之邑。天子在上，諸侯不得以地相與。’”[130][頁1529]此引《穀梁傳·桓公元年》，但《穀梁傳》“祊”作“邴”。隱公八年左氏經“鄭伯使宛來歸祊”，《史記集解》引《穀梁傳》作“祊”，蓋受《左傳》影響而改。

（七）引《穀梁傳》受《公羊傳》影響改字

《穀梁傳》在三傳中最爲弱勢，所以往往受《左傳》、《公羊傳》影響而改字。如：

《史記·晉世家》集解引服虔：“《穀梁傳》曰：‘下陽，虞、虢之塞邑。’”[130][頁1645]此引《穀梁傳·僖公二年》，但《穀梁傳》“下陽”作“夏陽”。僖公二年《公羊》經作“虞師、晉師滅夏陽”，服虔引《穀梁傳》作“夏陽”，蓋受《公羊傳》影響而改。

《藝文類聚》卷五三：“《穀梁傳》曰：季孫行父秃，晉郄克眇，衛孫良夫跛，同時而聘于齊，齊使秃者迓秃者，眇者迓眇者，跛者迓跛者。”[176][頁963—964]此引《穀梁傳·成公元年》，但《穀梁傳》“迓”作“御”。《公羊傳·成公二年》作“使跛者迓跛者，使眇者迓眇者”，《藝文類聚》引《穀梁傳》作“迓”，蓋受《公羊傳》影響而改。

（八）因經文改傳文

《春秋》經與《春秋傳》之間存在一些文字差異，有些文獻會因《春秋》經而改《春秋傳》之文。

《周禮·圉師》疏："《春秋傳》者，《左氏·莊二十九年》：'新延廄，書，不時。'延廄當於馬時。"[128][頁861] 按：莊公二十九年《春秋》經"春，新延廐"，傳："春，新作延廐。書，不時也。"杜預注："經無'作'字，蓋闕。"大概賈公彦并不同意杜預的觀點，故而據《春秋》經改《左傳》之文。

（九）引注文隨意改换訓詁術語

有些文獻在引用《春秋傳》的注文時，隨意改换訓詁術語，如改"曰"爲"云"，爲"爲"；改"稱"爲"曰"；改"某，某也"爲"某猶某也"，等等。例如：

《左傳·隱公元年》杜預注："方丈曰堵，三堵曰雉。"《後漢書·班彪傳》李賢注引，"曰"皆作"爲"[72][頁1337]。

《左傳·隱公元年》杜預注："姻猶親也。"《慧琳音義》卷三十一引作"姻，親也"[172][册58頁24]。

《左傳·閔公二年》杜預注："衣單複具曰稱。"《史記·叔孫通傳》索隱引，"曰"作"云"[130][頁2721]。

《左傳·襄公三十年》杜預注："介，間也。"《後漢書·竇融傳》李賢注引作"介猶間也"[72][頁805]。

《公羊傳·隱公元年》何休注："生稱父，死稱考，入廟稱禰。"《史記·五帝本紀》正義引，"稱"皆作"曰"[130][頁27]。

（十）不顧《春秋》大義，隨意改换虚詞、爵號等

杜預《春秋經傳經集解·序》："《春秋》雖以一字爲褒貶……"可知《春秋》經對於具體的文字非常考究，許多《春秋》大義也因此而得以申發。但後世文獻在引用時，往往不顧《春秋》大義，隨意改字。如：

《後漢書·黨錮列傳》："昔晋文公執衛成公歸于京師，《春秋》是焉。"[72][頁2194] 按：此引僖公二十八年《春秋》經，原文"歸于"作"歸之于"。《公羊傳·僖公二十八年》曰："歸之于者何？歸于者何？歸之于者，罪已定矣。歸于者，罪未定也。"是"之"字有無關乎《春秋》大義，《後漢書》隨意省略，有背《春秋》之旨。

《儀禮·鄉射禮》疏："《左氏傳》云：'蔡人以吴子與楚人戰于柏舉。'"[128][頁994] 按：此引定公四年《春秋》經，原文作"蔡侯以吴子及楚人戰于柏舉"，《儀禮》疏改"侯"爲"人"。《公羊傳·莊公十年》曰："州不若國，國不若氏，氏不若人，人不若名，名不若字，字不若子。"可

見在《春秋》大義中，稱爵還是稱“人”，是對人物的評價手段。《儀禮》疏隨意改“侯”爲“人”，顯然不符合《春秋》大義。

《左傳·定公十四年》：“吴伐越，越子勾踐禦之，陳于檇李。”《藝文類聚》卷三三引，“越子”作“越王”[176][頁584]。按：春秋時，越僭號稱“王”，但《左傳》在記叙中一般都貶稱“越子”，《藝文類聚》改作“越王”，也是有背《春秋》大義的。

（十一）爲方便行文而改字

《春秋》三傳都是前後接續的、完整的，如果從中截取一段，由於没有上下文的照應，可能會有一些難以理解的地方，因此有些引者就會對引文進行改造，以減少枝蔓，更易理解。如：

《水經注·濟水》：“城（引者按：謂京縣），故鄭邑也。莊公以居弟段，號京城大叔。祭仲曰：京城過百雉，國之害也。”[134][頁192]《左傳·隱公元年》原文作：“請京，使居之，謂之京城大叔。祭仲曰：‘都城過百雉，國之害也。先王之制，大都不過參國之一；中，五之一；小，九之一。今京不度，非制也。君將不堪。’”《校勘記》：“仁和趙一清云：‘此句祭仲泛言先王建侯之制，故曰都城，酈道元删去“今京不度”句，改都城爲京城也。’”[27][頁789—790]按：趙氏之説是。《左傳》中祭仲先泛論都城之制，最後引出京不度，雖然邏輯性很强，但在引用時會略顯囉嗦。酈道元改作“京城過百雉”，直截了當。

同樣是前揭隱公元年《左傳》文，《御覽》卷一九八引《袁子》引作“都城過制，國之害也”[150][頁953]，改“百雉”爲“制”，解除了古今量制不同的障礙，使文義更好理解。

《文選》卷四十沈約《奏彈王源》注：“《左氏傳》，晋侯使吕相絶秦，曰：秦與晋出入，秦惟利是視。”[157][頁562]《左傳·成公十三年》原文作：“余雖與晋出入，余唯利是視。”按：《左傳》中這句話是吕相口中的狄人引述秦人的話，關係非常複雜。《左傳》中的“余”字是秦人的自稱，李善直接改“余”爲“秦”，省去了幾層嵌套引用的麻煩。

楊樹達曰：“古人綴文，最忌複沓。劉勰之論練字也，戒同字相犯，是其事也。欲逃斯病，恒務變文。《左氏傳》於同一篇中稱舉同一人者，名字號謚，錯雜不恒，幾於令人迷惑，斯爲極變化之能事者矣。”[190][頁38]《左傳》的這種體例雖在修辭上極變化之能事，但也爲讀者造成了不小的麻煩，後世文獻在引用《左傳》時往往將其中的人名統一，如：

《漢書·五行志》:“昭公元年，楚公子圍會盟，設服離衛……鄭行人子羽曰:‘假不反矣。’……退會，子羽告人曰:‘齊、衛、陳大夫其不免乎!’”[67][頁1382]《左傳·昭公元年》原文作:“楚公子圍設服離衛……鄭行人揮曰:‘假不反矣。’……退會，子羽謂子皮曰:‘……齊、衛、陳大夫其不免乎?’”按:鄭行人揮字子羽，《左傳》原文前作“行人揮”，後作“子羽”，避免了重複。但《漢書》僅引此一段，讀者可能不了解“行人揮”與“子羽”的關係，因此班固直接改“揮”爲“子羽”。另外，“子皮”爲鄭大夫罕虎，《漢書》中并没有出現這個人物，因此爲省枝蔓，班固直接改《左傳》之“子皮”爲“人”。

（十二）因避諱改字

這是中國古代典籍的普遍現象，王彦坤《歷代避諱字彙典》中舉了大量的例子，此處筆者再舉幾例不見於王書的避諱字。

《左傳·襄公二十八年》:“如是者，恒有子禍。”《漢書·五行志》引，“恒”作“必”[67][頁1359]。按:此蓋避漢文帝劉恒諱。

《公羊傳·隱公三年》:“譏世卿。世卿，非禮也。”《漢書·楚元王傳》顏師古注引，“世”作“繼”[67][頁1936]。按:此蓋避唐太宗李世民偏諱。

《左傳·成公二年》:“臣，治煩去惑者也。”《文選》卷十七陸機《文賦》李善引，“治”作“除”[157][頁242]。按:此蓋避唐高宗李治諱。

《左傳·宣公十五年》:“晋侯治兵于稷，以畧狄土。”《御覽》卷七九九引，“治”作“訓”[150][頁3548]。按:此蓋避唐高宗李治諱。

《公羊傳·僖公九年》:“死則以成人之喪治之。”《通典》卷五六引，“治”作“埋”[154][頁1590]。按:此蓋避唐高宗李治諱。

四　增字

（一）據注文增字

有些文獻引用《春秋傳》會根據注文增字，以避免産生歧義。如:

《初學記》卷二十:“秦伯伐晋，卜徒父筮之，吉。涉河，晋侯車敗。”[7][頁488]按:《左傳·僖公十五年》原文僅作“侯車敗”，杜預注:“秦伯之軍涉河，則晋侯車敗也。”是徐堅從杜預注增“晋”字，以減少歧義①。

① 但杜預此注是否正確可能還有疑問，顧炎武即以爲“侯車敗”指秦君車敗，參《左傳杜解補正》。

《史記·周本紀》索隱："《左傳》曰：'初，子儀有寵於桓王，桓王屬諸周公。辛伯諫曰……周公不從，故及於難。'"[130][頁151]按：《左傳·桓公十八年》原文無"於難"二字，杜預注"及"曰："及於難也。"司馬貞據杜注增"於難"。

（二）補充省略部分

《春秋傳》原文爲省繁冗，時有省略，後人引用時多將省略部分補足。如：

《左傳·昭公四年》："祭寒而藏之，獻羔而啓之。"《詩經·豳風·七月》鄭玄箋引，"寒"上有"司"字[128][頁392]。孔穎達疏："箋引彼文加'司'字者，彼文上句云'以享司寒'，下句重述其事，略其'司'字，箋以經有藏冰、獻羔二事，故略引下句以當之，不引上句，故取上句之意加'司'字以足之。"

《公羊傳·隱公五年》："天子八佾，諸公六，諸侯四。"《白虎通義·爵》引作"諸侯四佾，諸公六佾"[1][頁19]，增兩"佾"字。

《左傳·襄公四年》："三《夏》，天子所以享元侯也；《文王》，兩君相見之樂也。"《儀禮·鄉飲酒禮》鄭玄注引作"《肆夏》、《繁遏》、《渠》，天子所以享元侯也；《文王》、《大明》、《緜》，兩君相見之樂也"[128][頁986]。按：《左傳》前文已稱"《肆夏》之三"、"《文王》之三"，故此處簡省爲"三《夏》"、"《文王》"。而"《肆夏》之三"、"《文王》之三"又皆爲省文，鄭玄引用時將其復原而引全稱。

《左傳·隱公元年》："天子七月而葬，同軌畢至；諸侯五月，同盟至。"《尚書·益稷》疏引作"天子七月而葬，諸侯五月而葬"[128][頁142]，於"諸侯五月"下增"而葬"二字。

或有古籍整理者不知此例，而誤以引文之增字爲衍者，如：

《史記·周本紀》正義引《括地志》："《左傳》云：'邘、晋、應、韓，武王之穆也'。"[130][頁118]《左傳·僖公二十四年》作"武之穆"，趙生群曰："'武王之穆'當作'武之穆'，此衍一'王'字。"[15][頁150]按：《左傳》作"武"是省稱，《括地志》作"武王"則補足其文，并非衍文。趙氏在没有版本依據的情況下以爲"王"是衍字，恐非。

（三）補充説明性文字

《春秋傳》文義古奧，且人名、地名較多，有些文字不經注釋已不易理解，但後人引用時又不方便作做太多解釋，這時引者往往於引文中增加説明性文字以幫助理解。如：

《漢書·五行志》："《左氏傳》昭公二十一年春，周景王將鑄無䠶鍾。"[67][頁1448]按：《左傳·昭公二十一年》原文作"天王將鑄無射"，杜預注："周景王也。無射，鐘名。"故班固改"天王"爲"周景王"，增"鍾"字以明"無射"爲鍾名。

《論衡·死僞》："晋荀偃伐齊，不卒事而還。癉疽生，瘍於頭，及著雍之地，病，目出。"[102][頁892]按：《左傳·襄公十九年》原文無"之地"，王充增此二字以表明"著雍"爲地名。

《詩經·小雅·黍苗》鄭玄箋："《春秋傳》曰，諸侯之制，君行師從，卿行旅從。"孔穎達疏："《春秋傳》曰'君行師從，卿行旅從'，定四年《左傳》文。彼文無'諸侯之制'一句，鄭亦以義言之，明天子之卿與諸侯同，故有師也。"[128][頁495]孔説是，鄭玄增此一句以明此爲諸侯之制。

《文選》卷四十任昉《到大司馬記室牋》注："《左氏傳》，其友謂狼瞫曰：盍死！瞫曰：吾未獲死所。"[157][頁570]按：《左傳·文公二年》無"謂狼瞫"三字，李善增此三字以明"其友"的身份及"其友"説話的對象。

（四）替换"之"字

古人每用"之"字代替前文已出現過的對象，但一句話從原文中獨立出來時，"之"的所指往往不再明晰，需要將其還原。如：

《左傳·昭公二十九》："學擾龍于豢龍氏，以事孔甲，能飲食之。"《國語·晋語八》韋昭注引，"飲食之"作"飲食龍"[61][頁454]。

《左傳·隱公三年》："臣聞愛子，教之以義方。"《周易·繫辭上》疏引作"教子以義方"[128][頁76]。

《左傳·文公十三年》："士會辭曰……乃行。繞朝贈之以策。"《文選》卷十七陸機《文賦》注引作"繞朝贈士會以馬策"[157][頁241]。

有時引者用來替换"之"的不是"之"字全部所指，而僅是其所指的一部分。如：

《左傳·襄公十四年》："衛獻公戒孫文子、甯惠子食……不釋皮冠而與之言。"《禮記·王制》疏引作"不釋皮冠而與孫林父言"[128][頁1327]。按：《左傳》中的"之"指孫文子（即孫林父）、甯惠子二人，《禮記正義》僅以孫林父一人替换。

（五）隨意增加虚字

古人引書大多不甚嚴謹，往往隨意增删"也"、"之"等虚字。島田翰《漢籍善本考》卷一於《春秋經傳集解》條下對《玉燭寶典》引《周禮》多七個虛字的現象分析後説："如此七字語辭，更無意義，是恐書語辭以取句末齊整，以爲觀美耳。"[65][頁124—125]其他古籍中引用《左傳》增加虛字，可能也多是由於這一原因。此例比較常見，下面僅舉一例：

《左傳·莊公二十二年》"庭實旅百"，杜預注："百，言物備。"《御覽》卷七二七引作"百，言物備也已矣。"[150][頁3220]按：《御覽》"也已矣"三字蓋抄刻者隨意增加。

五 省字

（一）省引文

《左傳》多引《詩》、《書》，後世文獻引用時，多將這些引文刪去。如：

《左傳·僖公二十二年》："邾人以須句故出師。公卑邾，不設備而禦之。臧文仲曰：'國無小，不可易也。無備，雖衆不可恃也。《詩》曰："戰戰兢兢，如臨深淵，如履薄冰。"又曰："敬之敬之，天惟顯思，命不易哉！"先王之明德，猶無不難也，無不懼也，况我小國乎！君其無謂邾小，蠭蠆有毒，而况國乎？'"《禮記·檀弓上》疏引此段，自"《詩》曰"至"易哉"全部刪除[128][頁1278]。

《左傳·文公十年》："遂道以田孟諸。宋公爲右盂，鄭伯爲左盂。……或謂子舟曰：'國君不可戮也。'子舟曰：'當官而行，何彊之有？《詩》曰："剛亦不吐，柔亦不茹。""毋縱詭隨，以謹罔極。"是亦非辟彊也。敢愛死以亂官乎？'"《北堂書鈔》卷三七引此段，刪"《詩》曰"至"彊也"[5][頁131]。

（二）省姓氏

中國傳統典籍在不引起混淆的情況下，往往省去人名的姓氏，也就是《公羊傳·宣公元年》所説的"一事而再見者，卒名也"。文獻在引用《春秋》經傳時，於非首次出現的人名，也往往省去其姓氏。如：

《左傳·襄公十七年》："瘈狗入於華臣氏，國人從之。華臣懼，遂奔陳。"《漢書·五行志》引，"華臣懼"省"華"字[67][頁1397]。

《左傳·成公十四年》："衛侯饗苦成叔，甯惠子相。苦成叔傲。"[128][頁1913]《初學記》卷十四引，省次"苦"字[7][頁349]。

（三）省虛詞

有些文獻在不影響文義的情況下，會將《春秋傳》的一些虛詞省略。如：

1. 省介詞

《左傳·宣公二年》："宧三年矣，未知母之存否，今近焉，請以遺之。"《後漢書·光武十王傳》李賢注引，省"以"字[72][頁1435]。

《左傳·宣公二年》："初，宣子田於首山，舍于翳桑。"《御覽》卷四七九引，省"于"字[150][頁2193]。

《左傳·宣公十四年》："劍及於寢門之外。"《御覽》卷三四二引，省"於"字[150][頁1570]。

2. 省副詞

《左傳·僖公十九年》："天其或者欲使衛討邢乎？"[128][頁1810]《後漢書·段熲傳》李賢注[72][頁2152]、《初學記》卷二[7][頁24]引，省"其或者"三字。

3. 省連詞

《左傳·僖公二十三年》："民不見德而唯戮是聞。"《文選》卷四九干寶《晋紀總論》注引，省"而"字[157][頁689]。

《左傳·僖公二十二年》："辛有適伊川，見被髪而祭於野者。"《藝文類聚》卷六引，省"而"字[176][頁101]。

4. 省代詞

有的語法學家將代詞歸入實詞。因代詞在引用時也常省略，今一并列於此。

《左傳·宣公二年》："未知母之存否，今近焉，請以遺之。"《文選》卷四一朱浮《爲幽州牧與彭寵書》注引，省"遺"下"之"字[157][頁584]。

《左傳·隱公元年》："大叔完聚繕甲兵，具卒乘，將襲鄭。夫人將啓之。"《御覽》卷三五五引，無"之"字[150][頁1630]。

5. 省助詞

《左傳·僖公二十二年》："初，平王之東遷也，辛有適伊川。"《水經注·伊水》引，省"之"字[134][頁375]。

《左傳·昭公十三年》："古也有志，克己復禮，仁也。"《後漢書·班彪傳》李賢注引，省前"也"字[72][頁1362]。

《左傳·宣公三年》："德之休明，雖小，重也。其姦回昏亂，雖大，輕也。"《吕氏春秋·慎勢》高誘注引，省二"也"字[101][頁2055]。

（四）省枝蔓

《春秋傳》中原本連續的內容被獨立出來後，會有些文字顯得繁冗或難以理解，引者往往將這些文字省去。

《左傳·襄公二十九年》："賓出，司馬侯言於知伯曰：'二子皆將不免。子容專，司徒侈，皆亡家之主也。'知伯曰：'何如？'對曰：'專則速及，侈將以其力斃，專則人實斃之，將及矣。'"《漢書·五行志》引，省"知伯曰何如對曰"七字[67][頁1379]。按：班固省此七字，使司馬侯之語連貫，使引文更加簡潔。

《左傳·僖公二十七年》："冬，楚子及諸侯圍宋，宋公孫固如晉告急……狐偃曰：'楚始得曹，而新昏於衛，若伐曹、衛，楚必救之，則齊、宋免矣。'"《通典》卷一五八引，省"齊"字[154][頁4048]。按：《左傳》杜預注："前年，楚使申叔侯戍穀以偪齊。"是楚不但圍宋，還同時對齊構成了威脅，狐偃認爲引起楚兵，可以解齊、宋之危。但《通典》僅引本段，無楚偪齊事，故杜佑省"齊"字以省枝蔓。

（五）故意省去對引者議論不利的内容

多數文獻引經是爲了支持自己的議論（類書除外），但所引經注中會有些内容與引者論點相抵觸，這些内容往往會被省去。如：

《周禮·大宰》疏："案《公羊傳》云：子家駒謂昭公云：'諸侯僭天子，大夫僭諸侯，久矣！'公曰：'吾何僭矣哉？'子家駒曰：'設兩觀，乘大路。'何氏云：'天子兩觀，諸侯臺門。'則諸侯不合有觀也。若然，'雉門災及兩觀'，及《禮運》云'遊於觀之上'，有觀，亦是僭也。"[128][頁649]按：《公羊傳·昭公二十五年》何休注曰："禮，天子諸侯臺門，天子外闕兩觀，諸侯内闕一觀。"是依何休注意，諸侯依禮可有一觀，但賈公彦認爲諸侯不得有觀，故引何休注時省"諸侯内闕一觀"一句。

六　意引

意引，是指引者根據自己的理解對《春秋》經傳進行改造，僅引其大意，而非原文。此例古人已言之：

《周禮·大宰》鄭玄注曰："晉惠公卜懷公之生，曰：'將生一男一女，男爲人臣，女爲人妾。'生而名其男曰圉，女曰妾。及懷公質於秦，妾爲宦女焉。"賈公彦疏："云'晉惠'已下皆《左氏傳》……此鄭與文異者，鄭以義增之也。"[128][頁647]

此例比較簡單，也比較常見，但還有三點需要指出：

（一）對《公羊傳》、《穀梁傳》的改造

《公羊傳》、《穀梁傳》多采用問答體的行文方式，這在引文中就會顯得囉唆，因此引者往往會對《公》、《穀》二傳進行改造。如：

《公羊傳·隱公元年》："京師者何？天子之居也。京者何？大也。師者何？衆也。天子之居，必以衆大之辭言之。"《白虎通義·京師》引作："京師，天子之居也。"[1][頁160]《史記·孝文本紀》集解引作："京，大；師，衆也，天子之居，必以衆大之辭言也。"[130][頁414]《慧琳音義》卷二二引作："京師者何？天子之居也。京者，大也。師者，衆也。天子之居以衆大之辭言之也。"[172][册57頁843]都對《公羊傳》的問答體進行了改造。

《公羊傳·文公二年》："大祫者何？合祭也。其合祭奈何？毁廟之主，陳于大祖。未毁廟之主，皆升，合食于大祖，五年而再殷祭。躋者何？升也。何言乎升僖公？譏。何譏爾？逆祀也。其逆祀奈何？先禰而後祖也。"《國語·魯語上》韋昭注引作："大事者，祫祭也。毁廟之主陳於太祖，未毁廟之主皆升合食于太祖。躋僖公，逆祀也。逆祀者，先禰而後祖也。"[61][頁174]改造後的引文非常簡潔。

《穀梁傳·僖公九年》："晉里克殺其君之子奚齊。其君之子云者，國人不子也。國人不子，何也？不正其殺世子申生而立之也。"《荀子·解蔽》楊倞注引作："晉里克殺其君之子奚齊。其君之子云者，國人不子也，不正其殺世子申生而立之也。"[167][頁391]

(二) 引注僅引注意，而非原文

文獻中引用《春秋傳》注文時，往往僅引其注意，而非原文。如：

《原本玉篇殘卷·糸部》："《左氏傳》'夜縋而出'，杜預曰：'縋，懸也。'"[181][頁161]按：《左傳·僖公三十年》："夜，縋而出。"杜預注："縋，縣城而下。"杜預雖未以"縣"注"縋"，但依其意，訓"縋"爲"縣"應該是没有問題的。顧野王僅釋"縋"字，不涉及"縋"的目的（用以出城），故以意引杜注作"縋，懸也"。

《文選》卷九揚雄《長楊賦》注[157][頁137]、卷十七陸機《文賦》注[157][頁241]皆曰："杜預《左氏傳注》曰：恢，大也。"按：今本《左傳》杜預注中無此文，《左傳·襄公四年》"用不恢于夏家"，杜預注："羿以好武，雖有夏家，而不能恢大之。"杜注中"恢大"同義連文，則"恢"義爲"大"可知，李善蓋據此而引杜預注作"恢，大也"。

《慧琳音義》卷三[172][册57頁455]、卷四一[172][册58頁214]皆引何休注《公羊傳》曰："愍，傷也。"按：今本《公羊傳》何休注中無此文，《公羊傳·

文公十五年》"閔之也"，何注："閔傷其棄絶來歸。"何注"閔傷"同義連文，則"閔"爲"傷"義可知，故慧琳引何注作"愍，傷也"。

但一些學者不知此例，往往以爲此類引文爲佚注，或認爲原書有脱文。如：

《文選》卷十潘岳《西征賦》李善注[157][頁152]引杜注《左傳》曰"阻，恃也。"洪亮吉於《左傳·隱公四年》"阻兵而安忍"下曰："《文選》注引此傳文并杜注云：'阻，恃也。'今杜注無之，則此三字或係服注。"[24][頁194]按：洪説恐誤。杜預注下文"阻兵則無衆"曰："恃兵則民殘，民殘則衆叛。"是杜預亦訓阻爲恃，李善引此杜預注意。

《文選》卷二六范雲《古意贈王中書》注："杜預《左氏傳》注曰：陵，侮也，謂輕易之。"[157][頁372]陳樹華以此爲《左傳·桓公五年》"陵天子"之注[14][頁98]。按：陳説誤。《左傳·昭公十六年》："夫大國之人，不可不慎也，幾爲之笑而不陵我？"杜預注："言數見笑，則心陵侮我。"杜注"陵侮"同義連文，是訓"陵"爲"侮"，李善"陵，侮"之訓當出自此處，而非杜預佚注。而"謂輕易之"四字爲李善補充，非引文。

《後漢書·郡國志》馮翊夏陽縣劉昭注："杜預曰古梁國。"[72][頁3406]《校勘記》："《左傳·文公十年》，晋伐秦，取少梁，杜注'少梁，馮翊夏陽縣'。與此異。"[72][頁3419]按：其説非。《左傳·桓公九年》"虢仲、芮伯、梁伯、荀侯、賈伯伐曲沃"，杜預注："梁國在馮翊夏陽縣。"是依杜預注意，馮翊夏陽縣即古梁國。劉昭以意引此處杜注，與文公十年注無涉。

（三）《慧琳音義》妄截字句

張磊曾指出《新撰字鏡》"時常出現妄截字句的現象"①，這在《慧琳音義》中也常出現，可能是編撰者對經典不熟造成的。如：

《左傳·桓公十六年》杜預注："構，會其過惡。"《慧琳音義》卷三十引作"構，會也，罪惡也。"[172][册57頁1050]按："構"無罪惡義，慧琳將杜預"會其過惡"完整的釋義截斷爲兩個義項。

《左傳·襄公十年》："閉府庫，慎閉藏，完守備，成列而後出。"《慧琳音義》卷三二引作"完，守備也。"[172][册58頁28]按："完守備"爲完整的一句話，慧琳誤以"守備"爲"完"的釋義。

《公羊傳·昭公二十七年》何休注："屈曰朐，申曰脡。"《慧琳音義》

① 張磊：《〈新撰字鏡〉研究》，第179頁。

卷五七引作“胸申曰脡。”[172][册58頁582]按：何休意謂屈的肉脯爲朐，直的肉脯爲脡，慧琳則自“朐”下截斷爲一句，使句意不明。

七　節引

節引，指引書時有所節略，不全部引用原文。文獻中此類之例極多，兹不贅舉。但有部分學者誤以爲文獻節引爲脱文，如：

《史記·夏本紀》索隱：“《左傳》魏莊子曰：‘昔有夏之衰也，后羿自鉏遷于窮石，因夏人而代夏政。恃其射也，不修人事，而信用伯明氏之讒子寒浞……’”[130][頁86]趙生群曰：“‘不修民事’數句，出於襄公四年傳，其文曰：‘恃其射也，不修民事，而淫於原獸。棄武羅、伯因、熊髡、尨圉，而用寒浞。’此四句兩兩相對，句法工整，語意完密，疑《索隱》引文脱‘而淫於原獸’、‘棄武羅、伯因、熊髡、尨圉’二句。”[15][頁150]按：《史記索隱》此處實爲節引，“棄武羅”云云與《史記索隱》所要説明的問題無關，故而司馬貞省去。趙生群以爲《史記索隱》有脱文，當非。

另外，關於“節引”，本書再説明兩點：

（一）節引而中間加“云云”等標志性文字

文獻節引諸書，一般并無標識，但有些文獻會加一些標志性文字。如：

《爾雅·釋丘》疏：“言‘卓絶高大如丘而人力爲作之者名京’，案《春秋》宣十二年《左傳》：楚敗晋師於邲，潘黨曰：‘君盍築武軍而收晋尸以爲京觀？’楚子曰：云云，今罪無所而民皆盡忠以死君命，又可以爲京乎？是其類也。”[128][頁2617]按：《爾雅注疏》以“云云”二字代替省去的“非爾所知也……古者明王伐不敬，取其鯨鯢而封之，以爲大戮，於是乎有京觀，以懲淫慝”一大段話。

《論語·雍也》疏：“《傳》又曰：‘及皋鼬，將盟，將長蔡於衛。衛侯使祝鮀私於萇弘。（原文雙行小字：文多不載）萇弘説，告劉子，與范獻子謀之，乃長衛侯於盟。’是時世貴之也。”[128][頁2479]按：《左傳·定公四年》，祝鮀對萇弘有很長的一段對話，《論語注疏》省去，并加雙行小字注明。

（二）節引引起的混亂

節引本來是文獻引書時常見的現象，但有些文獻節引後却導致引文背離原意。如：

《吕氏春秋·愛士》高誘注：“《傳》曰：‘見可而進，知難而退，武之善經也。’”[101][頁848]按：《左傳・宣公十二年》原文作“見可而進，知難而退，軍之善政也；兼弱攻昧，武之善經也”。依傳意，“兼弱攻昧”是“武之善經”，但依高誘省略兩句後之引文意，“武之善經”則成了“見可而進，知難而退”。

《禮記・曲禮下》疏：“皇氏以爲《春秋》時盟乃割心取血，故定四年鱸金云：‘王割子期之心，與隨人盟。’杜云‘當心前割取血以盟，示其至心’是也。”[128][頁1266]《校勘記》：“閩、監、毛本同。案‘鱸金’二字不可解，準以《正義》引《左傳》之例，如本節疏所稱‘僖二十五年《左傳》云’、‘襄二十六年《左傳》云’、‘隱七年《左傳》云’，則此當作‘故定四年《左傳》云’，‘鱸金’二字當爲‘左傳’二字。但形、聲絶不相涉，不知何以誤寫至此。浦鏜云‘鱸金云’三字當爲衍文。”[94][頁646]按：此説未必是。《左傳・定公四年》：“鱸金初官於子期氏，實與隨人要言。王使見，辭曰：‘不敢以約爲利。’王割子期之心，以與隨人盟。”蓋《禮記》疏作者初讀此傳，以“王割”以下亦爲鱸金“辭曰”之文，又省略了上下文，故直接作“鱸金云‘王割……’”。這也是因節引而引起的文義混亂。

類書多有不顧文義割裂字句者，這樣因節引而淆亂文意的例子更多，此處僅舉一例：

《御覽》卷三三四：“楚子會諸侯伐隨，軍於漢淮之間。少師謂隨侯曰：‘楚人上左……’”[150][頁1535]按：《左傳・桓公八年》：“少師謂隨侯曰：‘必速戰！不然，將失楚師。’隨侯禦之，望楚師。季梁曰：‘楚人上左……’”“楚人上左”以後本季梁之語，《御覽》省略“必速”以下，而誤以“楚人”句爲少師語。

第 三 章

《春秋》引文與學術思想史

傳統對於學術思想史和經學史的研究，往往重視對個別《春秋》學家、思想家的考察，却忽視了對《春秋》學自身發展軌迹的探討。本章則通過分析歷代文獻中與《春秋》相關的記載，勾勒出一個線性的《春秋》學發展史、接受史。《春秋》大義是《春秋》學思想史中比較重要的研究對象，但前人對《春秋》大義的研究主要集中於對《公羊傳》本身中《春秋》大義的研討，對於《春秋》大義歷代的應用情況則少有措意。本書通過對歷代文獻中引用《春秋》大義內容的分析，可以得出一些《春秋》大義的應用規律。另外，從歷代文獻中的《春秋》引文與今本《春秋》的異文中也可以看出一些學術思想的轉變。以下分節對這些問題進行討論。

第一節 《春秋》與先秦至漢初的思想史

現有文獻中，較早提到"春秋"的，除了《春秋》經傳，可能應屬《墨子》了。《墨子·明鬼》中有"周之春秋"、"燕之春秋"、"宋之春秋"、"齊之春秋"。但這顯然不是今天所見到的《春秋》經。就《墨子》中的記載看，"春秋"這一類書最早的功能便是記事。《國語·楚語上》中還有這樣一段話：

> 教之《春秋》，而爲之聳善而抑惡焉，以戒勸其心；教之世，而爲之昭明德而廢幽昏焉，以休懼其動；教之《詩》，而爲之導廣顯德，以耀明其志；教之《禮》，使知上下之則；教之《樂》，以疏其穢而

鎮其浮，教之令，使訪物官；教之語，使明其德，而知先王之務用明德於民也；教之故志，使知廢興者而戒懼焉；教之訓典，使知族類，行比義焉。[61][頁528]

這裏的“春秋”，韋昭注曰：“以天時紀人事，謂之春秋。”王應麟曰：“《晉語》司馬侯曰‘羊舌肸習於《春秋》’，《楚語》申叔時曰‘教之《春秋》’，皆在孔子前，所謂《乘》、《檮杌》也。”[92][頁770]古來學者都不認爲此“春秋”爲《春秋》經。但下文有“教之故志，使知廢興者而戒懼焉”，“故志”已是知“廢興”之書，那麽這裏的“春秋”恐怕不是一般的歷史書。當然，《國語》中所記爲楚莊王時事，《春秋》遠未成書。但該章儒家思想極濃重，笔者很懷疑是後世儒者託申叔時爲説。賈誼《新書·傅職》襲用了這段内容，恐怕也正以其爲儒者之説。無論這裏的“春秋”是否與《春秋》經有關，但由此段可知，《國語》的作者已認爲“春秋”不同於一般的“故志”，而更具有“聳善抑惡”、“戒勸其心”的批判和教化功能了。至《孟子》出，其書中的“春秋”不但指《春秋》經，而且已開始將《春秋》神化了：

《滕文公下》：世衰道微，邪説暴行有作，臣弑其君者有之，子弑其父者有之，孔子懼，作《春秋》。《春秋》，天子之事也。是故孔子曰：“知我者其惟《春秋》乎！罪我者其惟《春秋》乎！”[128][頁2714]

又：昔者禹抑洪水而天下平，周公兼夷狄、驅猛獸而百姓寧，孔子成《春秋》而亂臣賊子懼。[128][頁2715]

《離婁下》：王者之迹熄而《詩》亡，《詩》亡然後《春秋》作。[128][頁2727]

《盡心下》：《春秋》無義戰，彼善於此，則有之矣。[128][頁2773]

從《孟子》中可以看出，《春秋》經不但具有戒懼的作用，更是與禹抑洪水、周公兼夷狄一樣是“天子之事”，其中有微言大義，可以起到政治甚至是宗教作用。这很可能是朴素的语言崇拜理性化的结果。所謂《春秋》大義的政治功能，可能也只是對語言巫術①的幻想。這種幻想升級，

① 游汝杰説：“語言巫術是企圖憑借語言、文字或圖畫而施行的巫術，以達到臆想的目的。”（見《中國文化語言學引論》，高等教育出版社1993年版，第160頁）儒者希望通過《春秋》經使“亂臣賊子懼”，顯然符合“語言巫術”的定義。

便逐漸形成了漢代的《春秋》學。

但這種神化《春秋》的思想在漢代以前的影響可能并不太大，先秦至漢初的學者大多還是僅將其視爲一部普通的史書。

> 《吕氏春秋·求人》：觀於《春秋》，自魯隱公以至哀公，十有二世，其所以得之，所以失之，其術一也。[101][頁2746]
>
> 《新語·術事》：道近不必出於久遠，取其致要而有成。《春秋》上不及五帝，下不至三王，述齊桓、晋文之小善，魯之十二公，至今之爲政，足以知成敗之效，何必於三王？[164][頁41]
>
> 《新書·道德説》：《春秋》者，守往事之合德之理與不合而紀其成敗，以爲來事師法，故曰"《春秋》者，此之紀者也"。[162][頁327]

這三處都無一例外地將《春秋》視爲記成敗的史書，并没有更多的功能。與此相應的，先秦至漢初文獻引用《春秋》經傳，主要以其歷史記載爲主。

先秦諸子已有不少直接引用《左傳》原文者，如《管子·大匡》中關於齊襄公被弑及桓公踐位的内容與《左傳·莊公八年》、《莊公九年》大致相似；《管子·小匡》中關於宰孔賜桓公胙的内容與《左傳·僖公十三年》大略相同；《晏子春秋·内篇諫上》、《上博六·競公瘧》晏子與齊景公的對話與《左傳·昭二十年》"景公疥"一段極爲相近；《晏子春秋·内篇問下》晏子與叔向的對話與《左傳·昭公三年》的相關内容幾乎相同；《晏子春秋·内篇雜上》所記崔杼弑莊公後晏子之言行與《左傳·襄公二十五年》的内容幾乎完全相同；《晏子春秋·外篇》有數篇直接採用《左傳》原文；《韓非子·十過》、《内儲説》、《外儲説》、《難》等篇中的寓言也多取自《左傳》。

在這些先秦諸子直接引用《左傳》的内容中，甚至有因直接襲用而未删《左傳》紀年的情况，如《管子·大匡》："鮑叔牙奉公子小白奔莒，管夷吾、召忽奉公子糾奔魯。九年，公孫無知虐於雍廩，雍廩殺無知也。"[59][頁340]這是採自《左傳》莊公八年、九年兩年間的内容。莊公八年，齊無知即位，那麽《管子》中的"九年"肯定不是齊國紀年，而是採用《左傳》而未删的内容了。安井衡即説："齊人著書當用齊國紀年，而今用魯紀者，蓋此篇成於丘明傳《春秋》之後，記無知之亂，襲其文而删節之，遂并用魯莊紀年不自喻耳。”① 《管子·法法》、《韓非子·姦劫弑臣》更有“《春秋》之記”、“《春秋》記之曰”② 等字樣，這説明在戰國時期，《春秋》已是士人們非常熟悉的一部經典。

另外，先秦諸子還會移花接木，將《左傳》中的故事轉至其他人名下。如《左傳·莊公二十二年》陳敬仲與齊桓公宴事，《管子·中匡》、《吕氏春秋·達鬱》採之以爲管子事，《晏子春秋·雜上》則以之爲晏子與齊景公事；《左傳·襄公十七年》宋平公築臺，司城子罕爲平公分謗，《晏子春秋·内篇諫下》則採此段内容爲晏子事。又如：

> 《左傳·襄公十七年》：“十一月，甲午，國人逐瘈狗。瘈狗入於華臣氏，國人從之。華臣懼，遂奔陳。”
>
> 《吕氏春秋·首時》：“鄭子陽之難，猘狗潰之。”[101][頁1471]

王利器謂“此又一因逐瘈狗而驚擾之事也”[101][頁1472]，但歷史恐怕没有這樣巧合。《史記·鄭世家》：“鄭君殺其相子陽。”[130][頁1776]則子陽爲鄭君所殺。舉凡先秦諸書，無子陽因狗而潰之事。唯《淮南子·氾論》稱：“子陽剛毅而好罰，其於罰也，執而無赦。舍人有折弓者，畏罪而恐誅，則因猘狗之驚而殺子陽。”[74][頁936]但《淮南子》多有因襲《吕覽》之文，這裏恐怕也是其中一例。而《吕氏春秋》稱子陽因猘狗而潰，恐怕也正是嫁接了《左傳》中的華臣之事。

在戰國晚期的一些政論文中，春秋時的典故開始被廣泛引用。如：

> 《荀子·非相》：“葉公子高，微小短瘠，行若將不勝其衣。然白公之亂也，令尹子西、司馬子期皆死焉；葉公子高入據楚，誅白公，定楚國，如反手爾，仁義功名善於後世。”[167][頁73—74]
>
> 《荀子·宥坐》：“昔晋公子重耳霸心生於曹，越王句踐霸心生於會稽，齊桓公小白霸心生於莒。”[167][頁527]
>
> 《韓非子·難言》：“夷吾束縛；而曹羈奔陳……萇宏分胣……董安于死而陳於市。”[62][頁22—23]

① 見《管子校注》第340—341頁引。

② 見《管子校注》，第305、306頁；《韓非子集解》，第107頁。黎翔鳳以爲《管子》中所提到的《春秋》是古《春秋》，而非經孔子修定的《春秋》經，恐未必確。

《韓非子·有度》:“荆莊王并國二十六，開地三千里，莊王之氓社稷也，而荊以亡。齊桓公并國三十，啓地三千里；桓公之氓社稷也，而齊以亡。”[62][頁31]

《韓非子·難二》:“昔者宫之奇在虞，僖負羈在曹，二臣之智，言中事，發中功，虞、曹俱亡者何也？此有其臣而無其君者也。且蹇叔處干而干亡，處秦而秦霸，非蹇叔愚於干而智於秦也，此有君與無臣也……昔者桓公宫中二市，婦閭二百，被髮而御婦人，得管仲爲五百長；失管仲得豎刁，而身死，蟲流出尸（户）不葬……昔者晋文公慕於齊女而忘歸，咎犯極諫，故使得反晋國。故桓公以管仲合，文公以舅犯霸。”[62][頁362—363]

《吕氏春秋·當染》:“齊桓公染於管仲、鮑叔，晋文公染於咎犯、郄偃，荆莊王染於孫叔敖、沈尹蒸，吴王闔廬染於伍員、文之儀，越王句踐染於范蠡、大夫種，此五君者所染當，故霸諸侯，功名傳於後世。”[101][頁215—221]

《吕氏春秋·禁塞》:“晋厲知必死於匠麗氏，陳靈知必死於夏徵舒，宋康知必死於温，吾未知其爲不善之至於此也。”[101][頁741—742]

這些典故都非常簡單，并不能表達一個完整的意思，當時人如果不熟悉春秋時期歷史是無法看懂的。當然，這些典故未必全部來自《春秋》或《左傳》，如“葉公子高微小短瘠”、“萇宏分胣”① 等事即不見於《春秋》經傳。而如桓公死“蟲流出户”等與《管子》相近，又屬於另外一套文本流傳系統了。但對於春秋歷史的普及，《春秋》經傳功不可没。

另外，先秦諸子中有些典故可能與《左傳》相背，如：

《韓非子·二柄》:“子罕謂宋君曰：‘夫慶賞賜予者，民之所喜也，君自行之；殺戮刑罰者，民之所惡也，臣請當之。’於是宋君失刑而子罕用之，故宋君見劫。”[62][頁40]（《韓非子·外儲説右下》也有相近的敘述，并且也被《淮南子·道應》、《韓詩外傳》、《説苑·君道》等繼承）

---

① 《莊子·胠篋》:“萇弘胣，子胥靡。”（第346頁）那麼《韓非子》中萇弘分胣的傳説可能來源於此。

宋司城子罕在《左傳》中是一個清正廉潔（見《左傳·襄公十五年》）、極有政治頭腦的人，而在《韓非子》中則成了篡國的陰謀家，這顯然與《左傳》相背。雖然如此，這種記載仍可能與《左傳》有關。《左傳·襄公十八年》："宋皇國父爲大宰，爲平公築臺，妨於農功。子罕請俟農功之畢，公弗許。築者謳曰：'……'子罕聞之，親執扑，以行築者，而抶其不勉者……謳者乃止。或問其故。子罕曰：'宋國區區，而有詛有祝，禍之本也。'"《韓非子》中子罕用刑的叙述與《左傳》中子罕分謗的内容很有相似之處，前者很有可能正是後者的演變。

由於《春秋》的傳播，戰國時的士人雖對春秋史實比較了解，但他們對春秋時的制度、思想已有了不小的隔膜。這即便是《春秋》學者也不能免，比如孟子。如前所述，孟子對《春秋》非常尊崇，但他似乎并不了解《春秋》時"尊王"的思想，對《春秋》的理解也與後世非常不同。《孟子·公孫丑上》："曰：'管仲以其君霸，晏子以其君顯。管仲、晏子猶不足爲與？'曰：'以齊王，由反手也。'"趙岐注："孟子言以齊國之大而行王道，其易若反手耳，故譏管、晏不勉其君以王業也。"[128][頁2684]在孟子看來，齊桓公召陵之盟讓夷狄，首止之盟尊天子顯然皆不足稱，真正的大業是取周而代之，稱王天下。雖然孟子的本意是齊桓、管仲僅任霸力，不行仁政。但他以爲齊可以王，這顯然與《春秋》尊王的思想大相背離，却符合戰國諸侯稱雄時期的價值觀。但奇怪的是，孟子的這種思想在後世還擁有大批的同情者：

《吕氏春秋·順説》："是用萬乘之國，其霸猶少，桓公則難與往也。"高誘注："往，王也。言其難與致與王也。"[101][頁1738]

《越絶書·越絶外傳·計倪》："一乎仲，二乎仲，斯可致王，但霸，何足道。"[183][頁51]

《史記·管晏列傳》："管仲世所謂賢臣，然孔子小之。豈以爲周道衰微，桓公既賢，而不勉之至王，乃稱霸哉？"[130][頁2136]

《新序·雜事四》："桓公用管仲則小也，故至於霸而不足以王。故孔子曰：'小哉，管仲之器。'蓋善其遇桓公，惜其不能以王也。"[164][頁474]

《鹽鐵論·輕重》："管仲專於桓公，以千乘之齊，而不能至於

王，其所務非也。”[169][頁179]

這些作者中有不少還是《春秋》學的大家，如司馬遷曾向董仲舒問《春秋》，劉向更是《穀梁》學大師。他們依然以稱王爲大業，這恐怕還是戰國時代思維的慣性。戰國時期這種思想的產生，一方面是由於戰國的時局對士人心態的影響，另一方面也説明當時《春秋》學者的實用主義色彩，他們能迅速對《春秋》學進行改造，以適用於當時的政治形勢。

這種從俗、重實用的作風也影響了後來的“《春秋》大義”。比如“大復讎”的理論。《公羊傳》中關於“大復讎”的内容比較多，如《公羊傳·隱公十一年》：“君弑，臣不討賊，非臣也。不復讎，非子也。”《公羊傳·莊公四年》：“何賢乎襄公？復讎也。何讎爾？遠祖也……九世猶可以復讎乎？雖百世可也。”這種“大復讎”的思想很可能與戰國任俠、復讎的風氣有關。瞿同祖對《孟子》等先秦典籍考察後説：“戰國時代報仇之風極盛，游俠風氣之下有抱不平專爲人報仇的刺客。”[187][頁70]而《公羊傳》“大復讎”的理論可能就是這種報仇思想的理論化。

另外，戰國《春秋》學者的思想不合於《春秋》原意的，還有孟、荀以來“無道桓、文”的思想：

> 《孟子·梁惠王上》：“仲尼之徒，無道桓、文之事者，是以後世無傳焉，臣未之聞也。”[128][頁2670]
>
> 《荀子·仲尼》：“仲尼之門人，五尺之豎子言羞稱乎五伯……齊桓，五伯之盛者也，前事則殺兄而爭國，内行則姑姊妹不嫁者七人，閨門之内，般樂奢汏，以齊之分奉之而不足；外事則詐邾，襲莒，并國三十五。其事行也若是其險汙淫汏也，彼固曷足稱乎大君之門哉！”[167][頁105—106]
>
> 《漢書·董仲舒傳》：“夫仁人者，正其誼不謀其利，明其道不計其功，是以仲尼之門，五尺之童羞稱五伯，爲其先詐力而後仁誼也。”[67][頁2524]

孟、荀以來的儒者對齊桓公、晋文公這樣的唾棄，顯然與《春秋》經傳的思想不合①，與孔子本人的思想恐怕也相背離②。這種思想雖然迂腐，但藉五霸之事强調了“仁”的意義。可見戰國時的《春秋》學者不但有從俗的趨向，也有自覺將儒家思想提純的趨勢。

先秦儒生的這種自覺的提純同樣影響了《春秋》學的發展。比如僖公二十二年，由於宋襄公的迂腐，宋於泓大敗，《公羊傳》稱：“君子大其不鼓不成列，臨大事而不忘大禮，有君而無臣。以爲雖文王之戰，亦不過此也。”與《左傳》、《穀梁傳》之義均不合，可能是受孟、荀輕詐力而重仁政的思想影響形成的“《春秋》大義”。另外，又如《公羊傳·桓公三年》：“古者不盟，結言而退。”《穀梁傳·隱公八年》：“誥誓不及五帝，盟詛不及三王，交質子不及二伯。”這顯然不合於史實，不過是儒生理想主義的空想而已。不過這種空想，可能也是受儒家戰國以來自覺提純的趨勢影響而成的。

以上只是探討了戰國時《春秋》學的發展，以及對《春秋》大義形成的影響。實際上，在戰國時期，一些《春秋》大義就已形成。《韓非子·内儲説上七術》：

> 魯哀公問於仲尼曰：“《春秋》之記曰：‘冬十二月霣霜不殺菽。’何爲記此？”仲尼對曰：“此言可以殺而不殺也。夫宜殺而不殺，桃李冬實。天失道，草木猶犯干之，而况於人君乎？”[62][頁223—224]

無論這裏的“仲尼曰”是否真是孔子的原話，這段話都表明，至遲在戰國晚期，儒家學者對《春秋》微言大義的探索已對當時的學術界産生了不小的影響。先秦諸子中其他近似於《春秋》大義的内容又有：

> 《荀子·大略》：“《春秋》賢穆公，以爲能變也。”[167][頁498]
>
> 《荀子·大略》：“故《春秋》善胥命而《詩》非屢盟，其心

① 《左傳·閔公二年》：“僖之元年，齊桓公遷邢于夷儀。二年，封衛于楚丘。邢遷如歸，衛國忘亡。”《公羊傳·僖公四年》：“桓公救中國，而攘夷狄，卒怗荆，以此爲王者之事也。”《穀梁傳·僖公十七年》：“桓公嘗有存亡繼絶之功，故君子爲之諱也。”《春秋》三傳於齊桓公皆有褒詞。《穀梁傳》於齊桓公評價最爲嚴苛，但還不至到“羞稱”的地步。

② 《論語·憲問》，孔子曰：“桓公九合諸侯，不以兵車，管仲之力也。如其仁，如其仁。”孔子對齊桓公也極爲稱許。

一也。”[167][頁507]

《韓非子·外儲説右上》:“患之可除,在子夏之説《春秋》也:‘善持勢者蚤絶其姦萌。’”[62][頁309]

《韓非子·外儲説右上》:“子夏曰:‘《春秋》之記臣殺君、子殺父者,以十數矣。皆非一日之積也,有漸而以至矣。凡姦者,行久而成積,積成而力多,力多而能殺,故明主蚤絶之。’今田常之爲亂有漸見矣,而君不誅。晏子不使其君禁侵陵之臣,而使其主行惠,故簡公受其禍。故子夏曰:‘善持勢者,蚤絶姦之萌。’”[62][頁314]

其中如“賢穆公”、“善胥命”之類,已與《公羊傳》不異了。先秦到漢初的諸子更有直接化用《春秋》經傳文句的,如:

《左傳·隱公元年》:“贈死不及尸,弔生不及哀。豫凶事,非禮也。”

《荀子·大略》:“送死不及柩尸,弔生不及悲哀,非禮也。”[167][頁492]

《左傳·文公十三年》:“天生民而樹之君,以利之也。”

《荀子·大略》:“天之生民,非爲君也。天之立君,以爲民也。”[167][頁504]

《左傳·成公十八年》:“晋侯悼公即位于朝,始命百官,施舍、已責,逮鰥寡,振廢滯,匡乏困,救災患,禁淫慝,薄賦斂,宥罪戾,節器用,時用民,欲無犯時。”

《吕氏春秋·原亂》:“文公施舍,振廢滯,匡乏困,救災患,禁淫慝,薄賦斂,宥罪戾,節器用,用民以時。”[101][頁2863—2864]

《左傳·襄公二十六年》:“歸生聞之:‘善爲國者,賞不僭而刑不濫。’賞僭,則懼及淫人;刑濫,則懼及善人。若不幸而過,寧僭無濫。與其失善,寧其利淫。無善人,則國從之。”

《荀子·致士》:“賞不欲僭,刑不欲濫。賞僭則利及小人,刑濫則害及君子。若不幸而過,寧僭無濫。與其害善,不若利淫。”[167][頁264]

《左傳·襄公二十七年》:“天生五材,民并用之,廢一不可,誰能去兵?兵之設久矣,所以威不軌而昭文德也。聖人以興,亂人以廢,廢興、存亡、昏明之術,皆兵之由也。”

《吕氏春秋·蕩兵》:“古聖王有義兵,而無有偃兵。兵之所自來者上矣,與始有民俱。凡兵也者,威也;威也者,力也。民之有威力,性也。性者所受於天也,非人之所能爲也,武者不能革,而工者不能移。兵所自來者久矣……故古之賢王有義兵而無有偃兵……夫兵不可偃也,譬之若水火然,善用之則爲福,不能用之則爲禍;若用藥者然,得良藥則活人,得惡藥則殺人。義兵之爲天下良藥也亦大矣。”[101][頁703—716]

《公羊傳·莊公四年》:“上無天子,下無方伯。”

《新語·辨惑》:“今上無明王聖主,下無貞正諸侯。”[164][頁84]

《穀梁傳·隱公八年》:“誥誓不及五帝,盟詛不及三王,交質子不及二伯。”

《荀子·大略》:“誥誓不及五帝,盟詛不及三王,交質子不及五伯。”[167][頁519]

《穀梁傳·僖公八年》:“朝服雖敝,必加於上;弁冕雖舊,必加於首;周室雖衰,必先諸侯。”

《韓非子·外儲説左下》:“冠雖賤,头必戴之;履雖貴,足必履之。”[62][頁299]

《韓非子·外儲説左下》:“冠雖穿弊,必戴於頭;履雖五采,必踐之於地。”[62][頁300]

《文子·上德》:“豹之爲縞也,或爲冠,或爲絑。冠則戴枝之,絑則足蹍之。”[159][頁264]

《公羊傳》、《穀梁傳》書於竹帛肯定都晚於《荀子》、《韓非子》等書,無論是《荀子》等書利用了口頭流傳的《公羊傳》、《穀梁傳》,還是《公羊》、《穀梁》在成書時借鑒了《荀子》等書中的思想,這都説明荀子一派的思想與《春秋》學有着極大的關係,這很可能與戰國末年荀子學派的傳經有關。關於荀子傳經，皮錫瑞《經學歷史》[1] 已有論述，此不贅述。韓非子爲荀子弟子，《吕氏春秋》亦多有荀子學派的著述[2]。《荀子》、《韓非子》、《吕氏春秋》三書引述《春秋》經傳較多，已從側面證明荀子曾傳《春秋》。

另外，先秦至漢初諸子引述《春秋》經義的内容還可以補充史書中《春秋》授受史的闕略。關於漢代以前《穀梁傳》的傳布，史書記載極略。諸書明引《穀梁傳》，當以《新語》爲最早。對此，戴彦升有詳細論述：

> 本書凡兩引《穀梁傳》，《至德》篇末“故春秋穀（下缺）”，似引傳説魯莊公事，而缺其文。考《漢書·儒林傳》：“申公，魯人也，少與楚元王交俱事齊人浮邱伯受《詩》。”又云：“申公以《詩》、《春秋》授，而瑕邱江公盡能傳之。”又云：“瑕邱江公受《穀梁春秋》及《詩》于魯申公。”《楚元王交傳》：“少時，嘗與魯穆生、白生、申公同受《詩》于浮邱伯，伯者，孫卿門人也。”夫《穀梁》家始自江公，而江公受之申公，申公受之浮邱伯，浮邱伯爲孫卿門人，今《荀子·禮論》、《大略》二篇具《穀梁》義，則荀卿《穀梁》之初祖也。荀卿晚廢居楚，陸生楚人，故聞《穀梁》義歟？《鹽鐵論》包邱子與李斯俱事荀卿，本書《資賢》篇：“鮑邱之德行，非不高於李斯、趙高也，然伏隱於蒿廬之下，而不録於世。”鮑邱即包邱子，即浮邱伯也。《楚元王傳》注，服虔曰：“浮邱伯，秦時儒生。”陸生蓋嘗與浮邱伯遊，故稱其德行，或即受其《穀梁》學歟？《辨惑》篇説夾谷之會事，與《穀梁》定十年傳大同。《至德》篇説齊桓公遣高子立僖公事，本《穀梁》閔二年傳。《懷慮》篇言魯莊公不能存立子糾，亦本《穀梁》莊九年傳，可徵陸生乃《穀梁》家矣。故所述《楚漢春秋》，向、歆入之《春秋》家。但《輔政》篇説鄭儋歸魯，《至德》篇説臧孫辰請糴，《明誠》篇説衛侯之弟鱄出奔晋，今《穀梁傳》無此義。《道基》篇所引傳曰“仁者以治親，義者以利尊”，

---

[1] 見《經學歷史》，第55頁。

[2] 李斯曾爲吕不韋舍人，《吕氏春秋》之作，李斯亦當預其事（見錢穆《先秦諸子系年》，商務印書館2001年版，第563頁）。李斯又爲荀子門生。劉師培亦曰：“《吕覽》一書多成於荀卿門人之手，荀卿爲《左氏春秋》之先師，故《吕覽》一書多引《左氏》之文……著《吕覽》者曾親見《左氏》之書，昭然無疑。”（見《劉申叔遺書》，第297—299頁）

> 今《穀梁傳》亦無此二語。彥升案：《穀梁》之著竹帛，雖不知何時，而出自後師，陸生乃親受之浮邱伯者，實《穀梁》先師。古經師率皆口學，容有不同，如劉子政說《穀梁》義，亦有今傳所無者，可證也。或乃以《穀梁傳》爲賈所不及見，既昧乎授受之原，且亦不檢今傳文矣。本傳言時時前說稱《詩》、《書》，而本書多說《春秋》，《穀梁》微學，藉以存焉。《論語》、《孝經》，亦頗見引，蓋所謂"游文六經之中，留意於仁義之際，祖述堯、舜，憲章文、武，宗師仲尼，以重其言"者，生書有以當之①。

今按，戴說極是，由陸賈《新語》可知在漢代以前《穀梁傳》自有其授受源流。而《新語》中明引《穀梁傳》之文不見今本，亦可證《穀梁傳》之寫定在《新語》之後。《新語·辨惑》所叙夾谷之會，與《穀梁傳》文字大同，説明《穀梁傳》之寫定亦非閉門造車，而是多有所本。

在漢初，《穀梁傳》可能頗有人傳習，不僅僅是史傳中所記録的申公到瑕丘江公的一脈而已。《史記·儒林傳》記載了轅固生與黄生的這樣一番論戰：

> 黄生曰："湯武非受命，乃弒也。"轅固生曰："不然。夫桀紂虐亂，天下之心皆歸湯武，湯武與天下之心而誅桀紂，桀紂之民不爲之使而歸湯武，湯武不得已而立，非受命爲何？"黄生曰："冠雖敝，必加於首；履雖新，必關於足。何者，上下之分也。今桀紂雖失道，然君上也；湯武雖聖，臣下也。夫主有失行，臣下不能正言匡過以尊天子，反因過而誅之，代立踐南面，非弒而何也？"[130][頁3122—3123]

黄生"冠雖敝，必加於首"的話與《穀梁傳·僖公八年》"朝服雖敝，必加於上；弁冕雖舊，必加於首；周室雖衰，必先諸侯"的話非常相近。本田成之即指出："黄生所論，就是與《穀梁》家的主張一致者。"[189][頁110]

《春秋》學的授受，在漢武帝之前只能算作暗流涌動，至武帝時，這暗流終於噴涌而出了。

---

① 見《浮溪精舍叢書·新語》序，本書轉引自《新語校注》，第218—219頁。

第二節 《春秋》與漢代學術思想史

漢武帝踐祚之後，採納董仲舒、公孫弘等儒生的意見，罷黜百家，獨尊儒術，任用經生。至此，經學終於成爲中國的官方意識形態，從而影響了中國兩千多年的歷史。《春秋》學作爲經學的一支，對漢代政治、生活、學術、思想産生了巨大的影響。本節主要討論《春秋》學與漢代社會各方面的關係。

一 政治生活中的《春秋》學

《春秋》可能是五經中對漢代政治影響最大的一部。漢初就有《左傳》家賈誼成爲漢室的智囊，漢代儀法制度多由之制定，其中恐怕也融入了不少《春秋》學思想。武帝以後，又有《春秋》學家，如公孫弘、吾丘壽王、主父偃、翟方進、貢禹等官位顯赫，更加深了《春秋》學的影響。

除了《春秋》學者進入權力核心外，對統治者的迎合同樣也使得《春秋》學更容易被接受。漢代許多《春秋》學者認爲，《春秋》是孔子爲漢立法，如：

> 《公羊傳·哀公十四年》："制《春秋》之義以俟後聖。"何休注引《演孔圖》曰："孔子仰推天命，俯察時變，却觀未來，豫解無窮，知漢當繼大亂之後，故作撥亂之法以授之。"
>
> 《論衡·須頌》："《春秋》爲漢制法。"[102][頁857]
>
> 《論衡·正説》："或説《春秋》二百四十二年者，上壽九十，中壽八十，下壽七十，孔子據中壽三世而作，三八二十四，故二百四十年也。又説爲赤制之中數也。"[102][頁1131—1132]
>
> 《論衡·程材》："夫五經亦漢家之所立，儒生善政，大義皆出其中。董仲舒表《春秋》之義，稽合於律，無乖異者……然則《春秋》漢之經，孔子制作，垂遺於漢。"[102][頁542]
>
> 《漢史晨碑》："伏念孔子乾巛所挺，西狩獲麟，爲漢制作。"[96][頁23]

漢代統治者由《春秋》學獲得了其統治合法性的解釋，而《春秋》學也藉之進入了漢代的意識形態之中。

（一）漢代政治生活中的《春秋》學思想

在《春秋》學思想中最易被接受的自然還是儒家傳統的倫理思想，但這些儒家傳統思想在《春秋》學中又有所發展而呈現出一些新特點。

1. 尊尊

傳統儒家尊卑有序的等級觀念在《春秋》學中也有體現，而統治者自然樂意接受這種對自己有利的思想，甚至不惜對《春秋》本身進行誤讀。如：

> 《鹽鐵論·世務》："《春秋》'王者無敵。'言其仁厚，其德美，天下賓服，莫敢交也。"[169][頁508]

按：《鹽鐵論》所引《公羊傳》的本意當然也是尊王，但"文學"認爲這句話是在贊美王者"其仁厚，其德美"則完全是斷章取義式的誤讀了。《公羊傳·成公元年》："王者無敵，莫敢當也。"《穀梁傳》："不言戰，莫之敢敵也，爲尊者諱敵不諱敗。"《公羊傳》、《穀梁傳》的本義都是説由於没有與王者崇高地位對等的人，所以《春秋》不書王的戰爭對手。二傳并没有對王的道德進行評判。實際上，此次戰爭周天子戰敗，恐怕也算不上仁厚德美。

《春秋傳》在許多細節處都體現了尊王的思想，這些細節也經常被漢代的政治家引用。如：

> 《白虎通義·喪服》："大夫使受命而出，聞父母之喪，非君命不反者，蓋重君也。故《春秋傳》曰：'大夫以君命出，聞喪，徐行不反。'"[1][頁528]
>
> 《漢書·翟方進傳》："《春秋》之義，王人微者，序乎諸侯之上，尊王命也。"[67][頁3413]
>
> 《風俗通義·過譽》："《春秋》：'王人之微，處于諸侯之上。'坐則專席，止則專館，朱軒駕駟，威烈赫奕。"[41][頁183]

如前揭《漢書》、《風俗通義》所引用的，對天子的尊重也會延伸到其大臣之上，這也成爲大臣們做政治攻擊的工具。如《漢書·翟方進傳》載翟方進因其政敵涓勳不謁丞相而舉奏曰：

臣聞國家之興，尊尊而敬長，爵位上下之禮，王道綱紀。《春秋》之義，尊上公謂之宰，海内無不統焉。丞相進見聖主，御坐爲起，在輿爲下。群臣宜皆承順聖化，以視四方。勳吏二千石，幸得奉使，不遵禮儀，輕謾宰相，賤易上卿，而又詘節失度，邪諂無常，色厲内荏。墮國體，亂朝廷之序，不宜處位。臣請下丞相免勳。[67][頁3414]

這樣一份現在看來幾乎完全是强詞奪理的狀詞，漢成帝竟然以爲“所舉應科”而最終貶黜了涓勳，由此可見《春秋》尊尊思想的影響。

對天子的尊重，也就意味着對臣下的抑制，《春秋》經義中也有一些對臣權的限制。這也常會被漢代政治家引用，以攻擊政敵。如《漢書·毋將隆傳》載隆舉奏董賢曰：

《春秋》之誼，家不臧甲，所以抑臣威，損私力也。今賢等便僻弄臣，私恩微妾，而以天下公用給其私門，契國威器共其家備。民力分於弄臣，武兵設於微妾，建立非宜，以廣驕僭，非所以示四方也。[67][頁3264]

《公羊傳》中不僅有尊王的思想，同樣也有對王權的限制，這些思想有時也會被學者引用。其中有對天子的勸諫：

《白虎通義·社稷》：“王者諸侯必有誡社者何？示有存亡也。明爲善者得之，爲惡者失之。故《春秋公羊傳》曰：‘亡國之社，奄其上，柴其下。’”[1][頁86]

有對天子的警示：

《春秋繁露·王道》：“觀乎楚昭王之伐蔡，知無義之反。觀乎晋厲之妄殺無罪，知行暴之報。觀乎陳佗、宋閔，知妬淫之禍。觀乎虞公、梁亡，知貪財枉法之窮。觀乎楚靈，知苦民之壤。觀乎魯莊之起臺，知驕奢淫泆之失。觀乎衛侯朔，知不即召之罪。”[11][頁130]

有對非法君主的懲治：

《説苑·辨物》:“由此觀之,《春秋》乃正天下之位,徵陰陽之失。直責逆者,不避其難。是亦《春秋》之不畏强禦也。故劫嚴社而不爲驚靈,出天王而不爲不尊上。”[144][頁451]

《白虎通義·誅伐》:“王者諸侯之子,篡弑其君而立,臣下得誅之者,廣討賊之義也。《春秋傳》曰:‘臣弑君,臣不討賊,非臣也。’又曰:‘蔡世子班弑其君,楚子誅之。’”[1][頁214—215]

而《春秋》災異對統治者的束縛尤其明顯,前人多有述①,此不再舉。這種限制顯然是對統治者不利的,有些學者出於安全或諂媚的考慮,便會對這些相關的内容自動修正,如:

《説苑·貴德》:“故天子好利則諸侯貪,諸侯貪則大夫鄙,大夫鄙則庶人盗。”[144][頁110]

《鹽鐵論·本議》:“傳曰:‘諸侯好利則大夫鄙,大夫鄙則士貪,士貪則庶人盗。’”[169][頁4]

《公羊傳·桓公十五年》何休注:“王者千里,畿内租税,足以共費;四方各以其職來貢,足以尊榮,當以至廉無爲率先天下,不當求。求則諸侯貪,大夫鄙,士庶盗竊。”

楊樹達曰:“諸書皆本《春秋》家説,同出一源。然《説苑》舉天子,何注舉王者,《鹽鐵論》但舉諸侯以下,不及天子者,以鹽鐵正是天子好利之事,故文學避而不言耳。”[190][頁78]其説是,《鹽鐵論》中文學的觀點已是修正過的《春秋》説了。

兩漢之間興起的《左傳》學更是利用了《公羊》學這一弱點。《左傳》學家修正其思想,更加迎合統治者,以求獲得學術上的統治地位。例如:

《禮記·曲禮上》疏引《五經異義》曰:“凡君非理殺臣,《公羊》説子可復讎,故子胥伐楚,《春秋》賢之;《左氏》説君命,天也,是不可復讎。”[128][頁1250]

《禮記·哀公問》疏引《五經異義》曰:“《春秋公羊》説自天子

① 可參孫筱《兩漢經學與社會》第四章第二節。

至庶人皆親迎;《左氏》説天子至尊無敵,故無親迎之禮。”[128][頁1612]

以上兩例中,《公羊》説對天子的權利進行了限制,而《左傳》則取消了這種限制,在學理上更助長了統治者無限擴張的權利欲。

2. 親親

由家庭倫理推廣至所有的社會關係,這是儒家倫理學的基本思路,在《春秋》學中同樣有所體現。漢代的政治家也樂於引用《春秋》經傳中關於孝悌的内容。其中有對於“孝”的具體形式的探討:

《鹽鐵論·孝養》:“周襄王之母非無酒肉也,衣食非不如曾晳也,然而被不孝之名,以其不能事其父母也。君子重其禮,小人貪其養。”[169][頁308]

《鹽鐵論·憂邊》:“吾聞爲人臣者盡忠以順職,爲人子者致孝以承業。君有非,則臣覆蓋之。父有非,則子匿逃之。故君薨,臣不變君之政,父没,則子不改父之道也。《春秋》譏毁泉臺,爲其隳先祖之所爲,而揚君父之惡也。”[169][頁162]

有對於不孝的處罰:

《漢書·霍光傳》:“五辟之屬,莫大不孝。周襄王不能事母,《春秋》曰‘天王出居于鄭’,繇不孝出之,絶之於天下也。”[67][頁2945]

有通過對服喪者的尊重來提倡孝道:

《鹽鐵論·未通》:“古有大喪者,君三年不呼其門,通其孝道,遂其哀戚之心也。”[169][頁192]

《白虎通義·喪服》:“臣下有大喪,不呼其門者,使得終其孝道,成其大禮。故《春秋傳》曰:‘古者臣有大喪,君三年不呼其門。’”[1][頁529]

《後漢書·荀爽傳》:“古者大喪三年不呼其門,所以崇國厚俗篤化之道也。”[72][頁2052]

《白虎通義·誅伐》:“諸侯有三年之喪,有罪且不誅何?君子恕已，哀孝子之思慕，不忍加刑罰。《春秋傳》曰：‘晋士匄帥師侵齊，至穀，聞齊侯卒，乃還。’《傳》曰：‘大其不伐喪也。’”[1][頁212]

除了孝道，還有對與其他家庭成員關係的討論：

《漢書·谷永傳》：“昔秦伯有千乘之國，而不能容其母弟，《春秋》亦書而譏焉。”[67][頁3473]

當然，政治家引用這些《春秋》經傳的内容，并不僅僅是提倡“親親”式的家庭和睦而已，而往往有其政治目的。如前揭《鹽鐵論·憂邊》是“大夫”不廢鹽鐵的藉口，《漢書·霍光傳》是霍光廢黜昌邑王的理由之一。

如前所述，儒家哲學的基本思維是由對家庭倫理關係的研究擴充至社會關係，漢代的政治家便有利用這一思維模式來附會《春秋》經義的。如：

《漢書·嚴助傳》：“《春秋》天王出居于鄭，不能事母，故絶之。臣事君，猶子事父母也，臣助當伏誅。陛下不忍加誅，願奉三年計最。”[67][頁2790]

今按，嚴助所表達的意思與其所引的《春秋》經義幾乎没什麼關係，而且自比天子，也甚爲不倫。但由此可見漢代政治家對《春秋》經義肆意附會的情况。

3. 信義

“信”，作爲儒家思想的核心價值觀之一，在《春秋》學中也有相關的内容，這些内容同樣也被漢代政治家使用。如：

《鹽鐵論·執務》：“齊桓公以諸侯思王政，憂周室，匡諸夏之難，平夷、狄之亂，存亡接絶，信義大行，著於天下。邵陵之會，予之爲主。《傳》曰：‘予積也。’故土積而成山阜，水積而成江海，行積而成君子。”[169][頁455]

《鹽鐵論·世務》：“布心腹，質情素，信誠内感，義形乎色。宋華元、楚司馬子反之相睹也，符契内合，誠有以相信也。今匈奴挾不信之心，懷不測之詐，見利如前，乘便而起，潛進市側，以襲無備。是猶措重寶於道路而莫之守也。求其不亡，何可得乎？”[169][頁508]

《後漢書·袁紹傳》：“士匃卒荀偃之事，是故《春秋》美其義，君子稱其信。”[72][頁508]

但當時也有一些有識之士對這種道德理想主義提出了質疑，如：

《鹽鐵論·世務》：“昔宋襄公信楚而不備，以取大辱焉，身執囚而國幾亡。故雖有誠信之心，不知權變，危亡之道也。”[169][頁508]

4. 節儉

節儉，作爲儒家所贊賞的美德之一，在物質不太豐富的古代自然被廣爲提倡。《春秋》經傳中相關的内容也被屢屢引用。如：

《後漢書·樊準傳》：“《春秋穀梁傳》曰：‘五穀不登，謂之大侵。大侵之禮，百官備而不製，群神禱而不祠。’由是言之，調和陰陽，寔在儉節。”[72][頁1127]

《後漢書·宦者列傳》：“及中官公族無功德者，造起館舍，凡有萬數，樓閣連接，丹青素堊，雕刻之飾，不可單言。喪葬踰制，奢麗過禮，競相放效，莫肯矯拂。《穀梁傳》曰：‘財盡則怨，力盡則懟。’……上之化下，猶風之靡草。今上無去奢之儉，下有縱欲之敝，至使禽獸食民之甘，木土衣民之帛。”[72][頁2530]

5. 重民

“重民”的思想一直是儒家的傳統思想，由於《春秋》經傳與政治比較密切，其中也有不少與“重民”有關的内容。這些内容往往被儒者引用，以約束統治者。也被統治者内部的有識之士引用，以表明自己的姿態。如：

《漢書·文帝紀》載文帝詔：“朕聞之，天生民，爲之置君以養治之。”[67][頁116]

《春秋繁露·竹林》：“……《春秋》之敬賢重世如是。”[11][頁47]

《説苑・君道》："夫天之生人也，蓋非以爲君也；天之立君也，蓋非以爲位也。夫爲人君，行其私欲而不顧其人，是不承天意，忘其位之所以宜事也。如此者，《春秋》不予能君，而夷、狄之。"[144][頁30]

《鹽鐵論・備胡》："宋伯姬愁思而宋國火，魯妾不得意而魯寢災。今天下不得其意者，非獨西宫之女。宋之老母也。《春秋》動衆則書，重民也。宋人圍長葛，譏久役也。"[169][頁446—447]

《白虎通義・封公侯》："王者即位，先封賢者，憂民之急也。故列土爲疆，非爲諸侯，張官設府，非爲卿大夫，皆爲民也。"[1][頁141]

《潛夫論・班禄》："故天之立君，非私此人也，以役民，蓋以誅暴除害利黎元也。"[117][頁162]

《潛夫論・救邊》："《春秋》譏'鄭棄其師'，况棄人乎？一人吁嗟，王道爲虧，况百萬之衆，叫號哭泣，感天心乎？"[117][頁263]

除了政治家、思想家對《春秋》經傳的直接引用外，從漢代文獻中引用《春秋》經傳的異文上也可以看出當時對民生的强調。如：

《左傳・昭公七年》："務三而已，一曰擇人，二曰因民，三曰從時。"

《説苑・政理》："政有三而已：一曰因民，二曰擇人，三曰從時。"[144][頁168]

《左傳》將"擇人"放在"三務"之首，可見當時更注重的是人才。而《説苑》改"因民"爲首位，可能就是受漢代"重民"思想的影響。

但這種"重民"的思想與後世的"民本"思想還是有根本不同的。"重民"的目的還只是鞏固社稷而已。《申鑒・雜言上》："故重民者，所以重社稷而承天命也。"[124][卷4頁3A—B]這道出了統治者"重民"的本質。

6. 大一統

以上幾種思想是儒家的普遍思想，而"大一統"則是《春秋》學所特有的理論。"大一統"思想本來可能是春秋戰國時期飽受戰亂之苦的士人對一種理想社會的嚮往。漢朝建立以後，士人自然將這種嚮往寄託在漢王朝之上，所以西漢儒生對皇帝的進言中，"大一統"一詞經常出現。東漢以後，這種表述就比較少見了。

《漢書·董仲舒傳》："《春秋》大一統者，天地之常經，古今之通誼也。"[67][頁2523]

《漢書·路温舒傳》："臣聞《春秋》正即位，大一統而慎始也。"[67][頁2369]

《漢書·王吉傳》："《春秋》所以大一統者，六合同風，九州共貫也。"[67][頁3063]

《漢書·匡衡傳》："《春秋》之義，諸侯不得專地，所以壹統尊法制也。"[67][頁3346]

《鹽鐵論·憂邊》："今九州同域，天下一統……"[169][頁161]

《新序·懷慮》："故聖人執一政以繩百姓，持一概以等萬民，所以同一治而明一統也。"[164][頁132]

《風俗通義·十反》："《春秋》尊公曰宰，其吏爲士。言於四海，無所不統焉。"[41][頁241]

7. 正始

雖然"慎始"在先秦儒家的其他文獻中業已出現①，但這也是《春秋》學所反復提倡的一個命題②，甚至被視爲《春秋》學的根本。漢代儒生也每每引用其義以勸戒統治者③，如：

《新書·胎教》："《易》曰：'正其本而萬物理，失之毫釐，差以千里。'故君子慎始。《春秋》之元，《詩》之關雎，《禮》之冠婚，《易》之乾坤，皆慎始敬終云爾。"[162][頁390]

《漢書·路温舒傳》："臣聞《春秋》正即位，大一統而慎始也。陛下初登至尊，與天合符，宜改前世之失，正始受［命］之統，滌煩文，除民疾，存亡繼絶，以應天意。"[67][頁2369]

《漢書·董仲舒傳》："臣謹案《春秋》謂一元之意，一者萬物之所從始也，元者辭之所謂大也。謂一爲元者，視大始而欲正本也。

① 如《周易·繫辭下》："懼以終始，其要无咎。"《左傳·襄公二十五年》引《尚書》曰："慎始而敬終，終以不困。"皆是其例。

② 參見楊樹達《春秋大義述·謹始》篇。

③ 此處所引多漢代諸子及史書中的記載，而董仲舒《春秋繁露》中關於此義的論述極多，可參蔣慶《公羊學引論》，第271—273頁；又可參段熙仲《春秋公羊學講疏》，第434—435頁。

《春秋》深探其本，而反自貴者始。故爲人君者，正心以正朝廷，正朝廷以正百官，正百官以正萬民，正萬民以正四方。”[67][頁2502]

《漢書・王褒傳》：“共惟《春秋》五始之要，在乎審己正統而已。”[67][頁2823]

《説苑・建本》：“魏武侯問‘元年’於吴子，吴子對曰：‘言國君必慎始也。’”[144][頁57]

《漢書・律曆志》：“經元一以統始，《易》太極之首也。”[67][頁981]

《後漢書・郎惿傳》：“孔子作《春秋》，書‘正月’者，敬歲之始也。”[72][頁2502]

（二）《春秋》學對漢代政治活動的影響

《春秋》學與漢代的政治關係非常密切，這種密切的關係不僅表現在政治家的著述對《春秋》經傳的引用上，《春秋》學更直接指導漢代的政治活動。更有激進分子試圖將《春秋》經傳中的語句制度化，其中最爲典型的應屬王莽。王莽篡權後，進行了一系列的改革，其中就有據《春秋》學行事者，如《漢書・王莽傳》中的這則材料：

莽念中國已平，唯四夷未有異，乃遣使者齎黄金幣帛，重賂匈奴單于，使上書言：“聞中國譏二名，故名囊知牙斯今更名知，慕從聖制。”[67][頁4051]

按：“譏二名”是《公羊》義之一，《公羊傳・定公六年》：“此仲孫何忌也，曷爲謂之仲孫忌？譏二名。二名，非禮也。”“譏二名”是否是歷史上曾經存在過的制度可能還值得懷疑，至少漢以後“二名”之人極多，如漢宣帝劉詢在民間時名病已，其他又如霍去病、司馬相如、吾丘壽王、金日磾、趙充國、辛慶忌、翟方進之類，比比皆是。且匈奴單于之名爲音譯字，若用單名，反而失去了其表音的功能。“譏二名”的制度可以説是完全不符合實際的，但王莽僅據《公羊傳》中的記載便將之施諸匈奴單于之上。直到臨終前，王莽一直没有放棄這種將《春秋》學理論付諸政治實踐的嘗試，《漢書・王莽傳》載更始軍攻破長安後，王莽採取了這樣的措施：

> 莽愈憂，不知所出。崔發言："《周禮》及《春秋左氏》，國有大災，則哭以厭之。故《易》稱'先號咷而後笑'。宜呼嗟告天以求救。"莽自知敗，乃率群臣至南郊，陳其符命本末……因搏心大哭，氣盡，伏而叩頭。[67][頁4187—4188]

這看似荒唐，却表現出當時儒生以《春秋》學指導政治活動的努力。

當《春秋》學進入政治領域時，引用者對於《春秋》經義顯然是有雙重標準的，那就是只取對自己有利的經義，而忽視不利於自己的内容，甚至故意掩飾對自己不利的内容。如《漢書·王莽傳》：

> 三年二月乙酉，地震……大司空王邑上書言："視事八年，功業不效，司空之職尤獨廢頓，至乃有地震之變。願乞骸骨。"莽曰："夫地有動有震，震者有害，動者不害。《春秋》記地震，《易》繫坤動，動静辟脅，萬物生焉。"[67][頁4141—4142]

《春秋》所記之地震爲災，而現在的地震便合於《易》"坤動"之義，這顯然是自欺欺人式的掩飾。

當然，像王莽一樣有能力將《春秋》學直接制度化的儒者畢竟是少數，大多數學者還只能利用《春秋》學對當時的政治活動提出建議，故而在漢代日常的政治辯論中《春秋》經義出現得非常頻繁。但辯論的雙方幾乎都能找到有利於自己的"《春秋》大義"，這種情况并不是《春秋》大義自身的矛盾引起的，而在更大程度上可能是由於引用者有意無意地對《春秋》大義的曲解。如《鹽鐵論·憂邊》中，"大夫"認爲鹽鐵均輸爲先帝所設，不宜輒罷，其引《春秋》大義曰："故君薨，臣不變君之政，父没，則子不改父之道也。《春秋》譏毁泉臺，爲其隳先祖之所爲，而揚君父之惡也。"[169][頁162]而"文學"同樣以《春秋》大義反擊："魯定公序昭穆，順祖禰，昭公廢卿士，以省事節用，不可謂變祖之所爲，而改父之道也？"[169][頁163] 實際上，《春秋》譏毁泉臺并非僅僅是因爲"父没則子不改父之道"。《公羊傳·文公十六年》："毁泉臺何以書？譏。何譏爾？築之譏，毁之譏。先祖爲之，己毁之，不如勿居而已矣。"何休注："但當勿居，令自毁壞，不當故毁，暴揚先祖之惡也。"在何休看來，毁泉臺還關乎先帝的"面子"問題。由於歷史的巧合，東漢時又出現了與此相近的一幕。《後漢書·楊終傳》記載，楊終上疏罷邊屯，牟融、鮑昱、班固等大概又以“譏毁泉臺”難終，楊終辯曰：“魯文公毁泉臺，《春秋》譏之曰‘先祖爲之而己毁之，不如勿居而已’，以其無妨害於民也。襄公作三軍，昭公舍之，君子大其復古，以爲不舍則有害於民也。”[72][頁1598]楊終不但用了與“文學”相同的論據①，而且認爲“譏毁泉臺”是由於泉臺之存無害於民，其毁則揚先祖之惡，故《春秋》譏其毁；而三軍之存有害民用，故《春秋》大昭公舍中軍；是否“改先父之道”還要看是否害民。這可能更符合《公羊傳》的原意。而“大夫”、牟融等人恐怕是曲解了《公羊傳》。

《春秋》學就是這樣以被人誤解的方式參與到漢代的政治活動中，主要影響了漢代政治的以下幾個方面：

1. 以《春秋》學指導生産

原始儒家本來不重視直接的生産活動。但荀子以後，尤其是漢代的儒家，受農家學説的影響，採取重農抑商的政策，開始關注農業、水利等生産活動②。依照儒家的傳統，立説需要經典的佐證。因此，漢儒從五經中找出一些關於生産的内容，加以附會，用以指導農業生産。例如，《漢書·食貨志》載董仲舒上書曰：

> 《春秋》它穀不書，至於麥禾不成則書之，以此見聖人於五穀最重麥與禾也。今關中俗不好種麥，是歲失《春秋》之所重，而損生民之具也。願陛下幸詔大司農，使關中民益種宿麥，令毋後時。[67][頁1137]

種植何種糧食，本應由土壤、气候等自然條件决定的，而董仲舒竟因《春秋》經的一句話而建議關中種小麥。實際上，關中不種麥，可能確實是由於自然條件不允許③。董仲舒建議種麥可能也是據其家鄉廣川的經驗

---

① 關於《鹽鐵論》中“文學”所説的“昭公廢卿士”，孫詒讓曰：“此即指《春秋》昭五年‘舍中軍’而言……是‘舍中軍’即是廢中卿、中士，故云‘廢卿士，省事節用’，與《公羊》復古之義亦相近。”（《札迻》，第238頁）是“文學”所説的“廢卿士”與楊終所説的“舍中軍”是一事。

② 參齊思和《先秦農家學説考》，《中國史探研》，第190—191頁。

③ 何炳棣即稱：“原生於雨區的小麥，不甚適宜我國黄土區域的自然環境，尤不適宜黄土高原半乾旱的氣候。”（見《黄土與中國農業的起源》，香港中文大學1969年版，第166頁）

而言①。其引《春秋》經以言事，不過是立言必稱經傳的思維定式而已。況且《春秋》經書“無麥苗”的含義，三傳之間也有爭議，《左傳·莊公七年》即曰：“無麥、苗，不害嘉穀也。”杜預注：“黍稷尚可更種，故曰不害嘉穀。”是《左傳》以爲“無麥苗”無關緊要。《公羊傳》、《穀梁傳》也以爲此不過書災而已，并無大義。而何休注《公羊傳》曰：“然不書穀名，至麥苗獨書者，民食最重。”則已將董仲舒的斷章取義視爲《公羊》經義了。

以《春秋》經義指導生産的，又如《鹽鐵論·險固》：

> 古者，爲國必察土地、山陵阻險、天時地利，然後可以王霸。故制地城郭，飭溝壘，以禦寇固國。《春秋》曰：“冬浚洙。”修地利也。[169][頁525]

《春秋·莊公九年》“冬，浚洙”，《公羊傳》曰：“浚之者何？深之也。曷爲深之？畏齊也。”依《公羊》義，此浚洙確是爲備齊難。《鹽鐵論》據之而謂立國當修治要塞，却也切合經義。

2. 以《春秋》經義指導軍事行動

春秋本是亂世，《春秋》經中關於戰爭的記述也較多，但《春秋傳》，尤其是《公羊傳》關於戰爭的評述多極迂腐，這難免就誤導了漢代不諳戰陣唯知書傳的儒生。漢代儒生以《公羊傳》評論、指導軍事行動的各個方面，或論軍備之重要：

> 《鹽鐵論·險固》：“徐人滅舒，《春秋》謂之‘取’，惡其無備，得物之易也。故恤來兵，仁傷刑。君子爲國，必有不可犯之難。”[169][頁526]

或論行役之必要：

> 《鹽鐵論·備胡》：“今不征伐，則暴害不息；不備，則是以黎民委敵也。《春秋》貶諸侯之後，刺不卒戍。行役戍備，自古有之，非

① 何炳棣說：“華北平原近海，雨量較黄土高原稍多，再加長期積累的保持土壤水分的種種經驗，已成爲麥作比較普遍的區域。”（見《黄土與中國農業的起源》，第165頁）《後漢書·馮異傳》光武帝劉秀曰：“倉卒無蔞亭豆粥，虖沱河麥飯，厚意久不報。”（《後漢書》，第649頁）虖沱河距廣川不遠，倉猝中可得麥飯，也可見當地小麥種植的普遍。

獨今也。"[169][頁446]

或有對戰爭結果的展望：

《鹽鐵論·論功》："夫以智謀愚，以義伐不義，若因秋霜而振落葉。《春秋》曰：'桓公之與戎、狄，驅之爾。'况以天下之力乎？"[169][頁542]

有對軍事方針的建議：

《漢書·蕭望之傳》："《春秋》晋士匄帥師侵齊，聞齊侯卒，引師而還，君子大其不伐喪，以爲恩足以服孝子，誼足以動諸侯。前單于慕化鄉善稱弟，遣使請求和親，海内欣然，夷狄莫不聞。未終奉約，不幸爲賊臣所殺，今而伐之，是乘亂而幸災也，彼必奔走遠遁。不以義動兵，恐勞而無功。"[67][頁3279]

《後漢書·陳蕃傳》載蕃上書："臣聞齊桓修霸，務爲内政；《春秋》於魯，小惡必書。宜先自整敕，後以及人。今寇賊在外，四支之疾；内政不理，心腹之患。"[72][頁2164]

前引幾例中，《鹽鐵論》之"大夫"論軍備、論行役倒也立論平實；陳蕃政治經驗豐富，所言極中後漢政策之弊。而蕭望之妄以《公羊傳》仁義之説言事，使漢王朝坐失戰機，則難免迂腐之譏了。

當時確實也有依據《春秋》打仗的，如《三國志·魏志·楊阜傳》載曹真伐蜀，遇雨不進，楊阜上言曰："傳曰：'見可而進，知難而退，軍之善政也。'徒使六軍困於山谷之間，進無所略，退又不得，非主兵之道也。"[122][頁706]魏明帝因此而召曹真軍還。但古代軍事材料保留下來的較少，很難確切地看出《春秋》對當時的軍事決策究竟起到了多大的影響。

3. 以《春秋》議禮

漢代政治家引用《春秋》經傳，可能用以議禮的數量最多，《白虎通義》、《通典》等書中多有這方面的材料，本書不再一一摘録。關於漢人以《春秋》議禮，前人已有論述①。本書還需指出的是，漢代儒生議禮并

① 見趙伯雄《春秋學史》第二章第二節第三部分。

非完全爲政治服務，也對平常人的日常生活做了規定。如《白虎通義·嫁娶》中對婚姻制度的論述：

所以不聘妾何？人有子孫，欲尊之，義不可求人爲賤也。《春秋傳》曰“二國來媵”。[1][頁471]

這裏以《春秋》書“來媵”，而謂不當聘妾，而是妾自願而來。這可能在當時已形成了固定的制度。

4.《春秋》學與政治鬥爭

經學在漢代是作爲意識形態而存在的。作爲經學的一支，《春秋》學也常被用來作爲政治鬥爭的工具。前曾舉《漢書·霍光傳》霍光以“天王出居于鄭”廢昌邑王；《後漢書·陳蕃傳》陳蕃以《春秋》“自整敕，後以及人”奏當整敕京師，藉此以除宦官，這都是以《春秋》經義進行政治鬥爭的例子。至於以《春秋》災異進行政治傾軋的例子更是舉不勝舉，以西漢孝元帝時爲例：初元二年（前47），劉更生以地震劾弘恭、石显；永光元年（前43），许、史二族以夏寒奏劾周堪、张猛；三年後，永光四年（前40），堪、猛又因日食而复。由此可見當時政治鬥爭的激烈。

（三）《春秋》決獄與漢代法制思想

如前文所述，可能源於語言巫術的原理，《春秋》學者認爲《春秋》中的褒貶真有“使亂臣賊子懼”的作用。到了漢代，儒生更將這種褒貶落實到法律制度上，成爲真可以“使亂臣賊子懼”的法律準則①。自董仲舒著《春秋決獄》以後，漢代司法官多援《春秋》以文吏事，如：

《史記·平準書》：“自公孫弘以《春秋》之義繩臣下取漢相……”[130][頁1424]

《史記·酷吏列傳》：“是時上方鄉文學，（張）湯决大獄，欲傅古義，乃請博士弟子治《尚書》、《春秋》補廷尉史，亭疑法。”[130][頁3139]

又，“始長史朱買臣，會稽人也。讀《春秋》。”[130][頁3143]

《漢書·五行志》：“上思仲舒前言，使仲舒弟子吕步舒持斧鉞治淮

① 除了“《春秋》決獄”在審判方法上對漢代司法制度的影響外，陳蘇鎮認爲“《春秋》決獄”還對武帝時的更定律令起了直接的影響（見《漢代政治與〈春秋〉學》，第252—257頁）。但漢律早已湮没不存，也很難考證出其受《春秋》學的影響程度究竟有多大，本書也對此存而不論。

南獄，以《春秋》誼顓斷於外，不請。既還奏事，上皆是之。”[67][頁1333]

《漢書·張敞傳》：“敞本治《春秋》，以經術自輔，其政頗雜儒雅，往往表賢顯善，不醇用誅罰。”[67][頁3222]

此其明言以《春秋》決獄者，其他曾習《春秋》之官員更多。至後漢，皇家右文嚮學，入仕者多有通經之士，以《春秋》斷獄者，如《後漢書·何敞傳》：“及舉冤獄，以《春秋》義斷之。是以郡中無怨聲，百姓化其恩禮。”[72][頁1487]另外，如郅惲、馮緄等皆精《春秋》而爲一時名吏，恐怕也多以《春秋》治獄。

近一百多年來，關於《春秋》決獄的論著有幾十種①。這些論著或注重蒐集材料，或從法律意義上進行分析，但對漢代《春秋》決獄基本原則的研究方面，則主要只是提出“親親相匿”、“君親不將”等比較常見的幾條而已。本書搜輯了相關文獻中關於漢代《春秋》決獄的大量材料，總結出以下幾條漢代司法原則：

1. 德教止罪

儒家有重德輕刑的思想傳統，漢代的政治也主張以德教止罪，認爲不教而治其罪是“虐民”。例如：

《漢書·刑法志》載文帝詔：“且夫牧民而道之以善者，吏也；既不能道，又以不正之法罪之，是法反害於民，爲暴者也。”[67][頁1105]

《鹽鐵論·疾貪》：“故君子急於教，緩于刑。刑一而正百，殺一而慎萬。是以周公誅管、蔡，而子產誅鄧晳也。”[169][頁415]

《鹽鐵論·周秦》：“今廢其德教，而責之以禮義，是虐民也。《春秋傳》曰：‘子有罪，執其父。臣有罪，執其君，聽失之大者也。’”[169][頁585]

《白虎通義·誅伐》：“佞人當誅何？爲其亂善行，傾覆國政。”[1][頁217]

《後漢書·楊終傳》：“《春秋》殺太子母弟，直稱君甚惡之者，坐失教也。”[72][頁1599]

---

① 朱宏才曾就百年來關於《春秋》決獄的研究進行綜述（見朱宏才《百年來“春秋決獄研究的突破性進展》，《攀登》2009年第2期），但他忽視了不少經學、史學著作中關於《春秋》決獄的内容，如趙伯雄《春秋學史》第二章第二節第四部分、張濤《漢代經學與社會》第四章第四節、陳蘇鎮《漢代政治與〈春秋〉學》第三章第二節第三部分等。

2. 原心定罪

“原心定罪”，也就是根據犯罪者的動機進行定罪，前人在這方面論述較多。漢代文獻中提到“原心定罪”的主要有：

《春秋繁露·精華》：“《春秋》之聽獄也，必本其事而原其志。志邪者不待成，首惡者罪特重，本直者其論輕。”[11][頁92]

《太平御覽》卷六百四十引《春秋决獄》：“《春秋》之義，許止父病，進藥於其父而卒，君子原心，赦而不誅。”[150][頁2868]

《漢書·薛宣傳》：“《春秋》之義，原心定罪。原況以父見謗發忿怒，無他大惡。加詆欺，輯小過成大辟，陷死刑，違明詔，恐非法意，不可施行。”[67][頁3395]

又：“《春秋》之義，意惡功遂，不免於誅，上浸之源不可長也。”[67][頁3395]

《漢書·王嘉傳》：“聖王斷獄，必先原心定罪，探意立情。”[67][頁3501]

《鹽鐵論·刑德》：“盜傷與殺同罪，所以累其心而責其意也。猶魯以楚師伐齊，而《春秋》惡之。”[169][頁566]

《鹽鐵論·刑德》：“法者，緣人情而制，非設罪以陷人也。故《春秋》之治獄，論心定罪。志善而違於法者免，志惡而合於法者誅。”[169][頁567]

《鹽鐵論·詔聖》：“《春秋》原罪，《甫刑》制獄。”[169][頁595]

《論衡·答佞》：“聖君原心省意，故誅故貰誤。故賊加增，過誤减損。”[102][頁520—521]

《申鑒·政體》：“惟稽五赦以綏民中，一曰原心。”[124][卷1頁9A]

《後漢書·應劭傳》：“若乃小大以情，原心定罪，此爲求生，非謂代死可以生也。”

“原心定罪”的思想已成爲漢人的普遍認識，或有以之定古人是非者。如《論衡·福虚》在引楚惠王食蛭事後曰：

使庖廚監食失甘苦之和，若塵土落於葅中，大如蟣虱，非意所能覽，非目所能見，原心定罪，不明其過，可謂惠矣。[102][頁263]

在漢代普通人的眼中，“原心定罪”幾乎已變爲赦免罪犯的借口。如《後漢書·應劭傳》曰：

> 初，安帝時河間人尹次、潁川人史玉皆坐殺人當死，次兄初及玉母軍并詣官曹求代其命，因縊而物故。尚書陳忠以罪疑從輕，議活次、玉。劭後追駮之，據正典刑，有可存者。其議曰：“……若乃小大以情，原心定罪，此爲求生，非謂代死可以生也。”[72][頁1611]

應劭申明“原心定罪”的本義，恐怕是陳忠的議中曾引用這個熟語來赦免尹次、史玉。又如《風俗通義·十反》曰：

> 巴郡太守太山但望伯門，爲司徒掾，同産子作客殺人繫獄，望自劾去……言甚哀切。李公達於原度，即活出之。[41][頁226]

這裏是否有情可“原度”已不可知，但罪犯得活的主要原因還是但望“言甚哀切”，所謂“達於原度”也不過是借口而已。

3. 原情定罪

前人多將“原情定罪”與“原心定罪”合説，而漢人也多或不分别二者，但二者似乎有着本質的不同，“原心定罪”是對犯罪動機的考察，而“原情定罪”則是考慮犯罪人的現實處境，在冷酷的法律中摻入一點人情味。文獻中提到“原情定罪”的有：

> 《太平御覽》卷六百四十引《春秋决獄》：“甲夫乙將船，會海盛風，船没，溺流死亡，不得葬四月。甲母丙即嫁甲。欲當何論？或曰：‘甲夫死未葬，法無許嫁。以私爲人妻，當棄市。’議曰：‘臣愚以爲《春秋》之義，言夫人歸於齊，言夫死無男，有更嫁之道也。婦人無專剌恣擅之行，聽從爲順。嫁之者歸也。甲又尊者所嫁，無淫行之心，非私爲人妻也。明於决事，皆無罪名。不當坐。’”[150][頁2868]
>
> 《後漢書·王望傳》：“昔華元、子反，楚、宋之良臣，不稟君命，擅平二國，《春秋》之義，以爲美談。今望懷義忘罪，當仁不讓，若繩之以法，忽其本情，將乖聖朝愛育之旨。”[72][頁1297]
>
> 《後漢書·楚王英傳》載楚外家許氏與楚王英謀逆，後楚王自殺，

明帝制詔許太后曰："諸許願王富貴，人情也。已詔有司，出其有謀者，令安田宅。"[72][頁1430]

《後漢書·霍諝傳》："諝聞《春秋》之義，原情定過，赦事誅意，故許止雖弒君而不罪，趙盾以縱賊而見書。此仲尼所以垂王法，漢世所宜遵前脩也。"[72][頁1615]

4. 將而必誅

"將而必誅"，是指已有犯罪動機，但尚未實施犯罪的，也要處以刑罰。對此《唐律疏議》解釋說："《公羊傳》云：'君親無將，將而必誅。'謂將有逆心，而害於君父者，則必誅之。"[152][頁56] 漢代文獻中提到此義的主要有：

《史記·叔孫通傳》："數歲，陳勝起山東，使者以聞，二世召博士諸儒生問曰：'楚戍卒攻蘄入陳，於公如何？'博士諸生三十餘人前曰：'人臣無將，將即反，罪死無赦。願陛下急發兵擊之。'"[130][頁2720]（《漢書》亦有此事，不再引，下淮南王事同）

《史記·淮南王傳》："淮南王安廢法行邪，懷詐僞心，以亂天下，熒惑百姓，倍畔宗廟，妄作妖言。《春秋》曰'臣無將，將而誅'。安罪重於將，謀反形已定。臣端所見其書節印圖及他逆無道事驗明白，甚大逆無道，當伏其法。"[130][頁3094]

《漢書·佞幸傳》載哀帝詔："蓋'君親無將，將而誅之'。是以季友鴆叔牙，《春秋》賢之；趙盾不討賊，謂之弒君。"[67][頁3735]

《漢書·王莽傳》："宗屬爲皇孫，爵爲上公，知寬等叛逆族類，而與交通；刻銅印三，文意甚害，不知厭足，窺欲非望。《春秋》之義，'君親毋將，將而誅焉'。迷惑失道，自取此辜，烏呼哀哉！"[67][頁4153]

《鹽鐵論·晁錯》："《春秋》之法，君親無將，將而必誅。故臣罪莫重於弒君，子罪莫重於弒父。"[169][頁113]

《論衡·恢國》："《春秋》之義，君親無將，將而必誅。廣陵王荆迷於孽巫，楚王英惑於狹（俠）客，事情列見，孝明三宥，二王吞藥。周誅管蔡，違斯遠矣。"[102][頁833]

《潛夫論·釋難》："將而必誅，王法公也。"[117][頁328]

《後漢書·樊宏傳》："鯈仰而對曰：'天下高帝天下，非陛下之天下也。《春秋》之義，“君親無將，將而誅焉”。是以周公誅弟，季友鴆兄，經傳大之。臣等以荊屬託母弟，陛下留聖心，加惻隱，故敢請耳。如令陛下子，臣等專誅而已。’”[72][頁1123]

《後漢書·光武十王傳》：“王前犯大逆，罪惡尤深，有同周之管、蔡，漢之淮南。經有正義，律有明刑。”[72][頁1445]

《風俗通義·十反》：“君親無將，王誅宜耳。今二家之子，幸非元惡……”[41][頁229]

“將而必誅”在《公羊傳》中本來是針對“君親”而言的，但《史記·叔孫通傳》中的陳勝、《漢書·佞幸傳》中的董賢皆非君親，而亦施以此例，則漢代將此例的適用範圍擴大了許多。另外，“將”的本意是“將有逆心”，但前揭之例中，大多已有了犯罪事實，“將”字可能已成爲“大逆”的代名詞。如前揭《鹽鐵論·晁錯》例，據下文，“將”可能就指“弒君”、“弒父”；又如《風俗通義·十反》例，據下文，“將”即指“元惡”。

5. 誅首惡

誅首惡，即對元凶施以最嚴厲的懲罰，對協從犯則往往加以赦免。文獻中提到此義的有：

《春秋繁露·精華》：“《春秋》之聽獄也……首惡者罪特重。”[11][頁92]

《漢書·孫寶傳》：“《春秋》之義，誅首惡而已。”[67][頁3259]

《鹽鐵論·疾貪》：“《春秋》刺譏，不及庶人，責其率也。”[169][頁415]

《鹽鐵論·周秦》：“疾始而誅首惡。”[169][頁585]

《後漢書·梁統傳》：“《春秋》之義，功在元帥，罪止首惡，故賞不僭溢，刑不淫濫，五帝、三王所以同致康乂也。”[72][頁1176]

《潛夫論·斷訟》：“《春秋》之義，責知誅率。”[117][頁229]

《風俗通義·十反》：“君親無將，王（將）誅宜耳，今二家之子，幸非元惡；但望誠心內發，哀情外露，義動君子，合禮中矣。”[41][頁230]

6. 責知者

責知者，是對犯罪知情人的懲罰，文獻中提到此義的有：

《史記·平準書》:“自公孫弘以《春秋》之義繩臣下取漢相,張湯用唆文决理爲廷尉,於是見知之法生,而廢格沮誹窮治之獄用矣。”《集解》引張晏曰:“吏見知不舉劾爲故縱。”①[130][頁1424]

《潛夫論·斷訟》:“《春秋》之義,責知誅率。”[117][頁229]

《後漢書·孔融傳》:“漢律,與罪人交關三日以上,皆應知情。”[72][頁2265]

7. 親親相匿

雖然漢律有“責知者”條例,但由於儒家的倫理思想,親屬之間的隱瞞包庇却是允許的。也就是《論語》中所説的“父爲子隱,子爲父隱”。《公羊傳》也有“緩追逸賊,親親之道”的大義。漢代文獻中提到此例主要有:

《通典》卷六十九載賀喬妻于氏曰:“董仲舒命代純儒,漢朝每有疑議,未嘗不遣使者訪問,以片言而折中焉。時有疑獄曰:‘甲無子,拾道旁棄兒乙養之以爲子。及乙長,有罪殺人,以狀語甲,甲藏匿乙。甲當何論?’仲舒斷曰:‘甲無子,振活養乙,雖非所生,誰與易之!《詩》云“螟蛉有子,蜾蠃負之。”《春秋》之義,“父爲子隱”,甲宜匿乙。’詔不當坐。”[154][頁1911]

《漢書·鄒陽傳》:“夫仁人之於兄弟,無臧怒,無宿怨,厚親愛而已,是以後世稱之。魯公子慶父使僕人殺子般,獄有所歸,季友不探其情而誅焉;慶父親殺閔公,季子緩追免賊,《春秋》以爲親親之道也。”[67][頁2355]

《漢書·宣帝紀》載宣帝制曰:“自今子首匿父母,妻匿夫,孫匿大父母,皆勿論。其父母匿子,夫匿妻,大父匿孫,罪殊死,皆上請廷尉以聞。”[67][頁251]

《鹽鐵論·周秦》:“自首匿相坐之法立,骨肉之恩廢,而刑罪多矣。父母之於子,雖有罪猶匿之,其不欲服罪爾。聞子爲父隱,父爲子隱,未聞父子之相坐也。聞兄弟緩追以免賊,未聞兄弟之相坐也。”[169][頁585]

① 《史記·酷吏列傳》、《漢書·刑法志》中也有相似的記載,此不具引。

《風俗通義·十反》："《春秋》：叔牙爲慶父殺般，閔公大惡之甚，而季子緣獄有所歸，不探其情，緩追逸賊，親親之道……孟軻譏無惻隱之心，《傳》曰：'於厚者薄，則無所不薄矣。'"[41][頁229—230]

但這種包庇行爲顯然不利於司法系統的運作，所以又有"大義滅親"之説，父親處罰兒子的罪行是得到鼓勵的①，金日磾殺弄兒，亦未見譏，而《申鑒》反褒之[124][卷4頁8B]，又如：

《白虎通義·誅伐》："誅不避親戚何？所以尊君卑臣，强幹弱枝，明善善惡惡之義也。《春秋傳》曰：'季子煞其母兄，何善爾？誅不避母兄，君臣之義。'"[1][頁211]

《後漢書·梁統傳》："《春秋》之誅，不避親戚，全安衆庶，豈無仁愛之恩，貴絶殘賊之路也？"[72][頁1168]

《潛夫論·釋難》："大義滅親，尊王之義也。"[117][頁328]

但另一方面，本來就有"大義滅親"思想的《左傳》學却也受了《公羊傳》的影響，開始從"親親相匿"的角度來檢討"大義滅親"，如：

《風俗通義·十反》："州吁既殺其君，而虐用其人，石碏惡之，而厚與焉。大義滅親，君子猶曰：純臣之道備矣，於恩未也。"[41][頁229]

8. 甚惡殺親

大義滅親的行爲雖在一定程度上得到鼓勵，但親屬之間没有理由的殺戮顯然是被禁止的，如：

《漢書·孝成趙皇后傳》："魯嚴公夫人殺世子，齊桓召而誅焉，《春秋》予之。趙昭儀傾亂聖朝，親滅繼嗣家屬，當伏天誅。"[67][頁3996]

《白虎通義·誅伐》："父煞其子當誅何？以爲天地之性人爲貴，人皆天所生也，託父母氣而生耳。王者以養長而教之，故父不得專

① 但與此相反的情況，即兒孫輩告發尊長，則是被禁止的。《史記·衡山王傳》："……太子爽坐王告不孝，皆弃市。"（第3097頁）

也。《春秋傳》曰：'晋侯煞世子申生。直稱君者，甚之也。'"[1][頁216]

9. 嚴懲不孝

由於儒家哲學的基礎便是家庭倫理，對於撼動此基礎的不孝行爲自然實行嚴厲的懲罰。如：

《漢書·霍光傳》："五辟之屬，莫大不孝。周襄王不能事母，《春秋》曰'天王出居于鄭'，繇不孝出之，絶之於天下也。"[67][頁2945]

《公羊傳·文公十六年》何休注："無尊上，非聖人，不孝者，斬首梟之。"

10. 優先保障高等級者的利益

當不同的利益集團存在衝突時，法律優先保護的是等級較高者的利益，這就是《公羊傳》中所説的"不以父命辭王父命"，"不以家事辭國事"。如：

《漢書·雋不疑傳》："昔蒯聵違命出奔，輒距而不納，《春秋》是之。衛太子得罪先帝，亡不即死，今來自詣，此罪人也。"[67][頁3037]

《後漢書·丁鴻傳》："《春秋》之義，不以家事廢王事。今子以兄弟私恩而絶父不滅之基，可謂智乎？"[72][頁1264]

《禮記·檀弓下》疏引《五經異義》曰："妻甲夫乙毆母，甲見乙毆母而殺乙。《公羊》説甲爲姑討夫，猶武王爲天誅紂。"又引鄭玄駁之曰："乙雖不孝，但毆之耳，殺之太甚。"[128][頁1315]

《漢書》、《後漢書》的兩個例子都是優先保障集團利益。《五經異義》則以一起普通刑事案件爲例，説明了尊長的利益應優先得到保護。鄭玄的《駁五經異義》只是在細節上做了修正，并非改變這一基本原則。

11. 以功覆過

漢代儒生多援引《春秋傳》中"將功補過"的内容來營救獲罪的功臣，如：

《漢書·陳湯傳》載劉向曰："昔齊桓公前有尊周之功，後有滅項之罪，君子以功覆過而爲之諱行事。貳師將軍李廣利捐五萬之師，靡億萬之費，經四年之勞，而厪獲駿馬三十匹，雖斬宛王毋鼓之首，猶不足以復費，其私罪惡甚多。孝武以爲萬里征伐，不録其過，遂封拜兩侯、三卿、二千石百有餘人。今康居國彊於大宛，郅支之號重於宛王，殺使者罪甚於留馬，而延壽、湯不煩漢士，不費斗糧，比於貳師，功德百之……宜以時解縣通籍，除過勿治，尊寵爵位，以勸有功。"[67][頁3017—3018]

《後漢書·馬援傳》載朱勃上書曰："臣聞《春秋》之義，罪以功除；聖王之祀，臣有五義。若援，所謂以死勤事者也。願下公卿平援功罪，宜絶宜續，以厭海内之望。"[72][頁849]

甚至用來評判皇帝的功過：

《漢書·韋玄成》傳載王舜、劉歆上疏："《春秋》紀齊桓南伐楚，北伐山戎，孔子曰：'微管仲，吾其被髮左衽矣。'是故棄桓之過而録其功，以爲伯首……臣愚以爲孝武皇帝功烈如彼，孝宣皇帝崇立之如此，不宜毀。"[67][頁3126]

而荀悦又有將這種以功覆過的原則變爲具可操作性的制度的設想，《通典》卷一九二引荀悦曰：

《春秋》之義，毀泉臺則惡之，舍中軍則善之，各由其宜也。夫矯制之事，先王之所慎也，不得已而行之。若矯大而功小，有罰可也；矯小而功大，有賞可也；功過相敵，如斯而已可也。權其輕重而爲制宜。[154][頁5233]

12. 罪止其身

漢人又認爲，對犯罪行爲的懲罰應僅止於罪犯本身，不應連坐。如：

《鹽鐵論·晁錯》："《春秋》不以寡犯衆，誅絶之義有所止，不兼怨惡也。故舜之誅，誅鯀；其舉，舉禹。"[169][頁114]

《鹽鐵論·周秦》："《春秋傳》曰：'子有罪，執其父。臣有罪，

執其君，聽失之大者也。’”[169][頁585]

《鹽鐵論·周秦》：“聞惡惡止其人，疾始而誅首惡，未聞什伍而相坐也。”[169][頁585]

《白虎通義·五行》：“‘善善及子孫’何法？春生待夏復長也。‘惡惡止其身’何法？法秋煞不待冬。”[1][頁194]

《後漢書·趙憙傳》：“時平原多盜賊，憙與諸郡討捕，斬其渠帥，餘黨當坐者數千人。憙上言‘惡惡止其身，可一切徙京師近郡’。”[72][頁914]

《後漢書·孝章帝紀》載章帝詔：“《書》云：‘父不慈，子不祇，兄不友，弟不恭，不相及也。’往者妖言大獄，所及廣遠，一人犯罪，禁至三屬，莫得垂纓仕宦王朝。如有賢才而没齒無用，朕甚憐之，非所謂與之更始也。諸以前妖惡禁錮者，一皆蠲除之，以明棄咎之路，但不得在宿衛而已。”[72][頁148]

《後漢書·劉愷傳》：“安帝初，清河相叔孫光坐臧抵罪，遂增錮二世，釁及其子。是時居延都尉范邠復犯臧罪，詔下三公、廷尉議。司徒楊震、司空陳褒、廷尉張皓議依光比。愷獨以爲‘《春秋》之義，“善善及子孫，惡惡止其身”，所以進人於善也……如今使臧吏禁錮子孫，以輕從重，懼及善人，非先王詳刑之意也’。有詔：‘太尉議是。’”[72][頁1309]

《後漢書·楊終傳》：“建初元年，大旱穀貴，終以爲廣陵、楚、淮陽、濟南之獄，徙者萬數，又遠屯絶域，吏民怨曠，乃上疏曰：‘臣聞“善善及子孫，惡惡止其身”，百王常典，不易之道也。’”[72][頁1597]

《後漢書·楊震傳》孔融謂曹操曰：“楊公四世清德，海内所瞻。《周書》父子兄弟罪不相及，况以袁氏歸罪楊公。”[72][頁1788]

按，孝章帝及孔融所引之《尚書》皆爲《左傳》引逸《書》，亦當屬《春秋》經義。

13. 對罪人的人格懲罰

漢代不但對犯人予以肉體上的懲罰，也給以人格上的懲罰。如：

《鹽鐵論·周秦》：“《春秋》無名號，謂之云盜，所以賤刑人而絶之人倫也。故君不臣，士不友，於閭里無所容。故民耻犯之。”[169][頁584]

又："古者，君子不近刑人，刑人非人也，身放殛而辱後世，故無賢不肖，莫不耻也。"[169][頁584]

《白虎通義·五刑》："古者刑殘之人，公家不出，大夫不養，士與遇路不與語，放諸墝埆不毛之地，與禽獸爲伍。"[1][頁444]

《論衡·四諱》："被刑爲徒，不上丘墓……墓者，鬼神所在，祭祀之處。祭祀之禮，齊戒潔清，重之至也。今已被刑，刑殘之人，不宜與祭供侍先人，卑謙謹敬，退讓自賤之意也。"[102][頁970—972]

《風俗通義》云："徒不上墓。俗説：新遭刑罪原解者，不可以上墓祠祀，令人死凶。"[41][頁566]

《通典》卷一〇一引劉智《釋疑》曰："問曰：'昆弟骨肉以罪惡徒流死者，諸侯有服不?'智答曰：'凡以罪惡徒者，絶之；國君於兄弟有罪者，亦絶也。'"[154][頁2668]

按，劉智雖爲晋代人，而這種"凡以罪惡徒者，絶之"的思想恐怕正是受漢代以來對犯人人格懲罰的影響。

又，《禮記·曲禮》："刑人不在君側。"《禮記·王制》："公家不畜刑人，大夫弗養，士遇之塗，弗與言也。屏之四方，唯其所之，不及以政，亦弗故生也。"可與此對勘。

14. 死者不追刑

漢人認爲，對已死之人不應追刑。《通典》卷七二引《五經異義》曰："《春秋公羊》、《穀梁》説，王使榮叔錫魯桓公命，追錫死者，非禮也。死者功可追而錫，如有罪，又可追而刑耶?"[154][頁1979]雖然目前筆者只找到這一條材料，但由其反問語氣可知，此當爲漢時常識。

15. 對罪人後代的禁錮

漢代法律往往禁錮罪人的後代①，漢王朝也往往以此爲藉口削除獲罪

① 漢王朝除禁錮罪人後代外，還有安撫罪人後代的情況。《論衡·恢國》："廣陵王荊迷於嬖巫，楚王英惑於狹（俠）客，事情列見，孝明三宥，二王吞藥。周誅管、蔡，違斯遠矣！楚外家許氏與楚王謀議，孝明曰：'許民（氏）有屬於王，欲王尊貴，人情也。'聖心原之，不繩於法。隱彊侯傅懸書市里，誹謗聖政；今上海思（恩），犯奪爵士。惡其人者，憎其胥餘。立二王之子，安楚、廣陵，彊弟員嗣祀陰氏。二王，帝族也，位爲王侯，與管、蔡同。管、蔡滅嗣，二王立後，恩已褒矣。隱彊，異姓也，尊重父祖，復存其祀。立武庚之義，繼禄父之恩，方斯羸矣。"（第833—834頁）這其實不過是統治者市恩的手段而已。因爲這裏并没有引到《春秋》學的相關證據，故而此例不列於正文。

諸侯的封地。如：

《漢書·趙敬肅王傳》："……子繆王元嗣，二十五年薨。大鴻臚禹奏：'元前以刃賊殺奴婢，子男殺謁者，爲刺史所舉奏，罪名明白。病先令，令能爲樂奴婢從死，迫脅自殺者凡十六人，暴虐不道。故《春秋》之義，誅君之子不宜立。元雖未伏誅，不宜立嗣。'奏可，國除。"

《白虎通義·封公侯》："誅君之子不立者，義無所繼也。諸侯世位，象賢也。今親被誅絶也。《春秋傳》曰：'誅君之子不立。'"[1][頁154]

《白虎通義·誅伐》："誅者何謂也？誅猶責也，誅其人，責其罪，極其過惡。《春秋》曰：'楚子虔誘蔡侯班殺之于申。'《傳》曰：'誅君之子不立。'"[1][頁222]

16. 對犯罪記録保密

漢代對於某些犯罪記録是要保密的，如《後漢書·孔融傳》載孔融疏：

愚謂雖有重戾，必宜隱忍。賈誼所謂"擲鼠忌器"，蓋謂此也。是以齊兵次楚，唯責包茅；王師敗績，不書晋人。前以露袁術之罪，今復下劉表之事，是使跛牂欲闚高岸，天險可得而登也。[72][頁2270]

孔融認爲，公佈了袁術、劉表等人的謀逆行爲就更加暴露出漢王朝的孱弱，也會引發其他人的效仿。

17. 樹立法律權威

漢代本質上還是人治社會，法律不過是統治工具而已。但漢代的儒生却想樹立起法律的權威，他們往往藉助經典支持以對抗皇帝的威權。如《後漢書·黨錮列傳》載李膺誅常侍張讓弟，"御親臨軒，詰以不先請便加誅辟之意。膺對曰：'昔晋文公執衛成公歸于京師，《春秋》是焉。禮云公族有罪，雖曰宥之，有司執憲不從。'"[72][頁2194]當然，儒生的這種掙扎注定是要失敗的。桓帝雖然當時未能治李膺之罪，但李膺最終仍難逃下獄拷死的命運。

《春秋》大義除可向皇帝示威外，更多的是向被統治者顯示法律威嚴，并中和《春秋》大義可能衍生出的濫殺傾向。《禮記·檀弓》疏引《五經異義》云："妻甲，夫乙歐母，甲見乙歐母而殺乙，《公羊》説甲爲姑討夫，猶武王爲天誅紂。"鄭駁之云："乙雖不孝，但歐之耳，殺之太甚。凡在宫者未得殺之，殺之者，士官也。"[128][頁1315]鄭云"殺之者，士官也"，正是禁止民間專殺。

18. 關於重刑與輕刑的討論

關於重刑與輕刑的討論自先秦就已開始，儒家、法家之間，儒家内部之間都有過爭論。漢代以後則主要是儒家内部的爭論，正統的儒家一般認爲應該省刑罰，如《鹽鐵論·詔聖》篇"文學"曰：

> 今之治民者，若拙御之御馬也，行則頓之，止則擊之。身創於棰，吻傷於銜，求其無失，何可得乎？乾溪之役土崩，梁氏内潰，嚴刑不能禁，峻法不能止。故罷馬不畏鞭棰，罷民不畏刑法。雖曾而累之，其亡益乎？[169][頁594]

但儒家内部也有一些有識之人認識到一味輕刑并不能解决問題，因而也有人主張刑罰不宜過寬，如《潛夫論·三式》就認識到刑罰太寬的弊端：

> 昔仲尼有言："政寬則民慢，慢則糾之以猛；猛則民殘，殘則施之以寬。寬以濟猛，猛以濟寬，政是以和。"今者刺史、守相，率多怠慢，違背法律，廢忽詔令，專情務利，不卹公事。細民冤結，無所控告，下土邊遠，能詣闕者，萬無數人，其得省治，不能百一。郡縣負其如此也，故至敢延期，民日往上書。此皆太寬之所致也。[117][頁208]

實際上，如《韓非子》中經常强調的，刑罰不在寬嚴，其當與不當才是真正的問題。但儒家往往忽視這種技術性的問題而只作無謂的爭端。

當然，進入政治領域的《春秋》學在學術上就要淺薄得多。王應麟曾譏諷漢儒説："《左氏》嘗立而復廢，賈逵以爲明劉氏之爲堯後，始得立。不以學之是非，而以時之好惡，末哉，漢儒之言經也！"[92][頁788]但漢代的經學在學術上却又有與政治不同的精彩之處。

二　學術領域中的《春秋》學

（一）《春秋》學的發展及三傳的相互影響

漢代罷黜百家後，諸子之説大多不再流傳，但儒家却在其自身的發展過程中吸收了先秦諸子的優秀成果，《春秋》學也不例外。另外，雖然經學統一了漢代的學術界，但五經之學本來就有許多不同之處，諸經往往相互影響，《春秋》學也影響着其他四經并受其影響。《春秋》學在漢代之初就有了三傳的差别。兩漢四百多年間，三傳之學互爲消長，也互相影響。本書就《春秋》與其他書及《春秋》三傳相互影響的情况做一陳述。

1.《春秋》學與非儒家之學的相互影響

漢初，黄老之學盛行，與黄老之學有相通之處的陰陽、五行之學可能也得到提倡。《淮南子》中就多有這方面的内容，馬王堆出土帛書也有多種陰陽五行之書，《漢書·藝文志》陰陽類、五行類都有存目多種，這都可以説明漢初陰陽五行學説的流行。賈誼《新書·六術》篇以六德、六經、六律、六法、六行等相比附，可能就是受五行學説影響的產物，這也大約是現在已知的受五行説影響的最早的《春秋》學家。至董仲舒，則全採陰陽説以説《春秋》災異了。《漢書·董仲舒傳》："仲舒治國，以《春秋》災異之變推陰陽所以錯行，故求雨，閉諸陽，縱諸陰，其止雨反是；行之一國，未嘗不得所欲。"[67][頁2524] 雖然董仲舒《春秋繁露》中有《五行》一篇，但從《漢書·五行志》中引到的董仲舒的災異説來説，董氏説災異還很少用五行説來比附。劉向雖有《洪範五行傳論》，但其説災異多同董仲舒。完整有系統地將五行學説引入《春秋》災異中的可能還屬劉歆爲最早。對此，下文有專論，此不贅述。

陰陽五行對漢代《春秋》的影響并不僅僅在災異方面，它還改變了《春秋》學的闡釋方式。如《漢書·董仲舒傳》載董仲舒《天人三策》中對"春王正月"的闡釋：

> 臣謹案《春秋》之文，求王道之端，得之於正。正次王，王次春。春者，天之所爲也；正者，王之所爲也。其意曰，上承天之所爲，而下以正其所爲，正王道之端云爾。然則王者欲有所爲，宜求其端於天。天道之大者在陰陽。陽爲德，陰爲刑；刑主殺而德主生。是故陽常居大夏，而以生育養長爲事；陰常居大冬，而積於空虛不用之處。以此見天之任德不任刑也。[67][頁2501—2502]

這裏董仲舒先由"春王正月"推出王者當法天，再以陰陽説天之所爲，還没有直接用陰陽學説來解釋《春秋》。董仲舒之後，儒者以陰陽五行説《春秋》就更加得心應手了：

《漢書·杜欽傳》："臣聞日蝕地震，陽微陰盛也。臣者，君之陰也；子者，父之陰也；妻者，夫之陰也；夷狄者，中國之陰也。《春秋》日蝕三十六，地震五，或夷狄侵中國，或政權在臣下，或婦乘夫，或臣子背君父，事雖不同，其類一也。"[67][頁2671]

《白虎通義·五行》："父死子繼，何法？法木終火王也。兄死弟及，何法？法夏之承春也。'善善及子孫'，何法？法春生待夏復長也。'惡惡止其身'，何法？法秋煞不待冬也。主幼臣攝政，何法？法土用事於季、孟之間也。子之復讎，何法？法土勝水、水勝火也。子順父，臣順君，妻順夫，何法？法地順天也……善稱君，過稱己，何法？法陰陽共叙共生，陽名生，陰名煞。臣有功，歸於君，何法？法歸明於日也……父爲子隱，何法？法木之藏火也。子爲父隱，何法？法水逃金也……君一娶九女，何法？法九州，象天之施也。不娶同姓，何法？法五行異類乃相生也……王者監二王之後，何法？法木須金以正。須水以潤也。"[1][頁194—198]

《白虎通義·姓名》："男婦異長，各自有伯仲，法陰陽各自有終始也。《春秋傳》曰：'伯姬者何？内女也。'"[1][頁416]

《漢書·五行志》："《左氏經》曰'陳災'。傳曰'鄭裨竈曰："五年，陳將復封，封五十二年而遂亡。"子産問其故，對曰："陳，水屬也。火，水妃也，而楚所相也。今火出而火陳，逐楚而建陳也。妃以五（陳）〔成〕，故曰五年。歲五及鶉火，而後陳卒亡，楚克有之，天之道也。"'説曰：顓頊以水王，陳其族也。今兹歲在星紀，後五年在大梁。大梁，昴也。金爲水宗，得其宗而昌，故曰'五年陳將復封'。楚之先爲火正，故曰'楚所相也'。天以一生水，地以二生火，天以三生木，地以四生金，天以五生土。五位皆以五而合，而陰陽易位，故曰'妃以五成'。然則水之大數六，火七，木八，金九，土十。故水以天一爲火二牡，木以天三爲土十牡，土以天五爲水六牡，火以天七爲金四牡，金以天九爲木八牡。陽奇爲牡，陰耦爲妃。故曰'水，火之牡也；火，水妃也'。於《易》，坎爲水，爲中男，離爲火，爲中女，蓋取諸此也。自大梁四歲而及鶉火，四周四十八歲，凡五及鶉火，五十二年而陳卒亡。火盛水衰，故曰'天之

道也’。”[67][頁1327—1328]

《論衡·言毒》釋“深山大澤，實生龍蛇”曰：“夫深山大澤，龍、虵所生也，比之叔虎之母者，美色之人懷毒螫也。生子叔虎，美有勇力。勇力所生，生於美色；禍難所發，由於勇力。火有光耀，木有容貌。龍、虵，東方、木，含火精，故美色貌麗。膽附於肝，故生勇力。火氣猛，故多勇；木剛強，故多力也。生妖怪者，常由好色；爲禍難者，常發勇力；爲毒害者，皆在好色。美酒爲毒，酒難多飲；蜂液爲蜜，蜜難益食；勇夫強國，勇夫難近；好女説心，好女難畜，辯士快意，辯士難信。故美味腐腹，好色惑心，勇夫招禍，辯口致殃。四者，世之毒也。”[102][頁959]

而《春秋》注家更將陰陽學説融貫到對《春秋》的注解中，如：

《春秋序》疏引賈逵説“春秋”之名曰：“取法陰陽之中。春爲陽中，萬物以生；秋爲陰中，萬物以成。欲使人君動作不失中也。”[128][頁1704]

《左傳·莊公二十八年》疏引服虔注“無麥苗”曰：“陰陽不和，土氣不養，故禾麥不成也。”[128][頁1781]

《左傳·哀公十四年》疏引賈逵、服虔、潁容説：“孔子自衛反魯，考正《禮》、《樂》，脩《春秋》，約以《周禮》，三年文成致麟。麟感而至，取龍爲水物，故以爲脩母致子之應。”[128][頁2172]

這就完全將《春秋》學説納入陰陽五行的世界觀中了。

來自民間的占卜術可能也影響了《春秋》學。《漢書·藝文志》雜占類有“變怪禎祥”等書，這一類的民間信仰可能是《春秋》災異的最早源頭。另外，祥瑞學説可能也是受此影響而形成的。五經中使用祥瑞學説的可能還以《尚書》學爲最早，《史記·殷本紀》中所載大戊時“桑穀共生”[130][頁100]、武丁時“飛雉登鼎耳”[130][頁103]，《周本紀》中所載武王伐紂“白魚躍入王舟中”[130][頁120]之類可能都源於《尚書》師説。《春秋》學家除説以災異外，亦頗以祥瑞誘之。如：

《漢書·董仲舒傳》：“是以陰陽調而風雨時，群生和而萬民殖，五穀孰而草木茂，天地之間被潤澤而大豐美，四海之内聞盛德而皆徠臣，諸福之物，可致之祥，莫不畢至，而王道終矣。”[67][頁2503]

《漢書・楚元王傳》劉向引《春秋》災異後曰：“由此觀之，和氣致祥，乖氣致異；祥多者其國安，異衆者其國危，天地之常經，古今之通義也。”[67][頁1941]

又曰：“……使是非炳然可知，則百異消滅，而衆祥并至，太平之基，萬世之利也。”[67][頁1946]

新興的《左傳》學也很快將祥瑞學説引入到對《左傳》的闡釋中。《左傳・宣公三年》：“昔夏之方有德也，遠方圖物，貢金九牧，鑄鼎象物，百物而爲之備，使民知神、姦。故民入川澤、山林，不逢不若。”這只是爲了説明周鼎的來源，其中雖有神化的内容，但這可能與上古的一些習俗有關，與祥瑞確實是無關的。而到了東漢的《左傳》學家那裏，這段話便有了祥瑞上的意義：

《論衡・儒增》：“夏之方盛也，遠方圖物，貢金九牧，鑄鼎象物，而爲之備……九鼎之來，德盛之瑞也。”[102][頁375]

《論衡・驗符》：“夏之方盛，遠方圖物，貢金九牧，禹謂之瑞，鑄以爲鼎。周之九鼎，遠方之金也。人來貢之，自出於淵者，其實一也，皆起盛德，爲聖王瑞。”[102][頁839]

這很可能就受了漢武帝時得汾陰鼎的影響①。

另外，漢代天文曆法的興盛也對《春秋》學産生了影響。《漢書・律曆志》稱：“至孝成世，劉向總六曆，列是非，作五紀論。向子歆究其微眇，作《三統曆》及譜以説《春秋》，推法密要。”[67][頁979]但實際上《三統曆》仍有較大的誤差，劉歆據以上推《春秋》曆法，難免扞格，而劉歆每據其《三統曆》以改《春秋》。如《春秋・桓公三年》“七月壬辰朔，日有食之，既”，《漢書・五行志》曰：“劉歆以爲六月。”[67][頁1482]《春秋・莊公二十五年》“六月，辛未，朔，日有食之”，《漢書・五行志》曰：“劉歆以爲五月二日。”[67][頁1484]可見劉歆對其曆法的自信。

---

① 關於漢武帝於汾陰得鼎事，可參《漢書・武帝紀》、《郊祀志》、《吾丘壽王傳》。

除了受以上所説的陰陽五行、雜占、天文曆法學的影響外，《春秋》學可能還受到了法家、名家、農家、兵家等各家的影響。《春秋》決獄學説的形成，恐怕就受了法家很大的影響，前已有專論。《公羊傳》、《穀梁傳》中對於虚詞、同義詞多有辨析，可能受到了先秦名家的影響。前面曾引董仲舒以《春秋》書“無麥苗”而建議關中種麥的上疏，齊思和亦引此文，而謂董氏受農家影響①。

《春秋》學對其他非儒家思想的影響，可能以對法家和兵家的影響最爲顯著。對法家的影響主要還在《春秋》決獄方面，前文已述。由於《春秋》對於戰爭的記載非常詳細，故而兩漢的軍事家多喜讀之，史書有載的如：

> 《漢書·馮奉世傳》：馮奉世“失官，年三十餘矣，乃學《春秋》涉大義，讀兵法明習，前將軍韓增奏以爲軍司空令。”[67][頁3294]
>
> 《後漢書·寇恂傳》：“恂素好學，乃修鄉校，教生徒，聘能爲《左氏春秋》者，親受學焉。”[72][頁624]
>
> 《後漢書·馮異傳》：“馮異字公孫，潁川父城人也。好讀書，通《左氏春秋》、《孫子兵法》。”[72][頁639]
>
> 《後漢書·馬援傳》：馬援“從平原楊太伯講學，專心墳典，能通《春秋左氏》。”[72][頁858]
>
> 《後漢書·郅惲傳》：“郅惲字君章，汝南西平人也。年十二失母，居喪過禮。及長，理《韓詩》、《嚴氏春秋》。”[72][頁1023]
>
> 《後漢書·馮緄傳》：馮緄字鴻卿，巴郡宕渠人也，少學《春秋》、《司馬兵法》。[72][頁1280]
>
> 《後漢書·班超傳》李賢注引《東觀漢記》曰：“超持《公羊春秋》，多所窺覽。”[72][頁1571]
>
> 《三國志·蜀志·關羽傳》裴松之注引《江表傳》曰：“羽好《左氏傳》，諷誦略皆上口。”[122][頁842]

這些軍事家喜讀《春秋》，并非僅僅愛其文辭或喜其大義，更多的可能是從中可以得到戰略上的啟發。另外，更有軍事家以《春秋》制定戰爭方略，參前文。

---

① 參齊思和《先秦農家學説考》，見《中國史探研》，第191頁。

2.《春秋》與其他四經之學的相互影響

西漢的學者多有同時習《易》與《春秋》的，如：

《史記·主父偃傳》："主父偃者，齊臨菑人也。學長短縱横之術，晚乃學《易》、《春秋》、百家言。"[130][頁2953]

《漢書·楚元王傳》："歆及向始皆治《易》，宣帝時，詔向受《穀梁春秋》，十餘年，大明習。及歆校秘書，見古文《春秋左氏傳》，歆大好之。"[67][頁1967]

《漢書·儒林傳》："孟喜……父號孟卿，善爲《禮》、《春秋》……孟卿以《禮》經多，《春秋》煩雜，乃使喜從田王孫受《易》。"[67][頁3599]

《漢書·張禹傳》："及禹壯，至長安學，從沛郡施讎受《易》。"[67][頁3347]《經典釋文·叙録》謂貫長卿傳《左傳》於張敞及張禹[84][頁13]。

東漢學者多兼習數經，兼通《易》、《春秋》者更不可勝數，此不再舉例。漢人又每每以《易》與《春秋》並稱，或將二書大義進行對比研究，如：

《史記·司馬相如傳》："《春秋》推見至隱，《易》本隱之以顯……所以言雖外殊，其合德一也。"[130][頁3073]

《漢書·律曆志》："經元一以統始，《易》太極之首也。《春秋》二以目歲，《易》兩儀之中也。於春每月書王，《易》三極之統也。於四時雖亡事必書時月，《易》四象之節也。時月以建分至啓閉之分，《易》八卦之位也。象事成敗，《易》吉凶之效也。朝聘會盟，《易》大業之本也。故《易》與《春秋》，天人之道也。"[67][頁981]

《漢書·五行志》："昔殷道弛，文王演《周易》；周道敝，孔子述《春秋》。則乾坤之陰陽，效《洪範》之咎徵，天人之道粲然著矣。"[67][頁1316]

《漢書·眭兩夏侯京翼李傳贊》："幽贊神明，通合天人之道者，莫著乎《易》、《春秋》。"[67][頁3194]

《論衡·對作》："《易》之乾坤，《春秋》之元，楊氏之《玄》，卜氣號不均也。"[102][頁1182]

出現這種情況，可能一方面由於《春秋》學家神化孔子及《春秋》，以孔子當素王，以爲孔子作《春秋》的功績和文王演《易》相當；另一方面，《春秋》和《易》的大義都比較隱晦，有相近之處。漢代學者將《春秋》與《易》相比附的結果便是二書之學的相互影響。

《春秋》學受《周易》的影響首先在《春秋》災異方面。《漢書·五行志》引《春秋》災異説，除了董仲舒、劉向、劉歆三家外，以京房之説爲最多。京房本治《易》者，但《漢書·京房傳》中載房曾以《春秋》災異説漢元帝，《漢書·五行志》中所載京房説《春秋》災異多用《易》説，如説莊公十七年“多麋”曰：“震遂泥，厥咎國多麋。”[67][頁1396]則以《震》卦爲説。説僖公十四年“沙麓崩”曰：“小人剥廬，厥妖山崩，兹謂陰乘陽，弱勝彊。”[67][頁1455]則以《易》之《剥》卦爲説。

《周易》也被融入對《春秋》的闡釋中，如前引《漢書·五行志》説《左傳·昭公九年》“陳火”事，即曰：“於《易》，坎爲水，爲中男，離爲火，爲中女，蓋取諸此也。”[67][頁1328]已取《易》説解《左傳》。又如前引《漢書·律曆志》中《春秋》、《周易》相比附之文，未嘗不可視爲以《易》解《春秋》。另外，《春秋》三傳的注家更多引《易》説以釋經傳，如：

> 《公羊傳·莊公四年》“上無天子，下無方伯”，何休注：“有而無益於治曰無，猶《易》曰‘闃其無人’。”
>
> 《左傳·宣公十二年》“有帥而不從，臨孰甚焉”，本疏引服虔説曰：“引《易·師卦》‘六五，長子帥師，弟子輿尸，凶’，長子帥師，以中行也；弟子輿尸，使不當也。佐之於元帥，弟子也，而專以師濟，使不當也，軍必破敗而輿尸。”[128][頁1728]

另外，由于《左傳》中以《周易》占筮的例子較多，對這内容的注解就更需要注者的易學素養，如《左傳·莊公二十二年》以《周易》筮敬仲遇觀之否，傳曰“風行而著於土”，疏引服虔注曰：“巽在坤上，故爲著土也。一曰，巽爲風，復爲木，風吹木實，落去，更生他土而長育，是爲在異國。”[128][頁1775]

《易》學在影響《春秋》學的同時也被《春秋》學所影響。現存完整的漢代《易》學作品當以《焦氏易林》爲最早，而該書中引用《左傳》典故極多①。漢儒對《周易》的闡釋也引《春秋》經傳爲説。如《泰卦》六五"帝乙歸妹"，《周易集解》引《九家易》曰"婦人謂嫁曰歸"[196][頁171]，此則明引《公羊傳》者。但漢代《易》説今存較少，已難考其受《春秋》學影響的具體情况。

《尚書》對《春秋》學有較大的影響，可能直接影響了《公羊傳》的成文。《公羊傳·文公十二年》説秦穆公事可能就直接襲用了《尚書·秦誓》篇的原文：

> 《尚書·秦誓》："惟截截善諞言，俾君子易辭，我皇多有之，昧昧我思之。如有一介臣，斷斷猗，無他伎，其心休休焉，其如有容。"[128][頁256]
>
> 《公羊傳·文公十二年》："惟諓諓善竫言。俾君子易怠，而况乎我多有之，惟一介斷斷焉，無他技。其心休休，能有容。"

二文極其相近。段玉裁即曰："先儒多言公羊子夏弟子，受經於子夏，而其所稱《尚書》則與伏生今文合。"[53][頁115] 直謂此文爲今文《尚書》，可能不無道理。

《尚書·洪範》一篇直接影響了《春秋》災異學的思路。劉向撰《洪範五行傳論》，將《春秋》災異套入《洪範五行傳》的框架中，關於《春秋》災異的問題詳見下文。

《春秋》三傳的注家中更有不少引用《尚書》者，如：

> 《左傳·昭公十二年》疏引延篤引張衡釋"三墳"曰："《三墳》，三禮，禮爲大防……《書》曰：'誰能典朕三禮。'三禮，天、地、人之禮也。"[128][頁2152]
>
> 《公羊傳·隱公六年》："《春秋》編年，四時具，然後爲年。"何休注："明王者當奉順四時之正也。《尚書》曰'欽若昊天，歷象日月星辰，敬授民時'是也。"

① 參湯太祥《〈易林〉援引〈左傳〉典語考》，福建師范大學碩士學位論文，2005年。

《春秋》學對《尚書》學的影響，最爲顯著的當屬張霸百二篇古文《尚書》的僞造。《漢書·儒林傳》曰："世所傳百兩篇者，出東萊張霸，分析合二十九篇以爲數十，又采《左氏傳》、《書》叙爲作首尾，凡百二篇。篇或數簡，文意淺陋。"[67][頁3607]《論衡·佚文》載："東海張霸通《左氏春秋》，案百篇序，以《左氏》訓詁，造作百二篇，具成奏上。"[102][頁861—862]依《左氏》訓詁竟可造作僞《尚書》，可見《左傳》學對《尚書》產生了不小的影響。

《尚書》也有災異學説，《漢書·眭兩夏侯京翼李傳贊》曰："漢興推陰陽言災異者，孝武時有董仲舒、夏侯始昌，昭、宣則眭孟、夏侯勝，元、成則京房、翼奉、劉向、谷永，哀、平則李尋、田終術。"[67][頁3194—3195]其中夏侯始昌、夏侯勝、李尋皆爲《尚書》學家。當然，《尚書》中《洪範》一篇本來就與災異有莫大的關係，但《尚書》災異學的興盛恐怕也是與《春秋》學相互激盪的結果。

另外，歐陽《尚書》也有斷獄法，《漢書·王尊傳》："春正月，美陽女子告假子不孝，曰：'兒常以我爲妻，妒笞我。'尊聞之，遣吏收捕驗問，辭服。尊曰：'律無妻母之法，聖人所不忍書，此經所謂造獄者也。'尊於是出坐廷上，取不孝子縣磔著樹，使騎吏五人張弓射殺之，吏民驚駭。"晋灼注曰："歐陽《尚書》有此造獄事也。"[67][頁3227]這很可能是受《春秋》决獄的影響而生發出的《尚書》義。

《春秋》經傳也被引入《尚書》和《尚書大傳》的闡釋中。如《後漢書·五行志》劉昭注引《尚書大傳》鄭玄注曰："孔子説《春秋》曰：'政以不由王出，不得爲政。'則王君出政之號也。"[72][頁3341]所引孔子之説見《公羊傳·隱公元年》何休注，可知是《公羊》家説。

《孟子》稱"《詩》亡而後《春秋》作"，已將《春秋》與《詩》聯繫在一起。漢興以後，更認識到《詩》之刺譏與《春秋》之褒貶的相近之處，故儒者多有合稱二經者，如：

> 《淮南子·氾論》："王道缺而《詩》作，周室廢、禮義壞而《春秋》作。《詩》、《春秋》，學之美者也，皆衰世之造也。"[74][頁922]
>
> 《鹽鐵論·詔聖》："王道衰而《詩》刺彰，諸侯暴而《春秋》譏。"[169][頁594]
>
> 《漢書·五行志》載杜鄴説："今外家丁、傅並侍帷幄，布於列

> 位，有罪惡者不坐辜罰，亡功能者畢受官爵。皇甫、三桓，《詩》人所刺，《春秋》所譏，亡以甚此。"[67][頁1477]

《詩經》，尤其是《國風》中相當多的篇章作於春秋之時，與《春秋》經傳頗有可以互證之處，因此二經有着較親密的聯繫。各家《詩》説的確立可能都受了《春秋》學的影響，《漢書·藝文志》稱："漢興，魯申公爲詩訓故，而齊轅固、燕韓生皆爲之傳。或取《春秋》，采雜説，咸非其本義。"[67][頁1708]是三家《詩》説都有部分採自《春秋》。

漢初傳《穀梁春秋》之申公爲魯《詩》初祖，而漢代《穀梁》家，如瑕丘江公、韋賢等，又皆爲魯《詩》專家，可知魯《詩》與《穀梁》學相互之間必有相當大的影響。可惜無論漢代的魯《詩》説還是《穀梁》説①，都鮮有存留。但從晋人的《穀梁》説中還可以看出一些以《詩》解《春秋》的影子，如《穀梁傳·僖公二十四年》"天子無出，出，失天下也"，范甯注引江熙曰："天子必巡守然後行，故河陽之守，全天王之行也。平王東遷，其《詩》不能復《雅》，而列爲《國風》。襄王奔鄭，不得全天王之行，則與諸侯不異，故書出也。"此則以《春秋》書"天王出"與《詩經》王風列於《國風》相對比，蓋漢人貫通五經之説。江熙爲東晋人，其説或前有所承。

魯《詩》對《公羊傳》也有一定影響，《公羊傳·隱公五年》何休注曾引"魯《詩》傳"之説，則或漢代《公羊》家亦多引魯《詩》説爲證。

齊《詩》比魯《詩》晚出，但其傳者如蕭望之、匡衡、師丹等皆爲高官顯宦，故齊《詩》在西漢影響極大。齊《詩》有"五際"之説，學者多將之與《春秋》災異相比附，如《漢書·翼奉傳》："《易》有陰陽，《詩》有五際，《春秋》有災異，皆列終始，推得失，考天心，以言王道之安危。"[67][頁3172]翼奉更直接以五際之學來解釋《春秋》，《漢書·翼奉傳》："北方之情，好也；好行貪狼，申子主之。東方之情，怒也；怒行陰賊，亥卯主之。貪狼必待陰而後動，陰賊必待貪狼而後用，二陰并行，是

① 馬國翰等人多據《説苑》、《列女傳》等輯魯《詩》説，蓋以劉向習《穀梁》，與魯《詩》同屬魯學之故。但史書中并未言劉向習魯《詩》。且《穀梁》學者未必不可習齊《詩》，如蕭望之本爲齊《詩》大家，在石渠閣會議中反而同情《穀梁》，這未免有政治投機的原因，但也説明齊、魯之學未必就勢同水火不能相容。且劉向本爲通人，其《説苑》、《列女傳》等書中多採《左傳》、《公羊傳》之説，則其《詩》説亦未必爲魯説。

以王者忌子卯也。《禮經》避之，《春秋》諱焉。”[67][頁3168] 所謂“《春秋》諱焉”，是指《左傳·昭公九年》“辰在子卯，謂之疾日，君徹宴樂，學人舍業”。這一方面説明《左傳》早在立學官前就早已引起主流學者的注意，另一方面也意味着剛剛成長起來的《左傳》學也多從齊《詩》等主流學派中汲取思想。

齊《詩》也有災異學，前引《漢書·眭兩夏侯京翼李傳贊》所説的災異家中，夏侯始昌、翼奉都傳齊《詩》。而齊《詩》的災異家也説《春秋》災異，如《漢書·翼奉傳》：“今異至不應，災將隨之。其法大水，極陰生陽，反爲大旱，甚則有火災，《春秋》宋伯姬是矣。”[67][頁3174]《漢書·蕭望之傳》：“《春秋》昭公三年大雨雹，是時季氏專權，卒逐昭公。鄉使魯君察於天變，宜亡此害。今陛下以聖德居位，思政求賢，堯舜之用心也。然而善祥未臻，陰陽不和，是大臣任政，一姓擅勢之所致也。”[67][頁3279]《漢書·五行志》説昭公三年“大雨雹”即用蕭望之説，可見《春秋》學家已承認了齊《詩》災異派對《春秋》災異的解讀。

另外，由於齊《詩》學者蕭望之的鼓勵，《穀梁》學得到弘揚，這也可算作齊《詩》對《春秋》學的影響之一。

韓《詩》在西漢於三家《詩》中傳者最少，故至昭帝時竟要“詔求能爲韓《詩》者”（見《漢書·蔡義傳》）。蔡義習韓《詩》而官至丞相，其後傳者始多，但影響仍不如齊、魯兩家大。不過齊、魯之《詩》亡於魏晋，而《韓詩外傳》今世猶存，《韓詩章句》、《韓詩翼要》等亦傳至隋唐，故今所見韓《詩》説竟於三家中爲最多。

《後漢書·儒林傳》稱：“薛漢……世習韓《詩》……尤善説災異讖緯，教授常數百人。建武初，爲博士，受詔校定圖讖。”[72][頁2573] 則韓《詩》末流亦頗雜災異圖讖。但其災異之説今已不存，未知與《春秋》災異之關係如何。

就今所見《韓詩外傳》觀之，則韓《詩》説頗襲《春秋》經傳之文。如《韓詩外傳》卷三宋大水魯人弔之事全襲《左傳·莊公十一年》文；《韓詩外傳》卷三説楚莊王寢疾事襲《左傳·哀公六年》楚昭王有疾事；《韓詩外傳》卷八宋萬弑莊公事全鈔《公羊傳·莊公十二年》文。另外，韓《詩》的文本可能也受了《左傳》的影響，《左傳·昭公二十六年》引《詩經》“惟此文王，小心翼翼”，毛《詩》作“維此王季”，《左傳》疏曰：“此傳言‘唯此文王’，毛《詩》作‘維此王季’，經涉亂罹，師有異讀，後人因而兩存，不敢追改。今王肅注毛《詩》及韓《詩》亦作‘唯此文王’。”[128][頁2119]王肅應該是受《左傳》影響而改，韓《詩》恐怕也受到了《左傳》的影響。

漢代《詩》學四家，唯毛《詩》完整，可考其學與《春秋》之關係。河間獻王獨立毛氏《詩》、左氏《春秋》博士，二學成立之初蓋多互相切磋。《毛詩序》中有多有與《左傳》相近之處，如：

> 《詩經·鄘風·定之方中》序："衛爲狄所滅，東徙渡河，野處漕邑。齊桓公攘戎狄而封之。文公徙居楚丘，始建城市而營宫室，得其時制，百姓説之，國家殷富焉。"[128][頁315]
>
> 《左傳·閔公二年》："衛文公大布之衣，大帛之冠，務材訓農，通商惠工，敬教勸學，授方任能。元年，革車三十乘；季年，乃三百乘。"

> 《詩經·鄭風·清人》序："高克好利而不顧其君，文公惡而欲遠之不能。使高克將兵而禦狄于竟，陳其師旅，翱翔河上。久而不召，衆散而歸，高克奔陳。公子素惡高克進之不以禮，文公退之不以道，危國亡師之本，故作是詩也。"[128][頁338]
>
> 《左傳·閔公二年》："鄭人惡高克，使帥師次于河上，久而弗召。師潰而歸，高克奔陳。鄭人爲之賦《清人》。"

> 此類之例極多。另外，毛傳對《詩經》的訓詁可能也參考了《左傳》的內容，如：
>
> 《左傳·襄公四年》："臣聞之，訪問於善爲咨，咨親爲詢，咨禮爲度，咨事爲諏，咨難爲謀。"
>
> 《詩經·小雅·皇皇者華》毛傳："訪問於善爲咨。咨事爲諏……咨事之難易爲謀……咨礼義所宜爲度……親戚之謀爲詢。"[128][頁407]

毛傳與《左傳》之文幾乎相同。至鄭玄箋《詩》，則已直接引用《春秋》經傳。可見《春秋》對《詩》學之影響。

以上分別論述了四家《詩》與《春秋》學的關係，但多數漢人所引之《詩》已難辨出自孰家。這其中有以《詩》證《春秋》者，如《春秋繁露·郊事對》："《詩》云‘無德不報’，故成王使祭周公以白牡，上不得與天子同色，下有異于諸侯。”[11][頁416]即以《詩經·大雅·抑》説《公羊傳·文公十三年》“周公用白牲”之文。又有以《春秋》證《詩》者，如《説苑·貴德》引《詩經·甘棠》傳曰：“自陝以東者，周公主之；自陝以西者，召公主之。召公述職，當桑蠶之時，不欲變民事，故不入邑中，舍于甘棠之下而聽斷焉。”[144][頁94]即用《公羊傳·隱公五年》之説證《詩經·召南·甘棠》。

《春秋》學與《禮》之關係極明顯。漢初《禮》經殘闕，文多不具，故《春秋》學者多據《春秋》以議禮，《白虎通義》一書多載其説。此爲《春秋》對《禮》學之影響。到後漢末，《公羊》、《穀梁》等今文經學也多參與到禮儀爭端中，其説多見《五經異義》，已全然没有西漢時重事功、重實用的特點。實則是《春秋》在《禮》學的影響下已失去了其本來的靈魂。

3.《春秋》三傳的相互影響

漢代的《左傳》學與《公羊》學一直處在激烈鬥爭與相互影響之間。據《漢書·儒林傳》及《經典釋文·叙録》，《左傳》在西漢有賈誼、賈嘉、貫長卿、張敞、張禹、尹更始、尹咸、翟方進等傳者，其中也頗有達官顯宦，但一直没有成爲國家承認的官方學術。至西漢末哀帝時，劉歆始建言《左氏春秋》可立。由於作爲既得利益者的今文學家否决了劉歆的建議，劉歆、房鳳、王龔等移書責讓太常博士，《左氏》與《公羊》間的戰火便燃起了。劉歆等人攻擊今文學者，主要因爲他們抱殘守闕，不接納古文學説，并未在學術上對今文學進行攻擊。但劉歆私意實鄙薄二傳，《漢書·楚元王傳》曰：“歆以爲左丘明好惡與聖人同，親見夫子，而公羊、穀梁在七十子後，傳聞之與親見之，其詳略不同。”[67][頁1967]到了桓譚、王充、賈逵等人那裏，就開始從學術上非難今文説了。

桓譚與劉歆爲友，《後漢書》本傳稱其“尤好古學……而憙非毁俗儒”[72][頁955]，其所非毁的俗儒大約就是今文學者、太常博士之流。其所著《新論》開始直接否定《公羊》、《穀梁》二家之傳的權威性和準確性，《經典釋文·叙録》引桓譚《新論》曰：

> 《左氏傳》遭戰國寢藏。後有（百）餘年，魯人穀梁赤作《春秋》，殘略，多有遺文（失）；又有齊人公羊高，緣經文作傳，彌失本事。[84][頁12]

《御覽》卷六一〇又引桓譚《新論》曰：

> 《左氏傳》於經，猶衣之表裏，相持（待）而成。經而無傳，使聖人閉門思之，十年不能知也。[150][頁2746]

王充繼承了這種批判，且論證更爲嚴密，《論衡·案書》曰：

> 公羊高、穀梁寘、胡毋氏皆傳《春秋》，各門異户，獨《左氏傳》爲近得實。何以驗之？《禮記》造於孔子之堂，太史公漢之通人也，《左氏》之言與二書合，公羊高、穀梁寘、胡毋氏不相合。又諸家去孔子遠，遠不如近，聞不如見。[102][頁1163]

除了從學術傳承上否定今文説外，《論衡》一書從方法、内容、措辭等方面對《公羊傳》進行全面的攻擊。如《論衡·正説》對《公羊傳》以日月爲例的批判：

> 《春秋左氏傳》："桓公十月七年冬十月朔，日有食之，不書日，官失之也。"謂官失之言，蓋其實也。史官記事，若今時縣官之書矣，其年月尚大難失，日者微小易忘也。蓋紀以善惡爲實，不以日月爲意。若夫《公羊》、《穀梁》之傳，日月不具，輒爲意使。失（夫）平常之事，有怪異之説；徑直之文，有曲折之義，非孔子之心。[102][頁1141]

《論衡·順鼓》對《公羊傳》邏輯的批判：

> 《春秋》之義，大水，鼓用牲于社。説者曰："鼓者，攻之也。或曰：脅之。脅則攻矣。陽［陰］勝，攻社以救之。"或難曰：攻社謂得勝負之義，未可得順義之節也。人君父事天，母事地。母之黨類爲害，可攻母以救之乎？以政令失道，陰陽繆盭者，人君也。不自攻以復之，反逆節以犯尊，天地安肯濟？……攻社不解，朱絲縈之，亦復未曉。説者以爲，社，陰；朱，陽也。水，陰也，以陽色縈之，助鼓爲救。夫大山失火，灌以壅（甕）水，衆知不能救之者，何也？火盛水少，熱不能勝也。今國湛水，猶大山失火也；以若繩之絲，縈社

爲救，猶以壅（罋）水灌大山也。原天心以人意，狀天治以人事，人相攻擊，氣不相兼，兵不相負，不能取勝。[102][頁682—687]

案《春秋·莊公二十五年》："六月，辛未，朔，日有食之。鼓用牲于社。"《公羊傳》："日食則曷爲鼓用牲于社？求乎陰之道也。以朱絲營社，或曰脅之，或曰爲闇，恐人犯之，故營之。"[128][頁2238]可見王充對"伐鼓"和"朱絲縈社"的批評正是對此《公羊》傳的批評。《論衡·儒增》對《公羊傳》措辭的批評：

書言：秦繆公伐鄭，過晋不假途，晋襄公率羌戎要擊於崤塞之下，匹馬隻輪無反者，時秦遣三大夫孟明視、西乞術、白乙丙皆得復還。夫三大夫復還，車馬必有歸者；文言匹馬隻輪無反者，增其實也。[102][頁368]

與桓譚大約同時的陳元以及後來的賈逵等都在朝庭之上與今文經學有過鬥爭，而賈逵尤其有代表性。據《後漢書》本傳，賈逵"發出《左氏傳》大義長於二傳者"，但據其所論，大略約有二端，一爲《左傳》所論"皆君臣之正義，父子之紀綱"，二爲"《左氏》與圖讖合"[72][頁1237]。這就明顯是曲學阿世了。

當然《公羊》家對此也有反擊，西漢時龔勝、師丹等就曾攻擊劉歆，不過那主要是政治上的排擠，而非學術爭論。據《後漢書·陳元傳》，范升曾"奏《左氏春秋》不可立，及太史公違戾凡四十五事"[72][頁1231]。其内容已不可知，但據陳元的表述，"皆斷截小文，媟黷微辭，以年數小差，掇爲巨謬，遺脱纖微，指爲大尤"[72][頁1231]，似乎説服力并不强。至何休，又有《左氏膏肓》之作。據今日可見的《左氏膏肓》佚文，何休多從禮制方面非議《左傳》，但今古文禮説本自不同，以今文禮説非議《左傳》自然没有什麽説服力。且何休《膏肓》書中自身就有不少因不懂禮制造成的失誤。如《左傳·昭公十八年》："梓慎登大庭氏之庫以望之，曰：'宋、衛、陳、鄭也。'"疏引何休《膏肓》："宋、衛、陳、鄭去魯皆數千里，爲登高以見其火，豈實事哉？"[128][頁2085]何休有此難，實在是因不知古有望氛氣之制，清劉逢禄作《箴膏肓評》，多回護何説，至此亦不得不説"梓慎固望氣，非見火矣"[185][頁444]。此時今文經學本已是末路，而何休之難又多無根，自然難以成説。後又有鄭玄《箴膏肓》、服虔《釋痾》出，何休之説更難以立足了。

不過《公羊》、《左傳》的爭論一直延續到三國之時，《三國志·魏志·裴潛傳》注引《魏略·嚴幹傳》曰："幹從破亂之後，更折節學問，特善《春秋公羊》。司隸鍾繇不好《公羊》而好《左氏》，謂《左氏》爲太官［廚］①，而謂《公羊》爲賣餅家，故數與幹共辯析長短。"[122][頁675]可見當時學者在今古學方面仍有較大的分歧。

《左傳》雖然與《公羊傳》多處於鬥爭狀態，不過也多襲取《公羊》家説。《左氏》説災異，如劉歆輩，就是在《公羊》災異學説的基礎上修改而成。《左氏》學也仿《公羊》家而造出許多"《春秋》大義"來，這在西漢時就已開始，如《漢書·朱博傳》載龔勝説曰：

> 《春秋》之義，姦以事君，常刑不舍。魯大夫叔孫僑如欲顓公室，譖其族兄季孫行父於晋，晋執囚行父以亂魯國，《春秋》重而書之。今晏放命圮族，干亂朝政，要大臣以罔上，本造計謀，職爲亂階，宜與博、玄同罪，罪皆不道。[67][頁3408]

按：叔孫僑如譖季孫行父事僅見《左傳》，可知此爲《左氏春秋》説，而此有不見於《左傳》本文而頗類《公羊》家説的"《春秋》之義"。不過《左傳》大義可能也多創自劉歆，《漢書·楚元王傳》曰："初《左氏傳》多古字古言，學者傳訓故而已，及歆治《左氏》，引傳文以解經，轉相發明，由是章句義理備焉。"[67][頁1967]可見《左傳》的義理多由劉歆創制。不過這種對左氏"《春秋》大義"的提煉一直持續到東漢末。《中論·務本》曰：

> 下及昭公，亦善有容儀之習。以亟其朝晋也，自郊勞至於贈賄，禮無違者。然而不恤國政……卒有出奔之禍。《春秋》書而絶之曰："公孫於齊，次於陽州。"[191][頁229]

按：據"自郊勞至於贈賄，禮無違者"可知徐幹用《左氏》説，而

① 據《御覽》卷六一〇引補。

謂“公孫於齊，次於陽州”是“《春秋》書而絶之”，則是《左傳》中所未曾提及的。《左傳》僅將這句經文作爲一句普遍的叙述性語言而已，杜預注中説“諱奔，故曰孫”，已是引《穀梁》説解《左氏》經。而《中論》中所提到的微言大義，更是對《左傳》相當程度的引申了。

這種對《公羊》大義的模仿終究還是《左氏》説所獨有，但有些時候《左傳》家直接引用《公羊》大義略加改造。如《禮記·曲禮上》孔穎達疏引《五經異義》曰：

> 《公羊》説，譏二名謂二字作名，若魏曼多也。《左氏》説，二名者，楚公子弃疾弑其君即位之後改爲熊居，是爲二名。[128][頁1251]

按：《白虎通義·姓名》也有與此《左氏》説相近的內容：“《春秋》譏二名何？所以譏者，乃謂其無常者也。”陳立謂之爲《左氏》古文説[1][頁411]，蓋是。“譏二名”是《公羊傳·定公六年》的大義，《左傳》中并無相關的內容，東漢的《左傳》學者直接將此義引入《左氏》，并對其不合理之處進行了修正。又如《中論·曆數》中提到的《左氏》的時月例：

> 故孔子制《春秋》，書人事，而因以天時，以明二物相須而成也。故人君不在分至啟閉，則不書其時月，蓋刺怠慢也。[191][頁203]

前文已提到，《中論》所用爲《左氏》説。早期的《左傳》學家，如王充等，多以爲《左傳》不以日月爲例，但《中論》此例則直以《春秋》不書時月爲刺譏，很可能就是對《公羊》日月例的改造。

在《五經異義》中，多見此類“《左氏》大義”。如《禮記·檀弓》疏引《異義》：“衛輒拒父，《公羊》以爲‘孝子不以父命辭王父之命’，許拒其父，《左氏》以爲子而拒父，悖德逆倫，大惡也。”鄭駁《異義》云：“以父子私恩言之，則傷仁恩。”[128][頁1315]則鄭意以《公羊》所云，公義也；《左氏》所云，私恩也。

在《左傳》學中引入《公羊》家的微言大義，這在《左傳》賈、服注中也可以看出。何晋在比較《左傳》杜預注與賈、服注後指出：“杜注和賈、服注區别最大而且最多的，還是他們《左傳》注的指導思想不一樣。賈、服注意在解經，經常闡發微言大義；而杜注意在釋傳，所釋比較客觀通達，多近於史。”①

有學者據王莽的言行認爲王莽實是今文學家，但筆者認爲其實這説明了早期古文學還未獨立出自己的思想，與今文學并没有太大的差異。

但并非所有的《左傳》學者都對引入《公羊》説持肯定態度。張禹即不信災異，《漢書・張禹傳》載禹上書曰：“災變之異深遠難見，故聖人罕言命，不語怪神。性與天道，自子贛之屬不得聞，何况淺見鄙儒之所言！”[67][頁3351]杜業、朱雲等皆據此譏毁張禹，以爲禹阿上。實則恐怕也與張禹所習《左傳》有關。據《經典釋文・叙録》，張禹三傳至賈護，而賈護與劉歆《左氏》之學本自不同②，《漢書・儒林傳》稱“由是言《左氏》者本之賈護、劉歆”[67][頁3620]是也。賈護再傳至陳元，觀《後漢書・陳元傳》載元與范升之論難，亦鄙薄《公羊》，與賈逵之曲學阿世不同。則此一派之《左氏》學或本較劉歆、賈逵一脉爲純③。

又，《後漢書・鄭興傳》：“帝嘗問興郊祀事，曰：‘吾欲以讖斷之，何如?’興對曰：‘臣不爲讖。’帝怒曰：‘卿之不爲讖，非之邪?’興惶恐曰：‘臣於書有所未學，而無所非也。’帝意乃解。興數言政事，依經守義，文章温雅，然以不善讖故不能任。”[72][頁1223]則鄭興雖從劉歆問學，但不信圖讖，亦與賈逵之學不同。《後漢書・鄭興傳》稱有“鄭、賈之學”[72][頁1223]，則或賈鄭之學的區别就在於此。

另外，《東觀漢紀》卷十四曰：“桓譚譏詘圖讖，有詔會議靈臺所處，上謂桓譚曰：‘天下事吾欲以讖决之，何如?’譚默然良久，曰：‘臣不讀讖。’上問其故，譚復極言讖之非經。上大怒，曰：‘桓譚非聖無法，將下斬之。’譚叩頭流血，良久得解。”[32][頁548]與《後漢書》鄭興事相近，則桓譚亦不信圖讖。據學者研究，桓譚亦不信災異④。則桓譚亦屬《左氏》之理性一派。

總之，在對待《公羊》學的問題上，《左氏》學者大約有兩派，一派吸收《公羊》學思想，一派則排斥《公羊》學思想。至晋代杜預能迅速

---

① 何晋：《〈左傳〉賈、服注與杜注比較研究》，《國學研究》第 4 期，北京大學出版社 1997 年版，第 79 頁。

② 關於賈護、劉歆《左传》学的不同，可参王葆玹《今古文經學新論》，中国社會科學出版社 1997 年版，第 142 頁，但本書結論與之略有不同。

③ 《後漢書・賈逵傳》曰“父徽，從劉歆受左氏春秋”，則賈逵爲劉歆再傳弟子。

④ 參鍾肇鵬、周桂鈿《桓譚、王充評傳》，第 31—34 頁。

扭轉賈逵、服虔的《左傳》學，可能就是受後一派的影響。

（二）《春秋》災異學的發展

學術界對漢代《春秋》災異已有了較深入的研究，但這些研究主要集中在災異學對漢代政治的影響方面，對災異學本身學理的發展研究較少①，本書擬對此略做探討。

人類可能較早就注意到比較罕見的一些自然現象——災異。普通人見到這種異常的現象後，往往會有恐懼的心理。《荀子·天論》曰："星隊、木鳴，國人皆恐。"[167][頁313]據現有的資料看，可能遠在殷商時期，國人就已頗爲注意災異現象，《史記·殷本紀》中所載大戊時"桑穀共生"[130][頁100]、武丁時"雊登鼎耳"[130][頁103]等都是這方面的例子。但《史記》中的記載羼雜了漢儒的解讀，已很難代表殷時情況。就《漢書·藝文志》"雜占"類的書目來推測，先民對於災異可能主要是用來占卜。《詩經·小雅·十月之交》有"日有食之，亦孔之醜"之文，可能還只是類比，不過已將災異與政治聯繫起來。《荀子·天論》曰："夫日月之有蝕，風雨之不時，怪星之黨見，是無世而不常有之。上明而政平，則是雖竝世起，無傷也；上闇而政險，則是雖無一至者，無益也。"[167][頁313]荀子對此雖然採取非常理性化的思考，但由此也可見當時普遍將災異與政治聯繫了。到漢初，這種理論更加嚴密。《新語·明誡》云：

> 惡政生惡氣，惡氣生災異。螟蟲之類，隨氣而生；虹蜺之屬，因政而見。治道失於下，則天文變於上；惡政流於民，則螟蟲生於野。賢君智則知隨變而改，緣類而試思之，於□□□變。聖人之理，恩及昆蟲，澤及草木，乘天氣而生，隨寒暑而動者，莫不延頸而望治，傾耳而聽化。聖人察物，無所遺失，上及日月星辰，下至鳥獸草木昆蟲，□□□鷁之退飛，治五石之所隕，所以不失纖微。至於鸜鵒來，冬多麋，言鳥獸之類□□□也。十有二月隕霜不煞菽，言寒暑之氣，失其節也。鳥獸草木尚欲各得其所，綱之以法，紀之以數，而況於人乎？[165][頁155]

① 就筆者所見，僅有黄肇基《漢代公羊學災異理論研究》（臺北文津出版社1998年版）一書是專門對漢代災異理論進行研究的著作。本書在論述董仲舒的災異學時部分參考了該書。

這可能是現在所能見到最早説《春秋》災異的内容，王利器引戴彦升曰："《明誡》篇陳天文蟲災之變，謂天道因乎人道，開言《春秋》五行、陳災異封事者之先。"[165][頁152]陸賈明確指出變異與治道、惡政有關，而且認爲政治與災異之間的媒介是"氣"。這個"氣"其實就是政與異的聯繫——這在先秦可能是比較普遍的思想——的具象化和理論化，較之先秦樸素的災異思想已有了很大的進步。

但陸賈的災異思想仍有漏洞：首先，"氣"如何能生災異？其生成原理并不明瞭。其次，某種災異代表的是哪項政治失誤？其對應關係并不明確，統治者也很難隨變而改。這些問題就有待董仲舒等後世災異家來解决了。

1. 董仲舒的《春秋》災異理論

董仲舒對災異學的理論貢獻，首先在於將"天"引進《春秋》災異理論中。董仲舒的《天人三策》中説：

> 國家將有失道之敗，而天乃先出災害以譴告之，不知自省，又出怪異以警懼之，尚不知變，而傷敗乃至。以此見天心之仁愛人君而欲止其亂也。[67][頁2498]

災異是由"天"所發動，無所不能的"天"自然可以鑒定國家有道還是失道，也就可以發動相應的災異。不過在災異理論中應用"天"的概念可能并非董仲舒的首創。《漢書·文帝紀》載文帝詔曰："朕聞之，天生民，爲之置君以養治之。人主不德，布政不均，則天示之災以戒不治。"[67][頁116]其中"天生民，爲之置君以養治之"頗似《左傳·文公十三年》"天生民而樹之君，以利之也"一句，因此頗疑此詔爲賈誼所擬。則或賈誼先於董仲舒已將"天"用於災異闡釋中。但現在却無法見到賈誼或其他董仲舒之前的比較完整的相關災異理論，故而本書仍將這一貢獻歸董仲舒。

從前引董仲舒《天人三策》之文還可以看出董仲舒"先災後異"的災異觀，但這種理論并没有付諸災異闡釋的實踐中①，故而本書存而不論。

其次，董仲舒將陰陽學説引入災異學中來，認爲多數災異都是由陰陽失調造成的。以陰陽説災異也并非董氏首創，據《左傳》的記載，昭公二十一年梓慎説日食，昭公二十四年叔孫昭子説日食，都曾用陰陽説。但這種對

① 參黄肇基《漢代公羊學災異理論研究》，第140—156頁。

陰陽説的應用，一方面可能只是零星的使用，另一方面也并未與人事相比附。而董仲舒則將天地之陰陽與人事聯繫起來了，其《天人三策》曰：

> 刑罰不中，則生邪氣；邪氣積於下，怨惡畜於上。上下不和，則陰陽繆盭而妖孽生矣。此災異所緣而起也。[67][頁2499]

是董仲舒認爲災異産生的原因在於“刑罰不中”引起的“陰陽繆盭”。《春秋繁露·暖燠常多》中又有實際的例子：

> 禹水湯旱，非常經也，適遭世氣之變，而陰陽失平。堯視民如子，民視堯如父母。《尚書》曰：“二十有八載，放勳乃殂落，百姓如喪考妣。四海之内，閼密八音三年。”三年陽氣厭于陰，陰氣大興，此禹所以有水名也。桀，天下之殘賊也；湯，天下之盛德也，天下除殘賊而得盛德大善者再，是重陽也，故湯有旱之名。皆適遭之變。[11][頁348—349]

《漢書·五行志》中所載董仲舒災異之説，以陰陽而論的更多，如：

> 桓公八年“十月，雨雪”……董仲舒以爲象大（夫）人專恣，陰氣盛也。[67][頁1423]
>
> 釐公二十一年“夏，大旱”。董仲舒、劉向以爲齊威（桓）既死，諸侯從楚，釐尤得楚心。楚來獻捷，釋宋之執。外倚彊楚，炕陽失衆，又作南門，勞民興役。[67][頁1286]
>
> 釐公十六年“正月戊申朔，隕石于宋，五，是月六鶂退飛過宋都”。董仲舒、劉向以爲象宋襄公欲行伯道將自敗之戒也。石陰類，五陽數，自上而隕，此陰而陽行，欲高反下也。[67][頁1518]

此類之文極多，不再舉例。但值得注意的是，學者多言董仲舒以陰陽五行説災異，但就《漢書·五行志》中所引董仲舒災異説來看，并無一例以五行説者。《春秋繁露》中雖多有五行學説，但恐怕董仲舒并没有引入到災異學説中來。

董仲舒對災異學説的另一貢獻是天人感應論。董仲舒認爲，人是因天而生的。《春秋繁露・爲人者天》曰：

> 爲生不能爲人，爲人者天也。人之人本於天，天亦人之曾祖父也。此人之所以乃上類天也。人之形體，化天數而成；人之血氣，化天志而仁；人之德行，化天理而義。人之好惡，化天之暖清；人之喜怒，化天之寒暑；人之受命，化天之四時；人生有喜怒哀樂之答，春秋冬夏之類也。[11][頁318]

而人與天可以相感動，所感動的介質便是陰陽。《春秋繁露・同類相動》曰：

> 今平地注水，去燥就濕，均薪施火，去濕就燥。百物去其所與異，而從其所與同。故氣同則會，聲比則應，其驗皦然也……天有陰陽，人亦有陰陽。天地之陰氣起，而人之陰氣應之而起，人之陰氣起，天地之陰氣亦宜應之而起，其道一也。[11][頁358—360]

從《漢書・五行志》中所載董仲舒説來看，董氏認爲人之陰陽與天之陰陽相感動的方式主要有三種：

①同類相動，也就是《春秋繁露・同類相動》中所説的“人之陰气起，天地之陰气亦宜應之而起”①，如前引董仲舒説桓公十八年“大雨雪”、僖公二十一年“大旱”皆其例，又如：

> （莊公）十一年“秋，宋大水”。董仲舒以爲時魯、宋比年爲乘丘、鄑之戰，百姓愁怨，陰氣盛，故二國俱水。[67][頁1343]
>
> 桓公十五年“春，亡冰”……董仲舒以爲象夫人不正，陰失節也。[67][頁1407]
>
> 成公元年“二月，無冰”。董仲舒以爲方有宣公之喪，君臣無悲哀之心，而炕陽，作丘甲。[67][頁1407]
>
> 昭十八年“五月壬午，宋、衛、陳、鄭災”。董仲舒以爲……陽

① 筆者認爲，這種“同類相動”的陰陽觀，可能就是先民“順勢巫術”的“相似律”思維模式的理論化的結果。關於“順勢巫術”，可參考英國人類學家弗雷澤《金枝》第三章。

失節則火災出，是以同日災也。[67][頁1329]

該類感應多在大水、大旱、大雪、無冰等災異中。

②異類相動，極陰可以生陽，如：

（襄公）三十年“五月甲午，宋災”。董仲舒以爲伯姬如宋五年，宋恭公卒，伯姬幽居守節三十餘年，又憂傷國家之患禍，積陰生陽，故火生災也。[67][頁1326]

（昭公）九年“夏四月，陳火”。董仲舒以爲陳夏徵舒殺君，楚嚴王託欲爲陳討賊，陳國闢門而待之，至因滅陳。陳臣子尤毒恨甚，極陰生陽，故致火災。[67][頁1327]

此類感應多用在大火類災異中。《大戴禮記·本命》：“陰窮反陽，陽窮反陰，辰故陰以陽化，陽以陰變。”[30][頁251]這雖與災異無涉，但早期儒家的這種陰陽相反相成的辯證思想正是董仲舒災異理論的思想淵源。

③災異表明了人世的陰陽相動的趨勢，如前揭僖公十六年“隕石于宋五”是其例，又如：

（襄公二十四年）“八月癸巳朔，日有食之”。董仲舒以爲比食又既，象陽將絶，夷狄主上國之象也。[67][頁1491]

此類之應多見於星變、日食類災異中。

這樣董仲舒就以天人感應和陰陽學説建立了一套比較嚴密的《春秋》災異學説。但這套學説并非完美無缺。首先，董仲舒自己都無法自始至終地貫徹這套理論，有些災異并不能用陰陽學説來説明。如《漢書·五行志》中例：

文公十四年“七月，有星孛入于北斗”。董仲舒以爲孛者惡氣之所生也。謂之孛者，言其孛孛有所防蔽，闇亂不明之貌也。北斗，大國象。[67][頁1511]

這裏的孛星、北斗屬陰屬陽？惡氣又從何而來？這條解釋顯然已背離了陰陽説的範圍。另外，這種解説災異的方法仍然比較隨意，難免人各異説。《漢書・董仲舒傳》中有這樣一則故事：

> 先是遼東高廟、長陵高園殿災，仲舒居家推説其意，草稿未上，主父偃候仲舒，私見，嫉之，竊其書而奏焉。上召視諸儒，仲舒弟子吕步舒不知其師書，以爲大愚。於是下仲舒吏，當死，詔赦之。仲舒遂不敢復言災異。[67][頁2524]

董氏弟子竟然完全不能認同其師之説，可見這種災異解讀方法的個人色彩很重，可操作性還比較差。所以後來者又對這種學説進行了修訂。

2. 劉向的《春秋》災異學

劉向本習《穀梁春秋》，而又好讀《左傳》。另外，《漢書・楚元王傳》稱："上復興神僊方術之事，而淮南有《枕中鴻寶苑秘書》。書言神僊使鬼物爲金之術，及鄒衍重道延命方，世人莫見，而更生父德武帝時治淮南獄得其書。更生幼而讀誦，以爲奇。"[67][頁1928—1929]劉向早期的這種神秘主義傾向可能對其災異學也有所影響。

《漢書・楚元王傳》載劉向上疏，先引《春秋》災異，又曰：

> 由此觀之，和氣致祥，乖氣致異……是以日月無光，雪霜夏隕，海水沸出，陵谷易處，列星失行，皆怨氣之所致也。[67][頁1941]

可見劉向認爲人事與災異中間的媒介是"氣"，與陸賈之説同，可能是《穀梁》災異學的傳統。陸賈"惡氣"的所指并不明確，而劉向則以君臣的和與不和爲"和氣"、"乖氣"的生成原因。這雖然可能與當時的政治形勢有關，但也未必不是劉向對災異理論的改造。

劉向對《春秋》災異學最大的貢獻恐怕是他將屬於《尚書》學系統的《洪範五行傳》引入《春秋》災異學中來。《漢書・楚元王傳》曰：

> 向見《尚書・洪範》，箕子爲武王陳五行陰陽休咎之應。向乃集合上古以來歷春秋六國至秦漢符瑞災異之記，推跡行事，連傳禍福，著其占驗，比類相從，各有條目，凡十一篇，號曰《洪範五行傳論》，奏之。[67][頁1950]

這裏有兩點需要注意：首先，劉向把《春秋》災異按照《洪範》進行了重新編排；其次，劉向將《春秋》災異的範圍擴大。董仲舒講災異，除了《春秋》經之外，就是對漢代時事的評論。而劉向將《左傳》中不見於《春秋》經的災異、戰國至漢的災異全納入災異學的理論中。

從《漢書·五行志》中所載的劉向解説《春秋》災異的實例來看，劉向基本繼承了董仲舒的災異説，兩人之説多有相近之處，故《五行志》每言"董仲舒、劉向以爲……"。但劉向對董説也有發展。首先，劉向使董仲舒的陰陽理論更加細密，細化了陰陽的分類。如：

> 《春秋·成公十六年》"正月，雨，木冰"……劉向以爲冰者陰之盛而水滯者也，木者少陽，貴臣卿大夫之象也。[67][頁1319]

從這裏可以看出，劉向細化了陰陽的分類，有"陰之盛"、"少陽"等説法，而不再僅僅只是陰陽之分。又如：

> 桓公八年"十月，雨雪"。周十月，今八月也，未可以雪，劉向以爲……凡雨，陰也，雪又雨之陰也，出非其時，迫近象也。[67][頁1423]

同樣，這裏的"陰"也有差別，雪之陰更甚於雨之甚。從這條中除可看出劉向對陰陽的分類更加細化外，還可發現其災異學有"出非其時，迫近象"等其他條例，這是劉向對董仲舒災異學的另一發展。又如：

> 二十七年"十二月乙亥朔，日有食之"……劉向以爲自二十年至此歲，八年間日食七作，禍亂將重起，故天仍見戒也。[67][頁1492]

這是對日食重複出現的特別規定。劉向對董仲舒理論的又一發展是，劉向理論中的陰陽關係要複雜得多，不再僅僅是陰盛、陽盛或陰極生陽的簡單對立，如：

> 僖公三十三年"十二月，李梅實"。劉向以爲……陰成陽事，象臣顓君作威福。[67][頁1412]
>
> 昭公二十五年"夏，有鸜鵒來巢"……劉向以爲……鸜鵒，夷狄

穴藏之禽，來至中國，不穴而巢，陰居陽位，象季氏將逐昭公，去宮室而居外野也。[67][頁1414]

定公元年“十月，隕霜殺菽”。劉向以爲周十月，今八月也，消卦爲觀，陰氣未至君位而殺，誅罰不由君出，在臣下之象也。[67][頁1426]

是劉向理論中的陰陽有“陰成陽事”、“陰居陽位”、“陰氣未至君位而殺”等諸多關係。劉向對董仲舒理論的另一發展是擴大了災異與人事之間的時間差。董仲舒以災異比附人事，一般都在數年之內，最多不過十幾年，但在劉向的理論中，災異與相應人事可能相距幾十年。如：

釐公十四年“秋八月辛卯，沙麓崩”……劉向以爲臣下背叛，散落不事上之象也。先是，齊桓行伯道，會諸侯，事周室。管仲既死，桓德日衰，天戒若曰，伯道將廢，諸侯散落，政逮大夫，陪臣執命，臣下不事上矣。桓公不寤，天子蔽晦。及齊威（桓）死，天下散而從楚。王札子殺二大夫，晋敗天子之師，莫能征討，從是陵遲。[67][頁1455]

釐公十五年“九月己卯晦，震夷伯之廟”。劉向以爲……天戒若曰，勿使大夫世官，將專事暝晦。明年，公子季友卒，果世官，政在季氏。至成公十六年“六月甲午晦”，正晝皆暝，陰爲陽，臣制君也。成公不寤，其冬季氏殺公子偃。季氏萌於釐公，大於成公，此其應也。[67][頁1445]

按：晋敗天子之師在魯成公元年，距僖公十四年有五十五年之久；季氏殺公子偃於魯成公十六年，上距僖公十五年已有七十一年。劉向理論中的時間跨距之所以如此之大，是由於劉向認爲災異不僅體現了時政的失誤，有時也體現了將來禍事的萌芽。

劉向除了繼承發展董仲舒的理論外，還帶入一些《穀梁》家的特色理論。如：

（僖公）十五年“五月，日有食之”。劉向以爲……日食者臣之惡也，夜食者掩其罪也。[67][頁1486]

按：《穀梁傳·僖公十五年》“五月，日有食之”，范甯注：“夜食。”

是“夜食”之説爲《穀梁傳》所獨有，劉向也將此引入了災異學的系統。又如：

> 昭公二十五年“夏，有鸜鵒來巢”……劉向以爲有蜚、有蜮不言來者，氣所生，所謂眚也；鸜鵒言來者，氣所致，所謂祥也。[67][頁1414]

如前所述，這種因氣致異的理論可能是《穀梁》學的特色。

劉向將《春秋》災異納入《洪範》的系統後，也吸收了《洪範五行傳》的災異學理論，并以之解釋《春秋》災異。如：

> 嚴公十八年“秋，有蜮”。劉向以爲……近射妖，死亡之象也。時嚴將取齊之淫女，故蜮至。天戒若曰，勿取齊女，將生淫惑篡弑之禍。嚴不寤，遂取之。入後淫於二叔，二叔以死，兩子見弑，夫人亦誅。[67][頁1462]
>
> 《左氏傳·文公十六年》夏，有蛇自泉宫出，入于國，如先君之數。劉向以爲近蛇孽也。泉宫在囿中，公母姜氏嘗居之，蛇從之出，象宫將不居也。[67][頁1468]

這都是引《尚書》災異説以釋《春秋》者。

另外，劉向還借鑒了其他學説，如《易》説、星占學等。前揭劉向説定公元年“隕霜殺菽”以“消卦爲觀”云云，即引《易》説。其引星占學者，如：

> 昭公十七年“冬，有星孛于大辰”……劉向以爲《星傳》曰“心，大星，天王也。其前星，太子；後星，庶子也。尾爲君臣乖離。”孛星加心，象天子適庶將分爭也。[67][頁1513]

3. 劉歆的《春秋》災異學

劉歆爲劉向之子，但所習爲《左傳》。《漢書·五行志》中也記載了劉歆的災異學説，從中可以看出劉歆的災異學有以下特點：

（1）高度嚴密、系統化的五行理論。劉向將《春秋》災異套入《洪範五行傳》的理論體系時，就已開始用五行學説解釋《春秋》災異。不過要到劉歆才將災異闡釋中的五行學説發揮到極致。首先，劉歆改造了《洪範五行傳》。《洪範五行傳》本來已是比較系統的五行學説，但與《吕氏春秋》、《禮記·月令》等主流的五行説有些差異，劉歆則多據通行的五行説改《洪範五行傳》。如《漢書·五行志》：

> 傳曰："貌之不恭，是謂不肅，厥咎狂，厥罰恒雨，厥極惡。時則有服妖，時則有龜孽，時則有雞禍，時則有下體生上之痾，時則有青眚青祥。唯金沴水（木）。"……劉歆貌傳曰有鱗蟲之孽，羊禍，鼻痾。説以爲於天文東方辰爲龍星，故爲鱗蟲；於《易》兑爲羊，木爲金所病，故致羊禍，與常雨同應。[67][頁1352—1353]
>
> 傳曰："言之不從，是謂不艾，厥咎僭，厥罰恒陽，厥極憂。時則有詩妖，時則有介蟲之孽，時則有犬禍，時則有口舌之痾，時則有白眚白祥。惟木沴金。"……劉歆言傳曰時有毛蟲之孽。説以爲於天文西方參爲虎星，故爲毛蟲。[67][頁1376—1377]
>
> 傳曰："視之不明，是謂不悊，厥咎舒，厥罰恒奥，厥極疾。時則有草妖，時則有蠃蟲之孽，時則有羊禍，時則有目痾，時則有赤眚赤祥。惟水沴火。"……劉歆視傳曰有羽蟲之孽，雞禍。説以爲於天文南方喙爲鳥星，故爲羽蟲；禍亦從羽，故爲雞；雞於《易》自在巽。[67][頁1405—1406]
>
> 傳曰："聽之不聰，是謂不謀，厥咎急，厥罰恒寒，厥極貧。時則有鼓妖，時則有魚孽，時則有豕禍，時則有耳痾，時則有黑眚黑祥。惟火沴水。"……劉歆以爲大雨雪，及未當雨雪而雨雪，及大雨雹，隕霜殺叔草，皆常寒之罰也。[67][頁1421—1422]
>
> 傳曰："思心之不睿，是謂不聖，厥咎霿，厥罰恒風，厥極凶短折。時則有脂夜之妖，時則有華孽，時則有牛禍，時則有心腹之痾，時則有黄眚黄祥，時則有金木水火沴土。"……劉歆思心傳曰時則有蠃蟲之孽，謂螟螣之屬也。[67][頁1441—1442]
>
> 傳曰："皇之不極，是謂不建，厥咎眊，厥罰恒陰，厥極弱。時則有射妖，時則有龍蛇之孽，時則有馬禍，時則有下人伐上之痾，時則有日月亂行，星辰逆行。"……劉歆皇極傳曰有下體生上之痾。説以爲下人伐上，天誅已成，不得復爲痾云。[67][頁1458—1459]

按：《禮記·月令》曰："孟春之月……其蟲鱗。""孟夏之月……其蟲羽。""中央土……其蟲倮。""孟秋之月……其蟲毛。""孟冬之月……其蟲介。"與劉歆各傳的"孽"同，可見劉歆改造《洪範五行傳》的工具正是這種通行的五行説。另外，劉歆還參考了《周易》以八卦配五行的學説。

劉歆對《洪範五行傳》的改造直接影響其對《春秋》災異的解讀。如《漢書·五行志》：

> 桓公五年"秋，螽"。劉歆以爲貪虐取民則螽，介蟲之孽也，與魚同占。[67][頁1431]

按：依劉歆説，螽爲介蟲之孽，屬"聽之不聰"，"厥極貧"，故爲"貪虐取民"之應。但無論《春秋》經還是《左傳》中都没有關於"貪虐"的内容。這完全是理論推導的結果，與實際情況已没有聯繫。又如：

> 釐公十六年"正月，六鶂退蜚，過宋都"。《左氏傳》曰"風也"。劉歆以爲風發於它所，至宋而高，鶂高蜚而逢之，則退。經以見者爲文，故記退蜚；傳以實應著，言風，常風之罰也。象宋襄公區霿自用，不容臣下，逆司馬子魚之諫，而與彊楚爭盟。[67][頁1442]

按，風於《五行傳》屬"思心之不睿"，故爲"宋襄公區霿自用"之象。(2) 天文、曆法理論的引入。董仲舒、劉向等人有時也以日躔、分野説星變、日食之災，但遠未形成系統。而劉歆則嚴格地以日躔、分野説日食，《漢書·五行志》曰：

> 隱公三年"二月己巳，日有食之"……《左氏》劉歆以爲正月二日，燕、越之分野也。凡日所躔而有變，則分野之國失政者受之。人君能修政，共御厥罰，則災消而福至；不能，則災異而禍生。故經書災而不記其故，蓋吉凶亡常，隨行而成禍福也。[67][頁1479]

由於日食根本無法納入《五行傳》的系統，因此也無法以《五行傳》説《春秋》日食。而且劉歆精於天文曆法，實際已經意識到日月食是自然規律，是可通過計算推得的①。故而劉歆帶有一定理性主義地説："吉凶亡常，隨行而成禍福。"所以劉歆於日食僅注明日躔分野，而不説災異。

另外，由於劉歆對自己曆法知識的自負，他往往妄改《春秋》日月，或直謂春秋時失閏。如前揭隱公三年二月日食，劉歆以爲正月二日。又如：

桓公三年"七月壬辰朔，日有食之，既"……劉歆以爲六月，趙與晋分。[67][頁1482]

（莊公）二十五年"六月辛未朔，日有食之"……劉歆以爲五月二日魯、趙分。[67][頁1484]

（莊公）二十六年"十二月癸亥朔，日有食之"……劉歆以爲十月二日楚、鄭分。[67][頁1484]

此類之例極多，今不再舉。實際上，這多是由於《三統曆》本身的誤差造成的，而不是《春秋》記載錯誤②。

劉歆又利用自己的曆法知識破除了其他的一些災異。如：

（哀公）十三年"九月，螽；十二月，螽"……劉歆以爲周十二月，夏十月也，火星既伏，蟄蟲皆畢，天之見變，因物類之宜，不得以螽，是歲再失閏矣。周九月，夏七月，故傳曰"火猶西流，司曆過也"。[67][頁1434]

劉歆以曆法推得此年再失閏，故冬十二月而有螽，并非嚴重的災異。

但劉歆的天文學畢竟還有局限，他對於彗星、隕石都不能弄清其本質，故而仍以災異釋之，不過劉歆在解釋這類災異時仍表現出其天文學的天才。如：

文公十四年"七月，有星孛入于北斗"……劉歆以爲北斗有環域，四星入其中也。斗，天之三辰，綱紀星也。宋、齊、晋，天子方伯，中國綱紀。彗所以除舊布新也。斗七星，故曰不出七年。至十六年，宋人

---

① 參陳遵嬀《中國天文學史》，第541頁。

② 關於此一問題，可參郜積意《兩漢經學的曆術背景》（北京大學出版社2013年版）第三章第五小節"析《五行志》中的劉歆日食、分野説"。

弒昭公；十八年，齊人弒懿公宣公二年，晋趙穿弒靈公。[67][頁1511]

釐公十六年“正月戊申朔，隕石于宋，五，是月六鶂退飛過宋都”……劉歆以爲是歲歲在壽星，其衝降婁。降婁，魯分野也，故爲魯多大喪。正月，日在星紀，厭在玄枵。玄枵，齊分野也。石，山物；齊，大嶽後。五石象齊威卒而五公子作亂，故爲明年齊有亂。庶民惟星，隕於宋，象宋襄將得諸侯之衆，而治五公子之亂。星隕而鶂退飛，故爲得諸侯而不終。六鶂象後六年伯業始退，執於盂也。[67][頁1518]

劉歆就是這樣將《春秋》災異學理化、理性化。但災異與理性本身是矛盾的，所以《春秋》災異學理論在經過劉歆這樣一個高峰後，再也無法取得更大的發展了。

4. 其他《春秋》災異學家

現在能見到的除以上三家之外的漢代學者的災異學論述，有的與《春秋》學無關，如京房的《易》派災異學、翼奉的《詩》派災異學、讖諱災異學等，本書不再論述；有的則只是零簡斷章，很難總結出理論來，而且這些學者在理論方法上也大多乏善可陳。如：

《漢書·杜周傳》載杜欽上疏：“變感以類相應，人事失於下，變象見於上。能應之以德，則異咎消亡；不能應之以善，則禍敗至。”[67][頁2671]

《鹽鐵論·論菑》：“好行惡者，天報以禍，妖菑是也。《春秋》曰：‘應是而有天菑。’”[169][頁556]

這僅僅是最原始的報應論。又如：

《鹽鐵論·備胡》：“宋伯姬愁思而宋國火，魯妾不得意而魯寢災。今天下不得其意者，非獨西宫之女。宋之老母也。”[169][頁447]

這就直接用了董仲舒極陰生陽之説。又如：

《論衡·明雩》：“變復之家，以久雨爲湛，久暘爲旱，旱應亢陽，湛應沈溺。”[102][頁664]

這也是直接使用了董仲舒的陰陽理論。

但這些學者對上述三家的災異學理論也有所補充，如：

《論衡·變虛》："説災變之家曰：'人在天地之間，猶魚在水中矣。其能以行動天地，猶魚鼓而振水也，魚動而水蕩，□□□氣變。'"[102][頁206]

《論衡·變動》："論災異者，已疑於天用災異譴告人矣。更説曰：'災異之至，殆人君以政動天，天動氣以應之。譬之以物擊鼓，以椎扣鐘，鼓猶天，椎猶政，鐘鼓聲猶天之應也。人主爲於下，則天氣隨人而至矣。'"[102][頁649]

這都可以用來補充董仲舒的天人感應論。

有些學者的理論則直接與董仲舒抵觸，未知是由於學藝不精，還是提出了新的觀點。如：

《論衡·異虛》："説災異之家以爲天有災異者，所以譴告王者，信也。夫王者有過，異見於國；不改，災見草木；不改，災見於五穀；不改，災至身。"[102][頁220—221]

這裏的"説災異之家"以爲先異後災，與董仲舒《天人三策》中先災後異的理論顯然相悖。

另外，個别學者的災異學理論也頗有新意，如：

《漢書·五行志》載杜鄴之語曰："《春秋》災異，以指象爲言語。"[67][頁1476]

《論衡·遭虎》："變復之家，謂虎食人者，功曹爲姦所致也。其意以爲，功曹衆吏之率，虎亦諸禽之雄也。功曹爲姦，采漁於吏，故虎食人，以象其意。"[102][頁707]

《論衡·商蟲》："變復之家，謂蟲食穀者，部吏所致也。貪則(狼)侵漁，故蟲食穀。"[102][頁713]

杜鄴與《論衡》所引"變復之家"的理論是一致的，都是以象意爲説。董仲舒説螟、蝝也多以"貪利"爲説，但董氏并没有象意的理論。未知這究竟是本董氏之説而文獻失載，還是後儒的創新。

三 普通士人與民間生活中的《春秋》學

（一）普通士人思想中的《春秋》學

漢王朝將經學作爲其官方意識形態以後，經學的某些思維方法也影響了普通士人。首先，孔子作《春秋》而成素王之業的思想使許多士人紛紛有作《春秋》之志，欲以之比肩六經。如《史記·太史公自序》引其先人之言曰：

> 自周公卒五百歲而有孔子。孔子卒後至於今五百歲，有能紹明世，正《易傳》，繼《春秋》，本《詩》、《書》、《禮》、《樂》之際？[130][頁3296]

可見司馬談頗有“繼《春秋》”之志。又如《史記·司馬相如傳》載相如奏封禪事疏：

> 而後因雜薦紳先生之略術，使獲燿日月之末光絶炎，以展采錯事，猶兼正列其義，校飭厥文，作《春秋》一藝，將襲舊六爲七，攄之無窮，俾萬世得激清流，揚微波，蜚英聲，騰茂實。前聖之所以永保鴻名而常爲稱首者用此，宜命掌故悉奏其義而覽焉。[130][頁3068]

這裏“作《春秋》一藝，將襲舊六爲七”的意思就是重修一漢《春秋》，與六經相次而爲第七經。這一方面説明當時士人確有欲爲《春秋》者，另一方面也説明統治者也想藉着入《春秋》而流芳百世。但他們顯然忘記了孔子作《春秋》乃受命改制，“《春秋》作而後君子知周道亡也”（《説苑·君道》[144][頁31]），再有一《春秋》出，實意味着漢王朝的滅亡。

當時的士人當然不僅是有這種設想，更有人付諸實踐，操筆而作“春秋”，司馬遷即此一例。他在《史記·太史公自序》引述完司馬談“繼《春秋》”的一番話後説：“意在斯乎！意在斯乎！小子何敢讓焉。”[130][頁3296] 慨然以之自勵。他作《史記》顯然自以爲是繼《春秋》的，故而在《自序》中藉壺遂之口曰：“孔子之時，上無明君，下不得任用，故作《春秋》，垂空文以斷禮義，當一王之法。今夫子上遇明天子，下得守職，萬事既具，咸各序其宜，夫子所論，欲以何明？”[130][頁3299]就以自己所作的《史記》與《春秋》作對比。雖然司馬遷自稱“余所謂述故事，整齊其世傳，非所謂作也，而君比之於《春秋》，謬矣”[130][頁3299—3300]，但這種圓滑的謙虚并不能掩飾其内心的自負。

除《史記》外，《漢書·藝文志》於《春秋》類下又載《漢著記》、《漢大年記》等書，大概西漢時想續作《春秋》的，除了司馬氏父子外還頗有些人在。在某些士人的思想中，成素王之業需要一本書，但這書并不一定是《春秋》式的歷史著作。如《論衡·定賢》說：“孔子不王，素王之業，在於《春秋》。然則桓君山［不相］，素丞相之迹，存於《新論》。”[102][頁1122]王充吹捧桓譚爲素丞相，理由是他撰作了一本《新論》。但從現存的佚文看，《新論》可能頗近於《論衡》、《潛夫論》一類，與歷史著作毫不相干。

除了仿作《春秋》外，漢代的士人還有在《春秋》學家的基礎上進一步神化《春秋》的，如《論衡·正説》引“俗儒”之説曰：“春者歲之始，秋者其終也。《春秋》之經，可以奉始養終，故號爲《春秋》。”[102][頁1139]這就將《春秋》視爲可以“奉始養終”解決一切問題的神書了。

另外，《春秋》學也影響了漢代士人的天道信仰。天人感應、天道信仰并非董仲舒的首創，但董仲舒無疑是最重要的推廣者和理論改造者，而他推廣和改造的工具之一便是《春秋》。董氏以後的儒生也繼承了他以《春秋》説天道的思路，《春秋》中本來純爲記録俗事的話語也被用以解讀天道，如《漢書·五行志》曰：

> 凡君道傷者病天氣，不言五行沴天，而曰“日月亂行，星辰逆行”者，爲若下不敢沴天，猶《春秋》曰“王師敗績于貿戎”，不言敗之者，以自敗爲文，尊尊之意也。[67][頁1459]

“王師敗績于貿戎”一句，依《公羊傳》的解讀，本來是説周王至尊，無人可與匹敵。而班固以之説天道至尊。

《公羊》學助長了天道信仰，而《左傳》却破除了天道信仰。《左傳》中天道自然的觀念非常普遍，如魯僖公十六年隕石於宋五，六鷁退飛過宋都，《左傳》以爲隕石即隕星，六鷁退飛乃因風，而又借内史叔興父之口曰：“是陰陽之事，非吉凶所生也。”此例之類較多，今不再舉。後世的《左傳》傳習者也往往繼承這種觀念。荀子爲左氏先師，而其所著《天論》即暢論天道自然觀。劉歆也以其天文學知識説明了日食不關禍福。前面曾提到桓譚、鄭興不信圖讖，可能也與其對《左傳》的傳習有關。另外，王充、應劭等也主張天道自然。《論衡·變虚》篇對熒惑守心宋景公有三善言而星三徙提出了批評，認爲天人没有感應，人不能曉天，天亦不知人之所行，其第一個論據就是《左傳·昭公二十六年》晏子對齊桓公的諫語“君無違德，方國將至，何患於彗……若德回亂，民將流亡，祝史之爲，無能補也”[102][頁204]。由此可見《左傳》對王充的影響。漢末應劭亦習《左傳》者①，而其所著《風俗通義》中有《正失》、《過譽》諸篇，亦正傳聞之失，與《論衡》之《儒增》、《藝增》諸篇有相似之處，可能也受了《左傳》理性主義的影響。另外，《風俗通義》又有以《左傳》記載考證傳聞的，如《正失》篇即以《左傳》所記葉公子高事破除當時葉令祠的迷信。這也是《左傳》對理性主義的影響。

除了對信仰的影響外，《春秋》經傳中的詞句、人物對士人的道德感也有影響，如：

《鹽鐵論·貧富》：“山岳有饒，然後百姓贍焉。河、海有潤，然後民取足焉……故善爲人者，能自爲者也，善治人者，能自治者也。”[169][頁220]

《風俗通義·窮通》藉孔子之口説：“君子通於道之謂通，窮於道之謂窮……故内省不疚於道，臨難而不失其德……昔者桓公得之莒，晋文公得之曹，越得之會稽。陳、蔡之厄，於丘其幸乎！”[41][頁315]

《潛夫論·交際》：“夫以逾疏之賤，伏於下流，而望日忘之貴，此《谷風》所爲内摧傷，而介推所以赴深山也。”[117][頁337]

---

① 劉明怡據《後漢書·南蠻西南夷列傳》中尹珍從許慎、應奉受經書圖讖而謂應氏世傳今文經學（參劉明怡《從應劭著述看漢末學術風氣的變遷》，《許昌學院學報》2006 年第 6 期），其實大誤。劉氏引文中應奉與許慎并列，則依劉氏意，許慎亦今文經學家乎？其實當時古文家亦傳圖讖，如賈逵等即是。應劭《風俗通義》中雖雜引今古文説，但直接引用《左傳》的數量遠大於《公》、《穀》二傳，暗用《左傳》典故、句式之處更不勝枚舉。且其是非判斷則一依古文經，如《愆禮》篇譏宋伯姬女而不婦，即本《左傳》，而與《公羊》、《穀梁》大異。而《風俗通義》中引《公羊》、《穀梁》不過取其熟語、禮文而已。如此則應劭主攻古文經明甚。王鳴盛謂《風俗通義》與《論衡》是一類（見《十七史商榷》卷三十六，商務印書館 1959 年版，第 311 頁），劉咸炘以桓譚、王充與應劭爲一類（見《舊書别録》卷四，《劉咸炘學術論集（子學編）》，第 449 頁），其説極有見地。

《鹽鐵論》“山岳有饒”等是暗用《公羊傳·僖公三十一年》之典，《風俗通義》和《潛夫論》中都提到不少《春秋》中的人物，這些内容對當時士人都有不少的道德激勵作用。

（二）民間信仰中的《春秋》學

漢代民間材料流傳下來的極少，只存在於某些士大夫的記録中。《左傳》對漢人的民間信仰、巫術等方面應該産生不小的影響。范甯説“《左氏》艷而富，其失也巫”，楊士勛疏曰：“云‘其失也巫’者，謂多叙鬼神之事，預言禍福之期，申生之託狐突，荀偃死不受含，伯有之厲，彭生之妖是也。”[128][頁2361]在《左傳》經典化的過程中，其對預言、鬼神之事的詳細記録無疑對民間的鬼神信仰有一定的鼓勵作用。無論接受還是反對這種信仰，漢人都無法繞開《左傳》中的記載，必須對其加以解釋。更有些人依據《左傳》中的記載來改造巫術或信仰理論。下面就幾個方面加以論述。

1. 鬼神信仰方面

漢人多堅信鬼神存在，有以《左傳》記載證明神之存在者，如《論衡·吉驗》：

> 齊襄公之難，桓公爲公子，與子糾爭立。管仲輔子糾，鮑叔佐桓公。管仲與桓公爭，引弓射之，中其帶鉤。夫人身長七尺，帶約其要，鉤挂於帶，在身所掩，不過一寸之内，既微小難中，又滑澤銛靡，鋒刃中鉤者，莫不蹉跌。管仲射之，正中其鉤中，矢觸因落，不跌中旁肉。命當富貴，有神靈之助，故有射鉤不中之驗。[102][頁90—91]

這是以春秋時管仲射齊桓公中鉤事來説明神靈之作用。

《論衡·死僞》中作爲王充辯論的對立面的觀點顯然是漢朝的主流觀點，從中頗可窺漢代鬼神信仰之一斑。漢人認爲：①人死後有知。《論衡·死僞》分别引用了荀偃死不受含及楚成王死不受惡謚事來説明人死後有知。該篇於引成王事後曰：“夫爲‘靈’不瞑，爲‘成’乃瞑，成王有知之效也。”[102][頁894]②人死後化爲鬼。《論衡·死僞》又引申生託狐突及伯有爲厲事説明人死後爲鬼。該篇引伯有事後曰：“如死者無知，何以能殺帶與段？如不能爲鬼，子産何以不疑？”[102][頁896]這一方面重申了人死後有知的觀點，并借子産這個《左傳》大加褒獎的智者來説明人死後爲鬼。③鬼可以見出形體。《論衡·死僞》篇又引輔之役老人結草事，其後曰：“夫嬖妾之父知魏顆之德，故見體爲鬼，結草助戰，神曉有知之驗也。”[102][頁899] ④鬼可通過祭祀的方式來討好。《論衡·死僞》又引宣公七年晋平公夢黄熊事，其後曰：“黄熊，鯀之精神，晋侯不祀，故入寢門。晋知而祀之，故疾有間。”[102][頁903]

2. 卜筮星占方面

《左傳》中記載了大量的卜例、筮例、星占、夢占等材料，這都爲漢代的占卜方術提供了佐證和借鑒。

(1) 卜筮方面。本田成之認爲：“漢魏的《易》學卦變、互體等都不外是從《左傳》的筮法而來的。”[189][頁87] 這種觀點未免有些絶對，但《左傳》的筮法應對漢代有不小的影響。另外，《左傳》的記載也堅定了某些人對卜筮的信仰，如王充在《論衡·卜筮》篇中雖然否認了“卜者問天，筮者問地”的説法，但他也認爲“卜筮非不可用，卜筮之人，占之誤也”[102][頁1006]，認爲卜筮結果錯誤是卜者之誤，而非卜筮術不可信。隨後王充又引《左傳》城濮之戰晋文公夢楚成王盬其腦咎犯以爲吉之事，認爲“象無不然，兆無不審，人之知闇，論之失實也”[102][頁1007]。可見王充在《左傳》等經典大量的筮例之下，也不得不承認占卜的有效性。同樣的思想也出現在《潛夫論·卜列》中，該書曰：“從此觀之，蓍龜之情，儻有隨時儉易，不以誠邪？將世無史蘇之材，識神者少乎？及周史之筮敬仲，莊叔之筮穆子，可謂能探賾索隱，鉤深致遠者矣。使獻公早納史蘇之言，穆子宿備莊叔之戒，則驪姬、豎牛之讒，亦將無由而入，無破國危身之禍也。”[117][頁294] 也認爲卜筮是可信的。

(2) 星占方面。也有人借《左傳》的記載來爲星占術作佐證，如《申鑒·俗嫌》曰：“或問時忌，曰：‘此天地之數，非吉凶所生也……’或問：‘五三之位周應也，龍虎（尾）① 之會晋祥也。’曰：‘官府設陳，富貴者值之。布衣寓焉，不符其爵也。獄犴若居，有罪者觸之。貞良入焉，不受其罰也。’”[124][卷2頁1B—2A] “龍尾之會”爲《左傳》晋獻公伐虢時的天象，“或”人以之證明星占術的有效，但徐幹仍然認爲這并非“吉凶所生”。

(3) 夢占方面。《左傳》中所載的夢占例也成爲後人夢占術的例證，如《潛夫論·夢列》：“凡夢：有直，有象，有精，有想，有人，有感，

---

① 黄省曾注：“虎當作尾。”

有時，有反，有病，有性……晉文公於城濮之戰，夢楚子伏己而鹽其腦，是大惡也。及戰，乃大勝。此謂極反之夢也。”[117][頁315]

（4）相術方面。《左傳》中一些預言也被用作相術的例證，如《潛夫論·相列》論相人之法，而後舉例曰：“昔内史叔服過魯，公孫敖聞其能相人也，而見其二子焉。叔服曰：‘穀也食子，難也收子，穀也豐下，必有後於魯。’及穆伯之老也，文伯居養；其死也，惠叔典哭。魯竟立獻子，以續孟氏之後。及王孫説相喬如，子上幾商臣，子文憂越椒，叔姬惡食我，單襄公察晋厲，子貢觀邾魯，臧文聽禦説，陳咸見張，賢人達士，察以善心，無不中矣。及唐舉之相李兑、蔡澤，許負之相鄧通、條侯，雖司命班禄，追叙行事，弗能過也。”[117][頁311]這裏内史叔服相人，及“子上商臣”至“臧文聽禦説”六事皆《左傳》事。

3.《春秋》經傳與佛教

剛剛傳入中土的佛教，爲了拉攏信衆，也從《春秋》經傳中來尋找根據。《文選》卷五九王巾《頭陁寺碑文》李善注引顧微《吴縣記》曰：“魯莊七年，夜明，佛生之日也。”[157][頁812]《玉燭寶典》卷四：“《宿命本起經》：四月七日，夫人出遊，過流民樹，衆花開化，明星出時，夫人攀樹枝便從右脇生，天地大動，三千大千刹土莫不大明，龍王兄弟左雨温水，右雨冷泉。還宫，天降瑞應，風霽雲除，空中清明，天爲四面細雨澤香，日月星辰皆住不行。佛得下見，侍太子生。其刹土大明，空中清明，并與《春秋左氏》‘夜明’義合。其冷泉、温水及四面澤得之，又是‘星隕而雨，與雨偕’也。凡夫薄福，唯見其雨，安知得温、冷之異？不覺本是澤香。其星出時，即與《穀梁》‘日入至於星出’理同。其佛星下見，又與《公羊》‘雨星’相似。”[179][頁287—289]《玉燭寶典》所引雖爲後世之説，但其源頭與顧微相同，都是東漢初入中土的佛教僧徒拉攏信衆的把戲。

第三節　《春秋》大義應用實例

陳立《公羊義疏》、楊樹達《春秋大義述》等都對史書中《春秋》大義的應用實例作了蒐集，但這些前輩學者搜集的目的仍是證經義。本書則試圖找出《春秋》大義在現實政治中究竟有哪些用法。歷史中的《春秋》是不斷地被誤讀和利用的，本書并無意於糾正這種誤讀，而只想藉助這種誤讀看清《春秋》在經典和誤讀的張力下能變成什麽模樣。

本書所選取的例子中，有一些是荒謬甚至不可理喻的，但這荒謬性正是它被選取的原因。

一 母以子貴，子以母貴

這條《春秋》大義出自《公羊傳·隱公元年》，這可能是所有《春秋》大義中被引用頻率最高的一個。政治家引用此例主要有以下用途。

1. 皇帝、太子母黨爭奪權力的工具

《史記·外戚世家》曰：

> 王夫人知帝望栗姬，因怒未解，陰使人趣大臣立栗姬爲皇后。大行奏事畢，曰："'子以母貴，母以子貴'，今太子母無號，宜立爲皇后。"景帝怒曰："是而所宜言邪！"遂案誅大行，而廢太子爲臨江王。栗姬愈恚恨，不得見，以憂死。[130][頁1977]

這雖然是王夫人陷害栗姬的伎倆，但形式上仍是爲栗姬爭奪權力的。由此可看出，遠在景帝時，這一《春秋》大義已廣爲流傳，成爲皇帝、太子母黨爭奪權利的工具。

西漢末年，成帝無子，定陶王繼嗣登祚，是爲哀帝。而定陶王之母、祖母多以此大義爭奪利益。如：

> 《漢書·哀帝紀》載哀帝詔曰："《春秋》'母以子貴'，尊定陶太后曰恭皇太后，丁姬曰恭皇后，各置左右詹事，食邑如長信宫、中宫。"[67][頁335]
>
> 《漢書·孔光傳》："傅太后欲與成帝母俱稱尊號，群下多順指，言母以子貴，宜立尊號以厚孝道。"[67][頁3357]
>
> 《漢書·外戚傳》："哀帝因是曰：'《春秋》"母以子貴"，尊傅太后爲恭皇太后，丁姬爲恭皇后。'"[67][頁4001]
>
> 《漢書·王莽傳》："時哀帝祖母定陶傅太后、母丁姬在，高昌侯董宏上書言：'《春秋》之義，母以子貴，丁姬宜上尊號。'"[67][頁4042]

由此可見，傅、丁一派之人爭取利益的主要理論工具就是這一大義。

東漢和帝本爲梁貴人子，但竇后取以爲己子，故梁氏未得封。《後漢書·梁統傳》載竇太后死後，太尉張酺言於和帝曰：

《春秋》之義，母以子貴。漢興以來，母氏莫不隆顯，臣愚以爲宜上尊號，追慰聖靈，存録諸舅，以明親親。[72][頁1172]

由於梁貴人早被譖殺，所以只有“追慰聖靈”了。但值得注意的，張酺除用此例以尊帝母外，還用以“存録諸舅”，這可能是這一《春秋》大義的新用法。《後漢書·皇后紀》曰：“熹平四年，小黄門趙祐、議郎卑整上言：‘《春秋》之義，母以子貴。隆漢盛典，尊崇母氏，凡在外戚，莫不加寵。’”[72][頁441]也同樣用此義説“凡在外戚，莫不加寵”。其實褒外戚另有《春秋》大義可依，《漢書·外戚列傳》曰：“其餘后父據《春秋》褒紀之義，帝舅緣大雅申伯之意，寖廣博矣。”[67][頁678]“褒紀”常用於爲外戚爭取利益的政治鬥爭中。張酺、趙祐等僅據“母以子貴”一句以爲當尊帝舅，一方面可能是此《春秋》大義的應用更加廣泛，另一方面可能也由於後漢時《公羊》學衰落，政治家已不能熟練地運用各種大義了。

歷代外戚引此義以爭奪利益的例子還有很多，可參《通典》卷七二中“天子崇所生母”、“諸侯崇所生母議”條的相關内容。

但也有不少人對此有反對意見，如漢哀帝立傅太后、丁太后時，師丹、孔光、王莽等都曾反對，但史書未載其奏疏原文，今亦難知他們是從什麽角度反對的。後漢以後的儒生就有不少純從學術的角度反對的。如《通典》卷七二載鄭玄《駁五經異義》曰：

《禮·喪服》父爲長子三年，以將傳重故也；衆子則爲之周，明無二嫡也。女君卒，貴妾繼室，攝其事耳，不得復立夫人。魯僖公妾母爲夫人者，乃緣莊夫人哀姜有殺子般、閔公之罪，應貶故也。近漢吕后殺戚夫人及庶子趙王，不仁，廢不得配食，文帝更尊其母薄后，非其比耶？妾子立者得尊其母，禮未之有也。[154][頁1975]

《通典》卷七二又載袁準《正論》曰：

時俗之論曰：“庶子爲公，可以尊其母爲夫人，春秋之義，母以子貴。”按隱公二年，夫人子氏薨。五年，考仲子之宫。上稱夫人，下不應復言仲子，明其與妾爲妻也。秦人來歸成風之襚，不稱夫人，明其私尊，不通於鄰國也。《左氏傳》曰："並后匹嫡，亂之本也。"《公羊》亦云"母以子貴"。説曰：《穀梁》云秦人來歸成風之襚，秦不云夫人也。就外不云夫人而見正焉。夫身爲國君而母爲妾庶，子孫所不忍，臣下所不安，故私稱於國中，不加境外，此人子之情，國人之私，而亡於禮法之正也。假有庶子數人，並爲三公，欲各尊其母，將何以止之？非聖人者無法，此大亂之道也。[154][頁1975]

鄭玄認爲魯僖公妾母爲夫人有其特殊情況，不足以成通例。袁準則以爲"母以子貴"爲國君私尊，不可定爲正禮。這都從學理上對"母以子貴"提出了反駁意見。

2. 立後的依據

立後之時，適母之子往往會優先考慮，"子以母貴"的《春秋》大義恰是此習慣的理論，故也被引用來作爲立後的依據。如東漢光武帝曾廢郭后而立陰麗華爲皇后，但郭后之子强仍爲太子。劉秀後改立陰后子爲太子，《後漢書·光武帝紀》載其詔曰："《春秋》之義，立子以貴。東海王陽，皇后之子，宜承大統。"[72][頁71]

唐高宗時，廢王后而立武后，許敬宗阿旨上疏，建議廢原太子忠，而立武后之子弘，《舊唐書·燕王忠傳》載其疏曰："且今之守器，素非皇嫡，永徽爰始，國本未生，權引彗星，越昇明兩。近者元妃載誕，正胤降神，重光日融，爝暉宜息。安可以兹傍統，叨據温文？國有諍臣，孰逃其責！竊惟息姑克讓，可以思齊；劉强守籓，宜遵往軌。追蹤太伯，不亦休哉？踵武延陵，故常安矣。"[89][頁2824]許氏援引魯隱公（隱公名息姑）、劉强之史實，正因爲此二者與李忠一樣都非"元妃"所生，這還是"子以母貴"的思維定式。

3. 抨擊政敵

"子以母貴"的大義也隱含着"子以母賤"的意思，所以此大義也被用來攻擊庶出的政敵，如《後漢書·公孫瓚傳》載瓚攻擊袁紹曰："《春秋》之義，子以母貴。紹母親爲傅婢，地實微賤，據職高重，享福豐隆。有苟進之志，無虚退之心，紹罪九也。"[72][頁2361]實際上這已完全是對《春秋》本文的故意曲解了。

二 大復讎

“大復讎”見於《公羊傳·莊公四年》，是《公羊傳》中比較重要的一條大義，可參楊樹達《春秋大義述·榮復讎》。這條大義主要有以下用途：

1. 作爲發動戰爭的藉口

古人發動戰爭往往藉以復讎的名義，如漢武帝對匈奴的戰爭，《史記·匈奴列傳》曰：

> 漢既誅大宛，威震外國。天子意欲遂困胡，乃下詔曰：“高皇帝遺朕平城之憂，高后時單于書絶悖逆。昔齊襄公復九世之讎，《春秋》大之。”[130][頁2917]

又如臧洪對袁紹的戰爭，《後漢書·臧洪傳》：

> 城陷，生執洪。紹盛帷幔，大會諸將見洪。謂曰：“臧洪何相負若是！今日服未？”洪據地瞋目曰：“諸袁事漢，四世五公，可謂受恩。今王室衰弱，無扶翼之意，而欲因際會，觖望非冀，多殺忠良，以立姦威。洪親見將軍呼張陳留爲兄，則洪府君亦宜爲弟，而不能同心戮力，爲國除害，坐擁兵衆，觀人屠滅。惜洪力劣，不能推刃爲天下報仇，何謂服乎？”[72][頁1892]

2. 用以建立統一戰綫

這一大義還可以用來説服自己敵人的讎家加入自己的陣營，如劉表對袁譚的拉攏，《後漢書·袁紹傳》載劉表與袁譚書：

> 昔齊襄公報九世之讎，士匄卒荀偃之事，是故《春秋》美其義，君子稱其信。夫伯游之恨於齊，未若太公之忿於曹也；宣子之臣承業，未若仁君之繼統也。且君子違難不適讎國，交絶不出惡聲，况忘先人之讎，棄親戚之好，而爲萬世之戒，遺同盟之恥哉！[72][頁2412]

3. 激勵平民復讎

戰國時復讎之風極盛①，《公羊傳》中大復讎的理論很可能就是這種復讎風氣的理論化與理性化。其理論可能也助長了平民中本來就有的復讎思想。所以，漢代雖然禁復讎②，但仍有平民聞《公羊》之義而復讎的例子，如《後漢書·逸民列傳》所載周黨事：

初，鄉佐嘗衆中辱黨，黨久懷之。後讀《春秋》，聞復讎之義，便輟講而還，與鄉佐相聞，期剋鬥日。既交刃，而黨爲鄉佐所傷，困頓。鄉佐服其義，輿歸養之，數日方蘇，既悟而去。自此敕身脩志，州里稱其高。[72][頁2761]

周黨攻鄉佐，而鄉佐竟服其義，可見復讎理論在當時是被普遍接受的。但這種行爲顯然不利於政府的統治，所以有不少有識之士對此理論做過修正，如：

《後漢書·張敏傳》載奏罷輕侮法："《春秋》之義，子不報讎，非子也。而法令不爲之減者，以相殺之路不可開故也。"[72][頁1503]

《禮記·曲禮上》疏引《五經異義》："《異義》，《公羊》說復百世之讎，古《周禮》說復讎之義不過五世。許慎謹案：魯桓公爲齊襄公所殺，其子莊公與齊桓公會，《春秋》不譏。又，定公是魯桓公九世孫，孔子相定公與齊會於夾谷，是不復百世之讎也。"[128][頁1250]

荀悦《申鑒》："或問復讎古義也。曰：縱復讎可乎？曰：不可。曰：然則如之何？曰：有縱有禁，有生有殺；制之以義，斷之以法，是謂義法並立。曰：何謂也？依古復讎之科，使父讎避諸異州千里，兄弟之讎避諸異郡五百里，從父從兄弟之讎避諸異縣百里。弗避而報者無罪，避而報之殺。犯王禁者罪也，復讎者義也，以義報罪。從王制，順也；犯制，逆也，以逆順生殺之。凡以公命行止者，不爲弗避。"[124][卷2頁7A—8A]

張敏從法制上制止復讎，許慎從學術上反對無止境的復讎，荀悦則提

---

① 參瞿同祖《中國法律與中國社會》，第70頁。

② 同上書，第70—72頁。

出從制度上平衡復讎與法制的關係。

三　大夫專命

《公羊傳·莊公十九年》："大夫受命，不受辭。出竟有可以安社稷利國家者，則專之可也。"引者多引此義作爲大臣專擅的藉口。如漢宣帝時遣馮奉世持節送大宛等諸國，而馮奉世乘便殺投靠匈奴的莎車王，建立了奇功。《漢書·馮奉世傳》曰：

> 丞相、將軍皆曰："《春秋》之義，大夫出疆，有可以安國家，則顓之可也。奉世功效尤著，宜加爵土之賞。"[67][頁3294]

是丞相、將軍以爲據此《春秋》之義，當封賞馮奉世。

但這種大臣專擅行爲顯然不利於中央集權，所以不少人對此提出異議。如前引馮奉世例，蕭望之就曾有異議，《漢書·馮奉世傳》：

> 少府蕭望之獨以奉世奉使有指，而擅矯制違命，發諸國兵，雖有功效，不可以爲後法。即封奉世，開後奉使者利，以奉世爲比，爭逐發兵，要功萬里之外，爲國家生事於夷狄。漸不可長，奉世不宜受封。[67][頁3294]

蕭望之的建議顯然觸動了漢宣帝，於是"上善望之議"，不再封賞馮奉世。蕭望之爲當世大儒，大約也頗引經義以駁丞相、將軍之議，不過史書未載。《馮奉世傳》載後元帝封了與馮奉世情況相當的甘延壽，杜欽上書曰："議者以奉世奉使有指，《春秋》之義亡遂事，漢家之法有矯制，故不得侯。"[67][頁3300]這個"議者"可能就是指蕭望之，可見他確實也以《春秋》之義駁大夫專命說。

如果大臣專命已觸動統治者利益，統治者想治其罪，這一大義顯然不能起到什麽作用。而且這一大義有明顯的漏洞，因爲這是春秋時期的制度，諸侯國各有封域，所以有"出境"一説。漢代以後天下一統，已没有"出境"的前提，那這一大義顯然就不成立了。漢代終軍就已發現了這一漏洞，《漢書·終軍傳》：

元鼎中，博士徐偃使行風俗。偃矯制，使膠東、魯國鼓鑄鹽鐵。還，奏事，徙爲太常丞。御史大夫張湯劾偃矯制大害，法至死。偃以爲《春秋》之義，大夫出疆，有可以安社稷，存萬民，顓之可也。湯以致其法，不能詘其義。有詔下軍問狀，軍詰偃曰："古者諸侯國異俗分，百里不通，時有聘會之事，安危之勢，呼吸成變，故有不受辭造命顓己之宜；今天下爲一，萬里同風，故《春秋》'王者無外'。偃巡封域之中，稱以出疆何也？"……偃窮詘，服罪當死。[67][頁2818]

作爲博士的徐偃已詞屈，可見這一理論漏洞是確乎無法彌補了。但由於軍事活動的特殊性，很多情況下將軍專命也是不得已的事實，所以《孫子兵法》中也有"君命有所不受"的話[129][頁171]。"大夫專命"的理論與兵法正合，因此這一本爲出使大夫而設的《春秋》大義便成爲將軍專命的理論依據了。所以，雖然這一大義有些無法彌補的理論缺陷，但仍被歷代將軍所稱引，如《後漢書·宋均傳》：

會武陵蠻反……會伏波將軍馬援至，詔因令均監軍，與諸將俱進，賊拒阨不得前。及馬援卒於師，軍士多溫溼疾病，死者太半。均慮軍遂不反，乃與諸將議曰："今道遠士病，不可以戰，欲權承制降之何如？"諸將皆伏地莫敢應。均曰："夫忠臣出竟，有可以安國家，專之可也。"乃矯制調伏波司馬呂种守沅陵長，命种奉詔書入虜營，告以恩信，因勒兵隨其後。蠻夷震怖，即共斬其大帥而降，於是入賊營，散其衆，遣歸本郡，爲置長吏而還。[72][頁1412]

又如《三國志·魏志·李典傳》：

太祖擊譚、尚於黎陽，使典與程昱等以船運軍糧。會尚遣魏郡太守高蕃將兵屯河上，绝水道，太祖敕典、昱："若船不得過，下從陸道。"典與諸將議曰："蕃軍少甲而恃水，有懈怠之心，擊之必克。軍不內禦；苟利國家，專之可也，宜亟擊之。"昱亦以爲然。遂北渡河，攻蕃，破之，水道得通。[122][頁533—534]

又如《三國志·魏志·鄧艾傳》載鄧艾滅蜀後欲因而伐吳，監軍衛瓘以爲“事當須報，不宜輒行”，鄧艾曰：

> 銜命征行，奉指授之策，元惡既服；至於承制拜假，以安初附，謂合權宜。今蜀舉衆歸命，地盡南海，東接吴會，宜早鎮定。若待國命，往復道途，延引日月。《春秋》之義，大夫出疆，有可以安社稷，利國家，專之可也。今吴未賓；勢與蜀連，不可拘常以失事機。兵法，進不求名，退不避罪，艾雖無古人之節，終不自嫌以損于國也。[122][頁780]

歷代將軍因此義而擅作決策的還有許多，本書不再舉例。直到明代的李文忠，仍稱引此義[109][頁3743]。可見此一《春秋》大義在中國古代的戰爭決策中一直起着極大的作用。

四　趙盾弑君

《春秋·宣公二年》書“晋趙盾弑其君夷臯”，據三傳的記載，弑君者本是趙穿，因趙盾不討賊，故而書趙盾弑君。古人引述這一典故主要有以下目的。

1. 貶斥大臣

《漢書·佞幸傳》載漢哀帝册免丁明詔曰：

> 將軍位尊任重，既不能明威立義，折消未萌，又不深疾雲、宏之惡，而懷非君上，阿爲宣、吴，反痛恨雲等揚言爲群下所冤，又親見言伍宏善醫，死可惜也，賢等獲封極幸。嫉妒忠良，非毁有功，於戲傷哉！蓋“君親無將，將而誅之”。是以季友鴆叔牙，《春秋》賢之；趙盾不討賊，謂之弑君。[67][頁3735]

哀帝之義，蓋謂丁明“不深疾雲、宏之惡”與趙盾不討賊性質是一樣的，所以要將其貶黜。

2. 佐證原情定過

《後漢書·霍諝傳》：“諝聞《春秋》之義，原情定過，赦事誅意，故許止雖弑君而不罪，趙盾以縱賊而見書。”[72][頁1616]趙盾本未弑君，晋史探其情而書弑君，這自然是原情定過的好例證。

3. 藉口興兵

趙盾不討賊而成惡名，也就意味着爲人臣應積極討賊。所以大臣興兵“討賊”時也往往引用此典，如《後漢書·袁紹傳》載紹討公孫瓚時的上書曰：“臣非與瓚角戎馬之埶，爭戰陣之功者也。誠以賊臣不誅，《春秋》所貶，苟云利國，專之不疑。故冒踐霜雪，不憚劬勤，實庶一捷之福，以立終身之功。”[72][頁2387]

第四節 引文變異與學術思想的轉變

《春秋》以後的文獻在引用《春秋》經傳時，往往會做一些改動，這些改動可能是由於語言的轉變，或是無意中引起的訛誤。但在有些情況下，從這種改動中却可以看出整個社會學術思想的轉變。劉笑敢在研究《老子》時，將《老子》文本的歧變分爲“疏忽性歧變”、“習俗性歧變”、“獨斷性歧變”和“改善性歧變”，并認爲“改善性歧變”是“各個文本或版次的編校者個人的有意識的行爲，但是他們都有一種改善原本的意願，或都受一些共同的理解和原則所支配，逐步修改古本”[93][頁6]。同樣，在《春秋》經傳引文的異文中也可以看出“一些共同的理解和原則”，而這些“共同的理解和原則”也在一定程度上代表了學術思想的發展變化。

這種變化首先表現在儒家思想的增强方面。引用《春秋》經傳者大多是儒家文獻傳習者，他們往往會使引文改得更加“儒家化”，往往會以儒家術語改原文中的非儒家術語，如：

> 《左傳·襄公二十六年》：“歸生聞之：‘善爲國者，賞不僭而刑不濫。’賞僭，則懼及淫人；刑濫，則懼及善人。若不幸而過，寧僭無濫。”
>
> 《荀子·致士》：“賞不欲僭，刑不欲濫，賞僭則利及小人，刑濫則害及君子。若不幸而過，寧僭無濫；與其害善，不若利淫。”[167][頁264]
>
> 《吕氏春秋·開春論》：“聞善爲國者，賞不過而刑不慢。賞過則懼及淫人，刑慢則懼及君子。與其不幸而過，寧過而賞淫人，毋過而刑君子。”[101][頁2626]
>
> 《説苑·善説》：“聞善爲國者，賞不過，刑不濫。賞過則懼及淫人，

刑濫則懼及君子。與不幸而過，寧過而賞淫人，無過而刑君子。”[144][頁284]

《左傳·昭公二十六年》：“君令、臣共，父慈、子孝，兄愛、弟敬，夫和、妻柔，姑慈、婦聽，禮也。君令而不違，臣共而不貳；父慈而教，子孝而箴；兄愛而友，弟敬而順；夫和而義，妻柔而正；姑慈而從，婦聽而婉；禮之善物也。”

《晏子春秋·外篇》：“君令臣忠，父慈子孝，兄愛弟敬，夫和妻柔，姑慈婦聽，禮之經也。君令而不違，臣忠而不二，父慈而教，子孝而箴，兄愛而友，弟敬而順，夫和而義，妻柔而貞，姑慈而從，婦聽而婉，禮之質也。”[170][頁471—472]

《新書·禮》：“君惠臣忠，父慈子孝，兄愛弟敬，夫和妻柔，姑慈婦聽，禮之至也。君惠則不厲，臣忠則不貳，父慈則教，子孝則協，兄愛則友，弟敬則順，夫和則義，妻柔則正，姑慈則從，婦聽則婉，禮之質也。”[162][頁215]

《左傳·襄公二十七年》：“賞罰無章，何以沮勸？”

《潛夫論·考績》引“傳”曰：“善惡無彰，何以沮勸？”[117][頁63]

“君子”、“小人”自然比“善人”、“淫人”更有儒家意味。“忠”與“共”相比，“善惡”與“賞罰”相比，前者更符合儒家的倫理規範。

但有些古籍整理者没有認識到這種現象，而對此妄作闡釋。如：

《左傳·哀公七年》：“周之王也，制禮，上物不過十二，以爲天之大數也。”

《潛夫論·班祿》：“故《傳》曰：‘制禮，上物不過十二，天之道也。’”[117][頁164]

彭鐸曰：“《廣雅·釋言》：‘數，術也。’《吴語》：‘道將不行’，韋注：‘道，術也。’是數、道同義，此引以意易之。”[117][頁165]按：數術與道術并不同義，彭鐸以爲“數、道同義”顯然是證據不足的。王符引《左傳》以“道”改“大數”，不過是以常用的儒家術語改動原文而已。

另外，後代文獻在引用《春秋》經傳時，往往會因儒家的思維定式而改引文，使引文與其他儒家文獻趨同。如：

《左傳·隱公三年》："苟有明信，澗谿沼沚之毛，蘋蘩薀藻之菜，筐筥錡釜之器，潢汙行潦之水，可薦於鬼神，可羞於王公。"《詩經·召南·采蘩》正義引，"信" 作 "德"[128][頁284]。《毛詩校勘記》曰："浦鏜云'信'誤'德'，是也。"[107][頁360]李富孫曰："《采蘋》疏仍作'明信'，前後未檢正，或轉寫有誤。"[209][頁1410]今按："明德" 爲儒家經典中習見之詞，如《易·晋》之象傳："明出地上，晋。君子以自昭明德。"[128][頁49]《尚書·康誥》："惟乃丕顯考文王，克明德慎罰。"[128][頁203]《詩經·大雅·皇矣》："帝謂文王，予懷明德。"[128][頁521]《禮記·大學》："大學之道，在明明德，在親民，在止於至善。"[128][頁1673]皆其例。《詩》疏抄刻者蓋受此思維定式而誤。

《左傳·隱公三年》："君義、臣行、父慈、子孝、兄愛、弟敬，所謂六順也。"《初學記》卷十七[7][頁423]、《御覽》卷四一六[150][頁1917]引，"愛" 作 "友"。李富孫曰："友與愛義同。"[209][頁1411]按：《爾雅·釋訓》："善兄弟爲友。"[128][頁2592]在儒家經典中，"友" 有時特指兄對弟的感情。《尚書·康誥》："兄亦不念鞠子哀，大不友于弟。"[128][頁204]《左傳·文公十八年》："父義、母慈、兄友、弟共、子孝。"《論語·爲政》："《書》云：'孝乎惟孝，友于兄弟。'"[128][頁2463]皆其例。而 "愛" 字在這種場合下反而并不常見。《初學記》、《御覽》可能都是受到這種思維定式的影響。

《左傳·襄公三十一年》："我聞忠善以損怨，不聞作威以防怨。"《御覽》卷四八三[150][頁2213]引，"忠善" 作 "忠恕"。按：儒家文獻中經常 "忠恕" 連言，如《禮記·中庸》："忠恕違道不遠。"[128][頁1627]《論語·里仁》："夫子之道，忠恕而已矣。"[128][頁2471]而 "忠善" 連言的反而比較少見，《御覽》抄刻者可能受此思維定式而誤引文。

從《春秋》經傳的異文，還可以看出信仰的轉變。如：

> 《左傳·襄公十四年》："良君將賞善而刑淫。"
>
> 《潛夫論·述赦》："天道賞善而刑淫。"[117][頁188]

王符改 "良君" 爲 "天道"，這恐怕是受漢代流行的天道信仰的影響。又如：

《左傳·宣公十五年》："天反時爲災，地反物爲妖，民反德爲亂。"
《潛夫論·釋難》："天反德者爲災。"[117][頁329]

汪繼培謂《潛夫論》"此語上下有脱誤"，則王符此處的原意已難逆料。然此文乃用《左傳》典則無可疑。《潛夫論》上文引《周易·説卦》傳"立天之道，曰陰與陽"，前揭"天反德"正是承此而言，彼"德"即此"道"。這除了"道德"連言的思維定式之外，恐怕還説明了"德"字含義的擴大，這無疑與儒家思想的發展有很大關係①。關於《左傳》的"天反時"，杜預注曰："寒暑易節。""天反時爲災"只是一句非常樸素的經驗總結。而王符將"時"改爲含義更爲寬泛的"德"，使這句話具備了形而上學的意義。另外，王符的這種改正還改變了句子結構。在《左傳》中，"天"和後面的"地"、"民"是句子的狀語，與下文"故文，反正爲乏"的句式是相同的。而在《潛夫論》中，"天"成了句子的主語，其所指也由自然界中的"天"變成哲學意義的、具有人格的"天"。這正是受了漢代以來"天道"思想的影響。

漢代除了有天道信仰外，有些學者還有理性主義的思想，從其引用《春秋》經傳的異文也可以看出這些思想的端倪。如：

《左傳·莊公十四年》："臣無二心，天之制也。"
《史記·鄭世家》："事君無二心，人臣之職也。"[130][頁1764]

《左傳》作"天之制"，有着宗教上的意義。而《史記》改作"人臣之職"，就純是道德上的約束了。

另外，從《春秋》經傳引文的異文中，還可以看出社會觀念的變化。如：

《左傳·定公八年》："公曰：'又有患焉，謂寡人"必以而子與大夫之子爲質"。'"
《説苑·權謀》："王孫商曰：'君欲反趙，不如與百姓同惡之。'

① 與此相近的，又如《韓詩外傳》卷五："德也者，苞天地之美。"同樣將"德"字的含義擴大化了。

公曰：'若何？'對曰：'請命臣令於國曰："有姑姊妹女者家一人質於趙。"百姓必怨，君因反之矣。'"[144][頁333]

《左傳》中僅作"而子與大夫之子"，《説苑》則改作"姑姊妹女"。這恐怕是由於漢代性觀念發生了轉變，虜取家中的女性意味着更强的侮辱性。

除了可以看出思想、信仰的轉變外，由《春秋》經傳引文的異文中還可以看出習俗的變遷，如：

《公羊傳·莊公十三年》："曹子請盟，桓公下與之盟。"
《新序·雜事》："曹劌請盟，桓公遂與之盟。"[164][頁495]

《新序》改《公羊傳》之"下"爲"遂"，蓋不知"盟"何以須下壇。《公羊傳》何休注："必下壇者，爲殺牲不潔，又盟本非禮，故不于壇上也。"孔廣森《公羊通義》曰："壇上本兩君會盟之所，故桓公下壇，與曹子盟。"[12][頁717]石光瑛曰："壇上兩君相見，不容餘人參加，故《吕覽》叙魯莊劫桓，管仲、鮑叔進，曹劌按劍當兩陛之間，曰，且二君將改圖，毋或進者，是曹子亦不從至壇也。《公羊》言'曹子手劍而從之'，則是從至壇，此傳聞之異。而下即接云'管子進曰，君何求乎'，蓋曹子不應至壇，今見從壇，又手執劍，故有此問，足見壇上惟兩君得至。《公羊》雖傳聞異辭，亦以爲曹沫不當至壇，故今與曹子盟，改在壇下也。若謂因殺牲不絜，則魯君與曹子何異，豈可與魯君盟，獨不可與曹子盟乎。何言'盟本非禮'者，據《桓三年傳》'古者不盟，結言而退'，然兩君爲盟，亦在壇上，是亦不能自圓其説也。"[164][頁495]

按：孔、石二氏之説是。古時盟會築壇，目的就是區别尊卑。《周禮·司儀》："將合諸侯，則令爲壇三成，宫，旁一門。詔王儀，南鄉見諸侯，土揖庶姓，時揖異姓，天揖同姓。"鄭玄注："謂王既祀方明，諸侯上介皆奉其君之旂置于宫，乃詔王升壇，諸侯皆就其旂而立。諸公中階之前，北面東上。諸侯東階之東，西面北上。諸伯西階之西，東面北上。諸子門東，北面東上。諸男門西，北面東上。"[128][頁896]在天子面前，公侯伯子男無事皆不可升壇。《穀梁傳·定公十年》："頰谷之會，孔子相焉。兩君就壇，兩相相揖。齊人鼓譟而起，欲以執魯君。孔子歷階而上，不盡一等，而視歸乎齊侯……”這裏也是僅“兩君就壇”，孔子乃知禮者，故雖有欲執魯君者，雖然“歷階而上”已屬非禮①，但仍“不盡一等”，而不敢直接登壇。因此，依禮曹劌不得上壇，此因劫桓公而至壇，而桓公業已就範，曹子無立於壇上之必要，故而又下壇。《史記·刺客列傳》：“桓公與莊公既盟於壇上，曹沫執匕首劫齊桓公……桓公乃許盡歸魯之侵地。既已言，曹沫投其匕首，下壇，北面就羣臣之位。”[130][頁2515]曹子既已下壇就群臣之位，桓公與之盟，自然應下壇了。《新序》此章基本上全抄《公羊傳》，而改“下”爲“遂”，恐怕正是因爲西漢時人們對春秋結壇盟會的制度已不太了解了。

① 《吕氏春秋·安死》：“魯季孫有喪，孔子弔之。入門而左，從客也。主人以璵璠收，孔子徑庭而趨，歷級而上，曰：‘以寶玉收，譬之猶暴骸中原也。’徑庭歷級，非禮也；雖然，以救過也。”（第1009—1012頁）

第四章

《春秋》引文與語言文字學

第一節　《春秋》異文與音韵學研究

王彦坤説："當異文雙方的異對應存在着音同、音近關係的時候，如果我們拿它來印證產生異文的那個時代，甲字讀音相同或者相近乙字，以至推而廣之，以其證明後世之甲乙類音字彼時讀音同、近，這就是應用異文於古音韵研究了。"[49][頁97]古人已有不少利用《春秋》經傳異文做音韵學研究者，錢大昕《十駕齋養新録》卷五之《古無輕唇音》、《舌音、類隔之説不可信》就利用了不少《春秋》經傳異文，其他學者的音韵學研究中對《春秋》經傳異文的零星應用更多。趙振鐸曾作《先秦兩漢人名異文的音韵學分析》，其中約半數内容爲《春秋》經傳異文。趙文指出："照理説，人名應該只有一種寫法，但是古代，特别是先秦時期，從口頭傳説到書面記録，會出現不同的寫法，這些不同的寫法在一定程度上反映了語音的古今方俗情况。"[28][頁289]其實不僅人名的不同寫法、地名的變遷，甚至古書中一般的異文也都反映了古代的語音情况。本書即對《春秋》經傳的異文進行音韵學分析，將因語音變化産生的異文羅列於此。趙振鐸文所收録的《春秋》經傳中出現的人名，本書也有收載，并後加"＊"號，以示不敢掠美（在引用過程中，本書也作了一些修改①）。本書所用來分

① 主要作了以下修改：①核對了原文，改正了一些錯字；②對原文的格局作了調整，如韵部按中古音排列，剔除了原文放在"韵部"部分却僅是聲調變化的異文；③删除了一些條目，如原"月部"有："餘眛（祭）（《史記·十二諸侯年表、吴太伯世家》），《春秋》昭公（转下页）

析音韵的異文主要有：

（一）人名

趙振鐸對此已作了比較完備的收集。本書又略作補充。另外需要注意的是，有些人名異文也不見得是音轉的結果。如《左傳·昭公十二年》“王孫牟”，《史記·衛世家》索隱曰：“《系本》康伯名髡……按：左傳所稱王孫牟父是也。牟髡聲相近，故不同耳。”[130][頁1590]但“髡”、“牟”似乎聲不相近，本書亦未收録。

（二）地名

地名的沿革也反映了語音的轉變。但需加辨别，《左傳·僖公二十四年》曰：“王出適鄭，處于氾。”杜注：“鄭南氾（氾）也，在襄城縣南。”《左傳》作“氾”，後世作“襄城”，《史記·匈奴列傳》索隱引《春秋地名》曰：“氾邑，襄王所居，故云襄城。”[130][頁2883]則此地名的改换乃由文化原因造成，與語音轉變無關。又如《通典·州郡七·河南府》“氾（氾）水”下注曰：“古東虢國，爲鄭滅之，鄭爲制邑，《左傳》曰‘制，巖邑也’。有故虎牢城，即周穆王獲虎，命畜之，故曰虎牢。”[154][頁4653]《水經注·濟水》：“有垂隴城，濟瀆出其北。《春秋·文公二年》‘晋士縠盟于垂隴’者也……世謂之都尉城，蓋滎陽典農都尉治，故變垂隴之名矣。”[134][頁194]

有些地名異文是否由音變造成的還有爭論。如《春秋·桓公十五年》“公會齊侯于艾”，《左傳》作“艾”，《公羊》作“鄗”，《穀梁》作“蒿”。李富孫認爲艾、鄗音近[209][頁1414]，趙坦認爲“艾”譌作“茭”，進而音轉爲“鄗”[18][頁466]，陳新雄則認爲由義近而訛[19][頁35]。雖然筆者認爲趙坦之説可能更爲合理，但本節也不收“茭”、“鄗”的異文。又如《左傳·襄公九年》“閏月，戊寅，濟于陰阪，侵鄭，次于陰口而還”，《水經注·洧水》曰：“洧水又東逕陰坂北，水有梁焉，俗謂是濟爲參辰口。《左傳·襄公九年》……參、陰聲相近，蓋傳呼之謬耳。又晋居參之分，實沈之土，鄭處大辰之野，閼伯之地，軍師所次，故濟得其名也。”[134][頁519]酈氏本身對此地名異文的成因就有兩説，本書也只得存疑而

（接上页）十五年作夷末（末）。”今按，“昧”《廣韵》屬隊韵。《史記》原文作“眛”，《正義》注音“莫葛反”，則“眛”當從“末”，實亦爲末韵字。“月部”又有：“祭（祭）仲（《左傳·隱公元年》），《易林·既濟之鼎》作蔡（代）仲。”按，《四部叢刊》本《焦氏易林》及尚秉和《焦氏易林注》皆作“祭仲”，未知趙氏所據何本，本書亦予删除。

删去該條。

（三）其他普通異文

其他普通異文，尤其是《春秋》三家經文異文，也反映了音韵的轉變，本書也做了收録。但普通異文的成因往往比較複雜，所以本書收録的較少。

本節主要從聲類和韵部兩個方面對《春秋》經傳注異文的字音進行分析。由於不同的音韵學家對具體各字的上古音韵部歸屬還有爭議，并且本書所涉及的異文時代分散，既有先秦異文，也有南北朝時期的異文，音韵學家的上古音系統也不太方便説明本書的異文情况，所以本書使用《廣韵》中的音系。本書所用的聲類系統爲《廣韵》41 聲類，所用韵部爲《廣韵》206 韵，并以十三攝相統攝。

由於異文聲調變化基本上没什麼規律可循，故而本書不再討論。本書僅於每組異文首次出現時注明出處。

一　聲類

（一）脣音

1. 古無輕脣音

幫—非

鄭悼公費（幫）—濆（幫）—沸（非）—弗（非）*

《左氏春秋·成公六年》“鄭伯費卒”，《史記·鄭世家》作鄭悼公名“濆”，《索隱》引鄒誕本一作“沸”，一作“弗”[130][頁1769]。

偪陽（幫）—傅陽（非）—輔陽（奉）*

《左傳·襄公十年》“偪陽”，《穀梁傳》作“傅陽”，《漢書·地理志》亦作“傅陽”，且謂王莽時改爲“輔陽”[67][頁1638]。

石圃（幫）—石傅（非）*

《左傳·襄公二十八年》：“衛人討甯氏之黨，故石惡出奔晋。衛人立其從子圃以守石氏之祀，禮也。”《史記·十二諸侯年表》，石惡子名“傅”[130][頁683]。

幫—敷

公子剽（敷）—衛殤公焱（幫）*

《春秋·襄公元年》“衛侯使公孫剽來聘”，剽即衛殤公，《漢書·古今人表》衛殤公名“焱”[67][頁921]，王念孫以爲“猋”之誤[34][頁209]。

衛俘（敷）—衛寶（幫）

《左傳·莊公六年》"齊人來歸衛俘"，《公羊》、《穀梁》經"俘"皆作"寶"。

幫—奉

浮來（奉）—包來（幫）

《左傳·隱公八年》："公及莒人盟于浮來。"《公羊傳》、《穀梁傳》"浮"作"包"。

防（奉）—邴（幫）

《左傳·隱公九年》："公會齊侯于防。"《公羊傳》、《穀梁傳》"防"作"邴"。

滂—敷

潘（滂）—番（敷）

《左傳·定公六年》"獲潘子臣"，《史記·吴太伯世家》"取番"，索隱："此言番，番音潘，楚邑名，子臣即其邑之大夫也。"[130][頁1467]

並—非

公叔發（非）—公孫拔（並）

《左傳·襄公二十九年》"公叔發"，《禮記·檀弓下》鄭玄注："衛獻公之孫，名拔，或作發。"疏引《世本》作"拔"[128][頁1309]。

椱柎（非）—椱部（並）

《左傳·昭公二十五年》"唯是椱柎所以藉幹者"，《説文·木部》引，"柎"作"部"[137][頁125]。

並—奉

宋公子馮（奉）—宋公子憑（並）*

《左傳·隱公三年》"群臣願奉馮也"，《釋文》："本亦作憑。"[84][頁222]《左傳》中"馮"多有"憑"之異文，不再出注。

負蠜（奉）—負盤（並）

《左傳·隱公元年》杜預注："蜚，負蠜也。"孔疏："此蟲一名負盤，《漢書》及此注多作負蠜。"[128][頁1718]

浮來（奉）—邳來（並）

《左傳·隱公八年》："公及莒人盟于浮來。"杜預注："東莞縣北有邳鄉，邳鄉西有公來山，號曰邳來間。"

伯服（奉）—伯犕（並）

《左傳·僖公二十四年》“伯服”,《史記·鄭世家》作“伯犕”[130][頁1765]。

士魴（奉）—士彭（並）

《左氏春秋·成公十八年》“晋侯使士魴來乞師”,《公羊》經“魴”作“彭”。

扶伏（奉）—匍匐（並）

《左傳·昭公二十一年》“扶伏而擊之”,《釋文》:“本或作匍匐,同。”[84][頁287]

雞父（奉）—雞備（並）

《左傳·昭公二十三年》“吴敗頓、胡、沈、蔡、陳、許之師于雞父”,杜預注:“雞父,楚地。安豐縣南有雞備亭。”[128][頁2102]

公子般（並）—公子頒（奉）

《左傳·莊公三十二年》“公子般”,《春秋事語》作“公子頒”[105][頁19]。

明—微

孟諸（明）—望諸（微）—明都（明）

《左傳·僖公二十八年》“余賜女孟諸之麋”,《周禮·職方氏》“青州……其澤藪曰望諸”,鄭玄注:“望諸,明都也,在睢陽。”賈公彦疏:“《春秋》宋藪澤有孟諸,明都即宋之孟諸者也。”[128][頁862]

築郿（明）—築微（微）

《左氏春秋·莊公二十八年》“冬,築郿”,《公羊》經“郿”作“微”。

無婁（微）—牟婁（明）

《左氏春秋·宣公十五年》“仲孫蔑會齊高固于無婁”,《公羊》經“無”作“牟”。

2. 清濁音轉

幫—滂

貝丘（幫）—沛丘（滂）

《左傳·莊公八年》“遂田于貝丘”,《史記·齊世家》作“沛丘”[130][頁1484]。

薳罷（並）—薳頗（滂）—薳跛（幫）

《左傳·襄公二十七年》“薳罷”,《公羊傳·襄公三十年》作“薳頗”,《公羊釋文》曰:“一本作跛。”[84][頁319]

幫—並

紀子帛（並）—紀子伯（幫）

《左氏春秋·隱公二年》:“紀子帛、莒子盟于密。”《公羊》、《穀梁》

經“帛”作“伯”。

隰朋（並）—隰崩（幫）

《左傳·僖公九年》“隰朋”，《史記·齊世家》集解引徐廣之説謂或作“隰崩”[130][頁1487]。

邾畀我（幫）—邾鼻我（並）

《左氏春秋·襄公二十三年》“邾畀我來奔”，《公羊》經“畀”作“鼻”。

申包胥（幫）—申鮑胥（並）

《左傳·定公四年》“伍員與申包胥友”，《史記·楚世家》作“申鮑胥”[130][頁1716]。

太宰嚭—伯喜（幫）—帛否（並）—帛喜（並）—白喜（幫）

《左傳·哀公十二年》“吴子使大宰嚭請尋盟”，《論衡·逢遇》作“帛喜”[102][頁1]，《吴越春秋·闔閭内傳》作“白喜”，《文選》卷五劉孝標《廣絶交論》注：“然本或作伯喜，或作帛否，或作太宰嚭，字雖不同，其人一也。”[157][頁758]

薳罷（並）—薳頗（滂）—薳跛（幫）

滂—并

太宰嚭（滂）—伯喜（曉）—帛否（并）

薳罷（並）—薳頗（滂）—薳跛（幫）

明—并

龙圉（明）—龐圉（並）—龍圉（來）

《左傳·襄公四年》“龙圉”，《漢書·古今人表》作“龐圉”[67][頁881]。

非—敷

賦納以言（非）—敷納以言（敷）

《左傳·僖公二十七年》引《尚書》“賦納以言”，今本《尚書·益稷》“賦”作“敷”[128][頁143]。

敷—奉

凡城（奉）—汎城（敷）

《左傳·隱公七年》：“天王使凡伯來聘。”杜預注：“汲郡共縣東南有凡城。”釋文出“汎城”[84][頁223]，《後漢書·郡國志》有“汎亭”[72][頁3395]。

公子剽（敷）—公子浮（奉）

《左傳·襄公二十六年》“公子剽”，《春秋事語》作“公子浮”[105][頁12]。

（二）舌音

1. 照三歸端

端—章

孟諸（章）—望諸（章）—明都（端）

首止（章）—首戴（端）

《左傳》“會王世子于首止”，《公羊》、《穀梁》經作“首戴”。

鄭詹（章）—鄭瞻（章）—鄭儋（端）

《左氏春秋·莊公十七年》“齊人執鄭詹”，《公羊》經“詹”作“瞻”，《新语·辅政》作“儋”[165][頁55]。

種種（章）—董董（端）

《左傳·昭公三年》“余髮如此種種”，《釋文》：“徐本作‘董董’。”[84][頁274]

端—書

升陘（書）—登陘（端）

《左傳·僖公二十二年》“公及邾師戰于升陘”，《釋文》“升陘”作“登陘”[84][頁235]。

定—章

夫鍾（章）—夫童（定）

《左傳·桓公十一年》：“公會宋公于夫鍾。”《公羊傳》“鍾”作“童”。

苕丘（定）—招丘（章）

《左氏春秋·成公十六年》“舍之于苕丘”，《公羊》經“苕”作“招”。

公子鱄（章）—公子段（定）

《左傳·襄公二十六年》“公子鱄”，《春秋事語》作“公子段”[105][頁12]。

定—昌

闡（昌）—僤（定）

《左氏春秋·哀公八年》“齊人取讙及闡”，《公羊》經“闡”作“僤”。

定—禪

辰亭（禪）—田城（定）

辰亭（定）—田城（禪）

《水經注·洧水》：“洧水又東南逕辰亭東，俗謂之田城，非也。蓋田、辰聲相近，城、亭音韵聯故也。經書：魯宣公十一年，楚子、陳侯、鄭伯盟于辰陵也。京相璠曰：潁川長平有故辰亭。杜預曰：長平縣東南有辰亭。”[134][頁523]

純留（禪）—屯留（定）

《左傳·襄公十八年》“執孫蒯于純留”，《漢書·地理志》作“屯留”[67][頁1533]。

透—章

郤犨（透）—郤州（章）

《左氏春秋·成公十一年》“晋侯使郤犨來聘”，《公羊》經作“郤州”，《左傳正義》引《世本》同[128][頁1909]。

知—章

顔涿聚（知）—顔燭鄒（章）—顔燭趨—顔燭雛*

《左傳·哀公二十七年》“顔涿聚”，《晏子春秋》卷七作“燭鄒”[170][頁464]，《説苑·正諫》作“顔燭趨”[144][頁207]，又作“燭雛”[144][頁225]，《漢書·古今人表》作“顔燭雛”[67][頁931]。

楚昭王軫（章）—楚昭王珍（知）*

《春秋·哀公六年》“楚子軫卒”，《史記·楚世家》楚昭王名“珍”[130][頁1712]。

朝吴（知）—昭吴（章）

《左氏春秋·昭公十五年》“蔡朝吴出奔鄭”，《公羊》經“朝”作“昭”。

知—昌

公孟綽（昌）—公孟卓（知）

《左傳·哀公九年》“齊侯使公孟綽辭師于吴”，《釋文》：“綽，本又作卓。”[84][頁300]

徹—書

叔孫婼（徹）—叔孫舍（書）

《左氏春秋·昭公七年》“叔孫婼如齊涖盟”，《公羊》經“婼”作“舍”。

澄—船

曲池（澄）—毆蛇（船）

《左傳·桓公十二年》：“公會杞侯、莒子，盟于曲池。”《公羊傳》“曲池”作“毆蛇”。

澄—禪

紂（澄）—受（禪）

《左傳·莊公十一年》“桀、紂罪人”，《尚書·西伯堪黎》序“紂”作“受”[128][頁176]。

公子裯（澄）—公子袑（禪）

《左傳·襄公三十一年》“公子裯”，《史記·齊世家》集解引徐廣謂《史記》一本作“袑”[130][頁1539]。

2. 古無舌上音

知—定

卓子（知）—悼子（定）

《左傳·莊公二十八年》“其娣生卓子”，《史記·晉世家》作“悼子”[130][頁1648]。

澄—定

陳敬仲（澄）—田敬仲（定）*

《左傳·莊公二十二年》“陳敬仲”，《史記·田敬仲完世家》作“田敬仲”[130][頁1808]。《左傳》中齊之陳氏，諸書多作田氏，例多不舉。

蟲牢（澄）—桐牢（定）

《左傳·成公五年》“同盟于蟲牢”，杜預注：“陳留封丘縣北有桐牢。”

公子地（定）—公子池（澄）

《左氏春秋·定公十年》“宋公子地出奔陳”，《公羊》經“地”作“池”。

3. 喻四歸定

以—定

易牙（以）—狄牙（定）*

《左傳·僖公十七年》“易牙”，《大戴禮記·保傅》作“狄牙”[30][頁64]。

少康子杼（澄）—予（以）—佇（澄）—伃（以）*

《左傳·襄公四年》“后杼滅豷于戈”，《史記·夏本紀》少康子名“予”[130][頁86]，《史記索隱》引《世本》名“佇”[130][頁87]，《墨子·非儒》作“伃”[110][頁293]。

陽（以）—唐（定）

《春秋·昭公十二年》“齊高偃帥師納北燕伯于陽”，《左傳》“陽”作“唐”。

小王桃甲（定）—小王姚甲（以）

《左傳·定公十四年》“析成鮒、小王桃甲率狄師以襲晉”，《釋文》：“桃，本又作姚。”[84][頁297]

以—徹

沈子逞（徹）—沈子盈（以）—沈子楹（以）

《左氏春秋·昭公二十三年》“胡子髡、沈子逞滅”，《公羊》經“逞”作“盈”，《穀梁》經作“楹”。

欒盈（以）—欒逞（徹）

《左傳·襄公二十二年》“欒盈”，《史記·晋世家》作“欒逞”[130][頁1683]。

楚公子郢（以）—楚公子逞（徹）

《左傳·哀公二年》“公子郢”，《漢書·古今人表》作“公子逞”[67][頁930]。

以—船

曹世子射姑（船）—亦姑（以）*

《左氏春秋·桓公九年》“曹伯使其世子射姑來朝”，《穀梁釋文》引麋氏本“射”作“亦”[84][頁327]。

狐射姑（船）—狐夜姑（以）*

《左氏春秋·文公三年》“晋狐射姑出奔狄”，《穀梁》經“射”作“夜”。

鷸冠（以）—術氏冠（船）

《左傳·僖公二十四年》“鄭子華之弟子臧出奔宋，好聚鷸冠”，《匡謬正俗》卷四：“鷸音聿，亦有術音，故禮之衣服圖及蔡邕《獨斷》爲‘術氏冠’，亦因鷸音轉爲術字耳，非道術之謂。”①

以—昌

渝（以）—輸（書）

《左氏春秋·隱公六年》：“鄭人來渝平。”《公羊》、《穀梁》經“渝”作“輸”。

曹釐公夷（以）—曹僖公赤（昌）

《左傳·莊公二十四年》曹僖公名“赤”，《史記·管蔡世家》則名“夷”[130][頁1571]。

4. 古無邪紐

邪—船

西乞術（船）—西乞遂（邪）—西乞秫（船）*

《左傳·僖公三十三年》“西乞術”，《公羊傳·文公十二年》作“西乞遂”，《史記·晋世家》作“西乞秫”[130][頁1670]。

---

①《匡謬正俗》，《叢書集成初編》本，第36頁。

曹世子射姑（船）—夕姑（邪）

《左氏春秋·桓公九年》“曹伯使其世子射姑來朝”，《史記·管蔡世家》曹莊公名“夕姑”[130][頁1571]。

邪—書

舒州（書）—俆州（邪）—徐州（邪）

《春秋·哀公十四年》“齊陳恒執其君，寘于舒州”，《史記·魯世家》作“俆州”[130][頁1545]，《史記·齊世家》作“徐州”[130][頁1884]。

邪—以

姒氏（邪）—弋氏（以）

《左氏春秋·襄公四年》“夫人姒氏薨”，《公羊》經“姒”作“弋”。《公羊傳》於“姒氏”之“姒”多作“弋”，不再另出。

邪—定

隧（邪）—奪（定）—兑（定）

《左傳·襄公二十三年》：“杞殖、華還載甲，夜入且于之隧。”《禮記·檀弓下》：“齊莊公襲莒于奪，杞梁死焉。”鄭玄注：“隧、奪聲相近，或爲兑。”[128][頁1312] 按：錢玄同《古音無“邪”紐證》認爲邪紐字古讀入定紐①，其説不無根據。《春秋》經傳異文中，邪母字多有定母、喻母四等及照系三等之異文，可據邪母古讀確與舌音相近。

5. 娘日歸泥

娘—日

陳哀公溺（娘）—弱（日）*

《春秋·昭公八年》“陳侯溺卒”，《史記·陳杞世家》陳哀公名“弱”[130][頁1580]。

公山不狃（娘）—公山弗擾（日）—公山不蹂（日）*

《左傳·定公五年》“公山不狃”，《論語·陽貨》作“公山弗擾”[128][頁2524]，《史記·孔子世家》索隱引鄒誕本作“公山不蹂”[130][頁1914]。

6. 清濁音轉

端—定

陳公子招（端）—苕（定）*

《春秋·昭元年》“陳公子招”，《史記·陳杞世家》索隱謂《史記》

---

① 參《錢玄同文集》第四卷，中國人民大學出版社 1999 年版，第 59—72 頁。

一本作“苕”[130][頁1581]。

檀伯（端）—單伯（定）

《左傳·桓公十五年》“鄭伯因櫟人殺檀伯”，《史記·鄭世家》作“單伯”[130][頁1762]。

堵敖（端）—杜敖（定）

《左傳·莊公十四年》“生堵敖及成王焉”，《史記·十二諸侯年表》索隱所見《史記》作“杜敖”[130][頁573]。

銅鞮（端）—桐提（定）

《左傳·成公九年》“執諸銅鞮”，《大戴禮記·衛將軍文子》：“蓋桐提伯華之行也。”[30][頁114]

渾敦（端）—渾沌（定）

《左傳·文公十八年》“天下之民謂之渾敦”，《史記·五帝本紀》作“渾沌”[130][頁36]。

宋昭公得（端）—宋昭公特（定）

《左傳·哀公二十六年》“宋景公無子，取公孫周之子得與啓，畜諸公宫”，《史記·宋世家》宋昭公名“特”[130][頁1631]。

定—透

樂大心（定）—樂世心（透）*

《左傳·昭公七年》“樂大心”，《公羊傳·昭公二十五年》作“樂世心”。按：古書中“世”、“大”多相通，《左傳》中“世子”，諸書多或引作“大子”、“太子”，本書不一一出注。

魏舒（透）—魏荼（定）*

《左傳·襄公二十三年》“魏舒”，即魏獻子，《史記·魏世家》索隱引《世本》魏獻子名“荼”[130][頁1837]。

菟裘（透）—塗裘（定）

《左傳·隱公十一年》：“使營菟裘。”《公羊傳·隱公四年》“菟”作“塗”。

知—澄

北徵（知）—澄城（澄）

《左傳·文公十年》：“取北徵。”《漢書·地理志》顔師古注曰：“徵音懲，即今之澄城縣是也。《左傳》所云‘取北徵’，謂此地耳，而杜元凱未詳其處也。”[67][頁1546]

章—書

楚共王審（書）—楚共王箴（章）

《左傳·襄公十三年》“楚子審卒”，《國語·楚語上》：“莊王使士亹傅太子箴。”

震（章）—娠（書）

《左傳·昭公元年》“當武王邑姜，方震大叔”，《釋文》：“震，本又作娠。”[84][頁272]

船—書

安孺子荼（船、澄）—舍（書）

《左氏春秋·哀公六年》“齊陳乞弑其君荼”，《公羊·哀公六年》經“荼”作“舍”。按：《廣韵》中“荼”有同都、食遮、宅加三讀。

7. 其他

日—知

楚昭王壬（日）—楚王軫（知）—楚王珍（知）

《左傳·昭公二十六年》“大子壬弱”，杜預注：“壬，昭王也。”《春秋·哀公六年》：“楚子軫卒。”《史記·楚世家》楚昭王名“珍”[130][頁1712]。

日—章

國弱（日）—國酌（章）

《左氏春秋·昭公元年》“齊國弱”，《公羊》經“弱”作“酌”。

日—昌

邴歜（昌）—丙戎（日）

《左傳·文公十八年》“邴歜”，《史記·齊太公世家》作“丙戎”[130][頁1496]。按：《史記·衛世家》索隱曰：“《齊系家》作‘邴戎’者，蓋邴歜掌御戎車，故號邴戎。”[130][頁1596]其説不確，御戎不可簡稱“戎”。

日—禪

耏水（日）—時水（禪）—如水（日）

《左傳·襄公三年》“齊侯欲勿許，而難爲不協，乃盟於耏外”，杜預注：“耏，水名。”《水經注·瓠子河》：“時，即耏水也，音而。《春秋·襄公三年》，齊、晋盟于耏者也……即《地理志》之如水矣。”[134][頁577]

章—禪

晋厲公州滿（章）—壽曼（禪）*

《春秋·成公十八年》“晋弑其君州滿”，《史記·晋世家》晋厲公名“壽曼”[130][頁1679]。

壽餘（禪）—州余（章）

《左傳·文公十三年》“魏壽餘”，《馬王堆帛書·春秋事語》作“魏州余”[105][頁7]。

貍脤（禪）—貍軫（章）

《左氏春秋·成公十七年》“公孫嬰齊卒于貍脤”，《公羊》經作“貍軫”。

韶濩（禪）—招濩（章）

《左傳·襄公二十九年》“見舞《韶濩》者”，《釋文》：“韶，本或作招。”[84][頁269]

韶箾（禪）—招箾（章）

《左傳·襄公二十九年》“見舞《韶箾》者”，《史記·吴世家》引，“韶”作“招”[130][頁1453]。

（三）齒音

1. 照二歸精

從—莊

從—崇

清—莊

清—崇

顔涿聚（從）—顔燭鄒（莊）—顔燭趨（清）—顔燭雛（崇）

精—崇

崇（崇）—宗（精）

《左傳·僖公十九年》“文王聞崇德亂而伐之”，《春秋事語》作“文王軍宗”[105][頁4]。

從—初

楚丘（初）—沮丘（從）

《左傳·閔公二年》“封衛于楚丘”，《水經注·瓠子河》曰：“京相璠曰：今濮陽城西南十五里有沮丘城，六國時，沮、楚同音，以爲楚丘。”[134][頁574]按，酈道元以京説爲非，而以曹縣之楚丘當衛之楚丘。其實京説是而酈説非，參《讀史方輿紀要》卷十六[33][頁727]、《春秋地理考實》[10][頁243]等。

生—心

高辛氏（心）—高莘氏（生）

《左傳·昭公元年》"昔高辛氏有二子"，《水經注·洓水》引，"辛"作"莘"[134][頁167]。

蒲胥之市（心）—蒲疏之市（生）

《左傳·宣公十四年》"蒲胥之市"，《吕氏春秋·行論》作"蒲疏之市"[101][頁2565]。

鄟丘（清）—犀丘（心）—師丘（生）

《左氏春秋·文公十六年》"公子遂及齊侯盟于鄟丘"，《公羊》經作"犀丘"，《穀梁》經作"師丘"。

瑣澤（心）—沙澤（生）

《左氏春秋·成公十二年》"公會晋侯、衛侯于瑣澤"，《公羊》經"瑣"作"沙"。

2. 清濁音轉

精—清

頓子牂（精）—頓子牄（清）*

《左氏春秋·定公十四年》"楚公子結、陳公孫佗人帥師滅頓，以頓子牂歸"，《公羊》經"牂"作"牄"。

子椒（精）—子萩（清）—子菽（書）

《左氏春秋·文公九年》"楚子使椒來聘"，《穀梁》經"椒"作"萩"，《穀梁釋文》："萩或作菽。"[84][頁333]

椒舉（精）—湫舉（清）

《左傳·襄公二十六年》"椒舉"，《國語·楚語上》①、《漢書·古今人表》[67][頁923]作"湫舉"。

椒鳴（精）—湫鳴（清）

《左傳·襄公二十六年》"椒鳴"，《國語·楚語上》作"湫鳴"。

子服椒（精）—子服湫（清）

《左傳·昭公三年》"子服椒"，《左傳·昭公十三年》作"子服湫"。

夫椒（精）—夫湫（清）

《左傳·哀公元年》"吴王夫差敗越于夫椒"，《史記·伍子胥列傳》

---

① 《四部叢刊》影公序本《國語》作"湫舉"，《四部備要》影明道本則作"椒舉"。下"椒鳴"、"湫鳴"同此。

作“夫湫”[130][頁2178]。

餘祭（精）—餘蔡（清）

《左傳·襄公二十九年》“餘祭”，《春秋事語》作“餘蔡”[105][頁18]。

精—從

宋閔公捷（從）—接（精）*

《左氏春秋·莊公十二年》“宋萬弒其君捷及其大夫仇牧”，《公羊》經“捷”作“接”。

公孫兹（精）—公孫慈（從）

《左氏春秋·僖公四年》“公孫兹帥師會齊人……侵陳”，《公羊·僖公四年》經作“公孫慈”。

宋公兹父（精）—宋公慈父（從）

《左傳·僖公八年》“大子兹父”，《公羊·僖公二十三年》經作“慈父”。

鄭文公捷（從）—鄭文公接（精）—鄭文公踕（從）

《左氏春秋·僖公三十二年》“鄭伯捷卒”，《公羊》經作“接”，《史記·鄭世家》名“踕”[130][頁1764]。

焦邑（精）—譙縣（從）

《左傳·僖公二十三年》：“楚成得臣帥師伐陳，討其貳於宋也。遂取焦、夷，城頓而還。”杜預注：“焦，今譙縣也。”

廧咎如（從）—將咎如（精）—牆咎如（從）

《左氏春秋·成公三年》“晋郤克、衛孫良夫伐廧咎如”，《公羊》經“廧”作“將”，《穀梁》經作“牆”。

檇李（精）—就李（從）

《左傳·定公十四年》“於越敗吴于檇李”，《漢書·地理志》：“由拳，柴辟，故就李鄉，吴、越戰地。”[67][頁1591]

清—從

顔涿聚（從）—顔燭鄒（莊）—顔燭趨（清）—顔燭雛（崇）

清—心

郪丘（清）—犀丘（心）—師丘（生）

（四）喉牙音

1. 喻三歸匣

云—匣

盂黶（云）—壺黶（匣）—狐黶（匣）*

《左傳·哀公十五年》“下石乞、盂黶敵子路”，《史記·仲尼弟子列傳》引作“壺黶”[130][頁2193]，《漢書·古今人表》作“狐黶”[67][頁934]。

楚靈王圍（云）—楚靈王回（匣）*

《左傳·襄公二十六年》“公子圍”，即楚靈王，《史記·楚世家》集解引徐廣謂“《史記》多作‘回’”[130][頁1703]。

齊靈公環（匣）—瑗（云）*

《左氏春秋·襄公十九年》“齊侯環卒”，《公羊》經“環”作“瑗”。

越席（云）—趏席（匣）

《左傳·桓公二年》：“大路越席。”《百子全書》本《孔子家語》引，“越”作“趏”[90][卷1頁5B]。

仲熊（匣）—仲雄（云）

《左傳·文公十八年》“仲熊”，《潛夫論·志氏姓》作“仲雄”[117][頁416]。

衡雍（匣）—垣雍（云）

《左傳·僖公二十八年》“至于衡雍”，《史記·秦本紀》作“垣雍”[130][頁213]。按：《後漢書·郡國志》“卷……有垣雝城，或曰古衡雍”，劉昭注：“《史記》无忌謂魏王曰：‘王有鄭地，得垣雍’者也。杜預曰即是衡雍。”[72][頁3390—3392]《水經注·陰溝水》：“左瀆又東絶長城，逕垣雍縣城南，昔晉文公戰勝于楚，周襄王勞之于此。故《春秋》書‘甲午，至于衡雝，作王宫于踐土’。”[134][頁550]可見《史記》之“垣雍”即《左傳》之“衡雍”。

2. 清濁音轉

見—群

后稷元妃姞（群）—吉（見）*

《左傳·宣公三年》“姞，吉人也，后稷之元妃也”，《詩經·大雅·都人士》以“吉”爲氏[128][頁494]。

臯如（見）—句如（見）—渠如（群）*

《春秋·哀公二十六年》“叔孫舒帥師會越臯如、后庸、宋樂茷納衛侯”，《吴越春秋·歸國外傳》作“大夫句如”[160][頁114]，《新書·耳痺》作“渠如處”[162][頁270]。

齊丁公級（見）—伋（見）—及（群）*

《左傳·昭公十二年》“吕級”，即齊丁公，《尚書·顧命》作“吕伋"[128][頁238]，《史記·齊世家》集解引徐廣謂一本作"及"[130][頁1481]。

鄭僖公髡頑（溪）—郡頑（群）—頵頑（見）*

《左傳·成公十年》"鄭人殺繻，立髡頑"，《穀梁傳·襄公七年》釋文："髡，本又作郡，或作頵。"[84][頁336]

須句（見）—須朐（群）

《左氏春秋·僖公二十二年》"公伐邾，取須句"，《公羊》經"須句"作"須朐"。

夔（群）—隗（疑）—歸（見）

《左氏春秋·僖公二十六年》"楚人滅夔，以夔子歸"，《公羊》經"夔"作"隗"，《史記·楚世家》索隱引譙周《古史考》作"滅歸"[130][頁1698]。

麇國（見）—圈國（群）

《左傳·文公十一年》"楚子伐麇"，《公羊》經"麇"作"圈"。

莒邑（見）—劇邑（群）

《左傳·昭公十年》"桓子盡致諸公，而請老于莒"，《晏子春秋》亦載此事，"莒"作"劇"[170][頁403]。

宮之奇（群）—宮之柯（見）

《左傳·僖公二年》"宮之奇"，《春秋事語》作"宮之柯"[105][頁11]。

見—溪

韓厥（見）—韓屈（溪）*

《左氏春秋·襄公元年》"晋韓厥帥師伐鄭"，《公羊》經"厥"作"屈"。

厥貉（見）—屈貉（溪）

《左氏春秋·文公十年》"楚子、蔡侯次于厥貉"，《公羊》經"厥"作"屈"。

厥慭（見）—屈銀（溪）

《左氏春秋·昭公十一年》"季孫意如會晋韓起……于厥慭"，《公羊》經"厥慭"作"屈銀"。

南宮敬叔（見）—南宮頃叔（溪）*

《左傳·昭公七年》"南宮敬叔"，《説苑·雜言》作"南宮頃叔"[144][頁414]。

敬嬴（見）—頃熊（溪）

《左傳·文公十八年》文公妃"敬嬴"，《公羊傳·宣公八年》作"頃熊"。

闞止（溪）—監止（見）*

《左傳·哀公十四年》"闞止"，《史記·齊世家》[130][頁1508]、《史記·田敬仲完世家》[130][頁1883]作"監止"。

公子無虧（溪）—公子無詭（見）*

《左傳·閔公二年》"公子無虧"，《史記·齊太公世家》作"無詭"[130][頁1493]。

杞侯（溪）—紀侯（見）

《左傳·桓公二年》："杞侯來朝。"《公羊傳》、《穀梁傳》"杞"作"紀"。

苦成（溪）—枯成（溪）—庫成（溪）—車成（見）—古成（見）

《左傳·成公十四年》"苦成叔"，《潛夫論·志氏姓》："苦成，城名也，在鹽池東北。後人書之或爲'枯'；齊人聞其音，則書之曰'庫成'；燉煌見其字，呼之曰'車成'；其在漢陽者，不喜'枯'、'苦'之字，則更書之曰'古成氏'。"[117][頁462]

季公鳥（見）—季空鵅（溪）

《左傳·昭公二十五年》"季公鳥"，《説文》作"季空鵅"[137][頁171]。

牽（溪）—堅（見）

《左氏春秋·定公十四年》"公會齊侯、衛侯于牽"，《公羊》經"牽"作"堅"。

溪—群

闕地（溪）—掘地（群）

《左傳·隱公元年》："若闕地及泉。"《後漢書·周舉傳》李賢注引，"闕"作"掘"[72][頁2023]。陶淵明《卿大夫孝傳》同[153][頁568]。

屠蒯（溪）—杜蕢（群）

《左傳·昭公九年》"膳宰屠蒯趨入"，《禮記·檀弓下》作"杜蕢"[128][頁1305]。

見—匣

傅瑕（匣）—甫假（見）*

《左傳·莊公十四年》"及大陵，獲傅瑕"，《史記·鄭世家》索隱作"甫假"[130][頁1763]。

先縠（匣）—先穀（見）*

《左氏春秋·宣公十三年》"晋殺其大夫先縠"，《穀梁》經"縠"作"穀"。

夏后皋（見）—后昊（匣）*

《左傳·僖公三十二年》“其南陵，夏后皋之墓也”，《竹書紀年》作“后昊”[44][頁15]。

無駭（匣），—無侅（見）*

《左氏春秋·隱公二年》“無駭帥師入極”，《穀梁》經“駭”作“侅”。

憾（匣）—感（見）

《左傳·隱公三年》：“降而不憾。”釋文：“本又作感。”[84][頁222]按：《左傳》之“憾”古多或作“感”，本書不再出注。

鄭襄公堅（見）—鄭伯臤（匣）—鄭伯賢（匣）

《左氏春秋·成公四年》“鄭伯堅卒”，《公羊·成公四年》經作“鄭伯臤”，《公羊傳·成公四年》疏引《穀梁傳》作“鄭伯賢”[128][頁2291]。

宋共公固（見）—宋共公瑕（匣）

《春秋·成公十五年》“宋公固”，《史記·宋世家》宋共公名“瑕”[130][頁1630]。

公子黄（匣）—公子光（見）

《左氏春秋·襄公二十年》“陳侯之弟黄出奔楚”，《公羊》、《穀梁》經“黄”作“光”。

紅（匣）—虹（匣）—貢（見）

《左傳·昭公八年》“蒐于紅”，杜預注：“紅，魯地。沛國蕭縣西有紅亭。”《水經注·獲水》：“即《地理志》之虹縣也……王莽之所謂貢矣。”[134][頁560—561]

横亭（匣）—光城（見）

《左傳·昭公十一年》“欒大心、豐愆、華䡾禦諸横”，杜預注：“梁國睢陽縣南有横亭。”《水經注·睢水》：“今在睢陽縣西南，世謂之光城，蓋光、横聲相近，習傳之非也。”[134][頁567]

皋鼬（見）—浩油（匣）

《左氏春秋·定公四年》“公及諸侯盟于皋鼬”，《公羊》經“皋鼬”作“浩油”。

鄗（匣）—高邑（見）

《左傳·哀公四年》“國夏伐晋，取邢、任、欒、鄗、逆時、陰人、盂、壺口”，杜預注：“鄗即高邑縣也。”

郊（見）—鄗（匣）

《左傳·文公三年》“取王官及郊”，《史記·秦本紀》“郊”作

“鄗”[130][頁193]。

垂葭（見）—垂瑕（匣）

《左氏春秋·定公十三年》“齊侯、衛侯次于垂葭”，《公羊》經“葭”作“瑕”。

郲瑕（匣）—郲婁葭（見）

《左氏春秋·哀公六年》“城郲瑕”，《公羊》經作“郲婁葭”。

見—云

楚郟敖麇（見）—卷（見）—員（云）*

《左傳·昭公四年》“無或如楚共王之庶子圍，弑其君兄之子麇而代之”，《公羊傳·昭公四年》、《穀梁傳·昭公四年》楚郟敖名“卷”，《史記·楚世家》楚郟敖名“員”[130][頁1703]。

見—疑

夏澆（見）—敖（疑）—奡（疑）

《左傳·襄公四年》“浞因羿室，生澆及豷”，《論語·憲問》“澆”作“奡”[128][頁2510]，《説文·豕部》引作“敖”[137][頁197]。

見—影

祝柯（見）—祝阿（影）

《左傳·襄公十九年》“盟于祝柯”，《漢書·地理志》作“祝阿”[67][頁1579]，《水經注·濟水》：“漢興，改之曰阿矣。”[134][頁209]

溪—疑

隤敳（溪）—隤敳（疑）—隤凱（溪）*

《左傳·文公十八年》“隤敳”，《史記·五帝本紀》索隱引《左傳》作“隤敳”[130][頁36]，《潛夫論·志氏姓》作“隤凱”[117][頁419]。

溪—影

曲池（溪）—毆蛇（影）

楚成王頵（影）—楚成王髡（溪）—楚成王惲（影）

《左氏春秋·文公元年》“楚世子商臣弑其君頵”，《公羊》、《穀梁》經“頵”作“髡”，《史記·楚世家》作“熊惲”[130][頁1696]。

群—疑

夔（群）—隗（疑）—歸（見）

卜齮（疑）—卜奇（群）

《左傳·莊公三十二年》“共仲使卜齮賊公于武闈”，《春秋事語》作

“共中使卜奇賊閔公於武諱”[105][頁19]。

疑—曉

莫敖（疑）—莫囂（曉）

《左傳·桓公十一年》“莫敖”，《淮南子·脩務》[74][頁1350]、《漢書·五行志》[67][頁1356]作“莫囂”。

疑—匣

子雅（疑）—子夏（匣）

《左傳·襄公二十八年》“子雅、子尾怒”，《韓非子·外儲說右上》：“公子尾、公子夏者，景公之二弟也。”[62][頁311]

曉—云

武闈（云）—武諱（曉）

《左傳·莊公三十二年》“共仲使卜齮賊公于武闈”，《春秋事語》作“共中使卜奇賊閔公於武諱”[105][頁19]。

孔奐（曉）—孔瑗（云）

《左氏春秋·襄公二十七年》“陳孔奐”，《公羊》經“奐”作“瑗”。

（五）其他

幫—精

苞山（幫）—椒山（精）

《左傳·哀公元年》“吴王夫差敗越于夫椒”，杜預注：“夫椒，吴郡吴縣西南大湖中椒山。”《水經注·沔水》：“湖有苞山，春秋謂之夫椒山。”[134][頁685]

明—疑

鉏麑（疑）—沮麛（明）—鉏之彌（明）*

《左傳·宣公二年》“鉏麑”，《吕氏春秋·過理》作“沮麛”[101][頁2836]，《説苑·立節》作“鉏之彌”[144][頁82]。趙振鐸曰：“明疑二紐發音有相同的地方，都是鼻音，但發音部位一在雙唇，一在舌根。”[28][頁301]

曉—來

齊僖公（曉）—齊釐公（來）*

《左傳·桓公十五年》“葬齊僖公”，《史記·齊世家》作“釐公”[130][頁1483]。《左傳》之“僖”，諸書多作“釐”，例多不舉。

曉—疑

戲陽（曉）—義陽（疑）

《左傳·昭公九年》“卒于戲陽”，《説文·我部》[137][頁267]、《後漢書·光武紀》[72][頁30]皆作“義陽”。按：《廣韵》中“義”雖有許羈之音，但這恐怕是因“義陽”有“戲陽”的異文而讀作“戲”的。《説文》以“錡”音“義”[137][頁267]，則仍讀爲疑母。

曉—滂（並）

太宰嚭（滂）—伯喜（曉）—帛否（並）

曉—日

繞朝（日）—曉朝（曉）

《左傳·文公十三年》“繞朝”，《馬王堆帛書·春秋事語》作“曉朝”[105][頁7]。

曉—船

四方其順之（船）—四方其訓之（曉）

《左傳·哀公二十六年》引《詩經》“無競惟人，四方其順之”，今本《詩經》“順”作“訓”[128][頁554]。

疑—微

務人（微）—禺人（疑）

《左傳·昭公二十九年》“務人爲此禍也”，《禮記·檀弓下》作“公叔禺人”[128][頁1311]。

疑—生

華御事（疑）—華所事（生）

《左傳·文公七年》“華御事爲司寇”，《風俗通義》曰：“所氏，宋大夫華所事之後。”[41][頁531]章太炎曰：“所、御聲通，如‘伐木所所’作‘伐木許許’，‘昭兹來許’又作‘昭哉來御’，然則‘所事’即‘御事’也。”[23][頁335]

疑—從

滕成公原（疑）—滕成公泉（從）

《左氏春秋·昭公三年》“滕子原卒”，《公羊》經“原”作“泉”。

以—匣

敬嬴（以）—頃熊（匣）

祲祥（邪）—祲羊（以）

《左氏春秋·昭公十一年》“仲孫貜會邾子盟于祲祥”，《公羊》經“祥”作“羊”。

以—影

夷水（以）—鄢水（影）

《左傳·桓公十三年》“及鄢，亂次以濟”，《水經注·沔水》：“夷水……又謂之鄢水，《春秋》所謂楚人伐羅渡鄢者也。”[134][頁667]

以—疑

裔款（以）—艾孔（疑）

《左傳·昭公二十年》“裔款”，《晏子春秋》卷一作“艾孔”[170][頁63]。

以—心

申繻（心）—申俞（以）

《左傳·桓公六年》“申繻”，《管子·大匡》作“申俞”[59][頁336]。

見—明

曹劌（見）—曹沫（明）*

《左傳·莊公十年》“曹劌”，《史記·齊太公世家》作“曹沬”[130][頁1487]。

見—章

禚（章）—郜（見）

《左傳·莊公二年》：“夫人姜氏會齊侯于禚。”《公羊傳》“禚”作“郜”。按：“禚”，釋文諸若切[84][頁227]，段玉裁謂即《説文》之“穛”[140][頁325]，孫愐音之若切。則此二字音不近。《廣韻》中“禚”、“郜”均音古沃切，陳新雄曰：“禚、穛、郜音同，故相通轉。”《廣韻》之音未知何據，竊疑《左傳》之“禚”與《説文》之“穛”無涉，從“羔”得聲，而與“郜”音近。後世小學家見與“穛”形近而以“穛”音讀之，遂有“之若”之音。

晉悼公周（章）—晉悼公糾（見）

《春秋·襄公十五年》“晉侯周卒”，《史記·晉世家》集解引徐廣謂《史記》一本作“糾”[130][頁1681]。

公孫周（章）—公孫糾（見）

《左傳·哀公二十六年》“公孫周”，《史記·宋世家》作“公孫糾”[130][頁1631]。

見—昌

梁丘據（見）—梁丘處（昌）

《左傳·昭公二十年》“梁丘據”，《禮記·投壺》鄭玄注“晏子時以罰梁丘據”，釋文：“據，本又作處。”[84][頁215]

見—泥

晉景公獳（泥）—晉景公據（見）

《春秋·成公十年》“晉侯獳卒”，《史記·晉世家》晉景公名“據”[130][頁1676]。

見—來

欒舉—欒呂

《左傳·成公二年》“欒舉”，《左傳·文公十八年》作“欒呂”。

群—以

虒祈之宫（群）—施夷之臺（以）

《左傳·昭公八年》“虒祈之宫”，《韓非子·十過》[62][頁63]、《論衡·紀妖》[102][頁63]作“施夷之臺”。

定—群

提彌明（定）—祇彌明（群）—祁彌明（群）—示眯明（群）*

《左傳·宣公二年》“提彌明”，《釋文》作“祇”，云：“本又作提。”[84][頁244]《公羊傳·宣公六年》作“祁彌明”，《史記·晉世家》作“示眯明”[130][頁1674]。

心—日

裂繻（心）—履綸（日）

《左傳·隱公二年》：“紀裂繻來逆女。”《公羊傳》、《穀梁傳》“裂繻”作“履綸”。按：“繻”《廣韵》相俞、人朱兩切，其相俞切蓋古音殘餘。

禪—群

時來（禪）—祁黎（群）

《左傳·隱公十一年》：“公會鄭伯于時來。”《公羊傳》、《穀梁傳》“時來”作“祁黎”。

莊—知

邾（知）—鄒（莊）

章—精

祝丘（章）—即丘（精）

《左傳·桓公三年》：“城祝丘。”《後漢書·吴良傳》李賢注曰：“即丘，縣名，屬東海郡，即《左氏傳》之祝丘也，故城在今沂州臨沂縣東南。”[72][頁994]

來—透

鐵（透）—栗（來）

《左氏春秋·哀公二年》“晉趙鞅帥師及鄭罕達帥師戰于鐵”，《公羊》

經“鐵”作“栗”。

徹—生

笙（生）—檉（徹）

《左氏春秋·宣公十八年》“歸父還自晋，至笙”，《公羊》經“笙”作“檉”。

徹—曉

公子欣時（曉）—公子喜時（曉）—郗時（徹）

《左傳·成公十三年》“公子欣時”，《公羊傳·成公十六年》、《新序·節士》[164][頁848]作“公子喜時”。《漢書·古今人表》作“曹郗時”[67][頁918]。

書—心

荀首（書）—荀秀（心）

《左氏春秋·成公五年》“叔孫僑如會晋荀首于穀”，《公羊》經“荀首”作“荀秀”。

公子燮（心）—公子濕（書）

《左氏春秋·襄公八年》“獲蔡公子燮”，《穀梁》經“燮”作“濕”。

虒祈之宮（心）—施夷之臺（書）

二　韵部

（一）陰聲韵

1. 止攝

祁奚（脂）—祈奚（微）＊

《左傳·成公八年》“祁奚”，《吕氏春秋·開春》作“祈奚”[101][頁2624]。按：“祈”從斤得聲，上古本當屬文部，段玉裁即謂：“古音在十三部，音芹。”[140][頁6]但唐作藩《上古音手册》已將之歸入微部[123][頁101]，恐怕很早“祈”字已讀入微部了。《左傳》異文中“祁”、“祈”異文極多，此不備舉。

時來（之）—祁黎（脂）

太宰嚭（旨）—伯喜（止）—帛否（旨）

築郿（脂）—築微（微）

夔（脂）—隗（賄）—歸（微）

邾畀我（至）—邾鼻我（寘）

虒祈之宮（微）—施夷之臺（脂）

公子地（至）—公子池（支）

戲陽（寘）—羛陽（寘）

《左傳·昭公九年》“卒于戲陽”，《説文·我部》[137][頁267]、《後漢書·光武紀》[72][頁30]皆作“羛陽”。按：“戲”、“羛”中古音同韵，但“戲”從“虘”得聲，上古應屬魚部；“羛”《説文》以爲“義”之或體，則上古屬歌部。“戲”應在較早的時候已讀入歌部，“伏羲”或作“庖戲”，張衡《西京賦》“戲”與“被”、“靡”韵，亦可證。

2. 蟹攝

展無駭（駭）—無侅（咍）*

欒大心（泰）—欒世心（祭）*

時來（咍）—祁黎（齊）

介根（怪）—計斤（霽）—計基（霽）

《左傳·襄公二十四年》“侵介根”，杜預注：“今城陽黔陬縣東北計基城是也。”《漢書·地理志》作“計斤”，顔師古注：“即《春秋左氏傳》所謂介根也，語音有輕重。”[67][頁1586—1587]按：王力以“介”屬月部，“計”屬質部，則二字旁轉。周祖謨以“計”屬平聲脂部，“介”屬祭部，則二字對轉。

裔款（祭）—艾孔（泰）

餘祭（祭）—餘蔡（泰）

賴（泰）—厲（祭）

《左氏春秋·昭公四年》“遂滅賴”，《公羊》、《穀梁》經“賴”作“厲”。

止攝—蟹攝

提彌明（支）—祇彌明（支）—祁彌明（脂）—示眯明（薺）*

高渠彌（支）—高渠眯（薺）*

《左傳·桓公五年》“高渠彌”，《史記·秦本紀》作“高渠眯”[130][頁182]。

彌子瑕（支）—迷子瑕（齊）*

《左傳·定公六年》“彌子瑕”，《大戴禮記·保傅》作“迷子瑕”[30][頁65]。

楚靈王圍（微）—回（灰）*

郲（咍）—釐（之）

《左傳·隱公十一年》：“夏，公會鄭伯于郲。”《水經注·濟水》引，“郲”作“釐”[134][頁195]。

萊（咍）—斄（之）

《春秋·宣公七年》:“夏，公會齊侯伐萊。”《晏子春秋·内篇問上》:“景公伐斄。”[170][頁179]于省吾曰：“孫星衍云：‘斄即萊也’。按叔公鎛‘余易女釐都劑’……釐疑即萊，故萊國，萊釐古音同。”①

首止（止）—首戴（代）

驪戎（霽）—離戎（支）*

《左傳·莊公二十八年》“驪戎”，《今本竹書紀年》莊公三十年[44][頁247]、《逸周書·史記》[177][頁1019]作“離戎”。按：自顧炎武以來的古音學家都將“離”字從支部離析出來歸入歌部，這裏歌支旁轉。

酈（支）—黎（齊）

《左氏春秋·僖公元年》“公子友帥師敗莒師于酈”，《公羊》經“酈”作“黎”。《廣韵》“酈”有呂知、郎擊兩讀，《左傳釋文》音力知反，故此處以之隸支韵。

夔（脂）—隗（賄）—歸（微）

翳桑（齊）—骫桑（紙）—委桑（紙）

《左傳·宣公二年》“舍于翳桑”，《吕氏春秋·報更》作骫桑[101][頁1707]，《淮南子·人間》作“委桑”[74][頁1299]。按：王利器引蔣維喬謂“骫”古“委”字，“委”、“翳”雙聲[101][頁1707—1708]。古音學家一般以“翳”上古屬脂部或質部②，“委”上古屬微部，則委、翳韵部亦相近。

屠蒯（怪）—杜蕢（至）

《左傳·昭公九年》“膳宰屠蒯趨入”，《禮記·檀弓下》作“杜蕢”[128][頁1305]。

3. 遇攝

狐壓（模）—盂壓（虞）*

石圃（姥）—石傅（遇）*

魏舒（魚）—魏荼（模）*

盧戎（模）—廬戎（魚）

《左傳·桓公十三年》：“羅與盧戎兩軍之。”釋文作“廬戎”，云：“本或作廬。”[84][頁226]

盂諸（魚）—望諸（魚）—明都（模）

① 《雙劍誃諸子新證》，中華書局2009年版，第1058頁。

② 古音學家一般將從“医”之字歸脂部（參《古音通曉》，第71頁），而王力《漢語音韵》歸質部。唐作藩《上古音手册》隸繄、翳等字於支部，不知何據。

渠丘（魚）—蘧丘（虞）

《左傳·成公八年》“與渠丘公立於池上”，杜預注：“渠丘，邑名，莒縣有蘧里。”《後漢書·郡國志》劉昭注引杜注作“蘧丘里”[72][頁3460]。

苦成（姥）—枯成（模）—庫成（暮）—車成（魚）—古成（姥）

夷陽五（模）—羊魚（魚）

《左傳·成公十七年》“夷陽五”，《漢書·古今人表》作“羊魚”[67][頁919]。

扶伏（虞）—匍匐（模）

闔廬（模）—闔閭（魚）

《左傳·昭公二十七年》“闔廬”，《淮南子·泰族》作“闔閭”[74][頁1416]。

止攝—遇攝

時水（之）—耏水（之）—如水（魚）

雞父（麌）—雞備（至）

明試以功（志）—明庶以功（御）

《左傳·僖公二十七年》引《尚書》“明試以功”，今本《尚書·益稷》“試”作“庶”[128][頁143]。

4. 效攝

夏澆（蕭）—敖（豪）—奡（号）*

寺人貂（蕭）—豎刀（豪）*

《左傳·僖公二年》“寺人貂”，《公羊傳·僖公十八年》作“豎刀”。

大皞（晧）—太昊（晧）*

《左傳·僖公二十一年》“大皞”，《禮記·祭法》鄭玄注引《月令》作“大昊”[128][頁1587]。按：唐作藩主編的《上古音手册》中，“皞”屬幽部而“昊”屬宵部[123][頁47]，這樣“皞”、“昊”就是幽宵旁轉。但王力《漢語音韵》中以“昊”入幽部[70][頁153]，周祖謨也持同樣觀點。

苕丘（蕭）—招丘（宵）

申包胥（肴）—申麃胥（肴）*

《左傳·定公四年》“申包胥”，《鶡冠子·備知》作“申麃”[71][頁309]。按：“包”字古音學家多將之歸幽部，而“麃”字自段玉裁後皆歸“宵”。此處幽宵旁轉。

高魚城（豪）—交魚城（肴）

《左傳·襄公二十六年》“遂襲我高魚”，《水經注·瓠子河》曰：“今廩丘東北有故高魚城，俗謂之交魚城。”[134][頁575]

苞山（肴）—椒山（宵）

郊（肴）—鄗（晧）

小王桃甲（豪）—小王姚甲（宵）

遇攝—效攝

臯如（晧）—渠如處（魚）*

衛俘（虞）—衛寶（晧）

召亭（宵）—樹亭（遇）

《左傳·僖公二十四年》杜注："扶風雍縣東南有召亭。"《水經注·渭水》："雍水又東逕召亭南，世謂之樹亭川，蓋召、樹聲相近，誤耳。亭，故召公之采邑也。"[134][頁441]

5. 流攝

晋悼公周（尤）—晋悼公糾（黝）

公孫周（尤）—公孫糾（黝）

仇牧（尤）—裘牧（尤）*

《左傳·莊公十二年》"仇牧"，《鶡冠子·備知》作"裘牧"[71][頁308]。按："裘"字《詩經》皆與之部通押，故古音學家多將其歸入之部。而《鶡冠子》改"仇"爲"裘"，則可能在《鶡冠子》的時代"裘"已讀入幽部了。

效攝—流攝

臯如（豪）—句如（侯）*

浮來（尤）—包來（肴）

子椒（宵）—子菽（尤）—子菽（屋）

椒舉（宵）—湫舉（尤）

椒鳴（宵）—湫鳴（尤）*

子服椒（精）—子服湫（尤）

夫椒（宵）—夫湫（尤）

按："椒"《廣韻》在宵韻，但古音學家一般認爲從"尗"之字上古屬入聲韵。但春秋至漢間"椒"、"湫"的異文比較常見，則"椒"應該已讀入平聲幽部了。這在《詩經》中同樣也有印證。《詩經·陳風·東門之枌》"視爾如荍，貽我握椒"，"椒"與"荍"韵；《詩經·唐風·椒聊》"椒聊"爲疊韵連綿詞。王力、郭錫良以"椒"入幽部①，是；唐作

① 見《詩經韵讀》，第234頁；《漢字古音手册》，第162頁。

藩入覺部①，恐非。

公山不狃（有）—公山弗擾（小）

茅戎（肴）—貿戎（候）

《左氏春秋·成公元年》“秋，王師敗績于茅戎”，《公羊》、《穀梁》經皆作“貿戎”。

公子裯（尤）—公子袑（小）

止攝—流攝

浮來（尤）—邳來（脂）

槜李（至）—就李（宥）

遇攝—流攝

屢盟（遇）—婁盟（侯）

《左傳·桓公十二年》：“君子屢盟。”《釋文》作“婁盟”，云：“本又作屢，音同。”[84][頁226]

邾（虞）—鄒（尤）

晉景公獳（泥）—晉景公據（見）

無婁（虞）—牟婁（尤）

夏區夫（虞）—夏彄夫（侯）

《左氏春秋·哀公十三年》“盜殺陳夏區夫”，《公羊》經“區”作“彄”。

6. 果攝

止攝—果攝

蘧罷（支）—蘧頗（戈）—蘧跛（果）

宮之奇（支）—宮之柯（歌）

7. 假攝

止攝—假攝

曲池（支）—毆蛇（麻）

遇攝—假攝

宋共公固（暮）—宋共公瑕（麻）

果攝—假攝

瑣澤（果）—沙澤（麻）

① 見《上古音手冊》，第59頁。

柯陵（歌）—嘉陵（麻）—加陵（麻）

《春秋·成公十七年》“同盟于柯陵”，《淮南子·人間》作“嘉陵”[74][頁1246]，《爾雅·釋地》有“加陵”[128][頁2614]。

（二）陽聲韵

1. 通攝

夫鍾（鍾）—夫童（東）

通攝—江攝

龙降（江）—龍降（鍾）*

龙圉（江）—龐圉（江）—龍圉（鍾）*

龙茸（江）—蒙茸（東）

《左傳·僖公五年》“狐裘龙茸，一國三公”，《詩·邶風·旄丘》[128][頁306]、《史記·晋世家》[130][頁1646]皆作“蒙茸”。按：《左傳釋文》“龙”有兩讀：“莫江反，又音蒙。”[84][頁232]但“音蒙”之音應該是據《詩經》、《史記》而改讀的。“茸”屬鍾韵，“龙茸”爲疊韵聯綿詞，上古江韵、鍾韵字同屬冬部，則似乎作“龙”更古一些。

2. 臻攝

宋閔公（軫）—湣公（准）—敏公（軫）*

《左傳·莊公十二年》“宋萬弒閔公于蒙澤”，《史記·宋微子世家家》作“湣公”[130][頁1624]，《中論·法象》作“敏公”[191][頁28]。按：《左傳》之“閔”，《史記》多作“湣”，例多不舉。“敏”從“每”得聲，上古屬“之”部。《中論》已用它來代替“閔”，那麽至遲到東漢末年，“敏”已讀入真部了。另外，自段玉裁開始，認爲真、文上古分立。“閔”從文得聲，上古屬文部；“湣”從民得聲，上古屬真部。但《史記》等書中這樣頻繁地改《左傳》之“閔”爲“湣”，可能漢初“閔”字已讀入真部。《廣韵》中“閔”爲軫韵，已是真韵對應的上聲了。

髡原（魂）—郡原（問）—䫉原（真）*

純留（諄）—屯留（魂）

《左傳·襄公十八年》“執孫蒯于純留”，《漢書·地理志》作“屯留”[67][頁1533]。

介根（痕）—計斤（欣）—計基（之）

楚成王䫉（真）—楚成王髡（魂）—楚成王惲（吻）

隕(軫)—抎(吻)

《左傳·成公二年》"隕子,辱矣",《説文·手部》引,"隕"作"抎"[137][頁254]。

四方其順之(稕)—四方其訓之(問)

臻攝—梗攝

生竇(庚)—笙瀆(庚)—莘瀆(臻)

《左傳·莊公九年》"生竇",《史記·齊太公世家》作"笙瀆",《史記索隱》謂鄒誕本作"莘瀆"[130][頁1486]。

通攝—臻攝

伯宗(冬)—伯尊(魂)

《左傳·宣公十五年》"伯宗",《穀梁傳》作"伯尊"。

3. 山攝

齊靈公環(删)—瑗(線)*

罕虎(旱)—軒虎(元)*

《左氏春秋·昭公十一年》"鄭罕虎",《公羊》經作"軒虎"。

渾罕(旱)—渾軒(元)*

《左傳·昭公四年》"渾罕",《韓非子·外儲説左下》作"渾軒"[62][頁290]。

公子般(桓)—公子斑(删)*

《左傳·莊公三十二年》"子般卒",《史記·魯周公世家》作"子斑"[130][頁1531]。

州滿(緩)—壽曼(願)*

髡頑(删)—髡原(元)

《左氏春秋·襄公七年》"鄭伯髡頑如會",《公羊》、《穀梁》經"頑"作"原"。

是用大簡(産)—是用大諫(諫)

《左傳·成公八年》引《詩》曰:"猶之未遠,是用大簡。"今本《詩經·大雅·板》"簡"作"諫"[128][頁548]。

鄢陵(仙)—安陵(寒)

《左傳·成公十六年》"晉侯及楚子、鄭伯戰于鄢陵",《後漢書·郡國志》劉昭注引李奇曰:"六國曰安陵。"[72][頁3423]

孔奂(换)—孔瑗(綫)

滕成公原（元）—滕成公泉（仙）

戎蠻子（删）—戎曼子（桓）

《左氏春秋·昭公十六年》“楚子誘戎蠻子”，《公羊》經“蠻”作“曼”。

昌間（山）—昌姦（删）

《左氏春秋·昭公二十二年》“大蒐于昌間”，《公羊》經“間”作“姦”。

前城（先）—泉城（仙）

《左傳·昭公二十二年》“晋箕遺、樂徵、右行詭濟師取前城”，《水經注·伊水》引服虔注：“前讀爲泉，周地也。”[134][頁377]

安孺子（寒）—晏孺子（諫）

《左傳·哀公六年》“使胡姬以安孺子如賴”，《史記·田敬仲完世家》作“晏孺子”[130][頁1881]。

闡（獮）—僤（翰）

公子鱄（仙）—公子段（换）

通攝—山攝

裔款（緩）—艾孔（董）

臻攝—山攝

陳敬仲（真）—田敬仲（先）*

辰亭（真）—田城（先）

《春秋·宣公十一年》“楚子、陳侯、鄭伯盟于辰陵”，《水經注·洧水》：“洧水又東南逕辰亭東，俗謂之田城，非也。蓋田、辰聲相近，城、亭音韵聯故也。經書：魯宣公十一年，楚子、陳侯、鄭伯盟于辰陵也。京相璠曰：潁川長平有故辰亭。杜預曰：長平縣東南有辰亭。”[134][頁523]按：自江永始，已分先韵之田、千、年等字入上古真部。田齊本爲陳國公子陳完後代，戰國時皆稱田齊，可知二字音相近。而應劭《風俗通義》曰：“桓公嘉之，愛敬日新，位比高、國，始食田采，姓田氏焉。”[41][頁44]認爲田齊之爲田，乃因陳完後有田之采地，而非陳之同音字，則漢末“田”、“陳”音已不同。舌上音的分化可能是比較晚的事情，那麽漢末“田”、“陳”的音異恐怕是因韵母的差異造成的。王力對魏晋南北朝韵部的分析，將先秦真部的田、年、千、滇等在魏晋南北朝時期都歸入仙部。其實恐怕屬先秦真部的部分《切韵》先韵字在東漢就已開始分化了。

楚郟敖麇（真）—卷（獮）—員（仙）*

公子偃（阮）—公子隱（隱）*

《左傳·莊公十年》“公子偃”，《漢書·古今人表》作“公子隱”[67][頁907]。

鄖水（文）—員水（元）—涢水（文）

《左傳·莊公四年》杜預注：“溠水在義陽厥縣西，東南入鄖水。”釋文“鄖”作“員”，云：“或作鄖。”[84][頁227]《水經注》作“涢”[134][頁734]。

鄆邑（問）—員亭（仙）

《左傳·文公十二年》：“季孫行父帥師，城諸及鄆。”杜預注：“鄆，莒、魯所爭者。城陽姑幕縣南有員亭。”按：段玉裁始真文分立，而元韵從員得聲字，《諧聲表》歸入十三文部。

麇國（真）—圈國（元）

鄭成公睔（慁）—鄭成公綸（山）

《春秋·襄公二年》“鄭伯睔卒”，《漢書·古今人表》作“鄭成公綸”[67][頁919]。顔師古曰：“綸音工頑反，《左傳》作睔，音工頓反。”

先軫（先）—孫軫（魂）

《左傳·僖公二十八年》“先軫”，《孫臏兵法·陳忌問壘》作“孫軫”①，《漢書·藝文志》兵形勢家亦有《孫軫》五篇，裘錫圭以爲即先軫②。

山攝—止攝

下讙亭（桓）—夏暉城（微）

《左傳·桓公三年》：“九月，齊侯送姜氏于讙。”杜預注：“讙，魯地。濟北蛇丘縣西有下讙亭。”《水經注·汶水》作“夏暉城”[134][頁583]。按：“暉”從“軍”得聲，上古蓋屬文部，《詩經·小雅·庭燎》“煇”與“晨”韵③，可證。但魏晋以後，暉、煇等字可能已讀入微部了，如王粲《公讌詩》“暉”與“蕤”、“榱”等韵④，左思《蜀都賦》“暉”與“威”、“闈”、“開”韵⑤，皆可證。但可能魏晋時期的部分方言中仍保留了“暉”文部的古音，所以元部之“讙”可以音轉爲“暉”。

---

① 見《銀雀山漢墓竹簡（壹）》，第56頁。

② 見《考古發現的秦漢文字資料對於校讀古籍的重要性》，《古代文史研究新探》，第22—23頁。

③ 《詩經·小雅·庭燎》：“夜如何其？夜鄉晨，庭燎有煇。君子至止，言觀其旂。”

④ 王粲《公讌詩》：“昊天降豐澤，百卉挺葳蕤。涼風撤蒸暑，清雲却炎暉。高會君子堂，并坐蔭華榱。”

⑤ 左思《蜀都賦》：“内則議殿爵堂，武義虎威。宣化之闥，崇禮之闈。華闕雙邈，重門洞開。金鋪交映，玉題相暉。”

4. 宕攝

頓子牂（唐）—頓子牄（陽）*

5. 梗攝

王子猛（梗）—王子黽（耿）*

《春秋·昭公二十二年》"王子猛卒"，《太平御覽》卷五六〇引《皇覽》作"王子黽"[150][頁2531]。

南宮敬叔（映）—南宮頃叔（清）*

敬嬴（映）—頃熊（清）

沈子逞（静）—沈子盈（清）—沈子楹（清）*

命（映）—名（清）

《左傳·桓公二年》："命之曰仇。"《漢書·五行志》引，"命"作"名"[67][頁1378]。又《左傳·桓公二年》："命之曰成師。"《史記·晋世家》[130][頁1637]、《漢書·五行志》引，"命"皆作"名"。

辰亭（青）—田城（清）

公孫姓（勁）—公孫生（庚）

《左氏春秋·定公四年》"蔡公孫姓帥師滅沈"，《釋文》作"公孫生"，云："本又作姓。"[84][頁293]

通攝—梗攝

公子馮（東）—公子憑（蒸）

敬嬴（清）—頃熊（東）

梗攝—山攝

郱邑（青）—駢邑（先）

《左傳·莊公元年》："齊師遷紀郱、鄑、郚。"段玉裁謂《漢書·地理志》應劭注之"伯氏駢邑"即此"郱"[140][頁299]。

衡雍（庚）—垣雍（元）

偃（阮）—纓（清）

《左氏春秋·僖公元年》"公敗邾師于偃"，《公羊》經"偃"作"纓"。

梗攝—宕攝

防（陽）—邴（梗）

孟諸（映）—望諸（漾）—明都（庚）

横亭（庚）—光城（唐）

士魴（陽）—士彭（庚）

6. 曾攝

通攝—曾攝

有仍（蒸）—有戎（東）

《左傳·昭公四年》“夏桀爲仍之會”，《韓非子·十過》作“有戎之會”[62][頁62]。

黑肱（登）—黑弓（東）

《左氏春秋·昭公三十一年》“黑肱以濫來奔”，《公羊》經“肱”作“弓”。

曾攝—山攝

鰥寡（山）—矜寡（蒸）

《左傳·昭公元年》引《詩》“不侮鰥寡，不畏彊禦”，今本《詩經》“鰥”作“矜”[128][頁569]。

7. 深攝

臻攝—深攝

楚昭王壬（侵）—楚王軫（軫）—楚王珍（真）

曾攝—深攝

仍叔（蒸）—任叔（沁）

《左傳·桓公五年》：“天王使仍叔之子來聘。”《穀梁傳》“仍”作“任”。按：陳新雄曰：“古韵六部七部合韵最近，音近相轉。”[19][頁30]

8. 咸攝

闞止（闞）—監止（鑒）*

甘（談）—鑒（鑒）

《左傳·僖公二十四年》：“甘昭公有寵於惠后。”《水經注·甘水》：“北對河南故城，世謂之鑒洛城，鑒、甘聲相近，即故甘城也，爲王子帶之故邑矣。是以昭叔有甘公之稱焉。”[134][頁404]

史黯（豏）—史黶（琰）

《左傳·哀公二十年》“史黯”，《説苑·尊賢》作“史黶”[144][頁192]。

鄭詹（鹽）—鄭瞻（鹽）—鄭儋（談）

通攝—咸攝

垂隴（腫）—垂歛（琰）

《左氏春秋·文公二年》“盟于垂隴”，《公羊》、《穀梁》經“隴”皆作“歛”。

閻職（鹽）—庸織（鍾）*

《左傳·文公十八年》“閻職”，《説苑·復恩》作“庸織”[144][頁141]。按：向宗魯曰：“‘庸’‘閻’、‘織’‘職’竝聲通。錢大昕釋《詩》，美孟庸矣，爲閻姓之女，是也。”江永已將侵談分立，“閻”屬談部。這裏閻、庸異文，是否因爲某些方言讀“閻”入侵部，而聲轉入冬，從而與東部字音近？

子贛（感）—子貢（送）*

《左傳·哀公十五年》“子贛”，《論語》皆作“子貢”。按：“贛”《廣韻》有古送、古暗、古禫三切。段玉裁曰：“贛聲當在八部，而讀同貢，則音之轉也。贛之古義古音皆與貢不同。”[140][頁280]是“贛”古音本在冬侵部，大概戰國時期，冬部已從侵部獨立而與東部相近。所以文獻中才會有贛、貢的異文。

（三）入聲韵

郁釐（屋）—鬱釐（物）

《左氏春秋·昭公二十四年》“杞伯郁釐卒”，《公羊》經“郁”作“鬱”。

圉人犖（覺）—鄧扈樂（鐸）*—鄅人駱（鐸）

《左傳·莊公三十二年》“圉人犖”，《春秋事語》作“鄅人駱”[105][頁19]。

顔涿聚（覺）—顔燭趨（燭）*

卓子（覺）—悼子（号）*

按：“悼”字《廣韵》從号韵，而上古音屬入聲藥部。

祝丘（屋）—即丘（職）

大屈之弓（物）—大曲之弓（燭）

《左傳·昭公七年》“好以大屈”，疏引《魯連書》作“大曲之弓”。

生竇（候）—笙瀆（屋）—莘瀆（屋）

按：部分候韵字上古屬去聲屋部，漢初可能尚未分開。

莫其德音（鐸）—貊其德音（陌）

《左傳·昭公二十八年》引《詩經》“莫其德音”，今本《詩經》“莫”作“貊”[128][頁520]。

虢仲（鐸）—郭仲（麥）*

《左傳·僖公五年》“虢仲”，《公羊傳·僖公二年》作“郭仲”。《春秋事語》“虢”亦作“郭”[105][頁11]。

射姑（禡）—亦姑（昔）—夕姑（昔）*

按："射"《廣韵》有神夜、食亦兩讀，食亦切應該就是古音的遺留。主張入聲分立的各古音學家皆將"射"隸入聲鐸部[55][頁81]。

易牙（昔①）—狄牙（錫）*

鐵（屑）—栗（至）

公山不狃（《左傳·宣公五年》）—公山弗擾（《論語·陽貨》）*

按：古音學家一般認爲上古"不"爲之部字，但文獻中不、弗異文極多，恐怕至遲到戰國時"不"字已讀爲入聲了。

鄭悼公費（未）—濆（未）—沸（未）—弗（物）*

按："費"從"弗"得聲，上古與"弗"同屬入聲物部。

匹嫡（質）—配嫡（隊）

《左傳·桓公十八年》"匹嫡"，《左傳·閔公二年》、《韓非子·説疑》[62][頁409]皆作"配嫡"。按："配"，《説文》以爲從己得聲[137][頁312]，則本當屬之部。段玉裁以爲從妃省聲，隸十五部，即脂微部[140][頁748]。周祖謨亦將之歸微部。而王力則認爲"配"古屬入聲物部。

烈山氏（薛）—厲山氏（祭）

《左傳·昭公二十九年》"烈山氏"，《禮記·祭法》作"厲山氏"[128][頁1590]。

吴子遏（曷）—謁（月）*

《左氏春秋·襄公二十五年》"吴子遏伐楚"，《公羊》經"遏"作"謁"。

蔑（屑）—眛（末）

《左氏春秋·隱公元年》："公及邾儀父盟于蔑。"《公羊》、《穀梁》經"蔑"作"眛"。按："眛"字從"末"，《校勘記》曰："《説文》眛從目、末聲，與從目、未聲之字别。眛與蔑古音同。"[27][頁789]陳新雄曰："蔑、眛古聲同類，古韵同部，同音通假。"[19][頁3]

姑蔑（屑）—大末（末）

《左傳·哀公十三年》"彌庸見姑蔑之旗"，杜預注："姑蔑，越地。今東陽大末縣。"《御覽》卷一七一引《輿地志》："太蔑，秦、漢爲太末縣。"[150][頁834]

越席（月）—趏席（末）

① 《廣韵》中"易"有平入兩讀，此用其入聲韵部。

北宫括（末）—北宫結（屑）

《左氏春秋·成公十七年》“衛北宫括帥師侵鄭”，《公羊》經“括”作“結”。

公叔發（月）—公孫拔（黠）

《左傳·襄公二十九年》“公叔發”，《禮記·檀弓下》鄭玄注：“衛獻公之孫，名拔，或作發。”疏引《世本》作“拔”[128][頁1309]。

韓厥（月）—韓屈（物）*

舌庸（月）—洩庸（月）—泄庸（祭）—渫庸（薛）*

《左傳·昭公二十六年》“舌庸”，《吴越春秋·夫差内傳》作“洩庸”[160][頁68]，《漢書·董仲舒傳》作“世庸”[67][頁2523]，王褒《四子講德論》作“渫庸”[157][頁714]。按：自王念孫、江有誥開始，古音學家就將祭、泰、夬、廢四部劃爲入聲字。

協（帖）—洽（洽）

《左傳·僖公二十二年》引《詩》“協比其鄰，昏姻孔云”，今本《詩經》“協”作“洽”。

《左傳·襄公三十一年》引《詩》“辭之輯矣，民之協矣”，今本《詩經》“協”作“洽”。

公子燮（帖）—公子濕（緝）

衛公子縶（緝）—衛公子輒（葉）

《左氏春秋·昭公二十年》“盜殺衛侯之兄縶”，《公羊》經“縶”作“輒”。

（四）陰入對轉

費無極（職）—費無忌（志）

《左傳·昭公十五年》“費無極”，《史記·楚世家》[130][頁1712]、《史記·伍子胥傳》[130][頁2171]、《淮南子·人間》[74][頁1276]、《吕氏春秋·慎行》[101][頁2694]作“費無忌”。

伯服（屋）—伯犕（至）

按：從“葡”聲之字，王力以之屬上古職部，如此則服、犕上古同部；而周祖謨以爲從“葡”聲之字上古屬之部，如此則二字之、職對轉。

卓子（覺）—悼子（號）

句瀆之丘（侯）—句竇之丘（屋）

《左傳·襄公十九年》“執公子牙於句瀆之丘”,《史記·齊世家》引,“瀆”作“竇”[130][頁1500]。

州吁(尤)—祝吁(屋)*

《左氏春秋·隱公四年》“衛州吁弑其君完”,《穀梁》經“州”作“祝”。

宋穆公(屋)—宋繆公(幽)

《左氏春秋·隱公三年》“葬宋穆公”,《公羊》、《穀梁》經“穆”作“繆”。按:《左傳》之“穆”,諸書多或作“繆”,例多不舉。錢大昕《十駕齋養新録》卷四曰:“古書昭穆之穆,與謚法之繆,二字相亂……然則秦繆公之謚當讀如繆,所謂名與實爽曰繆也。”[126][頁79]

曲池(燭)—毆蛇(厚)

鬷嘏無言—奏嘏無言

《左傳·昭公二十年》引《詩》“鬷嘏無言”,《禮記·中庸》引《詩》“鬷”作“奏”[128][頁1636]。

於菟—於檡

《左傳·宣公四年》“楚人謂乳穀,謂虎於菟”,《漢書·叙傳》“菟”作“檡”[67][頁4197]。按:顔師古注曰:“檡字或作菟,並音塗。”但從“睪”之字古讀入聲鐸部,中古音也没有讀入遇攝的,顔氏音塗,應是從《左傳》之音。從兔之字古讀魚部,此二字應是魚鐸陰入對轉。

亳社(鐸)—蒲社(模)

《左氏春秋·哀公四年》“亳社災”,《公羊》經“亳”作“蒲”。

叔孫婼(藥)—叔孫舍(馬)

按:上古音“舍”爲魚部,“婼”爲鐸部,陰入對轉。

偪陽(職)—傅陽(遇)—輔陽(麌)*

《左傳·襄公十年》“偪陽”,《穀梁傳》作“傅陽”,《漢書·地理志》亦作“傅陽”,且謂王莽時改爲“輔陽”[67][頁1638]。

莒邑(語)—劇邑(陌)

按:“劇”上古音亦屬魚部,與莒同部。

曹釐公夷(脂)—曹僖公赤(昔)

范臯夷(脂)—范臯繹(昔)

《左傳·定公十三年》“范臯夷”,《史記·趙世家》作“范臯繹”[130][頁1790]。

西乞術（術）—西乞遂（至）—西乞秫（術）*

按："遂"，王力認爲在古音中是入聲物部字，朱駿聲、周祖謨等皆認爲是平聲。

裂繻（薛）—履綸（旨）—厲（祭）

按：《禮記·内則》鄭玄注："《詩》云：'垂帶如厲。'紀子帛名裂繻，字雖今異，意實同也。"《廣韵》祭韵上古屬入聲月部，"裂"、"厲"聲同類韵同部。"履"則屬陰聲脂部。此處脂、月旁對轉。

（五）陰陽對轉

東攝—流攝

蹶由（尤）—蹶融（東）

《左傳·昭公五年》"蹶由"，《韓非子·説林下》作"蹶融"[62][頁192]。

止攝—臻攝

公子欣時（欣）—公子喜時（止）—郗時（脂）*

介根（痕）—計斤（欣）—計基（之）

鄑（稕）—訾（支）

《左傳·莊公元年》："齊師遷紀郱、鄑、郚。"杜預注："北海都昌縣西有訾城。"按：《説文》所附孫愐音鄑即移切，段玉裁曰："按晋聲在古音十二部，今鄑在五支者，蓋由杜以訾城當之而同其讀耳。《集韵》、《類篇》皆有即刃切。"[140][頁295]從"晋"聲之字，古屬真部；從"此"聲之字，段玉裁、朱駿聲皆列入脂部，而王力等則以之入支部。

季孫意如（志）—季孫隱如（隱）

《左氏春秋·昭公十年》"季孫意如、叔弓、仲孫貜帥師伐莒"，《公羊》經"意"作"隱"。

止攝—山攝

夷水（脂）—鄢水（仙）

《水經注·沔水》："夷水……又謂之鄢水，《春秋》所謂楚人伐羅渡鄢者也。"[134][頁667]按：章太炎曰："焉、夷，古同字。"[23][頁101]

齊攝—梗攝

甯母（青）—泥母（齊）

《左傳·僖公七年》："公會齊侯、宋公、陳世子款、鄭世子華，盟于甯母。"杜預注："高平方與縣東有泥母亭，音如甯。"

山攝—果攝

斟灌（换）—斟戈（戈）*

《左傳·襄公四年》“斟灌”，《史記·夏本紀》作“斟戈氏”[130][頁89]。

假攝—山攝

蠻城（删）—麻城（麻）—鄤鄉城（换）

《左傳·成公六年》“蠻氏侵宋”，杜預注：“河南新城縣東南有蠻城。”《水經注·汝水》：“（汝水）東歷麻解城北，故鄤鄉城也，謂之蠻中。左傳所謂單浮餘圍蠻氏，蠻氏潰者也。杜預曰：城在河南新城縣之東南，伊洛之戎陸渾蠻氏城也。俗以爲麻解城，蓋蠻、麻讀聲近故也。”[134][頁498]《史記·周本紀》正義引《括地志》：“故麻城謂之蠻中，在汝州梁縣界。《左傳》‘單浮餘圍蠻氏’，杜預云，城在河南新城東南，伊洛之戎陸渾蠻氏城也。俗以爲麻［城，蓋麻］蠻聲相近故耳。”[130][頁156]

（六）陽入對轉

烈山氏（薛）—連山氏（仙）*

《左傳·昭公二十九年》“烈山氏”，《史記·五帝本紀》正義引《帝王世紀》作“連山氏”[130][頁4]。

邴歜（燭）—丙戎（東）

按：“歜”上古屬屋部，“戎”屬“東”部，陽入對轉。

董安于（寒）—董閼于（曷）

《左傳·定公十三年》“董安于”，《韓非子·内儲説上》作“董閼于”[62][頁66]。

子蠻（删）—子貉（陌）

《左傳·成公二年》“是夭子蠻”，杜預注：“子蠻，鄭靈公。”《左傳·昭公二十八年》“是鄭穆少妃姚子之子，子貉之妹也”，杜預注：“子貉，鄭靈公夷。”

三 急言緩言

邾—邾婁

《左傳·隱公元年》：“公及邾儀父盟于蔑。”《公羊傳》、《穀梁傳》“邾”作“邾婁”。

郲—時來

《左傳·隱公十一年》經文：“公會鄭伯于時來。”傳作“公會鄭伯于郲”。

穀丘—句瀆之丘

《春秋·桓公十二年》:"公會宋公、燕人,盟于穀丘。"《左傳》:"公及宋公盟于句瀆之丘。"杜預注:"句瀆之丘,即穀丘也。"

寺人披—寺人勃鞮

《左傳·僖公五年》"寺人披",《國語·晋語四》[61][頁368]、《史記·晋世家》[130][頁1646]作"寺人勃鞮"。

司馬固—司馬購强

《左傳·僖公二十二年》"大司馬固",《韓非子·外儲説左上》"固"作"購强"[62][頁283]。

羊舌職—羊殖

《左傳·宣公十五年》"羊舌職",《説苑·善説》作"羊殖"[144][頁291]。

吴子乘—壽夢

《左傳·襄公十年》"會吴子壽夢也",杜預注:"壽夢,吴子乘。"孔疏引服虔曰:"壽夢,發聲。吴蠻夷言,多發聲,數語共成一言。壽夢,一言也。經言乘,傳言壽夢,欲使學者知之也。"

密州—買朱鉏

《春秋·襄公三十一年》"莒人弑其君密州",《左傳》"密州"作"買朱鉏"。段玉裁曰:"買即密……朱鉏即州,如邾婁即鄒。"[140][頁382]

專諸—鱄設諸

《左傳·昭公二十七年》"鱄設諸",《史記·刺客列傳》作"專諸"[130][頁2516]。

宋景公欒—宋景公頭曼—宋景公兜欒

《左傳·昭公二十年》"大子欒",即宋景公,《史記·宋世家》宋景公名"頭曼"[130][頁1630],《漢書·古今人表》名"兜欒"[67][頁929]。

第二節　《春秋》異文與詞義演變

文獻中引用《春秋》經傳的異文有不少是由於詞彙演變造成的。詞彙演變主要是由制度的變動、習語的改變和語言的演變造成的,以下分别進行討論。

一　因制度變動引起的詞義演變

隨着時代的前進,政治社會制度也發生了一些變動,與某一特定制度相關聯的詞彙也發生了變化，如：

【大宰一相】

《左傳·隱公十一年》："羽父請殺桓公，將以求大宰。"

《史記·十二諸侯年表》："大夫翬請殺桓公，求爲相。"[130][頁554]

《史記·魯世家》："公子揮諂謂隱公曰：'百姓便君，君其遂立。吾請爲君殺子允，君以我爲相。'"[130][頁1529]

章太炎曰："史公以大宰爲相，蓋本賈、賈説也。然侯國有司徒，無大宰……然此所謂大宰，實是司徒，蓋亦通稱耳。自四年經見翬名，則已爲卿矣，復求爲大宰者，卿之最尊，執國政者也。"[23][頁116]

按：章太炎之説是，通觀《春秋》經傳，魯國並無"相"一職。司馬遷以大宰爲魯國執政，而改"大宰"爲漢代更熟悉的"相"。

【尹一守】

《左傳·昭公十三年》："王縊于芋尹申亥氏。"

《新書·大都》："王遂死於乾溪于守亥之井。"[162][頁43]

按："尹"是上古官名的泛稱①，春秋時期的楚稱作"尹"的官更多，如《左傳》中有"箴尹"、"工尹"、"連尹"、"宮廄尹"、"監馬尹"之類。楚國縣官也稱"尹"，《左傳·襄公二十六》："此子爲穿封戌，方城外之縣尹也。"是有"縣尹"之稱。《左傳·宣公十二年》有"沈尹"，《左傳·哀公十七年》有"武城尹"，都是以縣名冠"尹"字上的例子。但漢以後這一官名比較少見，可能只出現在"京兆尹"中了。所以賈誼將"尹"改作漢代更常見的"守"。

【致一致命】

《左傳·成公九年》："夏，季文子如宋致女。"

《列女傳·貞順傳》："嫁伯姬於宋恭公。恭公不親迎，伯姬迫於父母之命而行。既入宋，三月廟見，當行夫婦之道。伯姬以恭公不親迎，

---

① 除了傳世文獻經常稱爲"尹"的官外，出土文獻中也有不少這種例證。張亞初、張雨在《西周金文官制研究》中對金文材料考察後説："尹是古代官吏的泛稱。"（第57頁）

故不肯聽命。宋人告魯，魯使大夫季文子如宋致命於伯姬。"[52][頁95]

按："致女"是春秋時婚姻制度的一個組成部分，《左傳·桓公三年》杜預注："古者女出嫁，又使大夫隨加聘問，存謙敬，序殷勤也。在魯而出，則曰致女。"其説是。劉向大概已不清楚這種制度，故改"致"爲"致命"，又敷衍出伯姬不肯聽命的一番故事來。

【郡—縣】

《左傳·哀公二年》："克敵者，上大夫受縣，下大夫受郡。"

《説文·邑部》引作"上大夫受郡"[137][頁131]，《玉篇·邑部》引《説文》引作"上大夫受郡，下大夫受縣"[147][頁38]。

按：《吕氏春秋·季夏紀》高誘注曰："周制，天子畿内方千里，分爲百縣，縣有四郡，郡有鄙，故《春秋傳》曰：'上大夫受縣，下大夫受郡。'周時縣大郡小，至秦始皇兼天下，初置三十六郡以監縣耳。"[101][頁583]是春秋時縣大郡小，故《左傳》稱"上大夫受縣"。許慎據漢時制度言之，故誤"縣"爲"郡"。

【王后—皇后】

《春秋·桓公八年》："祭公來，遂逆王后于紀。"

《通典》卷五十："後漢桓帝立，明年，有司奏：'太后曰："春秋迎皇后於紀，在塗則稱后。……"'"[154][頁1635]

按：春秋時周天子亦僅稱王，秦以後則國家最高統治者稱"皇帝"，"王"僅成爲一般諸侯的稱呼。杜佑蓋因後世制度而改"王"爲"皇"。

二　因語言變遷引起的詞義演變

文獻引《春秋》經傳，發生詞彙演變的主要原因還是由於語言隨時代而改變造成的。下面就對由於語言變動造成的詞彙演變舉例説明於下：

【畀—與】

《左傳·僖公十年》："夷吾無禮，余得請於帝矣，將以晋畀秦，秦將祀余。"

《史記・晋世家》:“夷吾無禮,余得請於帝,將以晋與秦,秦將祀余。”[130][頁1651]

按《説文・丌部》:“畀,相付与之約在閣上也。”[137][頁99] 《説文》對“畀”字本義的釋讀可能並不準確,不過給予義確是“畀”的假借義,而非其本義①。但“畀”很早就已用作給予義,甲骨文、金文中數量就極多②。傳世文獻中,僅《今文尚書》28 篇“畀”字就出現了 9 次;而在《詩經》中也出現 8 次之多,並且大多數出現在“雅”、“頌”等較爲古老的篇目中。到戰國以後,這個詞就已逐漸消亡。漢以後的作家使用這個詞就主要是由於擬古或引經,而非實際語言的記録了③。據吴崢嶸統計,在《左傳》中,用作給予義的“畀”字出現了 9 次,而在《國語》中僅 3 次,《戰國策》中未出現“畀”,《史記》中僅 1 例[212][頁75—76]。可見“畀”字逐漸退出語言的趨勢。《公羊傳・僖公二十八年》:“畀者何?與也。”《禮記・祭統》:“夫祭有畀煇、胞、翟、閽者,惠下之道也……畀之爲言與也,能以其餘畀其下者也。”[128][頁1606] 《爾雅・釋詁上》:“畀,賜也。”[128][頁2568] 《爾雅・釋詁下》:“畀,予也。”[128][頁2573] 從這些不厭其煩的解釋中也可以看出,當時的人們對於“畀”字的意思已不太熟悉,需要注釋了。這時的“畀”字主要被“與”、“予”、“賜”等所代替。

【斃—死】

《左傳・僖公四年》:“公祭之地,地墳。與犬,犬斃。與小臣,小臣亦斃。”

《國語・晋語二》:“公祭之地,地墳。申生恐而出。驪姬與犬肉,犬斃;飲小臣酒,亦斃。”[61][頁289]

《吕氏春秋・上德》:“嘗人人死,食狗狗死。”[101][頁2328]

《穀梁傳・僖公十年》:“覆酒於地而地賁。以脯與犬,犬死。”

《史記・晋世家》:“祭地,地墳;與犬,犬死;與小臣,小臣

① 關於“畀”字的本義,可參裘錫圭《畀字補釋》,《語言學論叢》第 6 輯;唐蘭《永盂銘文解釋》,《文物》1972 年第 1 期。

② 參前引裘錫圭文及《甲骨文編》第 241 頁、《金文編》第 309 頁。《甲骨文編》將“畀”釋爲“矢”字,唐蘭已有駁正,見《永盂銘文解釋的一些補充》,《文物》1972 年第 10 期。

③ 如《漢書》中所出現的六處“畀”字,其中兩處是對《詩》、《書》的引用,一處出自詔書,兩處抄自《史記》(《史記》中的一句話在《漢書》中出現了兩次)。

死。”[130][頁1645]

《列女傳·孽嬖傳》：“覆酒于地，地墳。申生恐而出。驪姬與犬，犬死；飲小臣，小臣死之。”[52][頁203]

按：“斃”的本義爲倒下，《説文·犬部》：“獘，頓仆也……斃，獘或從死。”段玉裁曰：“《人部》曰：‘仆者，頓也。’謂前覆也。人前仆若頓首然，故曰頓仆。”[140][頁476]這在《左傳》中也有不少用例，如《左傳·哀公十二年》：“長木之斃，無不摽也。”《左傳·定公八年》：“陽州人出，顏高奪人弱弓，籍丘子鉏擊之，與一人俱斃。偃，且射子鉏，中頰，殪。”顏高“斃”後還能射，則知是未死。杜注“斃，仆也”，這是正確的。而人往往因爲死亡才倒下，所以“斃”引申又有“死”的意思。但“斃”在文獻中的很多用例很難分辨出究竟是死亡還是倒下，如《左傳·成公二年》：“射其右，斃于車中。”從上下文很難判斷這個車右究竟是死了還是僅僅倒下而已。《禮記·檀弓上》曾子寢疾章：“吾得正而斃焉，斯已矣。”[128][頁1277]曾子已至易簀之時，自然不可能仆倒而死，這裏的“斃”就只有“死”的意思了，鄭玄還以“仆”釋“斃”，就不太確切了。先秦文獻中“斃”用作“死”的例子非常多，除了前揭《左傳》、《國語》中的例子外，又如：

《禮記·檀弓下》：“射之，斃一人，韔弓。又及，謂之，又斃二人。每斃一人，揜其目。止其御曰：‘朝不坐，燕不與，殺三人，亦足以反命矣。’”[128][頁1311]這裏“斃”即下文的“殺”，其實就是“死”的使動義，鄭以“仆”注，不確。

《禮記·表記》：“俛焉日有孳孳，斃而后已。”[128][頁1640]此例與前引《檀弓上》語意相近，鄭以“仆”注“斃”，不確。

《國語·晉語九》：“民罷力以完之，又斃死以守之，其誰與我？”[61][頁484]“斃死”同義連文。

《國語·鄭語》：“幽王八年而桓公爲司徒，九年而王室始騷，十一年而斃。”[61][頁507]

《國語·楚語上》：“穀陽豎愛子反之勞也，而獻飲焉，以斃於鄢；芋尹申亥從靈王之欲，以隕於乾谿。”[61][頁557]鄢之戰子反自殺，這裏的“斃”應該也是“死”的意思。

《吕氏春秋·季春紀·圜道》："人之竅九，一有所居則八虛，八虛甚久則身斃。"高誘注："斃，死也。"[101][頁364—365]

《吕氏春秋·召類》："賢主之舉也，豈必旗僨將斃而乃知勝敗哉。"[101][頁2515]

在先秦使用如此廣泛的一個詞，在漢代却非常罕見。《史記》中僅一例用"斃"者，《漢書》中無一"斃"字，二書中之"弊"、"敝"也全無用爲"死"義者。且漢代文獻在引用先秦文獻時，遇"斃"之"死"義也多改爲"死"，如前所舉例。可知漢代"斃"的這種用法可能已在實際語言中消失了。前面所舉三例《禮記》，鄭玄皆以"仆"釋"斃"，這可能也與當時對"斃"的"死"義比較陌生有關。

但奇怪的是，至東漢以後，用"斃"爲"死"義的例子又多起來。《後漢書·皇后紀下》："勃海王悝既已自貶，又受誅斃。"[72][頁448]《後漢書·孔融傳》："日磾深自恨，遂嘔血而斃。"[72][頁2265] 張華《鷦鷯賦》："彼晨鳧與歸鴈，又矯翼而增逝。咸美羽而豐肌，故無罪而皆斃。"[157][頁618]這究竟是"斃"之"死"義在語言中的復活，還是作者刻意的模古，恐怕已很難説清了。

【薄—迫】

《左傳·文公十二年》："臾駢曰：'使者目動而言肆，懼我也，將遁矣。薄諸河，必敗之。'胥甲、趙穿當軍門呼曰：'死傷未收而弃之，不惠也；不待期而薄人於險，無勇也。'"

《説苑·至公》："臾駢曰：'使者目動而言肆，懼我，將遁矣。迫之河，必敗之。'趙盾曰：'死傷未收而棄之，不惠也；不待期而迫人於險，無勇也，請待。'"[144][頁352]

按《説文·艸部》："薄，林薄也。"段玉裁曰："林木相迫不可入曰薄，引伸凡相迫皆曰薄。"[140][頁41] 段氏以爲"薄"之"迫"義爲"林薄"義的引申，恐怕未必是。"薄"、"迫"古音同屬鐸部，聲紐僅有清濁之别，可知古音相近。"薄"的"迫"義可能就是"迫"的假借。"薄"之"迫"義先秦用例較多，如《尚書·益稷》："外薄四海。"[128][頁143]《周易·説卦》："天地定位，山澤通氣，雷風相薄。"[128][頁94]《荀子·天論》："寒暑未薄而疾。"[167][頁308] 皆是其例。《左傳》中"薄"之"迫"義共有十例，其中九例出現在前八公，後四公僅有一例。另外值得注意的是，《左傳》前八公中無“迫”字，而後四公“迫”字使用則比較頻繁。《史記》中“薄”之“迫”義僅五例，其中一例出自《夏本紀》，抄自《尚書・益稷》；一例出自《楚世家》齊湣王與楚王書；一例出自《龜策列傳》褚少孫的擬古賦體文章；另外兩例出自《天官書》“日月薄蝕”的固定結構。可見司馬遷已不習慣用“薄”的這個意思。但與司馬遷大約同時的晁錯，《漢書・晁錯傳》載其上書却兩用“薄”之“迫”義。可見西漢“薄”此義並未完全消失。結合以上的分析，筆者推斷，“薄”之“迫”義可能在某些方言區（可能在兖、豫一帶）較爲常見，而在另一些方言區（如司馬遷所在關中地區）不太流行。《方言》卷五：“薄，宋、魏、陳、楚、江、淮之間謂之苗，或謂之麴，自關而西謂之薄。”[171][頁387—388]是否因關中之“薄”多用爲蠶薄義，故而其“迫”義不再常用？

【次—喪次】

《左傳・僖公九年》：“冬，十月，里克殺奚齊于次。”

《史記・晋世家》：“十月，里克殺奚齊于喪次。”[130][頁1649]

按：“次”本有“行次”之義，如《左傳・襄公二十六年》“師行焚次”，杜預注：“次，舍也。”是其例。由於孝眷服喪不在平日所居的房間，而是另造倚廬、堊室，故而服喪之處亦稱“次”。《儀禮・士喪禮》：“主人揖，就次。”鄭玄注：“次，謂斬衰倚廬，齊衰堊室也。”[128][頁1140]此即喪次之義。《左傳》、《國語》中多用“次”作“喪次”義。對此孔廣森《經學卮言》有專論：“‘子般即位，次于黨氏。’（莊公三十二年）次，喪次也。所謂五月居廬者也……蓋居廬于觀門之外，因大夫之署以爲次，若‘子野次于季氏’（襄三十一年），‘敬王即位，館于子旅氏’（昭廿二年），其事並同。《顧命》‘逆子釗于南門之外，延入翼室’，亦入就喪次也。”[86][頁840]但漢代以後，單以“次”字表喪次義的已比較少見，後世文獻在引用《左傳》中的這些内容時多作了改寫，前舉《史記》即是其例，又如：

《左傳・莊公三十二年》：“八月，癸亥，公薨于路寢。子般即位，次于黨氏。”

《史記・魯周公世家》：“八月癸亥，莊公卒，季友竟立子斑爲

君，如莊公命。侍喪，舍于黨氏。”[130][頁1532]

莊公三十二年傳杜預注曰：“即喪位。次，舍也。”釋“即位”爲“即喪位”，釋“次”爲“舍”。這恐怕都是錯誤。《左傳》中“即位”都是指即位爲君，無釋爲“即喪位”者。杜預大概受了“君薨，踰年即位”的影響，認爲此未踰年，不可即位。但《左傳》中未踰年即位的例子並不少，如隱公三年“八月庚辰，宋穆公卒，殤公即位”，隱公四年“衛人逆公子晋于邢，冬，十二月，宣公即位”，文公七年“夏，四月，宋成公卒……昭公即位而葬”，文公十四年“夏，五月，昭公卒，舍即位”，皆其例。大約《左傳》中的“即位”是指立爲君，《史記》以“季友竟立子斑爲君”對譯“子般即位”是很正確的。而“踰年即位”的“即位”是指舉行即位典禮，二者本不相涉。杜預釋“次”爲“舍”，可能受了《史記》“舍于黨氏”的影響。但《史記》是以“侍喪，舍于黨氏”對譯“次于黨氏”，而不是僅“舍于黨氏”一句。司馬遷稱“侍喪”，顯然也是認爲《左傳》之“次”是“喪次”義。

【訪】

《左傳·僖公三十二年》：“穆公訪諸蹇叔，蹇叔曰……”

《史記·秦本紀》：“繆公問蹇叔、百里傒，對曰……”[130][頁190]

《左傳·文公元年》：“初，楚子將以商臣爲大子，訪諸令尹子上。”

《史記·楚世家》：“初，成王將以商臣爲太子，語令尹子上。”[130][頁1698]

《列女傳·節義傳》：“王將立公子商臣以爲太子，王問之於令尹子上。”[52][頁123]

《左傳·哀公十一年》：“孔文子之將攻大叔也，訪於仲尼。”

《史記·孔子世家》：“衛孔文子將攻太叔，問策於仲尼。”[130][頁1934]

按《説文·言部》：“訪，汎謀曰訪。”[137][頁52]許氏從語源上解釋作“汎謀”，其實在實際語言運用中，“訪”與“問”意義相近，所以會出現“訪問”近義連文的現象。如《左傳·昭公元年》：“晝以訪問。”該字在先秦文獻中使用較爲頻繁，《左傳》中凡16見，《國語》10見。但在漢代文獻中，該字却罕見使用。《史記》中僅兩見，一抄自《尚書》，一自《左傳》。《漢書》中 7 見，其中 1 次是用作“方”的假借，4 次抄自《尚書》或用“訪箕子”的典故。其他漢代諸子的用例也較少。恐怕在漢人的口語中已不太常用“訪”了。但東漢以後該詞又得到較爲廣泛的使用，《後漢書》中出現了 62 次，除 9 例爲人名外，餘皆用作“訪問”義。這恐怕與漢代的長安方言有關係。可以與之相比較的是，“訪”字已基本在現代口語中消失，却在某些地區的方言中仍然存在①。

【好—喜】

> 《左傳・閔公二年》：“衛懿公好鶴。”
> 《新書・春秋》：“衛懿公喜鶴。”[162][頁246]

按《説文・喜部》：“喜，樂也。”[137][頁101]其本義當與音樂相關②。而文獻中多用之爲“快樂、喜悦”義，《太平御覽》卷四六七引《説文》：“不言而悦曰喜。”[150][頁2146]《玉篇・喜部》：“喜，悦也。”[147][頁304]引申之，指從某對象中可以得到快樂，也就是“喜好”義。上古文獻中“喜”大多用作“快樂”義③，《左傳》中“喜”字除用作人名外，全部表示“快樂”義，用作動詞或名詞，作動詞時不帶賓語④。到戰國時，“喜”字漸漸有了“喜好”義，如《國語・越語》：“信讒喜優。”⑤[61][頁649]《周易・蹇》之象辭：“‘往蹇來反’，内喜之也。”[128][頁51]到了漢代，這種用法更爲普遍，《史記》中“喜”用作“喜好、愛好”義的共有 39 例。《史記・貨殖列傳》“皆中國人民所喜好”[130][頁3254]，“喜”與“好”連文，當時已把“喜”當作“好”的近義詞來用了。《淮南子・兵略》：“拒諫喜諛。”[74][頁1096]“喜”與“拒”對文。前揭《新書》改《左傳》之“好”

---

① 參《漢語方言大詞典》，第 2268 頁。

② 現代文字學家也多持該觀點，如楊樹達（見《文字形義學》）、李孝定（見《甲骨文字集釋》）等。但也有人認爲“喜”即“饎”，如林義光（見《文源》）。

③ 據筆者所見，在《左傳》之前的文獻中僅有一個特例，《詩經・小雅・彤弓》：“我有嘉賓。中心喜之……我有嘉賓。中心好之。”但恐怕這是詩人爲了協韵臨時用的，很難説當時“喜”已有了“喜好”的意思。

④ 僅有一個特例，《左傳・僖公二十八年》：“喜賂怒頑。”“賂”看起來好像是“喜”的賓語，但“喜”與“怒”相對，“喜”顯然是“快樂”的意思。這裹的“賂”並非“喜”的賓語，而是其補語，“賂”前省略了“於”字。

⑤ 《漢語大詞典》中“喜”的“愛好”義首舉稽康《與山巨源絶交書》，顯然偏晚。

爲“喜”，正體現了“喜”字的這種詞義轉變過程。

【疾—病】

《左傳·隱公三年》：“宋穆公疾，召大司馬孔父而屬殤公焉。”

《史記·宋世家》：“穆公九年，病，召大司馬孔父謂曰……”[130][頁1623]

《左傳·莊公三十二年》：“公疾，問後於叔牙。”

《史記·魯世家》：“莊公病，而問嗣於弟叔牙。”[130][頁1532]

《左傳·僖公八年》：“宋公疾，大子茲父固請曰：‘目夷長且仁，君其立之。’”

《史記·宋世家》：“桓公病，太子茲甫讓其庶兄目夷爲嗣。”[130][頁1625]

《左傳·宣公十五年》：“疾病，則曰：‘必以爲殉！’”

《論衡·死僞》：“病困，則更曰：‘必以是爲殉。’”[130][頁898]

《左傳·襄公二十五年》：“崔子稱疾不視事。”

《史記·齊太公世家》：“崔杼稱病不視事。”[130][頁1500]

《左傳·昭公元年》：“冬，楚公子圍將聘于鄭，伍舉爲介。未出竟，聞王有疾而還。”

《韓非子·姦劫弒臣》：“楚王子圍將聘於鄭，未出境，聞王病而反。”[62][頁107]

《戰國策·楚四》：“楚公子圍聘於鄭，未出竟，聞王病，反問疾。”[184][頁567]

《左傳·昭公二十六年》：“叔孫昭子求納其君，無疾而死。”

《史記·魯世家》：“叔孫昭子求内其君，無病而死。”[130][頁1542]

《左傳·哀公五年》：“公疾，使國惠子、高昭子立荼。”

《史記·齊太公世家》：“景公病，命國惠子、高昭子立少子荼爲太子。”[130][頁1505]

《史記·田敬仲完世家》："景公病，命其相國惠子與高昭子以子荼爲太子。"[130][頁1881]

《左傳·哀公十一年》："越在，我心腹之疾也。"
《史記·伍子胥列傳》："夫越，腹心之病。"[130][頁2179]

《左傳·哀公十四年》："陳氏方睦，使疾而遺之潘沐，備酒肉焉，饗守囚者，醉而殺之而逃。"
《史記·齊太公世家》："田氏方睦，使囚病而遺守囚者酒，醉而殺守者，得亡。"[130][頁1508]

按：關於"疾"與"病"的討論，學術界已做了許多工作，幾乎已題無剩義，現略作總結如下：

洪成玉、張桂珍①、王政白②等對"疾"與"病"在本義、引申義、內涵、詞義搭配和語法功能上的不同做了較多的總結。徐時儀③從聲符分析了兩者的語源和詞義，認爲兩者可通用，"僅在同時並用時各據其所處位置而用其都具備的某一義"，並沒有《說文》中提到的"病，疾加"，也就是"病"重而"疾"輕的區別。丁喜霞④認爲"疾"與"病"在語義上沒有差別，時間上沒有明顯先後。洪華志⑤從甲骨文已多用"疾"中看出"疾"產生早於"病"，另外，"病"的"生病"、"疾病"義乃其"困苦"本義的引申。王彤偉⑥在對文獻的詞頻統計後更指出了"病"與"疾"更替的時間界限："從戰國中晚期開始，在'疾病、生病'義上，'病'漸顯替代'疾'的趨勢。"⑦ 黃金貴⑧着重考察了"病"

① 見洪成玉、張桂珍《古漢語同義詞辯析》，浙江教育出版社 1987 年版。
② 見王政白《古漢語同義詞辯析》，黃山書社 1992 年版。
③ 見徐時儀《也談"疾"與"病"》，《辭書研究》1999 年第五期。
④ 見丁喜霞《常用詞"疾病"的歷史來源考辨》，《洛陽師範學院學報》2006 年第 3 期。
⑤ 見洪華志《"疾"輕"病"重辨》，《杭州大學學報》1996 年第 2 期。
⑥ 見王彤偉《常用詞"疾"、"病"的歷時替代》，《北方論叢》2005 年第 2 期。
⑦ 但應該指出的是，王氏的詞頻統計似乎有些問題，如王氏統計《左傳》中"疾"有 158 次，"病"有 78 次，但據筆者統計，《左傳》實有"疾"196 例（其中 43 例爲人名），"病"字有 66 例。雖然這樣，但其結論是正確的。
⑧ 見黃金貴《"病"、"疾病"的名詞疾病義之由來考》，《漢語史學報》第十一輯，上海教育出版社 2011 年版。

的歷時演變，並指出："戰國以後，動詞（疾）危重義衍生名詞性的重病義，又擴大爲疾病義，由此出現同義並列詞組'疾病'，很快凝固爲複詞。"

除了前人所説，筆者還想指出以下幾點：

(1)《説文》中認爲"疾加"是"病"的本義誠不確，不過先秦文獻中"病"用作"病危"的例子還是比較多。但漢人明顯對這個意義已不熟悉了。《左傳》中經常出現的"疾病"多指"疾病加重"，但漢人多將其視爲同義連文而對譯作"有病"、"有疾"，如以下幾例：

《左傳·桓公五年》："公疾病而亂作，國人分散，故再赴。"

《史記·陳杞世家》："桓公病而亂作，國人分散，故再赴。"[130][頁1576]

《左傳·襄公十九年》："齊侯疾，崔杼微逆光。疾病，而立之。"

《史記·齊太公世家》："靈公疾，崔杼迎故太子光而立之，是爲莊公。"[130][頁1499—1500]

《列女傳·仁智傳》："靈公疾，高厚①微迎光。及公薨，崔杼立光。"[52][頁76]

《左傳·襄公二十五年》："君之臣杼疾病，不能聽命。"

《列女傳·孽嬖傳》："君之臣杼有疾不在，侍臣不敢聞命。"[52][頁211—212]

《左傳·昭公四年》："豎牛曰：'夫子疾病，不欲見人。'"

《韓非子·内儲説上》："叔孫有病，豎牛因獨養之而去左右，不内人。"[62][頁220]

《孔子家語·正論解》："叔孫有病，牛不通其饋。"[91][卷9頁20A]

(2)除了"生病"、"疾病"等義外，"疾"和"病"在其他義項上也發生了一些改變。《左傳》中"疾"字也可用作"疾恨"義，而"病"則有"憂慮"義。但漢以後，"病"的"憂慮"義已不再常用，部分功能甚至由"疾"來代替。如：

---

① 引者按："高厚"當作"崔杼"，涉上文而誤。

《左傳·宣公十年》:"陳靈公與孔寧、儀行父飲酒於夏氏。公謂行父曰:'徵舒似女。'對曰:'亦似君。'徵舒病之。"

《列女傳·孽嬖傳》:"靈公與二子飲於夏氏,召徵舒也。公戲二子曰:'徵舒似汝。'二子亦曰:'不若其似公也。'徵舒疾此言。"[52][頁207]

另外,將"生病"、"疾病"義讓渡給"病"字的"疾",其"急"義在漢以後得到了發展。《左傳》196例"疾"字,僅4例用作副詞"急"①。但到漢代,"急"成了"疾"字的主要用義之一,《史記》中便有49例"疾"用作"急"義。

(3)《左傳》"疾"在與"病"有關的義項中,其動詞義,即"生病"義,是佔優勢的。但漢以後似乎更習慣用"疾"、"病"爲名詞,這從《左傳》的有關異文中也可以看出:

《左傳·莊公三十三年》:"公疾。"

《史記·魯周公世家》:"莊公有疾。"[130][頁1532]

《左傳·僖公八年》:"宋公疾。"

《說苑·立節》:"桓公有疾。"[144][頁81]

《左傳·襄公二十五年》:"君之臣杼疾病,不能聽命。"

《列女傳·孽嬖傳》:"君之臣杼有疾不在,侍臣不敢聞命。"[52][頁211—212]

《左傳·昭公四年》:"豎牛曰:'夫子疾病,不欲見人。'"

《韓非子·内儲說上》:"叔孫有病,豎牛因獨養之而去左右,不内人。"[62][頁220]

《孔子家語·正論解》:"叔孫有病,牛不通其饋。"[91][卷9頁20A]

後世的《左傳》引文中的一些無意識的改動也體現了這種變化,如

① 《左傳·襄公十一年》:"楚弱於晋,晋不吾疾也。"杜預釋"疾"爲"急",但這是動詞,筆者認爲還是釋作"疾恨"爲是。

《左傳·宣公十五年》“武子疾”，《文選》卷十五張衡《思玄賦》舊注引作“武子有疾”[157][頁218]；《左傳·昭公七年》“晉侯疾”，《禮記·王制》疏[128][頁1336]、《後漢書·儒林傳》李賢注[72][頁2586]皆引作“晉侯有疾”。

【立—即位】

《左傳·桓公十七年》：“昭公立，懼其殺己也。”

《韓非子·難四》：“及昭公即位，懼其殺己也。”[62][頁384]

《史記·鄭世家》：“及昭公即位，懼其殺己。”[130][頁1763]

按：《左傳》中“立”字不僅可以用作他動詞，即“立某人爲君”，也可以用作自動詞，指即位。如《左傳·隱公元年》：“公立，而求成焉。”《左傳·隱公三年》：“桓公立，乃老。”《左傳·隱公四年》：“衛州吁弑桓公而立。”皆其例。但戰國以後，“立”字這種用法可能就比較少了。《史記》中一般只用在“某卒某立”這一個句式中，像《左傳》中這種單用的例子已比較少。所以戰國以後的文獻中遇《左傳》中的這種“立”，往往會作一些改動，除了如前引之例改作“即位”外，還會將“立”改造爲他動詞，如：

《左傳·隱公四年》：“衛州吁弑桓公而立。”

《史記·衛世家》：“州吁收聚衛亡人以襲殺桓公，州吁自立爲衛君。”[130][頁1592]

【虜】

《左傳·桓公三年》：“曲沃武公伐翼，次于陘庭。韓萬御戎，梁弘爲右。逐翼侯于汾隰，驂絓而止，夜獲之，及欒共叔。”

《史記·晉世家》：“九年，伐晋于汾旁，虜哀侯。”[130][頁1639]

《左傳·莊公十年》：“秋九月，楚敗蔡師于莘，以蔡侯獻舞歸。”

《史記·管蔡世家》：“楚文王從之，虜蔡哀侯以歸。”[130][頁1566]

《史記·楚世家》：“六年，伐蔡，虜蔡哀侯以歸。”[130][頁1696]

《左傳·莊公十一年》："公以金僕姑射南宫長萬，公右歂孫生搏之。"

《史記·宋世家》："魯生虜宋南宫萬。"[130][頁1624]

《左傳·莊公十一年》："始，吾敬子。今子，魯囚也。"

《公羊傳·莊公十二年》："閔公矜此婦人，妒其言，顧曰：'此虜也！爾虜焉故，魯侯之美惡乎至？'"

《史記·宋世家》："始吾敬若；今若，魯虜也。"[130][頁1624]

《左傳·僖公五年》："師還，館于虞，遂襲虞，滅之。執虞公及其大夫井伯，以媵秦穆姬。"

《史記·晉世家》："還，襲滅虞，虜虞公及其大夫井伯百里奚以媵秦穆姬。"[130][頁1646]

《左傳·僖公十五年》："秦獲晉侯以歸。"

《淮南子·氾論》："虜惠公以歸。"[74][頁974]

《左傳·僖公三十三年》："敗秦師于殽，獲百里孟明視、西乞術、白乙丙以歸。"

《史記·秦本紀》："大破秦軍，無一人得脱者。虜秦三將以歸。"[130][頁192]

《史記·晉世家》："敗秦師于殽，虜秦三將孟明視、西乞秫、白乙丙以歸。"[130][頁1670]

《左傳·宣公二年》："宋師敗績，囚華元，獲樂吕。"

《吕氏春秋·察微》："宋師敗績，華元虜。"[101][頁1891]

《左傳·宣公十二年》："楚熊負羈囚知罃。"

《史記·晉世家》："楚虜我將智罃。"[130][頁1677]

《左傳·成公十三年》："五月，丁亥，晉師以諸侯之師及秦師戰于麻隧。秦師敗績，獲秦成差及不更女父。"

《史記·晉世家》："至涇，敗秦於麻隧，虜其將成差。"[130][頁1679]

《左傳·哀公十三年》:“丙戌,復戰,大敗吴師。獲大子友、王孫彌庸、壽於姚。”

《史記·吴世家》:“丙戌,虜吴太子友。”[130][頁1474]

《左傳·哀公十六年》:“生拘石乞,而問白公之死焉。”

《史記·伍子胥列傳》:“而虜石乞,而問白公尸處。”[130][頁2182]

《左傳·哀公十七年》:“齊人伐衛,衛人請平。立公子起,執般師以歸,舍諸潞。”

《史記·衛世家》:“齊伐衛,虜斑師,更立公子起爲衛君。”[130][頁1602]

按《説文·毌部》:“虜,獲也。”[137][頁142] 但該字在早期文獻中罕見使用,不但甲骨文、金文中未見,在戰國之前的文獻中僅《詩經·常武》中有“仍執醜虜”一個用例。而《左傳》、《國語》、《孟子》等文獻中也不見“虜”字。至戰國晚期,此字才被廣泛使用,《荀子》中有3例,《吕氏春秋》則有15例。到漢代,“虜”字得到迅速發展,《史記》中共有263個用例,又有11例“鹵”假借爲“虜”;《漢書》中則有377例“虜”字。漢代“虜”字發展這樣快,筆者懷疑可能與關中方言有關。

先秦文獻中常用來表示“俘”義的詞在漢代已逐漸被淘汰,如《左傳》常用的“獲”字,《史記》中雖有25處用作“俘”義,而其中7例襲自《左傳》,1例引自《尚書》,8例爲天子詔書,4例爲“虜(鹵)獲”連言,2例的賓語是“虜”或“首”,可見漢代的“獲”字的“俘”義在實際語言中可能已經消失,而僅僅出現在述古和擬古的文章中。《左傳》中其他幾個用作“俘”義的詞,如“搏(捕)”、“拘”、“執”在漢代也與“虜”有了意義上的差別。

【逆—迎】

《左傳·閔公二年》:“宋桓公逆諸河,宵濟。”

《詩經·鄘風·定之方中》鄭玄注:“宋桓公迎衛之遺民渡河。”[128][頁315]

《左傳·僖公二十五年》:“天子降心以逆公,不亦可乎?”

《新序·善謀》:“天子降心以迎公,不亦可乎?”[164][頁1086]

《公羊傳·宣公十二年》:“鄭伯肉袒,左執茅旌,右執鸞刀,以逆莊王。”

《新序·雜事》:“鄭伯肉袒,左執旄旌,右執鸞刀,以迎莊王。”[164][頁514—517]

《左傳·文公七年》“穆伯如莒涖盟,且爲仲逆”,《周禮·調人》疏引,“逆”作“迎”[128][頁732]。

《左傳·宣公二年》“宣子使趙穿逆公子黑臀于周而立之”,《禮記·曲禮上》疏引,“逆”作“迎”[128][頁1241]。

按《說文·辵部》:“逆,迎也。關東曰逆,關西曰迎。”[137][頁40]《方言》卷一:“逢、逆,迎也。自關而東曰逆,自關而西曰迎,或曰逢。”[171][頁88]馬叙倫曰:“(逆)與迎一字異形。迎之初文爲卬,卬篆作,象一人來,一人俯而迎之。迎爲東西相對形,爲南北相對形……今逆音宜戟切,迎音語京切,乃由時地遷異而來,然仍爲疑紐雙聲。”[138][卷4頁18]是“逆”、“迎”之别在方言區的不同,但事實似乎並非如此簡單。“逆”字在甲骨文、金文中極多,而“迎”、“卬”均不見於甲骨文、金文。在較早的文獻中,“迎”字的用例也極少。《周易》、《尚書》、《論語》均不見“迎”字,《詩經》僅見於《大明》和《韓奕》兩詩中,《左傳》中僅一見。與此相對的,“逆”字在《左傳》中出現了164次,其中雖有部分爲悖逆義,但用爲迎接義的也佔了相當的部分。戰國後期的文獻中,“迎”字就開始佔優勢了,《吕氏春秋》中“迎”字出現了17次,即便是在可能屬於關東文獻的《管子》中“迎”字也出現了14次,《晏子春秋》中“迎”字出現了10次。《吕氏春秋》中用作迎接義的“逆”字僅3例,《管子》中僅1例,而《晏子春秋》中則完全不見用作迎接義的“逆”字。到漢代,“迎”字更得到充分發展,《史記》中“迎”使用了177次,已佔絶對的優勢了。故而前揭《新序》、《詩經》鄭箋等都改前世文獻中的“逆”爲“迎”。由此可見,上古漢語可能只用“逆”字表示迎接義,而興起於關中方言的“迎”字在戰國中後期佔了上風,在迎接義上逐漸取代了“逆”字。

【勤】

《左傳·僖公九年》:“齊侯不務德而勤遠略。”

《史記·晋世家》:“齊桓公益驕,不務德而務遠略。”[130][頁1648]

《左傳·僖公二十五年》:“求諸侯,莫如勤王。”

《史記·十二諸侯年表》:“求霸莫如内王。”[130][頁594]

《史記·晋世家》:“求霸莫如入王尊周。”[130][頁1663]

《左傳·成公九年》:“大夫勤辱,不忘先君以及嗣君,施及未亡人。”

《列女傳·貞順》:“大夫勤勞於遠道,辱送小子,不忘先君以及後嗣。”[52][頁95]

《左傳·昭公十五年》:“師徒不勤,而可以獲城,何故不爲?”

《國語·晋語九》:“可無勞師而得城,子何不爲?”[61][頁484]

《左傳·定公九年》:“陽虎欲勤齊師也,齊師罷,大臣必多死亡,己於是乎奮其詐謀。”

《説苑·權謀》:“陽虎欲齊師破。齊師破,大臣必多死,於是欲奮其詐謀。”[144][頁328]

按《説文·力部》:“勤,勞也。”[137][頁292] “勤”的本義即勤勞,前揭昭公十五年傳“師徒不勤”即其義。上古往往用其爲及物動詞,即勤勞於某事,致力於某事。如《毛公鼎》:“劵堇大命。”“堇”即“勤”之初文。又如《尚書·大誥》:“天亦惟用勤毖我民。”[128][頁199] 前揭《左傳》“勤遠略”、“勤王”皆其例。《左傳·成公十三年》:“君子勤禮,小人盡力。”《國語·晋語九》:“勤之以力,致之以死。”[61][頁497] “勤”與“盡”、“致”對文,其義尤爲明顯。

但漢以後,“勤”的這兩種意思都不再常用,“勞”義雖存,但往往與“勞”組成複合詞使用,而極少單用了。如:

《詩經·周南·卷耳》小序:“又當輔佐君子求賢審官,知臣下之勤勞。”

《詩經·召南·殷其雷》傳:“其室家能閔其勤勞,勸以義也。”

《史記·孝文本紀》："封畿之内勤勞不處……今朕夙興夜寐，勤勞天下。"[130][頁431]

《史記·李斯傳》："夫忠臣不避死而庶幾，孝子不勤勞而見危。"[130][頁2550]

以"勤勞"替换"勤"字，在其他文獻的異文中也可以找到一些：

《國語·魯語下》："故不憚勤遠而聽於楚。"[61][頁191]

《説苑·正諫》："故不憚勤勞，不遠道塗；而聽於荊也。"[144][頁233]

"勤"的及物動詞義則幾乎已經消失，訓詁家遇此往往隨文釋義①，而引用者在引用時也往往以其他詞來意譯。如前揭首例《史記》以"務"譯之，二例則以"入"譯之。

【食—秣、餘】

《左傳·成公十六年》："孫於魯，相二君矣。妾不衣帛，馬不食粟，可不謂忠乎？"

《鹽鐵論·通有》："昔孫叔敖相楚，妻不衣帛，馬不秣粟。"[169][頁43]

《漢書·王莽傳》："僮奴衣布，馬不秣穀。"[67][頁4058]

《潛夫論·遏利》："季文子相四君，馬不餘粟，妾不衣帛。"[117][頁27]

按：《説文》無"秣"，有"餘"，"餘"即"秣"字。《説文》："餘，食馬穀也。"段玉裁注："秣同餘。"[140][頁222]其本義爲名詞，即"飼料"，《周禮·天官·大宰》"七曰芻秣之式"[128][頁648]，即其例。引申之爲動詞，即"餵養"，《詩經·周南·漢廣》："言秣其馬。"毛傳："秣，養也。"[128][頁282]古漢

① 杜預於《左傳》之"勤"字多隨文釋義，對此楊樹達已有批評。《左傳·僖公三年》"齊方勤我"，杜預注："勤恤鄭難。"楊氏曰："傳云'勤我'，杜云'勤恤鄭難'，則增字以釋經矣。今按《爾雅·釋詁》云：'勤，勞也。'勤我者，爲我勤勞也，不當如杜説。僖二十四年傳云'求諸侯莫如勤王'，勤王，謂勤勞王事也，杜云'勤納王'，亦失之。成十八年傳云'欲救得人，必先勤之'，謂爲之有所勤勞也，杜云'勤恤其急'，亦失之。"（《積微居讀書記》，第36頁）楊説是。但對"勤"字隨文釋義可以是自漢以來的傳統，而非杜預一人之失。如僖二十四年傳"勤王"，杜注曰"勤納王"，與《史記》以"入"、"内"翻譯《左傳》同，可能正是《左傳》家的古説。

語中授受同辭，故動物自食也可用“秣”，前揭《鹽鐵論》、《漢書》中即是其例。如果前揭兩例還可以説“秣”後省略了“之以”的話，那麽《荀子·勸學》“伯牙鼓琴而六馬仰秣”[167][頁10]中的“秣”則純然已是“喫”的意思了。高誘注《淮南子·説山》謂“仰秣，仰頭吹吐，謂馬笑也”[74][頁1104]，黄懷信注《大戴禮記·勸學》謂“仰秣，深仰頭而離秣”[29][頁832]，皆屬囈説。楊倞注《荀子》曰“仰首而秣，聽其聲也”，正得其義。總之，“秣”自戰國後期以來已發展出“喫”義。

與“秣”字引申過程相反的有“餧”字，“餧”本指餵養，如《禮記·月令》“餧獸之藥”[128][頁1363]。但引申也可以指食物，《楚辭·九辯》：“鳳亦不貪餧而妄食。”[8][頁190]這裏的“餧”就已是名詞“食物”的意思了。

“餼”本字作“氣”，本義爲贈送人的糧食。《説文·米部》：“氣，饋客之芻米也……餼，氣或從食。”[137][頁148]其本義爲人的食物，但引申也可以指動物的食物，即“飼料”，如《國語·魯語上》：“馬餼不過稂莠。”韋昭注：“餼，秣也。”[61][頁184]這種用法一直到後代還在使用，唐元載《故相國杜鴻漸神道碑》：“邠郊無館穀之犒，安定絶薪芻之餼。”[158][頁4663]與“秣”字的引申軌迹相似，“餼”再引申作動詞，便有了“喫”的意思，前揭《潛夫論》即其例。但“餼”字的這種用法並不太常見，可能並没有被廣泛接受。

還應指出的一個現象是，在先秦，無論人還是動物，都可以用“食”來表達“喫”的含義。但在漢代以後，動物有了專用的表達“喫”義的詞，前揭“秣”、“餼”都是這方面的例子。又如《漢書·荊燕吴傳》：“語有之曰：‘狧穅及米。’”顔師古注：“狧，古䑛字。䑛，用舌食也，蓋以犬爲喻也。”[67][頁1907—1908]

【氏】

> 《左傳·襄公十七年》：“國人逐瘈狗，瘈狗入於華臣氏。”
> 《論衡·感類》：“國人逐瘈狗，瘈狗入華臣之門。”[102][頁800]
> 《説文·犬部》：“狾狗入於華臣氏之門。”[137][頁205]

> 《左傳·襄公二十三年》：“孟氏又告季孫。季孫怒，命攻臧氏。”
> 《論語義疏》：“孟氏又告季孫，怒，命攻臧氏之家。”[104][頁461]

《左傳·襄公二十五年》："莊公通焉，驟如崔氏。"

《韓非子·姦劫弒臣》："齊崔杼，其妻美，而莊公通之，數如崔氏之室。"[62][頁107]

《後漢書·楊震傳》："諸侯如臣之家，《春秋》尚列其誡。"李賢注："《左傳》，齊莊公如崔杼之家，爲杼所殺也。"[72][頁1770]

《左傳·昭公十三年》："王縊于芋尹申亥氏。"

《史記·楚世家》："王死申亥家。"[130][頁1708]

《左傳·昭公二十五年》："平子怒，益宫於郈氏。"《史記·魯周公世家》集解引服虔注："侵郈氏之宫地以自益。"[130][頁1541]杜預注："侵郈氏室以自益。"

《吕氏春秋·察微》："季平子怒，因歸郈氏之宫而益其宅。"[101][頁1892]

《淮南子·人間》："季平子怒，因侵郈氏之宫而築之。"[74][頁1281]

《左傳·昭公二十七年》："令尹欲飲酒於子氏。"

《吕氏春秋·慎行》："令尹欲飲酒於子之家。"[101][頁2699]

按：關於"氏"字的本義，衆説紛紜，僅據與本書有關者言之，劉師培曰："《左傳·隱八年》云：'胙之土而命之氏。'是氏即所居之土，無土則無氏。"[97][頁1220]戴家祥曰："支、氏一聲之轉，史籍通叚，而氏的初義正與支密切相關。"[80][頁2462]戴氏以爲"氏"之本義與"支"有關，似可從。至少在春秋時期，"氏"多用來表明姓的旁支。戴氏又説："氏在周代引申爲貴族宗法系統的稱號，表示父權制成立之後的血緣關係。"其説是。但"氏"並不僅僅表示抽象的關係，更可以表示實體，即"家"。《左傳·定公元年》："季孫使役如闞公氏，將溝焉。"孔疏曰："春秋言'氏'猶如言'家'。"黄生《義府》曰："《論語》'自孔氏'，'有荷蕢過孔氏之門'，不稱孔子，而稱孔氏。氏，猶家也，因晨門、荷蕢而言。"[199][頁131]其説是。"氏"在上古漢語中多可表示某氏之家的實在方位，前揭《左傳》各例皆是。但漢以後，"氏"字基本上只表示姓氏、氏族義了，所以文獻中遇到上古漢語中表示家宅義的"氏"多改作"家"、"某氏之家"、"某氏之室"等。

【豕—彘、豨】

《左傳·莊公八年》:“見大豕。”

《管子·大匡》:“見豕彘。”[59][頁337]

《史記·齊太公世家》:“見彘。”[130][頁1484]

《左傳·定公四年》:“吴爲封豕長蛇。”

《淮南子·脩務》:“吴爲封豨脩蛇。”[74][頁1353]

《左傳·襄公二十四年》“豕韋氏”,《莊子·大宗師》[198][頁247]、《莊子·外物》[198][頁938]皆作“狶韋氏”。

按《方言》:“豬……關東西或謂之彘,或謂之豕,南楚謂之豨。”[171][頁545]《玄應音義》卷七引《方言》:“關之東西謂賭爲彘。”[166][頁59A] 《爾雅·釋獸》:“豕子,豬。”郭璞注:“今亦曰彘,江東呼豨。皆通名。”[128][頁2650] 《初學記》引何承天《纂文》曰:“梁州以豕爲豬,河南謂之彘,吴楚謂之豨。”[7][頁711]

《左傳》中“彘”僅用在地名、人名中,没有用作“豕”義的。《詩經》、《周易》、《尚書》、《周禮》、《儀禮》、《論語》、《國語》等較早的文獻中也未見“彘”字。戰國後期,“彘”字的使用頻繁起來,《孟子》中4見,《荀子》7見(其中1例爲人名),《韓非子》中13見,《吕氏春秋》7見(其中2例用作地名)。而“豕”字則較少出現了,《荀子》僅1例,《韓非子》中則完全不用“豕”字。到漢代,這種趨勢繼續發展,《史記》中“豕”11見,其中2例爲專名,《樂書》中1例承自《禮記·樂記》,《晋世家》1例承自《左傳》,《平津侯主父列傳》1例出自班固贊語。所以《史記》中“豕”字應用極少,而“彘”則有38處用例。對其他經典異文的考察中同樣也可以發現“彘”字在當時的流行。《周易·説卦》“易爲豕”,《釋文》:“京作彘。”[84][頁33]《大戴禮記·易本命》:“時言豕。”[30][頁156] 《淮南子·墬形》“豕”作“彘”[74][頁346]。

《漢書》中“豕”有27例,“彘”有35例,“彘”雖仍佔上風,但從《漢書》與《史記》中的異文中可以看出,“彘”字已開始衰落,“豕”字又重新得以廣泛使用。《史記·袁盎傳》:“陛下獨不見‘人彘’

乎？"[130][頁2740]《漢書·爰盎傳》"彘"作"豕"[67][頁2271]。《史記·司馬相如傳》："天子方好自擊熊彘。"[130][頁3053]《漢書·司馬相如傳》"彘"作"豕"[67][頁2589]。《後漢書》中"彘"僅3見，而"豕"則出現了30次，可見至劉宋，"彘"字已罕見使用了。

"豨"從希得聲，上古音屬曉母微部，而"豕"則屬書母支部，二字聲韵均别。但在某些方言區，此二字聲音已混同了①。前舉《莊子》、《淮南子》改《左傳》之"豕"爲"豨（狶）"，這正是《方言》中所説的"南楚謂之豨"，是受到楚方言的影響。《周易·姤》"羸豕孚蹢躅"，《周易·睽》"見豕負塗"，馬王堆帛書本《周易》"豕"均作"豨"②，這也同樣是受楚方言的影響。

【筮—卜】

> 《左傳·莊公二十二年》："陳侯使筮之，遇觀之否。"
> 《史記·田敬仲完世家》："陳厲公使卜完，卦得觀之否。"[130][頁1879]

> 《左傳·閔公元年》："畢萬筮仕於晋，遇屯之比。"
> 《史記·晋世家》："畢萬卜仕於晋國，遇屯之比。"[130][頁1642]
> 《史記·魏世家》："畢萬卜事晋，遇屯之比。"[130][頁1835]

按《説文·卜部》："卜，灼剥龜也。象炙龜之形。一曰象龜兆之從横也。"[137][頁69]《説文·竹部》："筮，《易》卦爲蓍也。"[137][頁96]是卜爲龜卜，筮爲蓍占，《左傳》中此二字絶不相混。《左傳·僖公四年》："晋獻公欲以驪姬爲夫人，卜之，不吉；筮之，吉。公曰：'從筮。'卜人曰：'筮短龜長，不如從長。'"《左傳·僖公十五年》："龜，象也；筮，數也。"這都是"筮"與"卜"對立的例子。秦以後卜法失傳，"卜"字僅作爲"筮"的同義詞而存在。在漢代，"卜"的應用遠比"筮"字廣泛得多，如《史記》中"筮"字出現38次（其中《宋微子世家》抄自《尚書·洪範》的有10例，另有4例用於人名，其他多與"卜"字組成近義複詞），而"卜"字則出現了207次；《漢書》中"筮"字出現26次，"卜"字則出

① 曉母與審母通轉的例子還有不少，見黄焯《古今聲類通轉表》。

② 見《帛書周易校釋》，第103、304頁。

現96次。

【喪】

《左傳·莊公八年》："公懼，隊于車，傷足，喪屨。"

《管子·大匡》："公懼，墜於車下，傷足亡屨。"[59][頁337]

《史記·齊太公世家》："公懼，墜車傷足，失屨。"[130][頁1484]

《左傳·僖公十五年》："小人耻失其君而悼喪其親，不憚征繕以立圉也。"

《史記·晋世家》："小人懼失君亡親，不憚立子圉。"[130][頁1654]

《左傳·昭公十七年》："吴公子光請於其衆曰：'喪先王之乘舟，豈唯光之罪，衆亦有焉。請藉取之，以救死。'"

《史記·吴世家》："公子光伐楚，敗而亡王舟。"[130][頁1461]

《左傳·昭公二十七年》："夫無極，楚之讒人也，民莫不知。去朝吴，出蔡侯宋，喪大子建，殺連尹奢。"

《吕氏春秋·慎行》："夫無忌，荊之讒人也，亡夫太子建，殺連尹奢，屏王之耳目。"[101][頁2702]

《史記·楚世家》："楚衆不説費無忌，以其讒亡太子建，殺伍奢子父與郤宛。"[130][頁1715]

按《説文·哭部》："喪，亡也。从哭，亡聲。"段玉裁曰："亡非死之謂，故《中庸》曰……皆存亡與生死分別言之。凶禮謂之喪者，鄭《禮經目録》云：'不忍言死而言喪。喪者，棄亡之辭，若全居於彼焉，已失之耳。'是則死曰喪之義也。公子重耳自偁'身喪'，魯昭公自偁'喪人'，此喪字之本義也。"[140][頁63] 段謂"亡非死之謂"，其説至確，叔重以爲"喪"從"亡"，不確①。陳夢家通過對甲骨文的分析認爲："喪之初義當爲逃亡，亡失。"[178][頁607] 李學勤亦持是説②，其説可成定論。《周

① 參馬叙述《説文解字六書疏證》。

② 見《評陳夢家〈殷虚卜辭綜述〉》，《考古學報》1957年第3期。

易·坤》“東北喪朋”[128][頁17]、《大壯》“喪羊于易”[128][頁48]，與甲骨卜辭用法相近，猶用其本義。前揭《左傳·昭公二十七年》“喪大子建”，用法亦與之同。引申“喪”亦可以指主動逃亡，《禮記·檀弓上》“喪欲速貧”[128][頁1290]及段玉裁所舉 2 例皆是其例。動物、人衆的走失爲“喪”，引申普通物品的丢失亦爲“喪”，前揭《左傳》“喪屨”、“喪舟”皆其例。當然，“喪”字很早就已引申出死義，《尚書·金縢》：“武王既喪，管叔及其群弟乃流言於國。”[128][頁197]此則猶爲動詞，而《康王之誥》“反喪服”[128][頁244]，其用法已與後世無異。

但到秦漢以後，“喪”字的“失去”、“逃亡”等義在實際語言中就已非常罕見了。《史記》、《漢書》中完全不見“喪”字用作“逃亡”義，用作“失去”義的也較少。《史記》共用“喪”字 114 次，僅司馬相如的《難蜀父老》及書末《自序》的詩體序文中出現 3 例“喪”用作“失去”義。《漢書》中共用“喪”字 190 次，有 13 例用作“失去”義，但在這 13 例中，3 例引自《周易》，3 例引自《左傳》，1 例引自《詩經》，1 例出自司馬相如《難蜀父老》。可見到漢代，“喪”的“失去”義可能只用在擬古的文章中了。而“喪”字的“失去”、“逃亡”等義已由“失”、“亡”等字代替。

另外，從漢人頻繁地對“喪”字作注中，也可以看出當時對於“喪”的“失去”、“逃亡”等義已不大熟悉。《詩經·大雅·皇矣》“受禄無喪”，毛傳：“喪，亡也。”[128][頁520]《周易》“東北喪朋”，《經典釋文》引馬融注：“喪，失也。”[84][頁19]《吕氏春秋·慎大》“於得思喪”，高誘注：“喪，亡也。”[101][頁1603]還需要指出的是，漢代以後，“喪”字可能名詞義的應用變得更爲廣泛，動詞義則逐漸過渡到其他詞上，連其喪亡義有時也由“亡”字代替了，如《列女傳·賢明傳》引《國語·晉語四》“天未喪晉”，“喪”即被改作“亡”[52][頁35]。

【手—掌】

《左傳·隱公元年》：“仲子生而有文在其手，曰爲‘魯夫人’。”

《論衡·雷虛》：“魯惠公夫人仲子，宋武公女也，生而有文在掌，曰爲‘魯夫人’。”[102][頁308]

《論衡·紀妖》：“魯惠公夫人仲子，生而有文在其掌，曰爲‘魯夫人’。”[102][頁929]

《左傳・閔公二年》："及生，有文在其手曰友，遂以命之。"

《史記・魯周公世家》："及生，有文在掌曰'友'，遂以名之。"[130][頁1534]

《左傳・昭公元年》："及生，有文在其手曰'虞'，遂以命之。"

《史記・鄭世家》："及生，有文在其掌曰'虞'，遂以命之。"[130][頁1772]

《潛夫論・夢列》："及生，手掌曰'虞'，因以爲名。"[117][頁315]

按："掌"字甲骨文、金文中均未見，《周易》、《詩經》、《今文尚書》等較早的文獻中也没有"掌"字①。《左傳》、《周禮》中雖多用"掌"字，但皆用作職掌義，並無用作手掌義者。"掌"字得到廣泛使用，可能是戰國中後期的事情。《論語・八佾》："指其掌。"[128][頁2467]《孟子・告子上》："熊掌亦我所欲也。"[128][頁2752]（請比較《左傳・宣公二年》："宰夫胹熊蹯不熟。"）漢代以後，表示"手掌"義往往用"掌"字，而不用"手"。但在這個義項上，"手"也並没有完全被淘汰，如《史記・孟嘗君傳》："孟嘗君乃拊手而謝之。"[130][頁2361]（請比較《後漢書・方術傳》："操大拊掌笑，會者皆驚。"[72][頁2747]）《史記・陸賈傳》："越殺王降漢，如反覆手耳。"[130][頁2697]（請比較《漢書・枚乘傳》："變所欲爲，易於反掌。"[67][頁2359]）東漢以後，在"手掌"的義項上，"手"和"掌"一直平行地發展②，但"掌"却佔了明顯的優勢。

【田—獵】

《左傳・莊公八年》："冬，十二月，齊侯游于姑棼，遂田于貝丘。"

《史記・齊太公世家》："冬十二月，襄公游姑棼，遂獵沛丘。"[130][頁1484]

《左傳・僖公四年》："公田，姬寘諸宫六日，公至，毒而獻之。"

《史記・晋世家》："獻公時出獵，置胙於宫中。驪姬使人置毒藥胙中。"[130][頁1645]

---

① 《詩經・小雅・北山》有"鞅掌"一詞，爲聯綿詞，故本書未計算在内。

② 東漢以後以"手"表示"手掌"義的，如《漢書・王莽傳中》："尋手理有'天子'字。"《後漢書・鄭玄傳》："玄以其手文似己，名之曰小同。"但這已是比較少見的例子了。

《禮記·檀弓》疏："公獵，姬寘諸宫六日。"[128][頁1277]

《左傳·僖公二十四年》："其後余從狄君以田渭濱。"

《史記·晋世家》："其後我從狄君獵。"[130][頁1661]

《左傳·文公十六年》："宋昭公將田孟諸。未至，夫人王姬使帥甸攻而殺之。"

《史記·宋世家》："昭公出獵，夫人王姬使衞伯攻殺昭公杵臼。"[130][頁1628]

《左傳·文公十八年》："齊懿公之爲公子也，與邴歜之父爭田，弗勝。"

《史記·齊太公世家》："初，懿公爲公子時，與丙戎之父獵，爭獲不勝。"[130][頁1496]

《左傳·成公十七年》："厲公田，與婦人先殺而飲酒，後使大夫殺。"

《史記·晋世家》："厲公獵，與姬飲。"[130][頁1680]

《左傳·襄公二十八年》："十月，慶封田于萊。"

《史記·齊太公世家》："十月，慶封出獵。"[130][頁1503]

按："田"字在甲骨文、金文中極爲常見，本象田圃之形，引申而有田獵義，甲骨文中用作田獵義的"田"字就非常多①。"獵"字不見於甲骨文，金文中僅見《金文大字典》所收 2 例[80][頁2775]。傳世的上古文獻中，"獵"字也極少見，《周易》、《尚書》皆未見，《詩經》僅見於《魏風·伐檀》一詩中。《左傳》中共出現 5 次"獵"字，但僅有一例與"田"連文表田獵義，餘皆人名。漢以後，"獵"得到廣泛應用，《史記》中共有 87 例"獵"字。但先秦常用來表田獵義的"田"字，到漢以後就比較少見了，《史記》中"田"字共出現 688 次，但多用爲姓氏和田地義，用作田獵義的僅 7 次，且多前有所承。先秦"田"的田獵義已基本讓渡給了"獵"字，所以漢代文獻遇到先秦文獻中表田獵義的"田"也多

① 參劉桓《卜辭所見商王田獵的過程、禮俗和方法》，《考古學報》2009 年第 3 期。

改作“獵”。

【宵—夜】

《穀梁傳·襄公三十年》:“婦人之義,傅母不在,宵不下堂。”
《列女傳·貞順傳》:“婦人之義,保傅不俱,夜不下堂。”[52][頁95]

《尚書·堯典》:“宵中,星虛,以殷仲秋。”[128][頁119]
《史記·五帝本紀》:“夜中,星虛,以正中秋。”[130][頁16]

按《説文·宀部》:“宵,夜也。”[137][頁151] “宵”字在金文中已出現,但僅一見,且用作人名(宵作旅彝器10544①)。該字在先秦文獻中應用較廣泛,如前揭《尚書·堯典》。又如《詩經·召南·小星》:“肅肅宵征,夙夜在公。”[128][頁291] 《左傳·桓公九年》:“鄾人宵潰。”《詩經》中4見,《左傳》19見,《儀禮》5見②。“宵”一般單獨使用,只能做時間狀語。一直到秦,“宵”可能還在口語中使用。《睡虎地秦簡·封診式·穴盜》:“自宵臧(藏)乙复(複)結衣一乙房内中。”③ 但漢初部分地區的語言可能對“宵”字已不熟悉,注家遇“宵”字已需要注釋了,如前引《詩經·召南·小星》之毛傳、《爾雅·釋言》皆注“宵”字。漢代文獻中“宵”字也很少使用,《史記》中3見“宵”字,但皆爲“小”之假借。《漢書》中雖有4例“宵”用作“夜”,但都出現在文學作品中,恐怕已是擬古的用法了。到南北朝時期,“宵”字雖然還時見使用,但人們恐怕已完全不知道“宵”的用法了。鮑照《和王義興七夕》:“宵月向掩扉,夜露方當白。”[3][頁405] 以“宵”字修飾“月”,這是先秦文獻中從來不曾出現的用法。這恐怕僅僅是鮑氏從詁訓書中查出作爲“夜”的替代詞,對其實際用法已不了解了。

【孫—奔】

《左傳·閔公二年》:“閔公之死也,哀姜與知之,故孫于邾。”
《史記·魯周公世家》:“哀姜恐,奔邾。”[130][頁1533]

---

① 括號中的數字爲該器在《殷周金文集成》中的編號,下同。

② 《儀禮》中“宵”字共8見,3例假借爲“綃”。

③ 見《睡虎地秦墓竹簡》,文物出版社1990年版,第270頁。

《列女傳·孽嬖傳》："哀姜奔邾。"[52][頁200]

《左傳·昭公二十五年》："己亥，公孫于齊，次于陽州。"

《吕氏春秋·察微》："昭公懼，遂出奔齊，卒於乾侯。"[101][頁1897]

《史記·魯周公世家》："公遂奔。己亥，公至于齊。"[130][頁1541]

《左傳·哀公二十七年》："公如公孫有陘氏，因孫於邾，乃遂如越。"

《史記·魯周公世家》："哀公如陘氏。三桓攻公，公奔于衛，去如鄒，遂如越。"[130][頁1545]

按：《春秋·莊公元年》："夫人孫于齊。"杜預注："内諱奔，謂之孫，猶孫讓而去。"這可能確實是《春秋》經傳的特筆，上古文獻中再無他書中的用例①。後世文獻不必再爲魯公、夫人諱奔，故多改作"奔"。

【縊—自經、自殺、絞】

《左傳·桓公十三年》："莫敖縊于荒谷。羣帥囚于冶父，以聽刑。"

《列女傳·仁智傳》："莫敖自經荒谷，群帥囚于冶父以待刑。"[52][頁64]

《左傳·莊公十四年》："（原繁）乃縊而死。"

《史記·鄭世家》："原曰……遂自殺。"[130][頁1764]

《左傳·閔公二年》："共仲曰：'奚斯之聲也。'乃縊。"

《史記·魯世家》："慶父聞奚斯音，乃自殺。"[130][頁1533]

《左傳·僖公四年》："（申生）十二月，戊申，縊于新城。"

《國語·晋語二》："申生乃雉經于新城之廟。"[61][頁292]

《史記·晋世家》："十二月戊申，申生自殺於新城。"[130][頁1646]

《列女傳·孽嬖傳》："（申生）遂自經于新城廟。"[52][頁204]

---

① 《詩經·豳風·狼跋》"公孫碩膚"，鄭玄箋："孫讀當如'公孫于齊'之孫，孫之言孫，遁也。"但鄭玄的解釋其實是錯誤的，參《詩毛氏傳疏》第15卷第31頁B、《毛詩傳箋通釋》第489頁。

《左傳·文公元年》:“王請食熊蹯而死,弗聽。丁未,王縊。”

《韓非子·内儲説下》:“成王請食熊膰而死,不許,遂自殺。”[62][頁255]

《史記·楚世家》:“成王請食熊蹯而死,不聽。丁未,成王自絞殺。”[130][頁1699]

《列女傳·節義傳》:“王請食熊蹯而死,不可得也,遂自經。”[52][頁124]

《左傳·襄公二十七年》:“遂滅崔氏,殺成與彊,而盡俘其家,其妻縊。嬖復命於崔子,且御而歸之。至,則無歸矣,乃縊。”

《吕氏春秋·慎行》:“崔杼歸無歸,因而自絞也。”[101][頁2706]

《史記·齊太公世家》:“盡滅崔氏,崔杼婦自殺。崔杼毋歸,亦自殺。”[130][頁1502]

《列女傳·孽嬖傳》:“盧蒲嫳帥徒衆與國人焚其庫廄而殺成,辱崔氏之妻曰:……遂自經而死。崔子歸,見庫廄皆焚,妻子皆死,又自經而死。”[52][頁212]

《左傳·昭公元年》:“公子圍至,入問王疾,縊而弑之。”

《韓非子·姦劫弑臣》:“楚王子圍將聘於鄭,未出境,聞王病而反。因入問病,以其冠纓絞王而殺之。”[62][頁107]

《韓詩外傳》卷四:“故《春秋》之志曰:楚王之子圍聘於鄭,未出境,聞王疾,返問疾,遂以冠纓絞王而殺之,因自立。”

《史記·楚世家》:“圍入問王疾,絞而弑之。”[130][頁1703]

《左傳·昭公八年》:“夏,四月,辛亥,哀公縊。”

《史記·陳杞世家》:“哀公自經殺。”[130][頁1581]

《左傳·昭公十三年》:“夏,五月,癸亥,王縊于芋尹申亥氏。”

《新書·大都》:“王遂死於乾溪于守亥之井。”[162][頁43]

《史記·楚世家》:“夏五月癸丑,王死申亥家。”[130][頁1708]

《左傳·定公十四年》:“安于曰……乃縊而死。”

《史記·趙世家》:“安于曰……遂自殺。”[130][頁1790]

《左傳·哀公十六年》："白公奔山而縊。"

《史記·伍子胥列傳》："白公之徒敗，亡走山中，自殺。"[130][頁2182]

《左傳·哀公二十二年》："越滅吴，請使吴王居甬東。辭曰……乃縊。"

《史記·吴世家》："越敗吴。越王句踐欲遷吴王夫差於甬東，予百家居之。吴王曰……遂自剄死。"[130][頁1475]

按《説文·糸部》："縊，經也。"[137][頁277] 段玉裁改作"絞也"[140][頁662]，鈕樹玉則據《玉篇》、《廣韵》改作"自經"[139][頁656]。無論《説文》本文如何，"縊"字本義就是以繩勒頸而死應該是没有問題的。《釋名·釋喪制》："縣繩曰縊。縊，阨也，阨其頸也。"① 《左傳·昭公元年》："彼徒我車，所遇又阨。"《釋文》："阨，本又作隘。"[84][頁272] 是古阨、隘音近，劉熙認爲"縊"、"阨"同源是有可能的。但"縊"與"阨"義似稍隔。楊樹達《積微居小學金石論叢·字義同緣於語源同例證》曰："縊字所从之益，即假爲嗌，縊所以从糸益者，謂以糸繫其咽也。"[75][頁55] 此説可能更接近事實。

段玉裁又曰："縊必兩股辮爲之……經本訓從絲爲一股，縊死必兩股爲之，以其直縣也，故亦謂之經。"[140][頁662] 其説"經"甚曲，不可從。實則，"經"、"剄"、"頸"皆同源。《玉篇·刀部》："剄，以刀割頸也。"[147][頁319] 以刀割頸爲"剄"，則以繩勒頸爲"經"，恰與上"縊"因"嗌"得義同例。此"經"與經緯之"經"乃同形字，意義並無關聯。

"縊"字在《左傳》中使用較頻繁，共 21 例，既可以用作不及物動詞，指自殺，如前揭桓公十三年傳；也可以用作及物動詞，指他殺，如前揭昭公元年例。因"縊"字詞義的特殊性，對詞頻的統計很難表現其應用程度。雖然先秦其他文獻中"縊"字的使用並不太多，但《爾雅·釋蟲》中有叫作"縊女"的蟲類，那麼"縊"字在先秦的口語中應該還是比較通行的。但自戰國後期開始，"縊"字就罕見使用了，《韓非子》、《荀子》、《禮記》等書中都不曾見。到了漢代，《史記》中也未見"縊"字，

① 見（東漢）劉熙撰，（清）畢沅疏證，（清）王先謙補《釋名疏證補》，祝敏徹、孫玉文點校，中華書局 2008 年版，第 285 頁。

《漢書》中 3 見，但有 1 例抄自《左傳》。這些文獻中對於早期的“縊”字，或改作“自經”，或改作“自絞”，但大多數則改作“自殺”。這一方面可能由於“縊”字已在口語中消失，另一方面可能與常用武器及自殺方式的轉變有一定關係①。

前揭《國語·晋語二》例中有“雉經”一詞，“雉”乃“紖”之借②。《周禮·封人》“置其紖”，鄭司農注：“紖，著牛鼻繩，所以牽牛者。今時謂之雉，與古者名同。”段玉裁云：“紖字从糸豸聲，音直氏反，漢時謂之雉。古音豸在支佳部，雉在脂微部，部分最近，又雙聲，故司農曰名同也。”鄭司農云“今時謂之雉”，則似東漢時此字猶在口語之中。但現存的先秦兩漢文獻中，“雉經”一詞全用於申生事，恐怕都是用典，而非實際語言。

【與—予】

《左傳·僖公十三年》：“冬，晋荐饑。使乞糴于秦。秦伯謂子桑：‘與諸乎？’”

《國語·晋語三》：“晋饑，乞糴於秦……謂公孫枝曰：‘予之乎？’”[61][頁323]

《左傳·僖公二十五年》：“與之陽樊、温、原、欑茅之田。”

《新序·善謀》：“予之陽樊、温、原、欑茅之田。”[164][頁1092]

《左傳·文公十八年》：“公命與之邑，曰：‘今日必授。’”

《國語·魯語上》：“爲我予之邑。今日必授，無逆命矣。”[61][頁176]

① 顧頡剛《史林雜識初編·吴越兵器》：“又有一事可作劍武器晚出之旁證者，自殺之方式是已。戈……自易殺人，而絶不適於横刃自殺；故在用戈時代，其自殺惟有縊，縊遂爲自殺之定式……及劍起而漸代之以自刭，蓋左手握髮，右手持柄，以其鋒之長且鋭，一肆力即可斷喉，視縊死輕簡多矣。”（中華書局 1963 年版，第 165—166 頁）據馬承源《中國青銅器》、朱鳳瀚《中國青銅器綜論》，中原地區未發現有春秋以前的銅劍，春秋晚期以後，青銅劍方大爲流行（見馬承源《中國青銅器》，上海古籍出版社 1988 年版，第 73 頁；朱鳳瀚《中國青銅器綜論》，中華書局 2009 年版，第 423—424 頁），可知顧説當是（唯顧氏謂劍由吴越地區流入中原，可能與考古發現不符）。

② 《國語》韋昭注：“雉經，頭槍而懸死也。”恐未得“雉”字之義。《釋名·釋喪制》：“屈頸閉氣曰雉經，如雉之爲也。”恐亦非“雉”字之義。

《左傳·宣公三年》："既而文公見之，與之蘭而御之。"
《史記·鄭世家》："文公幸之，而予之草蘭爲符。"[130][頁1765]
《潛夫論·志氏姓》："及文公見姞，賜蘭而御之。"[117][頁409]

《左傳·宣公四年》："及食大夫黿，召子公而弗與也。"
《史記·鄭世家》："靈公召之，獨弗予羹。"[130][頁1767]

《左傳·成公二年》："惜也！不如多與之邑。"
《新書·審微》："惜乎！不如多予之邑。"[162][頁75]

《左傳·昭公元年》："樂桓子相趙文子，欲求貨於叔孫而爲之請，使請帶焉。弗與。"
《國語·魯語下》："晋樂王鮒求貨於穆子，曰：'吾爲子請於楚。'穆子不予。"[61][頁196]
《國語·晋語八》："虢之會，魯人食言，楚令尹圍將以魯叔孫穆子爲戮，樂王鮒求貨焉，不予。"[61][頁467]

《左傳·昭公四年》："仲與公御萊書觀於公，公與之環，使牛入示之。"
《太平御覽·服章部·環》："穆叔之子仲壬與公御萊書觀於公宫，公予之環。"[150][頁3089]

《左傳·昭公十二年》："今吾使人於周，求鼎以爲分，王其與我乎？"
《史記·楚世家》："今吾使使周求鼎以爲分，其予我乎？"[130][頁1705]
(此段尚有數處《史記》改《左傳》之"與"爲"予"者，不一一列舉)

《左傳·定公四年》："子期似王，逃王，而己爲王，曰：'以我與之，王必免。'隨人卜與之，不吉。"
《史記·楚世家》："王從臣子綦乃深匿王，自以爲王，謂隨人曰：'以我予吴。'隨人卜予吴，不吉。"[130][頁1715]

《左傳·定公十年》:“公子地有白馬四,公嬖向魋,魋欲之。公取而朱其尾、鬣以與之。”

《漢書·五行志》:“宋公子地有白馬駟,公嬖向魋欲之,公取而朱其尾鬣以予之。”[67][頁1469]

按《説文·舁部》:“與,黨與也。”[137][頁59]但這可能并非“與”字的本義。羅振玉、馬叙倫、朱芳圃等古文字學家一般認爲“與”字字形像兩手相授受之形①,其説可信。則給予義爲“與”字本義。《説文·予部》:“予,推予也,象相予之形。”[137][頁84]但此字在古文字中罕見,可能出現得比較晚。

據吴崢嶸統計,《左傳》中“與”字用作給予義的有146次,而“予”字用作給予義的僅12例[212][頁71—74]。而據筆者統計,《國語》中“與”共出現246次,而用作給予義的僅7次;“予”字出現36次,其中31次用作給予義。《史記》中“予”用作給予義的已達149例,“與”的給予義則比較少見。《左傳》與後世文獻的這種用字的差别,可能與“與”字功能的分化有關。如前所述,“與”字本義即爲給予義,但春秋以後“與”字又有了連詞的作用。陳永正在分析出土文獻中的聯結詞時説:“春秋時期出現了新聯結詞‘與’。‘與’的本義當爲動詞,有給予之義。用爲連詞的‘與’,在春秋銅器銘文中僅見一例……‘與’後來逐漸取代了西周時期用爲連詞的‘雩’和‘以’,成爲使用很廣的連詞。”② 大概“與”的連詞義逐漸常用之後,其動詞義就逐步被“予”字代替了。

文獻中也有個别以“與”改《左傳》之“予”的例子,如:

《左傳·襄公二十七年》:“成請老于崔,崔子許之,偃與无咎弗予。”

《列女傳·孽嬖傳》:“成使人請崔邑以老,崔子哀而許之,棠毋咎與東郭偃爭而不與。”[52][頁212]

但其數量極少,缺乏代表性。

① 見羅振玉《增訂殷墟書契考釋》卷上、馬叙倫《説文解字六書疏》、朱芳圃《殷周文字釋叢》卷中。湯惠餘又以爲“與”字所從之“与”爲“牙”之省形(參《略論戰國文字形體研究中的幾個問題》,《古文字研究》第17輯)。

② 見陳永正《西周春秋銅器銘文中的聯結詞》,《古文字研究》第十五輯。

【讁】

《左傳·桓公十八年》："公會齊侯于濼，遂及文姜如齊。齊侯通焉，公讁之。"

《管子·大匡》："遂以文姜會齊侯於濼，文姜通於齊侯，桓公聞，責文姜。"[59][頁336]

《史記·齊太公世家》："及桓公來而襄公復通焉。魯桓公知之，怒夫人。"[130][頁1483]

《史記·魯世家》："齊襄公通桓公夫人。公怒夫人。"[130][頁1530]

《列女傳·孽嬖傳》："文姜與襄公通，桓公怒，禁之不止。"[52][頁197—198]

《冤魂志》："桓公與文姜俱朝於齊，襄公通其妹焉。桓公譴責文姜。"[182][頁3]

《左傳·成公十七年》："慶克久不出，而告夫人曰：'國子讁我。'"

《列女傳·孽嬖傳》："慶尅久不出，以告孟子曰：'國佐非我。'"[52][頁209]

按："讁"，又作"謫"，甲金文中不見。《説文·言部》："讁，罰也。"[137][頁56]《繫傳》："讁猶摘也。"[135][頁49]徐鍇認爲"讁"與指摘之"摘"同源，可能是正確的。《説文》將此字與"譴"、"諯"、"讓"相次，則許叔重以此字本義爲言語指責。《方言》卷三："讁，怒也。"郭璞注："相責怒也。"[171][頁237]《廣雅·釋詁》："讁，責也。"[60][頁32]諸書所釋皆是此義。至於"處罰"、"貶讁"、"災害"諸義皆爲此義之引申。該字《詩經》中就已出現，《詩經·邶風·北門》："我入自外，室人交徧謫我。"毛傳："謫，責也。"[128][頁309]但該字的應用并不太廣泛，《左傳》中僅4見，《國語》5見，先秦其他文獻中也不過數見而已。漢代以後，"讁"字的"譴責"義幾乎絶迹，從前引《詩經》毛傳中也可以看出，漢人對"讁"的本義已不熟悉而有注釋的必要了。漢以後的"譴責"義也多改由"責"、"非"等詞來表達。"讁"字新發展出的"讁徙"義則成爲"讁"字的主要意義。當然，漢以後"讁"的"譴責"在某些方言中還繼續存在，《方言》卷十："謫，過也。南楚以南凡相非議人謂之謫。"[171][頁673]另外，《左傳》中的"責"字没有用作"責讓"義的，"責"的這個意義也是戰國以後新發展出來的。

【賊—殺】

《左傳·莊公三十二年》:“共仲使圉人犖賊子般于黨氏。”
《史記·魯周公世家》:“慶父使圉人犖殺魯公子斑於黨氏。”[130][頁1533]
《列女傳·孽嬖傳》:“慶父與哀姜謀遂殺子般於黨氏。”[52][頁200]

《左傳·閔公二年》:“共仲使卜齮賊公于武闈。”
《史記·魯周公世家》:“慶父使卜齮襲殺湣公於武闈。”[130][頁1533]
《列女傳·孽嬖傳》:“慶父遂使卜齮襲弑閔公于武闈。”[52][頁200]

《左傳·宣公二年》:“公患之,使鉏麑賊之……賊民之主,不忠。”
《國語·晋語五》:“公患之,使鉏麑賊之……賊國之鎮,不忠。”[61][頁399]
《史記·晋世家》:“靈公患之,使鉏麑刺趙盾……殺忠臣,弃君命,罪一也。”[130][頁1673]

按:《説文·戈部》:“賊,敗也。”段玉裁注:“敗者,毀也。”[140][頁630]王獻唐曰:“《説文》,賊‘从戈則聲’,字本訓殺。《晋語》‘使鉏麑賊之’,注:殺也。殺爲傷害,因又訓爲傷害……殺既曰賊,凡殺人者亦曰賊……賊爲傷害,凡傷害他人,或敗壞法紀之人,亦因曰賊……賊訓殺害,音義本从則出。則有割刺殺傷之意,初呼殺傷爲則,因加戈會意造賊。戈所以殺傷者,故賊義亦爲殺害,从朔讀則。則之割刺爲肉,賊之殺傷爲人,所施不同,所用各異,因造爲兩字。而割殺音義,則肉人無别。”[112][頁67—68]王氏説“賊”字得義之由及引申軌迹至爲詳明。“賊”之本義即爲動詞,義爲殺害、傷害,先秦文獻中用例極夥,前揭數例即是。又如《左傳·昭公十四年》:“殺人不忌爲賊。”《國語·晋語四》:“管仲賊桓公而卒以爲侯伯。”[61][頁368]皆其例。但漢以後,“賊”的動詞用法已很少見,漢代文獻在引述先秦文獻時,也多將動詞義的“賊”字對譯爲“殺”、“弑”、“攻”等字。除了前揭幾例外,又如:

《韓非子·内儲説下》:“二人相憎而欲相賊也。”[62][頁255]
《吕氏春秋·慎勢》:“之二臣者甚相憎也,臣恐其相攻也。”[101][頁2076—2078]
《吕氏春秋·慎勢》:“居無幾何,陳成常果攻宰予於庭,即

（賊）簡公於廟。"①[101][頁2078]

《淮南子·人間》："居無幾何，陳成常果攻宰予於庭中，而弒簡公於朝。"[74][頁1280]

從以上的分析可以看出，先秦兩漢間漢語詞彙有了較大的變化，這包括常用詞的更替（如"疾"與"病"、"逆"與"迎"、"田"與"獵"、"與"與"予"等）、舊詞舊義的弱化（如"勤"、"喪"、"縊"）甚至消亡（如"宵"）、新詞新義的興起（如"虜"）等。這除了語言的正常演變，有些還與當時的社會文化有很大的關係，如"筮"字被"卜"字替代。從《左傳》與《史記》的大量異文來看，戰國早期與西漢初的詞彙已有較大不同，通過對戰國諸子的分析，可以看出這種演變從戰國中後期就已開始。《史記》與《漢書》的語言也有較大不同，這除了語言的變化、方言的影響外，可能還與二書語體風格的不同有很大關係。上古漢語文獻資料較少，有些又不能很好地反映當時的實際語言情況（如《漢書》），這爲上古詞彙史的研究設置了很大的障礙。本書通過對幾組與《春秋》經傳相關的文獻異文的研究，大致勾勒出先秦兩漢詞彙演變的簡單脈絡，希望爲上古詞彙史研究提供一點參考。

第三節 《春秋》異文與語法變遷

一 構詞法與詞類

（一）雙音化

王力在《漢語史稿》中指出："漢語構詞法的發展是循着單音詞到複音詞的道路前進的。"② 在從單音詞到複音詞的轉變過程中，雙音化應該是

① 王利器引彭鐸曰："按'即'字雖通，却不具體，以諸書作'弒'觀之，蓋本作'賊'，一誤爲'則'，又改作'即'耳。"（見《吕氏春秋注疏》，第 2079 頁）按，彭説是。唯"賊"之作"則"、作"即"未必是誤。"賊"爲"則"之孳乳，本多通假，如《史記·律書》"申賊萬物"，《集解》引徐廣曰："賊，一作則。"（見《史記》，第 1248 頁）《史記·律書》"夷則，言陰氣之賊萬物也"，《集解》引徐廣曰："賊，一作則。"（見《史記》，第 1248 頁）《睡虎地秦簡·爲吏之道》："職其有矢，從而賊之。"（見《睡虎地秦墓竹簡》，文物出版社 1990 年版，第 172 頁）"賊"即當讀作"則"字。而文獻中"則"、"即"二字的異文更多，《周易》"瀆則不告"、"則大耋之嗟"、"往遇雨則吉"三"則"字馬王堆帛書本《周易》皆作"即"，傳世文獻中此二字的異文例多不舉。"則"、"即"音形義均近，故或相亂也。

② 見王力《漢語史稿》，中華書局 2004 年版，第 396 頁。

比較重要的一種途徑。戰國秦漢是雙音詞大量涌現的一個時期，漢代的一些文獻，如《史記》、《説苑》、《列女傳》等，在引用《左傳》時，多將單音詞改爲雙音詞。趙克勤在《古代漢語詞彙學》中已注意到這個現象："左丘明寫《左傳》吸收了不少當時的口語，語言流暢，叙事生動……但比起《史記》、《漢書》來，又難讀多了……其中還有一個重要原因，就是較多地使用單音詞。"[46][頁61] 趙氏在書中也舉了不少《史記》用複音詞替换《左傳》單音詞的例子。下面本書再結合其他文獻對這一現象分類略舉數例：

1. 近義連文

王力在《古代漢語》中説："古代單音詞和現代複音詞的對比，主要有三種情况：第一種情况是换了完全不同的詞……第二種情况是加了詞尾詞頭……第三種情况是利用兩個同義詞作爲詞素構成一個複音詞……最值得注意的是第三種情况。"[45][頁89] 後世文獻以複音詞改寫《春秋》經傳單音詞，最多的情况就是增加一個同義詞或近義詞組成近義連文。例如：

《左傳·隱公元年》："贈死不及尸，弔生不及哀。豫凶事，非禮也。"

《荀子·大略》："送死不及柩尸，弔生不及悲哀，非禮也。"[167][頁492]

《説苑·修文》："贈死不及柩尸，弔生不及悲哀，非禮也。"[144][頁491]

《左傳·莊公九年》："雍廪殺無知。"

《史記·齊太公世家》："雍林人襲殺無知。"[130][頁1485]

《左傳·莊公十二年》："蕭叔大心及戴、武、宣、穆、莊之族，以曹師伐之。殺南宫牛于師。"

《史記·宋世家》："蕭及宋之諸公子共擊殺南宫牛。"[130][頁1624]

《左傳·僖公四年》："君夢齊姜，必速祭之。"

《吕氏春秋·上德》："往昔君夢見姜氏。"[101][頁2326]

《史記·晋世家》："君夢見齊姜，太子速祭曲沃。"[130][頁1645]

《列女傳·孽嬖傳》："君夢見齊姜，亟往祀焉。"[52][頁203]

《左傳・襄公二十一年》:“祁大夫外舉不棄讎,内舉不失親,其獨遺我乎?”

《新序・雜事》:“外舉不避仇讎,内舉不回親戚,可謂至公矣。”[164][頁49]

《左傳・襄公二十六年》:“初,宋芮司徒生女子……長而美。”

《漢書・五行志》:“宋有生女子赤而毛……長而美好。”[67][頁1419]

《左傳・哀公十五年》:“孔氏之豎渾良夫,長而美。”

《史記・衛康叔世家》:“孔氏之豎渾良夫美好。”[130][頁1599]

《左傳・成公九年》:“大夫勤辱,不忘先君以及嗣君,施及未亡人。”

《列女傳・貞順》:“大夫勤勞於遠道,辱送小子,不忘先君以及後嗣。”[52][頁95]

《左傳・昭公九年》:“石不能言,或馮焉。”

《論衡・紀妖》:“石不能言,或憑依也。”[102][頁929]

《公羊傳・僖公二年》:“還,四年,反取虞。”

《新序・善謀》:“旋歸,四年,反取虞。”[164][頁1108]

後世的注疏在引用《春秋》經傳時,也往往會以同義連文的複音詞改原文的單音詞,或以同義連文的複音詞解釋《春秋》經傳的單音詞,這同樣也説明了雙音化的現象。如:

《左傳・襄公二十六年》:“將賞爲之加膳,加膳則飫賜。”

《詩經・小雅・彤弓》疏:“襄二十六年《左傳》曰,將賞則加膳,加膳則飫賜。將欲賞人,尚加殺膳……”[128][頁421]

《左傳・定公十年》杜預注:“稗,草之似穀者。”《慧琳音義》卷六四引杜注作“稗,草似稻穀”[172][册58頁761]。

《左傳·哀公元年》："楚子圍蔡，報柏舉也，里而栽。"《慧琳音義》卷六六[172][冊58頁791]、卷六七[172][冊58頁801]引，皆作"里而栽植"。

《穀梁傳·隱公五年》："伐不踰時。"《詩經·小雅·何草不黄》疏引作"征伐不踰時"[128][頁501]。

《左傳·襄公二十六年》："善爲國者，賞不僭而刑不濫。"《詩經·商頌·殷武》疏引此後曰："知'不僭不濫'謂賞不僭差，刑不濫溢也。"[128][頁628]

2. 偏正結構

後世文獻在改寫《春秋》經傳時，還會在原有的單音詞上增加修飾性語素或增加概括性的"大名"來構成一個新的偏正結構的複合詞。

（1）增加修飾性語素

《左傳·莊公十二年》："陳人使婦人飲之酒。"
《史記·宋世家》："陳人使婦人飲之醇酒。"[130][頁1624]

《左傳·僖公五年》："踰垣而走，披斬其袪。"
《史記·晋世家》："重耳踰垣，宦者追斬其衣袪。"[130][頁1647]

《左傳·僖公九年》："里克殺奚齊于次。"
《史記·晋世家》："里克殺奚齊于喪次。"[130][頁1649]

（2）增加概括性語素

《左傳·襄公二十七年》："成請老于崔。"
《列女傳·孽嬖傳》："成使人請崔邑以老。"[52][頁212]

3. 述賓結構

（1）爲原來的動詞加賓語

《左傳·襄公二十六年》"苟反，政由甯氏，祭則寡人"，《尚書·洛誥》疏引，"苟反"作"苟得反國"[128][頁216]。

(2) 原有動詞用作名詞，前再加動詞

《公羊傳·宣公十二年》："將軍子重諫曰……"
《新序·雜事》："將軍子重進諫曰……"[164][頁524]

4. 改用詞形與原文無關的雙音詞

《左傳·桓公十七年》："宣姜與公子朔構急子。"
《史記·鄭世家》："宣公正夫人與朔共讒惡太子伋。"[130][頁1593]

《左傳·昭公十二年》："毀之，則朝而塴；弗毀，則日中而塴。"
《通典》卷一〇五載吕才之論："若壞其室，即平明而堋；不壞其室，即日中而堋。"[154][頁2571]

後世文獻引《春秋》經傳，似乎也有以單音詞改原文的雙音詞的情況，如：

《左傳·定公九年》："陽虎欲勤齊師也，齊師罷，大臣必多死亡。"
《説苑·權謀》："陽虎欲齊師破。齊師破，大臣必多死。"[144][頁329]

但《左傳》中的"死亡"究竟是指"死"，還是指"死與出奔"，可能還有疑問。又如：

《左傳·成公二年》："政亡則國家從之，弗可止也已。"
《新書·審微》："彼樂亡而禮從之，禮亡而政從之，政亡而國從之，國亡而君從之。"[162][頁74—75]

不過這裏可能是《新書》中句式整齊的需要。

（二）量詞

王力説："表示天然單位的單位詞在先秦已經萌芽了，但真正的發達還在漢代以後。"[69][頁26]從《春秋》經傳的異文中也可以看出這種現象。《左傳》中有些情況下直接把數詞放在名詞後表示數量，不再加量詞，如：

《左傳·桓公六年》："六月，大敗戎師，獲其二帥大良、少良，甲首三百，以獻於齊。"

《左傳·閔公二年》："歸公乘馬，祭服五稱，牛、羊、豕、雞、狗皆三百。"

《左傳·僖公二十八年》："彤弓一，彤矢百，玈弓矢千。"

但在有些後世文獻在引《左傳》中的這種句子時，會在數詞後加量詞，如：

《左傳·僖公三十三年》："鄭商人弦高將市於周，遇之。以乘韋先，牛十二，犒師。"

《周禮·地官·序官》疏："《左氏春秋》，僖三十三年，秦人將襲鄭，鄭商人弦高將市於周，遇之，以乘韋先牛十二頭犒秦師，遂詐之。"[128][頁701]

上古時代没有動量詞，一般直接把數詞放在動詞前表示行爲的次數。如：

《左傳·成公七年》："子重、子反於是乎七奔命。"

在動作已知的情況下，放在數詞後的動詞也會被省略。如：

《左傳·莊公十年》："一鼓作氣，再而衰，三而竭。"

"再"和"三"下都省略了"鼓"字。漢代以後的一些文獻在引用《左傳》時，會將這種省略了的動詞補足：

《左傳・宣公十五年》："楚子厚賂之，使反其言，不許，三而許之。"

《史記・晋世家》："楚王厚賜與約，使反其言，令宋趣降，三要乃許。"[130][頁1769]

《説苑・奉使》："楚王厚賜，與約，使反其言，令宋趣降。三要，解揚乃許。"[144][頁294]

這可能由於當時人已不能認可數詞所附帶的動量功能，需要加動詞以表示行爲的數量。這大概已是後來動量詞出現的先聲了。

（三）代詞

1. 代詞"或"

本書此處先談一下代詞"或"的問題。"或"指"有的人"，王力稱爲"虚指代詞"，楊伯峻、何樂士稱爲"分指代詞"。楊、何二氏曰："分指是在某一範圍里，指其中一部分人或事物。"[48][頁159]所以"或"可以有先詞指定範圍。如《左傳・桓公二年》："義士猶或非之。"《左傳・文公十五年》："齊人或爲孟氏謀。"皆其例。但如果先詞是"人"，則并没有指定範圍，顯然是没有意義的。在先秦文獻中，也很少見到"人或……"的結構。但秦漢以後的文獻中，這種結構却極爲常見，如：

《淮南子・人間》："人或問孔子曰：'顔回何如人也？'"[74][頁1287]（請對比《論語・憲問》"或問子産"）

《史記・項羽本紀》："人或説項王曰：'關中阻山河四塞，地肥饒，可都以霸。'"[130][頁315]

《史記・魯周公世家》："及成王用事，人或譖周公，周公奔楚。"[130][頁1520]

《列女傳・賢明傳》："人或言之楚王曰：'老萊，賢士也。'"[52][頁57]

《新序》卷十："人或謂吕后曰：'留侯善畫計第，上信用之。'"[164][頁1359—1360]

漢以後的文獻在引用《左傳》時，也會以"人或"代替《左傳》中的"或"，如：

《左傳・昭公七年》："或夢伯有介而行。"

《論衡·死僞》:"人或夢見伯有介而行。"[102][頁895]

出現這種現象,可能是由於漢人已普遍認爲用"或"字必須有一指定範圍的先詞,所以對於并不需要加先詞的場合,也要加一個"人"字。《史記》中没有先詞的"或"字已佔少數,也可以用來説明這一現象。

2. 代詞"之"

"之"是古代漢語中比較常用的一個代詞。而"之"在"奪之×"中的用法則比較特殊,楊伯峻、何樂士指出,對這種結構中的"之",學術界有兩種意見,"一種意見,認爲'之'與'其'的作用相當,'之'在少數動詞尤其是'奪'、'爲'諸字之後可以表領位。另一種意見,認爲'之'、'其'用法在先秦有嚴格分工,'之'不表領位。像以上例中的……都是雙賓式。"[48][頁127] 學者對此問題的分析可參楊伯峻、何樂士的引述。本書所要指出的是,無論這一類結構的本質是怎樣,至少漢代以來的人們一般都是將這種結構中的"之"字視爲領格代詞,等同於"其",他們在引用先秦文獻時也往往用"其"字改原文中的"之"字。如:

《左傳·桓公九年》:"鄧南鄙鄾人攻而奪之幣。"
《華陽國志·巴志》:"鄧南鄙攻而奪其幣。"[73][頁11]
《水經注·淯水》:"鄾人奪其幣。"[134][頁731]

《左傳·僖公二年》:"是天奪之鑒,而益其疾也。"
《潛夫論·忠貴》:"天奪其鑒。"[117][頁112]

《左傳·定公二年》:"閽乞肉焉,奪之杖以敲之。"《北堂書鈔》卷一四五引作:"閽乞肉焉,奪其杖以敲之。"[5][頁657]

這種"奪之×"或"爲之×"的結構在上古文獻中較多,以至於後代文獻會將本來確實是作雙賓結構中直接賓語的"之"字也改作"其",如:

《左傳·僖公二十八年》:"叔武將沐,聞君至,喜,捉髮走出,前驅射而殺之。公知其無罪也，枕之股而哭之。”

《御覽》卷四八七：“……枕其股而哭之。”[150][頁2229]

《左傳》杜預注説：“公以叔武尸枕其股。”這個解釋是對的①，是衛成公把叔武公的屍體枕在自己的大腿上，“股”是衛公之股，“之”指代“叔武”，是賓格代詞。《晉書·司馬孚傳》載高貴鄉公被殺，“孚枕尸於股”[81][頁1084]，與此情事相類，正可對看。《太平御覽》的編者大約已習慣於將“奪之×”或“爲之×”中的“之”改爲“其”，竟因之將所有及物動詞＋“之”＋名詞結構中的“之”换成“其”。

3. 疑問代詞

【焉—安】

《左傳·閔公二年》：“國人受甲者皆曰：‘使鶴！鶴實有禄位，余焉能戰？’”

《新書·春秋》：“士民曰：‘君亦使君之貴優，將君之愛鶴，以爲君戰矣。我儕棄人也，安能守戰？’”[162][頁247]

《左傳·閔公二年》：“先爲之極，又焉得立？”

《史記·晉世家》：“先爲之極，又安得立！”[130][頁1641]

《左傳·閔公二年》：“君失其官，帥師不威，將焉用之？”

《史記·晉世家》：“君失其官，率師不威，將安用之？”[130][頁1643]

《左傳·僖公十五年》：“臣而不臣，行將焉入？”

《國語·晉語三》：“有大罪三，將安適？”[61][頁332]

《左傳·僖公二十四年》：“身將隱，焉用文之？”

《史記·晉世家》：“身欲隱，安用文之？”[130][頁1662]

《説苑·復恩》：“身將隱，安用文？”[144][頁120]

---

① 楊樹達謂《左傳》指“以尸股爲枕，卧而哭之”（《積微居讀書記·讀左傳》，第54頁），恐不確。

《左傳·文公七年》:“舍適嗣不立,而外求君,將焉寘此?”

《史記·晋世家》:“舍適而外求君,將安置此?”[130][頁1672]

《左傳·成公十七年》:“二三子不能事君,焉用厥也?”

《國語·晋語六》:“二三子不能事君,安用厥也!”[61][頁427]

《左傳·昭公九年》:“焉用速成?其以勦民也。無囿猶可,無民其可乎?”

《説苑·反質》:“安用其速成也。以虐其民,其可乎?”[144][頁526]

《左傳·昭公十年》:“先得公,陳、鮑焉往?”

《晏子春秋·内篇雜下》:“先得君,田、鮑安往?”[170][頁402]

《左傳·昭公十五年》:“忘經而多言舉典,將焉用之?”

《漢書·五行志》:“忘經而多言舉典,將安用之!”[67][頁1383]

《左傳·昭公二十年》:“據亦同也,焉得爲和?”

《晏子春秋·内篇諫上》:“今據也甘君亦甘,所謂同也,安得爲和!”[170][頁66]

按:“安”、“焉”音義相近,是一對同源字[155][頁120—121]。這兩個字的疑問代詞用法都比較早,如《詩經·衛風·伯兮》:“焉得諼草?言樹之背。”[128][頁327] 《詩經·大雅·小旻》:“天之生我,我辰安在?”[128][頁449]但在較早的文獻中,“安”字却遠沒有“焉”字使用得頻繁。根據貝羅貝、吳福祥的統計①,《論語》中“焉”字用作疑問代詞的有26例,而“安”僅1例。

《左傳》中用“焉”作疑問代詞的有111例。據筆者統計,《左傳》中用“安”作疑問代詞的僅13例,其中前八公中僅4例②,而後四公中

① 見貝羅貝、吳福祥《上古漢語疑問代詞的發展與演變》,《中國語文》2000年第4期。

② 《左傳·僖公十四年》:“皮之不存,毛將安傅。”《左傳·宣公十二年》:“暴而不戢,安能保大。”《左傳·成公十七年》:“死而多怨,將安用之?”《左傳·成公十八年》:“立而不從,將安用君?”

有 9 例①。何樂士指出：“從總的發展趨勢看，前八公獨有的語言現象大多比較古老；而後四公獨有的大多是新興的語言現象，到戰國晚期或漢以後就逐漸發展起來。”[47][頁103]從“焉”與“安”字的使用來看，何樂士的觀點無疑是非常正確的。根據貝、吴二氏的統計，《莊子》中“安”用作疑問代詞的有 23 例，而“焉”僅 6 例；《史記》中“安”用作疑問代詞的有 132 例，“焉”僅 11 例。到東漢，“焉”作爲疑問代詞的用法可能已經消失了，吴瓊説：“在漢代的訓詁著作裏幾乎所有的注家都用‘何’或‘安’來注解或對譯‘惡’、‘焉’等詞……可見，至少在東漢用作Ⅱ類詢問事理的‘惡’、‘焉’在實際口語中已經不再使用；相反，‘安’在當時的實際語言裏仍是比較口語化的Ⅱ類代詞，還處于相對活躍的狀態。”②

可能由於語音的轉變，使用作疑問代詞的“焉”字的語音更接近於“安”，於是後代多用“安”代替“焉”。比較有意思的是，在一些出土文獻中，用作語氣詞的“焉”也寫作“安”③。這更證明了在戰國至秦漢時期，“焉”有向“安”轉變的趨勢。

但應指出的是，筆者也發現在個别案例中，引文將《左傳》中的“安”改作了“焉”，如：

> 《左傳·襄公十四年》：“百姓絶望，社稷無主，將安用之？”
> 《新序·雜事》：“百姓絶望，社稷無主，將焉用之？”[164][頁65—66]

這種案例即便不是後人的誤改，其數量和上面“焉”改作“安”的例子也是無法相比的。

【何一奚】

> 《左傳·文公七年》：“先君何罪？其嗣亦何罪？”
> 《説苑·建本》：“先君奚罪，其嗣亦奚罪？”[144][頁75]

---

① 《左傳·襄公八年》：“今將背之，雖楚救我，將安用之？”《左傳·襄公十四年》：“百姓絶望，社稷無主，將安用之？”《左傳·襄公二十二年》：“今納欒氏，將安用之？”《左傳·襄公二十五年》：“君死安歸？”《左傳·襄公二十七年》：“安能害我？”《左傳·襄公三十一年》：“朝不及夕，將安用樹？”《左傳·哀公元年》：“夫先自敗也已，安能敗我？”《左傳·哀公四年》：“晉國未寧，安能惡於楚？”《左傳·哀公九年》：“而有吉禄，我安得吉焉？”

② 吴瓊：《試論“惡、安、焉”的演變和“那（哪）”的産生》，《語言研究》2002 年特刊。

③ 參王輝《古文字通假字典》，第 724 頁。

《左傳·文公十八年》:“與刖其父而弗能病者何如?”

《説苑·復恩》:“與刖其父而不病奚若?”[144][頁141]

《左傳·昭公十五年》:“左右曰:‘師徒不勤,而可以獲城,何故不爲?’穆子曰:‘……或以吾城叛,吾所甚惡也。人以城來,吾獨何好焉?賞所甚惡,若所好何?若其弗賞,是失信也,何以庇民?”

《國語·晋語九》:“軍吏曰:‘可無勞師而得城,子何不爲?’”[61][頁484]

《淮南子·人間》:“左右曰:‘不折一戟,不傷一卒,而鼓可得也。君奚爲弗使?’”[74][頁1271]

《説苑·貴德》:“軍吏曰:‘師徒不勤而可得城,奚故不受?’曰:‘有以吾城反者,吾所甚惡也;人以城來,我獨奚好焉?賞所甚惡,有失賞也,若所好何?不賞,是失信也,奚以示民?’”[144][頁107]

《左傳·哀公元年》:“國勝君亡,非禍而何?”

《説苑·善説》:“國勝君出,非禍而奚?”[144][頁268]

楊伯峻、何樂士認爲:“‘奚’字用作疑問詞,不但甲骨文、金文未見,即《易·卦爻辭》、《今文尚書》、《詩經》都未見,可能起於春秋戰國之際,因爲見於《論語》和《左傳》。”[48][頁167—168] 王海棻對“奚”與“何”進行比較之後説:“疑問代詞‘奚’産生於春秋末期,發展於戰國時代。在一部分書中‘奚’頗有與‘何’并駕齊驅之勢,但在它的用法遠不及‘何’字完備時便中衰了。漢代以後,除個别書中(如《説苑》、《列子》)用‘奚’較多外,一般很少用它了,長長一部《史記》,‘奚’字不過十來個,真可説是寥若晨星。”① 王氏的分析基本是可信的,《左傳》“何”與“奚”的異文中也基本上都出現在《説苑》中,這很可能與劉向的書寫習慣有關。

4. 人稱代詞“吾子”

“吾子”是上古漢語中表示親昵和尊敬的對稱代詞。《儀禮·士冠禮》:“戒賓,曰:‘某有子某,將加布於其首,願吾子之教之也。’”鄭玄

① 見王海棻《疑問代詞“奚”及其與“何”字用法的比較》,《遼寧師範大學學報》(社會科學版)1981年第4期。

注："吾子，相親之辭。吾，我也。子，男子之美稱。"[128][頁957]楊伯峻、何樂士説："凡被稱子的，如果稱者對他又表示親密，便用'吾子'……《易》、《詩》、《書》以及《論語》都不見'吾子'，《左傳》則出現不少次'吾子'，大約是因爲《左傳》記載問答語比較多。"[48][頁115]除了《左傳》外，《儀禮》、《禮記》等書中記載的儀節性用語中，"吾子"也使用比較頻繁，如前引《士冠禮》例即是。"吾子"一詞頻繁地出現在儀節性用語中，一方面説明其正式程度，另一方面可能也意味着這個詞離實際口語已比較遠。同樣是記載問答語比較多的《史記》，其中用"吾子"9次，僅4例用作敬稱代詞，且全部都是引自前世文獻，其餘"吾子"都是"我的兒"之義。《漢書》除引用《左傳》中出現的"吾子"外，其餘僅4例用作敬稱代詞，都出現在文人書信和文學作品中。大概漢以後"吾子"的代詞義在口語中確已比較少見。秦漢典籍在引用《左傳》時，多將其中的"吾子"改作"子"，可能也説明了這種現象。如：

《左傳·成公二年》："張侯曰：'自始合，而矢貫余手及肘，余折以御，左輪朱殷，豈敢言病？吾子忍之。'"

《史記·齊太公世家》："克欲還入壁，其御曰：'我始入，再傷，不敢言疾，恐懼士卒，願子忍之。'"[130][頁1497]

《左傳·成公二年》："蕭同叔子非他，寡君之母也。若以匹敵，則亦晋君之母也。吾子布大命於諸侯，而曰'必質其母以爲信'，其若王命何？"

《史記·齊太公世家》："叔子，齊君母。齊君母亦猶晋君母，子安置之？且子以義伐而以暴爲後，其可乎？"[130][頁1497—1498]

《左傳·襄公七年》："今吾子不後寡君，寡君未知所過。吾子其少安。"

《韓非子·難四》："今子不後寡君一等，寡君未知所過也。子其少安。"[62][頁381]

《左傳·昭公六年》："今吾子相鄭國，作封洫，立謗政，制參辟，鑄刑書，將以靖民，不亦難乎？"

《後漢書·樊宏傳》李賢注引作："今子相鄭，立謗政，鑄刑書，人知爭端矣。"[72][頁1127]

（四）動詞

本書此處先談一下名詞、形容詞活用爲動詞的情況。王力説："形容詞、名詞也可以臨時具有及物動詞的性質，後面可以帶賓語，除了表示'使賓語怎麼樣'的意思，還可以表示'認爲賓語怎麼樣'的意思，也是所謂意動用法。"[69][頁102]但在漢語的發展過程中，形容詞、名詞的使動、意動用法可能有逐漸減少的趨勢。後世文獻引用《左傳》，往往將形容詞、名詞的使動、意動用法改爲一般動詞。如：

《左傳·宣公十四年》："過我而不假道，鄙我也。"

《吕氏春秋·行論》："往不假道，來不假道，是以宋爲野鄙也。"[101][頁2562]

《左傳·定公九年》："陽虎欲勤齊師也，齊師罷，大臣必多死亡，己於是乎奮其詐謀。"

《説苑·權謀》："陽虎欲齊師破。齊師破，大臣必多死，於是欲奮其詐謀。"[144][頁328]

《左傳·僖公四年》："大子祭于曲沃，歸胙于公。公田，姬寘諸宫六日，公至，毒而獻之。"

《史記·晋世家》："太子於是祭其母齊姜於曲沃，上其薦胙於獻公。獻公時出獵，置胙於宫中。驪姬使人置毒藥胙中。"[130][頁1645]

第一組中的"鄙"是名詞的意動用法，《吕氏春秋》改作"以……爲野鄙"。第二組中的"勤"是形容詞的使動用法，《説苑》改作"欲……破"。第三組中的"毒"是名詞的使動用法，《史記》則改作"置毒藥"。

有些名詞還可以活用爲一般動詞，後世文獻在引用此類句子時，也會以一般動詞改原文中活用的名詞。如：

《左傳·文公十八年》："懿公之爲公子也，與邴歜之父爭田，弗勝。及即位，乃掘而刖之，而使歜僕。納閻職之妻，而使職驂乘。"

《説苑·復恩》:“齊懿公之爲公子也,與邴歜之父爭田,不勝。及即位,乃掘而刖之,而使歜爲僕。奪庸織之妻,而使織爲參乘。”[144][頁141]

《左傳·僖公二十三年》:“懷公命無從亡人,期,期而不至,無赦。”

《史記·晋世家》:“乃令國中諸從重耳亡者,與期,期盡不到者盡滅其家。”[130][頁1656]

《公羊傳·莊公十二年》:“仇牧聞君弑,趨而至,遇之于門,手劍而叱之。”

《新序·節士》:“仇牧聞君死,趨而至,遇萬於門,攜劍而叱之。”[164][頁1019]

《公羊傳·莊公十三年》:“莊公升壇,曹子手劍而從之。”

《史記·刺客列傳》:“桓公與莊公既盟於壇上,曹沫執匕首劫齊桓公。”[130][頁2515]

最後一組中的“手”字尤其值得注意。《經義述聞》引王念孫曰:“手,持也。《檀弓》‘子手弓而可’,謂持弓也……《逸周書·克殷》篇‘武王乃手大白以麾諸侯’,《史記·周本紀》‘手’作‘持’。”[87][頁731]可見“手”的這種動詞用法在上古是比較常見的,但漢以後的人們明顯已對此用法感到生疏而罕有用之者了。

先秦至漢的動詞演變中,還有一個值得注意的現象是詞意指向的固定。先秦文獻中的有些動詞,其施動方與受動方互换并不影響文義,這也就是訓詁學家常講的“授受同詞”。但漢以後文獻中動詞的詞意指向一般已固定,在引用先秦文獻時,遇到動詞用法與通用用法不同時,往往會加以改動。如:

《左傳·哀公元年》:“懷公朝國人而問焉。”

《説苑·善説》:“懷公召國人曰。”[144][頁268]

先秦中“朝”字既可以指居下位者朝見居上位者,也可以指在上位者召見居下位者，趙翼《陔餘叢考》曰“古時凡詣人皆曰朝”[42][頁440]，其説是。但漢以後“朝”一般只有前一種用法，故而《説苑》以“召”字改《左傳》中的“朝”字。

另外，戰國以後某些詞的作用對象也逐漸固定爲某一類事物，與早期較爲隨意的情况不同。後世文獻引用《左傳》時也會因這種情况而改字。如：

《左傳·僖公三年》：“齊侯與蔡姬乘舟于囿，蕩公。”

《韓非子·外儲説左上》：“蔡女爲桓公妻，桓公與之乘舟，夫人蕩舟。”[62][頁275]

《史記·管蔡世家》：“齊桓公與蔡女戲船中，夫人蕩舟。”[130][頁1566]

《淮南子·人間》：“蔡女蕩舟，齊師大侵楚。”高誘注：“齊桓公與蔡姬乘舟，姬蕩舟。”[74][頁1282]

《左傳·莊公九年》：“管仲請囚，鮑叔受之，及堂阜而税之。”

《史記·齊太公世家》：“鮑叔牙迎受管仲，及堂阜而脱桎梏。”[130][頁1486]

第一組例子中，《左傳》之意是指蔡姬通過蕩舟而使齊桓公蕩，而《韓非子》以後或以爲蔡姬所蕩者爲舟，不可言“蕩公”，故多改作“蕩舟”。第二組中，《左傳》之意是鮑叔牙脱去管仲桎梏而使管仲解脱，《史記》蓋以所脱者爲桎梏，人不可言脱，故改作“脱桎梏”。

（五）連詞

本小節談一下連詞“則”的問題。“則”字出現較早，且用法比較多，可以表示承接、轉折、假設、遞進、選擇等。但在後來的文獻中，“則”的某些用法就變得比較少見，如用作表假設關係的連詞①。後世文獻在引用《左傳》時，也往往將表示假設的“則”字改作其他假設連詞。如：

《左傳·文公二年》：“《周志》有之，‘勇則害上，不登於明堂’。”

《逸周書·大匡》：“勇知（如）害上，則不登於明堂。”[177][頁388]

① 《漢書大詞典》中在“則”表示假設關係連詞的義項下舉金若虚《太一三代度師蕭公墓表》：“雖然再三，則瀆，亦恐徒勞耳。”則“再三則瀆”顯然用《周易·蒙卦》“初筮告，再、三瀆”的典故，“則”還是對“再三”的承接，而非假設。

《左傳·僖公七年》："心則不競，何憚於病？"

《風俗通義·十反》："《傳》曰：'心苟不競，何憚於病。'"[41][頁260]

與此相近的還有"而"字，"而"在上古漢語中也可表示假設關係，但後世文獻對此用法不太熟悉，往往改"而"爲其他常用的假設連詞。如《左傳·襄公三十年》"子産而死，誰其嗣之"，《文選》卷二十潘岳《關中詩》注[157][頁281]、《文選》卷五八王儉《褚淵碑文》注[157][頁808]引"而"皆改作"則"。

（六）副詞

1. 時間副詞

本段此處先討論一下時間副詞"既而"和"已而"。漢以後文獻在引用《春秋》經傳時，多改"既而"爲"已而"，如：

《左傳·宣公二年》："初，宣子田於首山，舍于翳桑，見靈輒餓，問其病……既而與爲公介。"

《史記·晋世家》："初，盾常田首山，見桑下有餓人……已而爲晋宰夫。"[130][頁1674]

《左傳·昭公七年》："楚子享公于新臺，使長鬣者相，好以大屈，既而悔之。"

《史記·魯世家》："楚靈王就章華臺，召昭公。昭公往賀，賜昭公寶器；已而悔，復詐取之。"[130][頁1539]

《左傳·昭公二十年》："臣不佞，不能苟貳。奉初以還，不忍後命，故遣之。既而悔之，亦無及已。"

《説苑·立節》："臣不佞，不能貳也。奉初以還，故遣之。已而悔之，亦無及也。"[144][頁82]

"既而"、"已而"都是表示時間的副詞性詞組，"既"和"已"本身都是時間副詞①，文獻中單用的例子也比較多，如《左傳·襄公二十年》：

① 陳寶勤認爲"既"是動詞（《試論"而後"、"而已"、"而況"、"而且"、"既而"、"俄而"、"然而"》，《古漢語研究》1994年第3期），恐怕不太確切。

“求崔杼之尸，將戮之，不得……既，崔氏之臣曰：‘與我其拱璧，吾獻其柩。’”《史記·項羽本紀》：“韓王成無軍功，項王不使之國，與俱至彭城，廢以爲侯，已又殺之。”[130][頁320] “而”則是連詞，與“既”或“已”結合爲副詞詞組，表示“不久”。

陳寶勤認爲：“在上古漢語中，‘既而’的用例很少，《論語》、《孟子》中各只1例，《荀子》中無，《史記》中有2例。”① 但陳氏統計的文獻太少，并不足以説明上古漢語的普遍情況。在較早的先秦文獻中“既而”并不少見，僅《左傳》中就有37例，恐怕“既而”在先秦漢語中的應用還是比較普遍的。但到漢代，“既而”就罕見使用了，《史記》中僅2例，《漢書》中僅1例。漢代文獻在引用先秦文獻時，多將其中的“既而”改掉，除了用“已而”外，還用到其他的時間副詞。如：

> 《左傳·僖公十五年》：“獲晋侯，以厚歸也。既而喪歸，焉用之?”《列女傳·賢明傳》用此文，作：“獲晋君，以功歸。今以喪歸，將焉用?”[52][頁38]

但到東漢以後，“既而”又死灰復燃，再次得到廣泛使用，《後漢紀》中有24例，《後漢書》中則有52例。

“已而”在先秦文獻確實比較少見，《左傳》、《國語》、《禮記》、《論語》、《孟子》、《晏子春秋》、《管子》、《荀子》等書中均未見作副詞的“已而”，《韓非子》中開始出現②，《韓非子·内儲説上》：“始鄭、梁一國也，已而别。”[62][頁232] 《吕氏春秋》中有兩例。至漢初，“已而”的使用變得非常普及，《史記》中有100例。但東漢以後，“已而”便已衰落，《漢書》中尚有39例，到《後漢書》則僅有一例了。

通過上面的分析，筆者有理由懷疑，“已而”可能在漢代的長安方言中使用比較廣泛，所以在西漢時取得了統治地位；但在全國的應用可能并不普遍，所以到東漢以後便很快衰落下去。而漢代長安方言中可能没有“既而”一詞，所以西漢文獻中少見；但在全國其他地區却仍比較活躍，所以到東漢以後又廣泛地出現在文獻中。

---

① 參前引陳氏文。

② 《逸周書·史記解》中有一例“已而”，但《逸周書》的年代很難判斷，所以此處未言。

2. 否定副詞“不”、“弗”

後世文獻引《春秋》經傳，多改原文中的“弗”爲“不”。對“弗”與“不”的研究，學術界已做了大量的工作。丁聲樹首先從語法角度分析了“弗”與“不”的不同，并認爲“弗 = 不 + 之”①，隨後又有人認爲“弗”即“不之”的合音②。丁聲樹的開創研究取得了很大的成就，也博得了不少學者的認可③，但後來却遭到了學界的普遍批評④，而何樂士通過對《左傳》中“弗”字的分析對丁説的批評最爲全面⑤。另外，有學者認爲先秦“弗”、“不”的用法没有什麽區别⑥，恐怕也不符合當時的語言實際，學者們對甲骨文、簡帛、先秦古籍的研究表明“弗”與“不”在語法功能、表義功能等方法都有一些差别⑦。而這種差别在秦漢時就已經減弱了，并直接導致了“弗”的消亡。池昌海在對《史記》中“弗”字做了一番分析後認爲：“‘弗’先秦原有的特點正在減弱，與‘不’表現出明顯的同一性……在秦漢時期，‘弗’與‘不’的差異減小，‘弗’原有的語法和部分語用差異退化，在實際語言應用中，基本讓位於‘不’，除了留有少量的基本特點外，主要因其‘古’味而存在并在適當的時候與‘不’换用，以避免行文上的重複。”⑧

以上對前人關於“不”、“弗”的研究作了一下總結，筆者還想補充以下幾點。

首先，“弗”、“不”差别的減弱在先秦已經開始，如：

《左傳·僖公二十五年》：“戊午，晋侯朝王。王饗醴，命之宥。

---

① 丁聲樹：《釋否定詞“弗”、“不”》，《中央研究院歷史語言研究所集刊·慶祝蔡元培先生六十五歲文集》1933 年，下册，第 967—996 頁。

② 見吕叔湘《漢語語法論文集》，第 19 頁引 Boodberg 説。

③ 如王力《漢語語法史》中稱：“……如果從語法上講，倒是講得通的，那就是説，‘弗、勿’是副詞兼代賓語的職能，在意義上等於‘不之’和‘毋之’。”（第 134 頁）

④ 如周法高從甲骨文、金文、《尚書》分析，認爲這個公式并不適用（周法高《中國語法札記》，圖鴻制版印刷公司 1968 年版，第 372—373 頁）。

⑤ 見何樂士《〈左傳〉否定副詞“不”與“弗”的比較》，《古漢語語法研究論文集》，商務印書館 2000 年版，第 44—48 頁。

⑥ 見黄景欣《秦漢以前古漢語中的否定詞“弗”、“不”研究》，《語言研究》1958 年第 3 期。

⑦ 參張玉金《甲骨文“不”和“弗”語義指向方面的異同》，《語言研究》2005 年第 4 期；寧赫、孫琳《楚簡〈老子〉否定副詞“不”與“弗”的比較》，《長春工程學院學報》（社會科學版）2004 年第 1 期；何樂士《〈左傳〉否定副詞“不”與“弗”的比較》等。

⑧ 池昌海：《〈史記〉中副詞“弗”的功能分析》，《古漢語研究》2003 年第 4 期。

請隧，弗許。”

《國語·周語中》：“晋文公既定襄王于郟，王勞之以地，辭，請隧焉。王不許。”[61][頁54]

其次，“弗”與“不”的融合可能在不同的方言中有一定的差異。《左傳》中的“弗”字，先秦諸子在引用時每有改爲“不”字者，而《晏子春秋》中全部未改。《史記》中“弗”字的使用與先秦相比已經大幅減少，而成書時間與《史記》相差不遠的《穀梁傳》中“弗”字的使用仍然非常普遍。

再次，《公羊傳·僖公二十六年》何休注：“弗者，不之深者也。”前人引用這句話往往是説明“弗”、“不”的區别。實際上，何休爲“弗”作注，這本身就説明東漢時期對“弗”的用法已不太熟悉，有作注的必要。

（七）介詞

本小節主要討論一下引進時間狀語的介詞“居”。《左傳》中“居”没有用作介詞的例子，《左傳》中的表示“過了多久之後”的時間狀語大多并不用介詞，僅僅只有時間段表示。如：

《左傳·莊公十六年》：“公父定叔出奔衛，三年而復之。”

《左傳·文公十四年》：“二年而盡室以復適莒。”

《左傳·襄公二十九年》：“禍未歇也，必三年而後能紓。”

王力説：“在上古漢語裏，時間的表示，可以用介詞帶賓語的結構……但是，在更多的情况下是不用介詞，只有關係語。”[69][頁224]但在戰國中後期，引進某些時間狀語的介詞使用得頻繁起來。在《國語》中，已用“居”爲介詞了，如：

《國語·晋語二》：“居二年，驪姬使奄楚以環釋言。”[61][頁294]

《國語·晋語八》：“居三年，欒盈晝入，爲賊於絳。”[61][頁451]

漢代以後，這種例子更多，如：

《新書·禮容語下》：“居六月，宋元公薨。”[162][頁378]

《淮南子·人間》："居三年，白公勝果爲亂，殺令尹子椒、司馬子期。"[74][頁1306]

《史記·周本紀》："居二年，聞紂昏亂暴虐滋甚，殺王子比干，囚箕子。"[130][頁121]

《史記·項羽本紀》："宋義論武信君之軍必敗，居數日，軍果敗。"[130][頁305]

《史記·高祖本紀》："居數月，北攻亢父，救東阿，破秦軍。"[130][頁355]

後世文獻在引用《左傳》中的有關内容時，往往會在原無中介詞的時間狀語前加介詞"居"字，如：

《左傳·莊公十四年》："六年而厲公入。"

《史記·鄭世家》："居六年，厲公果復入。"[130][頁1764]

《左傳·僖公四年》："大子祭于曲沃，歸胙于公。公田，姬寘諸宫。六日，公至，毒而獻之。"

《史記·晋世家》："太子於是祭其母齊姜於曲沃，上其薦胙於獻公。獻公時出獵，置胙於宫中。驪姬使人置毒藥胙中。居二日，獻公從獵來還，宰人上胙獻公。"[130][頁1645]

以戰國晚期以後的文獻與早期其他文獻對比，也同樣有這樣的規律，如：

《國語·晋語六》："三月，厲公弑。"[61][頁426]

《韓非子·内儲説下六微》："居三月，諸卿作難，遂殺厲公而分其地。"[62][頁245]

這都説明，戰國以後文獻中時間狀語中介詞的作用已比較重要了。王力説時間的表示"在更多的情況下是不用介詞，只有關係語。從上古到今天都是這樣。"[69][頁224]總體上這一論斷顯然是正確的，但在具體的某一類時間狀語中，如本書所提到的這種在句首的表示時間段的時間狀語，介詞的使用情況還是發生了一些改變。

（八）助词

本小節主要討論助詞“而”字。上古漢語中多用“而”作助詞，置於方位詞前。但漢以降的文獻多用“以”字代替“而”字的這個功能，“而”的助詞功能僅保存在“而後”、“而外”等少數的結構中。後世文獻中引用《春秋》經傳中的一些句子時，也往往用“以”改原文中的助詞“而”。如：

《公羊傳·隱公五年》：“自陝而東者，周公主之；自陝而西者，召公主之。”

《説苑·貴德》引“傳”曰：“自陝以東者，周公主之，自陝以西者，召公主之。”[144][頁94]

《白虎通義·封公侯》引《公羊傳》曰：“自陝已東，周公主之。自陝已西，召公主之。”[1][頁137]

《白虎通義》以“已”改“而”，“已”、“以”古同字。

（九）兼詞

楊伯峻、何樂士説：“兼詞就是一字代表了兩個詞的結合。”[48][頁13]兼詞一般是合音合義詞，由於語音的不斷發展，兼詞的表音功能就消失了，這也就失去了繼續作兼詞的條件。所以兼詞一般都只出現在特定的時代，如上古漢語中的“諸”字、“盍”字後世少用，而出現於中古的“叵”字也不見於上古漢語。本段略談一下《春秋》異文中兼語的變化。

【諸】

“諸”在上古一般用作“之於”、“之乎”的合音詞。後世文獻在引用《春秋》經傳時，遇到兼詞“諸”字一般作以下幾種改動：

①改作“之於”。如：

《左傳·文公元年》：“初，楚子將以商臣爲大子，訪諸令尹子上。”

《列女傳·節義傳》：“王將立公子商臣以爲太子，王問之於令尹子上。”[52][頁123]

《左傳·襄公二十五年》：“庸以元女大姬配胡公，而封諸陳，以備三恪。”

《國語·周語中》韋昭注引《左傳》作：“以元女大姬配虞胡公

而封之於陳。”[61][頁49]

②將“之”字代替的内容代入，再加“於”字。如：

《左傳·桓公十六年》：“公使諸齊。”

《史記·衛康叔世家》：“乃使太子伋於齊。”[130][頁1593]

③改作“之”。這種情况最多，如：

《左傳·僖公四年》：“昭王之不復，君其問諸水濱！”

《史記·齊世家》：“昭王之出不復，君其問之水濱。”[130][頁1489]

《左傳·僖公二十八》：“執衛侯，歸之于京師，寘諸深室。”

《禮記·祭統》鄭玄注：“坐殺弟叔武，晋人執而歸之於京師，寘之深室也。”[128][頁1607]

《左傳·文公十八年》：“投諸四裔，以禦螭魅。”

《論衡·訂鬼》：“投之四裔，以禦魑魅。”[102][頁938]

《左傳·襄公二十六年》：“姬納諸御，嬖，生佐。”

《漢書·五行志》：“納之平公，生子曰佐。”[67][頁1419]

《左傳·昭公元年》：“余命而子曰虞，將與之唐，屬諸參。”

《漢書·地理志》：“余名而子曰虞，將與之唐，屬之參。”[67][頁1648]

《水經注·晋水》：“余名而子曰虞，將與之唐，屬之參。”[134][頁174]

《左傳·昭公二十四年》：“甲戌，津人得諸河上。”

《漢書·五行志》：“甲戌，津人得之河上。”[67][頁1399]

另外，注疏、類書引用《春秋》經傳也多以這種形式改原文中的“諸”字，如《左傳·文公十八年》“季文子使司寇出諸竟”，《後漢書·黨錮傳》李賢注引，“諸”作“之”[72][頁2193]。《左傳·成公二年》“殺而膊諸城上”，

《周禮·掌戮》疏引，“諸”作“之”[128][頁883]。《左傳·襄公二十五年》“庸以元女大姬配胡公，而封諸陳，以備三恪”，《史記·陳杞世家》索隱引，“諸”作“之”。[130][頁1575]。《左傳·哀公六年》“除腹心之疾，而寘諸股肱”，《御覽》卷三引作“移腹心之疾，置之股肱”[150][頁14]。其例較多，今不再舉。

④改作“於”。如：

《左傳·昭公元年》：“固請諸楚，楚人許之，乃免叔孫。”

《國語·晋語八》：“固請於楚而免之。”[61][頁469]

《公羊傳·哀公十四年》：“撥亂世，反諸正，莫近諸《春秋》。”

《論衡·正説》：“撥亂世，反諸正，莫近於春秋。”[102][頁1130]

《後漢書·孝明帝紀》李賢注引《公羊傳》作：“撥亂世，反之正，莫近於春秋。”[72][頁101]

【盍】

後世文獻引用《春秋》時，多將其中的“盍”改爲“何不”、“胡不”、“奚不”等。如：

《左傳·僖公十九年》：“今君德無乃猶有所闕，而以伐人，若之何？盍姑内省德乎，無闕而後動？”

《説苑·指武》：“今君德無乃有所闕乎？胡不退修德，無闕而後動。”[144][頁379]

《左傳·僖公二十二年》：“子盍蚤自貳焉？”

《國語·晋語四》：“子盍蚤自貳焉？”[61][頁346]

《韓非子·十過》：“子奚不先自貳焉。”[62][頁76]

《淮南子·道應》：“子何不先加德焉？”[74][頁857]

《列女傳·仁智傳》：“子胡不早自貳焉？”[52][頁67]

楊伯峻、何樂士説：“‘盍’是‘何不’的合音合義字……這字兼有疑問詞和否定詞的功能。”[48][頁19]該詞在《詩經》中就已出現，多寫作“蓋”

字。《詩經·魏風·園有桃》："其誰知之，蓋亦忘憂。"陳奂："蓋與盍同。盍，何也。"① 程俊英曰："蓋，通'盍'，'何不'的合音。"② 陳説稍有未確，程氏之説是。《詩經》中用作"盍"的"蓋"共有6次，皆作"何不"講。據貝羅貝、吴福祥的統計，"盍"字在《左傳》中出現了40次，據筆者統計，"盍"在《國語》中出現了33次，全都是"何不"義。

戰國晚期以後，"盍"的意義發生了轉變，因其反詰義的逐漸弱化而變爲一般的疑問代詞，即相當於"何"。如《管子·戒》："盍不出從乎？君將有行。"[59][頁516]《莊子·盜跖》："子張問於滿苟得曰：'盍不爲行？'"[198][頁1002]《戰國策·秦一》："人生世上，勢位富貴，蓋可忽乎哉？"[184][頁90]而早期用"盍"的地方，也多被改爲"何不"、"奚不"等詞，前揭《韓非子》例可證。

到漢代，"盍"字已基本絶迹。據貝羅貝、吴福祥的統計，《史記》中"盍"字僅有7次。而據筆者統計，《漢書》中僅出現4次，2次引自《左傳》。而《史記》中所出現的7次"盍"字也大多是前有所承。漢人的注中，如《禮記》鄭玄注、《論語》鄭玄注、《孟子》趙岐注、《楚辭》王逸注等也不厭其煩地注出"盍"字。正如貝羅貝、吴福祥所説："在漢人的注書中，用作Ⅳ類代詞的'胡'、'奚'、'曷'、'盍'往往要被注釋或對譯爲'何/何爲/何故/何不'。由此可以推斷，這些代詞至少在東漢時期已不再用於實際語言。"③ 這個論斷無疑是正確的。

【旃】

王引之《經傳釋詞》曰："旃，之也；焉也……'之'、'旃'聲相轉，'旃'、'焉'聲相近，'旃'又爲'之焉'之合聲。"[83][頁201]楊伯峻、何樂士説："'旃'是'之焉'的合音合義詞，'之'爲代詞，'焉'爲語氣詞。這種'旃'字一定在句末。"[48][頁20]對於《左傳》中出現的兼詞"旃"，後世文獻引用時直接改作"之"，如：

> 《左傳·桓公十年》："初，虞叔有玉，虞公求旃。"《文選》卷十三張華《鷦鷯賦》李善注引《左傳》作："虞叔有玉，虞公求之。"[157][頁202]

---

① 見（清）陳奂《詩毛氏傳疏》卷九下，中國書店1984年版，第5頁。

② 見程俊英《詩經譯注》，上海古籍出版社1985年版，第189頁。

③ 見貝羅貝、吴福祥《上古漢語疑問代詞的發展與演變》，《中國語文》2000年第4期。

漢代的訓詁著作，自《詩經》毛傳以下，多以“之”釋“旃”，這説明“旃”字的兼詞義對漢人已比較陌生，需要注釋，也説明漢人可能并没有認識到“旃”是“之焉”的合音，故僅釋作“之”。前揭《文選》注改“旃”爲“之”，可能也是由於李善并不知道“旃”是“之焉”的合音。

二 句法與修辭

（一）關於語序問題

首先討論謂語與賓語的語序問題。上古漢語中，多把作代詞的賓語置於動詞前。王力説：“主—動—賓的詞序，是從上古漢語到現代漢語的詞序。但是，在上古漢語裏，有一些特殊的情況，就是賓語可以放在動詞的前面。這種結構是有條件的。總的條件是：這個前置的賓語必須是個代詞。”[69][頁198]

先看一下“是”字作賓語的情況。王力説：“在指示代詞中，‘是’字比較能保存原始的結構。在某些情況下，‘是’字可以自由地放在動詞的前面。”[69][頁198] 在《左傳》中也保留了一些這種用法，如：

> 《左傳·僖公二十八年》：“有渝此盟，以相及也。明神先君，是糾是殛。”
>
> 《左傳·文公十八年》：“昔帝鴻氏有不才子，掩義隱賊，好行凶德，醜類惡物，頑嚚不友，是與比周。”

但後代有些文獻引用《左傳》中的這些句子時，會改變這種結構，如：

> 《左傳·僖公四年》：“爾貢包茅不入，王祭不共，無以縮酒，寡人是徵。召王南征而不復，寡人是問。”
>
> 《史記·齊世家》：“楚貢包茅不入，王祭不具，是以來責。昭王南征不復，是以來問。”[130][頁1489]

《左傳》中的兩個“是”字分别是“徵”、“問”的賓語。而《史記》則改用“是以”結構，省略了“責”和“問”的賓語。雖然本質上“是以”結構中的“是”也是代詞，但在實際的運用中，“是以”早已固定爲一個連詞性的詞組。《史記》將《左傳》中“是徵”、“是問”的結構作了改寫，説明漢代“是”字作代詞置於謂語之前的這種語言形式可能已被淘汰了。

另外，“是”字還可以作爲名詞性賓語的複指代詞置於謂語動詞之前。如：

《左傳·閔公二年》：“告之以臨民，教之以軍旅，不共是懼，何故廢乎？”

《左傳·僖公十五年》：“愎諫，違卜，固敗是求，又何逃焉？”

但後世文獻在引用這類句子時，也往往加以改動。如：

《左傳·僖公十三年》：“其君是惡，其民何罪？”

《史記·秦本紀》：“夷吾得罪於君，其百姓何罪？”[130][頁188]

《左傳·僖公二十四年》：“除君之惡，唯力是視。”

《國語·晋語四》：“除君之惡，唯力所及。”[61][頁368]

《韓非子·難三》：“除君之惡，惟恐不堪。”[62][頁371]

後世文獻所作的這些改動，説明了複指代詞“是”置於謂語動詞前的這種形式在戰國以後可能就漸漸不再被使用了。

另外，“焉”字有時也可以作複指代詞，這種用法可能更爲古老和少見，所以在後世的文獻中，多改“焉”爲比較常見的“是”。如：

《左傳·隱公六年》：“我周之東遷，晋、鄭焉依。”

《左傳·僖公二十四年》杜預注：“平王東遷，晋、鄭是依。”

《國語·周語中》：“我周之東遷，晋、鄭是依。”[61][頁45]

《水經注·渭水》引《左傳》曰：“我周之東遷，晋、鄭是依。”[134][頁464]

否定句中，代詞作賓語，往往會放在謂語動詞前。但有些文獻在引用《左傳》的此類句子時，也會改爲主謂賓的正常語序。如：

《左傳·僖公七年》：“將不女容焉。”《藝文類聚》卷三三引，作

“將不容汝焉”[176][頁574]。

古代漢語中還有主語與謂語位置互換的情況。楊伯峻、何樂士説：“在感嘆句和疑問句中，有時爲了强調，把謂語提到主語之前。”[48][頁812]在《左傳》中也有不少這種例子。如：

《左傳·桓公二年》：“異哉，君之名子也！”

《左傳·昭公八年》：“甚哉，其相蒙也！”

但個别文獻在引用《左傳》中的這類句子時，會改爲一般語序，如：

《左傳·桓公十四年》：“謀及婦人，宜其死也。”

《史記·鄭民家》：“謀及婦人，死固宜哉。”[130][頁1762]

出現這種情況，筆者推測可能是由於漢代以後的人們對於這種没有語氣詞而僅靠語序以表明感嘆語氣的感嘆句不太習慣，故而將其改爲正常語序并加語氣詞。還有一些情況，引用者并不改變語序，而僅僅在謂語後加語氣詞。如：

《左傳·文公元年》：“宜君王之欲殺女而立職也。”

《史記·楚世家》：“宜乎王之欲殺若而立職也。”[130][頁1698—1699]

這可能也是《史記》認爲《左傳》中的這種感嘆句式不便理解而改。

（二）判斷句與繫動詞“是”

上古漢語中的判斷句是没有繫動詞的，大約到東漢以後才發展出繫動詞來。王力説：“漢語真正繫詞的産生，大約在公元第一世紀前後，即西漢末年或東漢初年。”[69][頁194]這種判斷是正確的，從《左傳》的相關異文中也可以看出這種現象。如經常被語言學家引用的這樣一組異文：

《左傳·宣公十五年》：“余，而所嫁婦人之父也。”

《論衡·死僞》：“余是所嫁婦人之父也。”[102][頁899]

另外，筆者又找到了另外一例：

《左傳·昭公二十九年》："封諸鬷川，鬷夷氏其後也。"

《論衡·龍虛》："封諸鬷川，鬷夷氏是其後也。"[102][頁287]

這都説明東漢是繫動詞得到廣泛使用的時代。

（三）省略

關於《春秋》經傳省略及引文補充省略成分的問題，本書第二章在探討引書體例時已有所涉及。此處主要討論上古漢語的隱含意義的問題。上古漢語簡略，詞彙的含義比較豐富，後世文獻在引用《春秋》經傳時，往往需要補充句子成分來使句義完整。如：

《左傳·桓公十五年》："祭仲專。"

《史記·鄭世家》："祭仲專國政。"[130][頁1762]

《左傳》中的"專"是形容詞，即專權、專斷之義，所指的就是對國政的專斷，這在《左傳》中不乏其例，如《左傳·襄公十九年》："鄭子孔之爲政也專。"《左傳·襄公二十七年》："衛甯喜專，公患之。"《史記》改爲"專國政"，則"專"爲動詞了。

又如：

《左傳·桓公十八年》："夏，四月，丙子，享公。使公子彭生乘公，公薨于車。"

《列女傳·孽嬖傳》："襄公享桓公酒，醉之，使公子彭生抱而乘之，因拉其脅而殺之。"[52][頁198]

《左傳》中的"享"本來就是以酒享之之義，《列女傳》又加"酒"字，可能由於漢代"享"字的使用範圍擴大，所享的不僅僅是酒食了。

又如：

《左傳·莊公九年》："管、召，讎也，請受而甘心焉。"

《史記·齊太公世家》："召忽、管仲讎也，請得而甘心醢之。"[130][頁1486]

《左傳》杜預注曰："甘心，言欲快意戮殺之。"其説是。《左傳》中的"甘心"本已有戮殺的意思，但漢代以降的人們對此隱含義不太了解，故《史記》又加"醢之"二字。

（四）修辭

先秦的古文往往比較質樸，在修辭方面不如後世精細。後世文獻在引用《春秋》經傳時，偶而會對引文的修辭進行改造。有些文獻會改原文之字以避免重複：

> 《左傳·昭公三年》引"讒鼎之銘"曰："昧旦丕顯，後世猶怠。"
>
> 僞《古文尚書·太甲上》："先王昧爽丕顯，坐以待旦。"[128][頁163]

楊樹達引閻若璩《尚書古文疏證》引姚際恒説曰："易《左傳》'旦'字爲'爽'字者，避下句襲《孟子》'坐以待旦''旦'字也。"①[190][頁74]又如：

> 《左傳·襄公二十六年》："故《夏書》曰：'與其殺不辜，寧失不經。'"
>
> 《新書·大政上》："故與其殺不辜也，寧失於有罪也。"[162][頁339]

> 《公羊傳·宣公十二年》："鄭伯肉袒，左執茅旌，右執鸞刀。"
>
> 《韓詩外傳》卷六："鄭伯肉袒，左把茅旌，右執鸞刀以進。"[63][頁556]

第一例中的"不辜"與"不經"結構相同，稍顯繁複，所以《新書》將"不經"改爲"有罪"，與上句的"不辜"結構相對。第二組例中兩"執"字犯重，《韓詩外傳》改前"執"字爲"把"，避免了重複。

除了避免重複外，有些文獻還有把原文中不同的字詞改爲相同的，使得句子更加齊整。如：

---

① 上海古籍出版社影印眷西堂本《尚書古文疏證》無此文，楊氏蓋引自別本。《四庫全書》本有此文。

《左傳·僖公九年》:"齊侯不務德而勤遠略。"

《史記·晋世家》:"齊桓公益驕,不務德而務遠略。"[130][頁1648]

《穀梁傳·僖公二年》:"如受吾幣而借吾道,則是我取之中府而藏之外府,取之中廐而置之外廐也。"

《新序·善謀》:"受吾幣而借吾道,則是我取之中府,置之外府,取之中廐,置之外廐。"[164][頁1102]

《史記》改《左傳》之"勤"爲"務",《新序》改《穀梁傳》之"藏"爲"置",可能都是爲了與上下文相呼應,使句式更爲齊整。

第五章

《春秋》引文與古籍整理

第一節　《春秋》引文與校勘學

就筆者所見，目前關於校勘學的專著有 10 種左右[①]，其中比較有特色的，當屬陳垣《校勘學釋例》、王叔岷《斠讎學》、張涌泉師、傅傑《校勘學概論》三書。王書總結校勘通例 122 例，可謂集傳統校勘學之大成。對於陳書，胡適稱爲"校勘學永久模範"、"前無古人"、"新的校勘學最大成功"[②]。而王叔岷則以爲胡適稱讚太過，稱："陳先生據《元典章》所歸納的誤例不過四十二條。清王念孫的《淮南雜志》，單據一書，最後歸納《淮南子》一書致誤之由，標出六十二例。同是依據一書，早已較陳先生所舉的四十二例多出二十例子。"[③] 但實際上，陳垣所校之書爲俗書俗刻，其所總結的四十二例，更能代表中國傳統書籍的訛誤狀況，已超出傳統經史校勘的窠臼。張、傅之書則因利用了敦煌文獻，在校勘方法上更有新的創獲，如"因字頭省書而脱"、"因不明删字符號而衍"、"不察乙字

① 陳垣：《校勘學釋例》，中華書局 1959 年版；戴南海：《校勘學概論》，陝西人民出版社 1986 年版；倪其心：《校勘學大綱》，北京大學出版社 1987 年版；錢玄：《校勘記》，江蘇古籍出版社 1988 年版；管錫華：《校勘學》，安徽教育出版社 1991 年版；田代華：《校勘學》，中國醫學科技出版社 1995 年版；林艾園：《應用校勘學》，華東師范大學出版社 1997 年版；程千帆、徐有富：《校讎廣義 · 校勘編》，齊魯書社 1998 年版；王叔岷：《斠讎學　斠讎別録》，中華書局 2007 年版；張涌泉師、傅傑：《校勘學概論》，江蘇教育出版社 2007 年版。

② 見胡適《元典章校補釋例序》，《校勘學釋例》，1959 年版無此序，2004 年新版有。

③ 見王叔岷《我與斠讎學》，《斠讎學　斠讎別録》，第 12 頁。

符號而錯亂”等皆前人所未言。不過該書所舉多敦煌用例，而對傳世文獻的校勘涉及較少。該書對寫本文獻的特徵作了詳明的闡發，但没有更進一步探索寫本文獻的文本特徵對後世刻本文獻的影響。實際張、傅二人所總結的訛誤類型在傳世典籍中同樣存在，在類書等校刻較爲粗糙的書籍中更爲明顯。由於《慧琳音義》、《太平御覽》等書恰好處在寫本文獻與刻本文獻的過渡階段，其訛誤類型的校勘學價值更大。

陳垣在《校勘學釋例》的《重印後記》中説，《元典章》“寫刻極精，校對極差，錯漏極多，最合適爲校勘學的反面教材，一展卷而錯誤諸例悉備矣”。《太平御覽》、《册府元龜》等書同樣存在這種情况。本書以《原本玉篇殘卷》、《北堂書鈔》、《慧琳音義》、《太平御覽》等校對較差的文獻引用《春秋》經傳注的内容與傳世《春秋》對照，將其訛誤之例依據《校勘學概論》第四章《古書訛誤的類型》及筆者自己的理解分類，以期對中國傳統文獻的訛誤通例作一初步探討。

一　訛文

（一）因形近而誤

這是古書中最常見的訛誤情况。管錫華《校勘學》書末附有《形近訛誤字表》①，爲校勘提供依據，對校勘學意義極大。可惜所取材的範圍較小，没有充分的代表性。筆者本擬將本書所得的形近訛誤字附表於文後，但篇幅繁重，只得從省。此處只迻録兩例比較少見的形訛：

1. 舅—畘

《左傳·襄公十四年》“繄伯舅是賴”，《原本玉篇殘卷·言部》“謈”下引，“舅”誤作“畘”[181][頁36]。

按：“舅”、“畘”形音均不近，似不應互訛。實則“舅”俗寫或作“⿰日男”，見《正字通》[186][册4頁323]。而“臼”旁俗寫作“旧”，故“⿰日男”又或寫作“⿰旧男”，敦煌伯2965號《佛説生經》寫卷“舅者，調達是也”，“舅”字即如此作。“男”俗寫與“昜”近，如敦煌甘博90號佛經戒律寫卷“善男子復有五事”，“男”寫作“[illegible]”，斯5584《開蒙要訓》寫卷“姑姨舅甥”之“舅”寫作“[illegible]”，其下之“男”已與前揭《原本玉篇》字的右半很接近了。“旧”與“田”又形近，故“⿰旧男”又訛作“畘”。

① 見管錫華《校勘學》，第350—448頁。

2. 旌—鈴

《左傳·哀公二十三年》“其可以稱旌繁乎”,《原本玉篇殘卷·糸部》“繁”下引,“旌”誤作“鈴”[181][頁162]。

按:“旌”、“鈴”形不近,似非因形近而誤。實則“旌”有俗字“旍”,《集韵·清韵》:“旌,或作旍。”[76][頁238]“旍”、“鈴”形近而訛。

《春秋》引文的校勘對校勘其他文獻也有借鑒意義。如:

《文選》卷五七潘岳《夏侯常侍誄》注:“逢滑曰:國之興也,視之如傷。”[157][頁784]《文選考異》校末句曰:“袁本‘之’作‘民’,是也。茶陵本亦誤‘之’。”[157][頁975]

按:《文選》注所引爲《左傳·哀公元年》文,原文作“國之興也,視民如傷”,袁本作“民”,恐怕是據《左傳》改。“民”、“之”形音均不近,不易互誤。“之”恐怕是“人”字之誤。俗書“人”或僅作一折形,與“之”形近,故或互訛。《左傳·文公十八年》“天下之民以比三凶,謂之饕餮”,《玄應音義》卷九[166][頁42A]、《慧琳音義》卷四六[172][册58頁329]引,“之”作“人”。《左傳·宣公十五年》“楚子舍之以歸”,《御覽》卷四一七引,“之”作“人”[150][頁1921]。《左傳·宣公十五年》“宋人懼,使華元夜入楚師”,《御覽》卷四八〇引,“人”作“之”[150][頁1921]。前揭《文選》注蓋因唐諱“民”字而改“民”作“人”,後人又誤“人”作“之”。

關於形誤,有一類特殊情况需要注意,便是“壞字”,“壞字”是指因脱落字畫、偏旁造成的形誤字。如:

《左傳·僖公十九年》“因壘而降”,《北堂書鈔》卷十三引,“壘”作“土”[5][頁62],即“壘”之壞字。

《左傳·文公十四年》杜預注:“驟,數也。”《慧琳音義》卷八二“驟徙”下引,“驟”作“聚”[172][册59頁25]。按:《慧琳音義》字頭作“驟”,則其所見杜預注當未有異文,後世傳抄失落“馬”旁而作“聚”。

《左傳·莊公九年》“子糾,親也,請君討之”,杜預注:“鮑叔乘勝而進軍,志在生得管仲,故託不忍之辭。”《御覽》卷六三〇引,“託”誤作“言”[150][頁2822],即“託”之壞字。

(二)因音近而誤

因字音相同或相近而誤的情况在古籍中同樣很常見,本書僅舉一例:

《左傳·襄公二十八年》:“使工爲之誦《茅鴟》。”杜預注:“《茅鴟》,逸《詩》。刺不敬。”《御覽》卷八四七引,杜注“詩”誤作

“師”[150][頁3786]。按：“詩”、“師”同爲審母，“詩”爲之韵，“師”爲脂韵，音相近①。

（三）因上下文相涉而誤

1. 涉上下文而誤

《左傳·昭公元年》：“山川之神，則水旱癘疫之災，於是乎禜之。日月星辰之神，則雪霜風雨之不時，於是乎禜之。”《周禮·鬯人》鄭玄注[128][頁771]、《禮記·祭法》鄭玄注[128][頁1588]引，“之災”作“之不時”。《周禮注疏》曰：“彼無‘不時’，此有之者，鄭以義增之，非傳文。”按：“水旱癘疫”本即是災，無所謂時與不時，疑此因下句“雪霜風雨之不時”而誤。

《左傳·僖公十二年》“齊侯使管夷吾平戎于王，使隰朋平戎于晋”，《藝文類聚》卷二一引，“王”誤“晋”[176][頁378]，當因下文“平戎于晋”而誤。

《左傳·文公十八年》“掩賊爲藏，竊賄爲盜”，《御覽》卷六三五引，“賄”誤“藏”[150][頁2846]，因上文“藏”字而誤。

《公羊傳·宣公三年》：“自内出者，無匹不行。自外至者，無主不止。”《孝經·聖治》疏引，“匹”作“主”[128][頁2553]。按：此處蓋受下句“無主不止”影響而誤。

2. 上下文類化偏旁而誤

《公羊傳·成公二年》“使跛者迓跛者”，《原本玉篇殘卷·言部》“訝”下引，“迓”作“訝”，次“跛”作“詖”[181][頁8]。按：“訝”、“迓”異體字，《説文·言部》：“訝，相迎也。迓，或從辵。”[137][頁53]“詖”則受“訝”字類化而誤。

《公羊傳·文公三年》“其言救江何”，《原本玉篇殘卷·言部》“謖”下引，“何”誤作“河”[181][頁11]，因“江”類化。

《左傳·昭公元年》“商有姺、邳”,《玉篇·女部》引，“邳”作“伾”[147][頁72]，即因“姺”類化而誤，《玉篇·女部》“伾”下不收“邳”義可知[147][頁70]。《字彙補》等書收“伾”之國名義則皆據此誤字而收[200][頁44]。

---

① 王力認爲“師”在南宋朱熹的時代已轉入精係而不讀審母，在《太平御覽》成書的北宋初可能還没有這種轉變；或者王力所指的現象只是由於朱熹的方言因素造成的，而不代表普遍情况。

《公羊傳·桓公十一年》何休注“野，鄙也”，《慧琳音義》卷八四引，“野”訛作“郢”[172][册59頁82]，因“鄙”字類化而誤。

《左傳·僖公十三年》“救災恤鄰”，《御覽》卷四七六引，“鄰”作“憐”[150][頁2183]，因“恤”類化而誤。

3. 注文因正文而誤

《左傳·成公二年》“師徒橈敗”，杜預注：“橈，曲也。”《文選》卷五七潘岳《陽給事誄》注引傳注，杜注“曲”作“敗”[157][頁789]，因傳“橈敗”之文而誤。《文選集注》作“橈，曲也”[151][册3頁755]，不誤。

《左傳·昭公四年》“秋無苦雨”，杜預注：“霖雨爲人所患苦。”《文選》卷二四陸機《贈尚書郎顧彥先》注引傳注，杜注“霖雨”作“苦雨”[157][頁347]，因傳作“苦雨”而誤。

《左傳·僖公二十八年》“徵會討貳”，杜預注：“徵召諸侯，將冬會于温。”《御覽》卷三二七引傳注，杜注“召”作“會”[150][頁1502]，因傳“徵會”之文而誤。

4. 正文因注文而誤

《左傳·昭公元年》“夕以脩令”，杜預注：“念所施。”《御覽》卷七二〇引傳注，傳“令”作“念”[150][頁3187]，因注“念”字而誤。

（四）因符號而誤

1. “卜”誤作重文符

《左傳·僖公四年》：“公曰：‘從筮。’卜人曰：‘筮短龜長，不如從長。’”《初學記》卷二十引，“卜人”作“筮人”[7][頁488]。按：《初學記》本當亦作“卜人”，後人誤以“卜”字爲重文符，故重“筮”字而作“筮人”。

2. “二”誤作重文符

《左傳·襄公二十三年》“杞殖、華還載甲，夜入且于之隧，宿於莒郊”，杜預注：“二子，齊大夫。”《御覽》卷三〇八引傳注，杜注“二”作“郊”[150][頁1417]。按：《御覽》“郊”本當亦作“二”，後人該以爲重文符，故重正文末之“郊”字。

3. “之”誤作重文符

《左傳·昭公七年》“好以大屈”，杜預注：“宴好之賜。”《御覽》卷五三九引，杜注“之”作“好”[150][頁2443]。按：《御覽》當本亦作“之”，後人誤以爲重文符而重“好”字。

4. “多”誤作重文符

《左傳·襄公三十一年》“其爲美錦，不亦多乎”，杜預注：“言官邑之重，多於美錦。”《藝文類聚》卷八五引，杜注“多”作“重”[176][頁1457]。按:《藝文類聚》本亦當作“多”，後人誤以爲重文符而重“重”字。

5. 省代符誤作重文符

古字書、注疏中，遇被釋字往往以省代符代替，後人或誤以爲重文符而重上字。

《慧琳音義》卷五五“財賄”下：“《左傳》‘厚賄之’注：‘主贈送也。’”[172][册58頁531]按：《左傳·文公十二年》杜預注作“賄，贈送也”，《慧琳音義》蓋“賄”本作省代符，後人以爲重文符而重“注”字，後又失“氵”旁而爲“主”字。

6. 省代符還原錯誤而誤

《左傳·成公十六年》“騁而左右”，杜預注：“騁，走也。”《慧琳音義》卷十八“馳騁”下：“下勑郢反，《左傳》曰‘馳而左右’，杜預云：‘馳，走也。’”[172][册57頁756]按:《慧琳音義》於“馳”字蓋本作省代符，因在“下勑郢反”後，則所省爲“騁”字無疑，後人誤將“馳”字代入，則成今本之貌。

《左傳·襄公六年》杜預注：“優，調戲也。”《慧琳音義》卷六八“俳優”下:“上敗埋反。下郁牛反，杜注《左傳》‘俳優，調戲也’。”[172][册58頁827]按:《慧琳音義》於“俳優”二字蓋本作省代符，因此引文在“下郁牛反”下，則所省爲下字“優”無疑。後人誤以爲省代符所省爲“俳優”二字，而誤作還原。

（五）因直行排列而誤

1. 一字誤爲二字

《左傳·襄公二十三年》“欒盈夜見胥午而告之”，《原本玉篇殘卷·告部》“告”下引作“見正月于而告之”[181][頁60]。按：“胥”誤作二字“正月”，“午”又誤作“于”。

《左傳·哀公元年》“惎澆能戒之”，《論語·憲問》疏引，“惎”作“其心”[128][頁2510]。《校勘記》:“閩本同。明監本、毛本‘其心’二字并作‘惎’。案作‘惎’是也。”[103][頁84]

《御覽》卷三五五引《公羊傳》：“譏始丘使也。”又有雙行注：“何休一解曰：四井爲邑，四邑爲丘。”[150][頁1632]按：“休一”當爲“休”字之誤。“休”字俗書或贅加“灬”旁作“烋”，見《魏司馬元興墓志》。“灬”又或連成一筆，則“烋”作“体”，敦煌斯799號《隸古定尚書·武成》“天休震動，用附我大邑周”之“休”即如此作。後人不識“体”字，而誤作“休一”二字。

2. 二字誤爲一字

《穀梁傳·莊公二十七年》“衣裳之會十有一”，《北堂書鈔》卷八一引作“衣裳之會三”[5][頁341]。按：《北堂書鈔》蓋本作“十一”，後“十一”誤作“三”。

《左傳·成公二年》“齊侯見保者，曰：‘勉之！齊師敗矣。’辟女子。”《藝文類聚》卷五一引，“辟女”誤作“嬖”字[176][頁930]。

《左傳·哀公二年》“余無子，將立女”，《御覽》卷五四三引，“立女”誤作“妾”字[150][頁2461]。

（六）因熟語而誤

漢語中有一些常用熟語，當文獻中出現熟語的一個字時，該字後面的字往往會受此熟語影響而誤。

《穀梁傳·隱公元年》“衣衾曰襚”[128][頁2366]，《初學記》卷十四引作“衣服曰襚”[7][頁358]。按：此蓋因“衣服”一詞習見而誤“衾”作“服”。

《左傳·文公十八年》“公二妃”，《論語·季氏》疏引作“文公子妃”[128][頁2521]。按：“二”與“子”誠然字形相近，但此處“公二”誤作“公子”可能還與“公子”一詞比較常見有關。

《左傳·宣公四年》“公子宋與子家將見”，杜預注：“宋，子公也。子家，歸生。”《御覽》卷八六一引，杜注“歸生”作“婦人”[150][頁3823]。按：“歸”字先因形近而誤作“婦”，後又因“婦人”一詞習見而誤“生”作“人”。

《左傳·成公十八年》“使荀罃、士魴逆周子于京師而立之”，杜預注：“悼公周也。”《御覽》卷三八四引，杜注作“悼公周公”[150][頁1773]。按：“悼公周”是指晋悼公名周，但周公爲漢語中習見詞語，後世抄刻者誤“周也”爲“周公”。

（七）因篇名而誤

《左傳·文公十五年》“諸侯五年再相朝，以脩王命，古之制也”，《禮記·王制》疏引，“王命”作“王制”[128][頁1328]，蓋因篇名“王制”而誤。

《左傳·隱公三年》“兄愛、弟敬”，《初學記》卷十七[7][頁423]、《御覽》卷四一六[150][頁1917]引，“愛”作“友”。李富孫曰：“友與愛義同。”[209][頁1411]按：二書此文均在“友悌”類下，或受類目名影響而誤。

（八）受他書影響而誤

古代不同典籍有許多相近之處，文獻引用這些典籍時，往往受其他典籍相近之文影響而誤。

《左傳·哀公十八年》：“《夏書》曰：‘官占，唯能蔽志，昆命于元龜。’”《御覽》卷七二七引，“唯能”作“唯先”[150][頁3222]。按：僞《古文尚書·大禹謨》作“惟先蔽志”，《御覽》受此影響而誤。

二　脱文

（一）因重文而脱

張涌泉師曰：“古人遇重文，多從省不書，而代之以重文符號，後人傳抄翻刻，偶一失察，便會略去重文符號，從而造成字詞脱落。”[77][頁46]字遇重文，本易脱漏，是否因重文符而脱似亦難以確定，故本書僅稱“因重文而脱”。

《左傳·昭公三十一年》“庚午之日，日始有謫”，《禮記·昏義》疏引，誤脱一“日”字[128][頁1682]。

《公羊傳·昭公二十二年》：“劉子、單子以王猛入于王城。王城者何？西周也。”《後漢書·楊震傳》注引，誤脱“王城”二字[72][頁1763]。

《左傳·文公十八年》：“宣公長，而屬諸襄仲。襄仲欲立之，叔仲不可。”《論語·季氏》疏引，誤脱“襄仲”二字[128][頁2521]。

《公羊傳·隱公五年》：“天子三公者何？天子之相也。天子之相，則何以三？”《禮記·曲禮》下疏引，不重“天子之相”[128][頁1264]。

（二）因與上下文形近而誤脱

文獻中不但遇重文易脱，與上下文字形相近的也易脱。

《左傳·昭公二十六年》“有君子，白皙鬒鬚眉”，《北堂書鈔》卷一二五引，脱“鬒”字[5][頁528]，蓋因與“鬚”字形相近而脱。

《左傳·襄公三年》：“公讀其書，曰：‘日君乏使，使臣斯司馬。’”《御覽》卷二九六引，脱“日”字[150][頁1364]，蓋因與“曰”形近而脱。

《左傳·襄公三十年》“鳥鳴于亳社”，《御覽》卷九一四引，脱“鳴”字[150][頁4049]，蓋因與“鳥”形近而誤。

（三）因同字而誤脱

陳垣曰："鈔書脱漏，事所恒有，惟脱漏至數字或數十字者，其所脱之末一二字多與上文同……因鈔書之人，目營手運，未必顧及上下文理，一時錯覺，即易將本行或次行同様之字句，誤認爲已經鈔過，接續前鈔，遂至脱漏數字數行而不知。"[78][頁25—26]

《左傳·閔公元年》"君其務寧魯難而親之。親有禮，因重固"，《御覽》卷七七七引作"君其務寧魯難而親有禮，因重固"[150][頁3445]，因兩"親"字而脱"之親"二字。

《左傳·文公元年》"忠，德之正也；信，德之固也"，《御覽》卷四二三引作"忠信，德之固也"[150][頁1952]，因兩"德之"而脱"正也信德之"五字。

《左傳·襄公二十三年》："遇欒樂，曰：'樂免之，死，將訟女於天。'樂射之，不中；又注，則乘槐本而覆。"《御覽》卷三五二引作："遇欒樂，曰，樂射之不中，又注，則乘槐本而覆。"[150][頁1618]因兩"樂"字而脱"免之死將訟女於天樂"九字。

《左傳·襄公二十五年》："申蒯，侍漁者，退，謂其宰曰：'爾以帑免，我將死。'其宰曰：'免，是反子之義也。'"《御覽》卷八三三引作："申蒯，待漁者，退謂其宰曰：'免，是反子之義也。'"[150][頁3720]因兩"其宰曰"而脱"爾以帑免我將死其宰曰"十字。

（四）因符號而脱

1. 因重文符而脱

如前所述，"因重文而脱"者，多數可能是因重文符而脱，但因無確證，故未列於此。但也有部分有證據的。如：

《左傳·襄公四年》"命百官，官箴王闕"，《文選》卷四六顏延年《三月三日曲水詩序》注引，誤脱一"官"字[157][頁646]。《文選集注》本"官"下有重文符[151][册2頁746]。

2. 因省代符而脱

《左傳·文公十二年》"乃皆出戰，交綏"，杜預注引《司馬法》曰："逐奔不遠，從綏不及。"《原本玉篇殘卷·糸部》"綏"下引，杜預注"從綏不及"無"綏"字[181][頁175]，《原本玉篇》此處蓋因字頭作"綏"而作省代符，後誤脱。

《左傳·襄公二十三年》"齊侯將爲臧紇田"，杜預注："與之田邑。"《御覽》卷九一一引，杜注無"田"字[150][頁4035]。按：《御覽》此處蓋因釋“田”字而作省代符，後誤脱。

（五）因生僻字而誤脱

張涌泉師曰：“古書中有難識之字，鈔刻者既有不識，或作方框以識之，從而形成脱文。”[77][頁49] 文獻中因生僻字而誤脱是否全由此而引起，可能還有疑問，但這種現象是普遍存在的。

《公羊傳·莊公十三年》何休注：“桓公卒愕不能應，故管子進爲此言。”《史記·刺客列傳》索隱引，脱“愕”字[130][頁2516]。

（六）因避諱而脱

《左傳·襄公三十一年》“使夫往而學焉，夫亦愈知治矣”，《藝文類聚》卷八五引，無“治”字[176][頁1457]。按：此處蓋因避李治諱而闕。其他文獻中也不乏此類之例。《北史·魏本紀》“帝親兵於河南”[4][頁14]，《校勘記》：“《魏書·太祖紀》‘兵’上有‘治’字，《北史》避唐高宗李治諱删，以致文義不明。”[4][頁37]

（七）因所注之文而誤脱

《左傳·襄公四年》“《志》所謂‘多行無禮，必自及也’”，《文選》卷十潘岳《西征賦》“行無禮必自及”下李善注引作“志有之，所謂行無禮，必自及者也”[157][頁153]。按：此注因正文而脱“多”字。

三　衍文

（一）因旁記字闌入正文而衍

1. 旁記校勘字而衍

《風俗通義·祀典》：“邾文公用繒子於次睢之社，司馬子魚曰：‘古者，六畜不相爲用，祭以爲人也，民，神之主也，用人，其誰享之？’”[41][頁356] 王利器曰：“‘民’下，原有‘人’字，《左傳》無，此後人以避唐諱旁注‘人’字誤增，《十反》篇亦有此文，正無‘人’字，今據删。”按：王氏之説似稍誤，蓋唐代《風俗通義》避“民”字而改作“人”，後人又於“人”旁記“民”，後又闌入正文。

《御覽》卷五六二引《左傳·桓公六年》杜預注曰：“君父之臣（名），固非臣子所斥。然禮既卒哭，以大澤（鐸）徇曰‘舍故而諱新’。曰舍親盡乏祖，而諱新死者，故言‘以木諱事神名絲將諱之’。自父至高祖皆不敢斥言。”[150][頁2542] 按：今本杜注“大”作“木”，“乏”作“之”，“諱事”上無“木”字。《御覽》“諱事”上衍“木”字，蓋因有校者見前行“木”誤“大”而旁注“木”字，後抄者則誤以爲後行當補“木”字，故於“諱”上衍“木”字也。

2. 旁記訓詁字而衍

《左傳·成公十年》“攻之不可，達之不及”，《藝文類聚》卷七五引，“達”下衍“針”字[176][頁1292]。按：《左傳》杜預注：“達，針。”故或有人於《藝文類聚》“達”字旁記“針”字，後又衍入正文。

《穀梁傳·莊公二十四年》“天子之桷，斲之礱之”，《御覽》卷一八八引，“礱”上衍“磨”字[150][頁911]。按：《穀梁傳》范甯注：“以細石磨之。”《釋文》：“礱之，磨也。”[84][頁329]是“礱”訓爲“磨”，或有人於《御覽》“礱”旁注“磨”字，後闌入正文。

（二）因與上下文形近而衍

文獻中又多有因與上下文形近而衍者，推測誤衍的原因，可能是由於旁記校勘正字而衍，也有可能衍字旁本有刪字符，後人不識而衍。

《左傳·襄公二十五年》“成而不結”，杜預注：“不結固也。”《原本玉篇殘卷·糸部》“結”下引，杜注作“不結國固也”[181][頁137]。按：“國”因與“固”形近而衍。

《左傳·哀公十五年》“大子聞之懼，下石乞、盂黶敵子路”，《文選》卷五四劉孝標《辨命論》注引，“石”上衍“召”字[157][頁753]。

《穀梁傳·僖公二年》“且夫玩好在耳目之前，而患在一國之後，此中知以上乃能慮之”，《文選》卷五三嵇康《養生論》注引，“夫”下衍“人”字[157][頁729]。

《左傳·襄公九年》杜預注：“穆姜淫僑如，欲廢成公，故徙居東宮。”《御覽》卷七二七引，杜注作“徙從東宮”[150][頁3221]。按：“從”因與“徙”形近而衍。

又有因與上文偏旁形近而衍者，如：

《左傳·僖公十四年》：“鄫季姬來寧，公怒，止之，以鄫子之不朝也。”《穀梁傳·僖公十四年》范甯注引，無“止”字。敦煌本亦無“止”字。按：今本衍“止”字，蓋因其與“怒”下之“心”旁形近而衍。

（三）因涉習語而衍

《左傳·襄公十八年》“官臣偃無敢復濟”，《尚書·武成》疏引，“官”上有“具”字[128][頁183]。按：《左傳》杜預注“官臣”曰：“守官之臣。”是今本《左傳》作“官臣”不誤。而“具官”則六朝至唐宋的習語。張小艷曰："'具官''具位'皆爲書儀套語，指該處當題寫官職、爵位等。"[36][頁153]該詞在六朝唐宋文集都比較常見，故後人誤於《尚書正義》引《左傳》之"官臣"上衍"具"字。

《公羊傳·襄公二十九年》"終身不入吴國"，何休注："不入吴朝。"《史記·吴世家》索隱引，何休注"朝"下衍"廷"字[130][頁1451]。按：此蓋因"朝廷"一詞習見而誤衍"廷"字。

《公羊傳·僖公十九年》"蓋叩其鼻以血社也"，《御覽》卷五三二引，"社"下衍"稷"字[150][頁2414]。按：此因"社稷"一詞習見而誤。

又有先有訛字，後又據訛字的習慣用法而衍的。如：

《左傳·宣公三年》"楚子伐陸渾之戎，遂至於雒"，《藝文類聚》卷七三引，"雒"作"離宫"[176][頁1252]，疑"雒"先訛作"離"，後又因"離宫"一詞習用而又衍"宫"字。

（四）因涉上下文而衍

《左傳·文公十二年》杜預注引《司馬法》："逐奔不遠則難誘，從綏不及則難陷。"《原本玉篇殘卷·糸部》"綏"下引，"陷"上衍"誘"字[181][頁175]。按：此因前有"難誘"而誤衍。

《左傳·成公十年》："其一曰：'居肓之上，膏之下，若我何？'"《文選》卷四三孫楚《爲石仲容與孫皓書》引作"一曰居肓之上，一曰居膏之下，若我何"[157][頁606]。按：下句衍"一曰居"三字，蓋受上句影響而誤。《文選集注》本即無此三字[151][册2頁552]。

《左傳·哀公十一年》"鳥則擇木，木豈能擇鳥"，《御覽》卷九五二引，"則"下衍"能"字[150][頁4226]。按：此受下句之"能"字而衍。

衍文所據的上下文可能相距較遠。當相距恰好一行時，也易因之而衍。如：

《左傳·文公九年》"秦人來歸僖公成風之襚，禮也"，《御覽》卷五五〇引，"襚"下衍"進"字[150][頁2491]。按：《御覽》前條引《禮記·檀弓下》，前段末尾爲"親者兄弟不以襚進"，其"襚"字恰與引《左傳》之"襚"字位置相近，故《左傳》引文因之而衍"進"字。

四 錯亂

張涌泉師曰："錯亂是指古書流傳過程中字句篇章先後次序的顛倒錯亂，以及不同書或不同作者作品的羼雜混淆。"[77][頁57]本書也採用這一概念。

（一）誤乙

文獻中經常有相鄰兩字或數字互乙的情況。如：

《左傳·襄公二十八年》“甍，屋楝”，《慧琳音義》卷五三引作“甍，楝也屋”[172][册58頁488]，“屋”與“楝也”二字應互乙。

《左傳·哀公十三年》：“若登首山以呼曰，庚癸乎！則諾。”《御覽》卷六九三引作“若登首山以呼庚癸則乎諾”[150][頁3094]，“乎則”二字應互乙。

（二）語因習用而誤倒

《左傳·襄公二十九年》“晋國不恤周宗之闕，而夏肄是屏”，《詩經·周南·汝墳》疏引，“周宗”作“宗周”[128][頁282]。按：《左傳》杜預注：“周宗，諸姬也。”是此處“周宗”義指周之宗族，不可倒作“宗周”，此因“宗周”一詞習用而誤倒①。

《左傳·襄公十七年》“晏嬰麤縗斬”，《文選》卷四五揚雄《解嘲》注引作“晏嬰麤斬衰”[157][頁630]。《左傳》中“麤”修飾“縗”，“斬”則爲“縗”的狀態，“縗斬”二字不可互倒。李善作“斬衰”，則因喪服之“斬衰”一詞習見而誤倒。

《左傳·襄公三十一年》“若果行此，其鄭國實賴之”，《文選》卷三五潘勗《册魏公九錫文》注引作“鄭國其實賴之”[157][頁500]。按：此因“其實”一詞習用，而誤置“其”於“鄭國”下。

（三）因符號而錯亂

《詩經·周南·卷耳》疏：“成十四年《左傳》，衛侯饗苦成成叔，甯惠子引《詩》云：‘兕觥其觩，旨酒思柔。’故知饗有觥也。”[128][頁278]《校勘記》：“閩本、明監本、毛本不重‘成’字。案，此蓋以‘苦成’爲邑，‘成’爲謚。前人亦多言郤犨謚‘成’者，其《左氏》舊解與?”[107][頁359]按：《校勘記》之説恐非。《左傳·成公十四年》：“衛侯饗苦成叔，甯惠子相。苦成叔傲。甯子曰……”《毛詩正義》省“甯惠子相”一句，而兩“苦成叔”相連，故於首“苦成叔”每字下加一重文符，後僅“成”字之重文符保留，餘皆失落，而又脱“傲”字，遂成今貌。

（四）因上下文而錯亂

《左傳·襄公二十五年》“言之無文，行而不遠”，《文選》卷十七陸

① 參趙生群《〈左傳〉訓詁叢札》“周宗”條，《南京大學學報》（社會科學版）2006年第5期。

機《文賦》注引作“言而不文，行之不遠”[157][頁241]。按：上下兩句句式互易，遂致此錯亂。

《左傳·文公十八年》“靖譖庸回，服讒蒐慝”，杜預注：“回，邪也……慝，惡也。”《文選》卷三五潘勗《册魏公九錫文》引作：“《左氏傳》……靖譖庸回，邪服蒐慝。杜預曰：回慝，惡也。”[157][頁501]按：杜預“回邪”之“邪”因正文“庸回”之“回”而竄入“服”上，後又誤脱“讒”字。

（五）因相近之文而錯亂

《左傳·隱公九年》“使勇而無剛者嘗寇而速去之”，《詩經·大雅·皇矣》箋引作“使勇而無剛者肆之”[128][頁522]。《毛詩正義》曰：“《左傳·隱九年》云：‘使勇而無剛者嘗寇而速去之。’文十二年《左傳》云：‘若使輕者肆焉其可。’其言皆不與此同，鄭以輕者與勇而無剛義同，故引之而遂謬也。”

《左傳·成公十六年》“楚子使工尹襄問之以弓”，《荀子·大略》楊倞注引作“衛侯使工尹襄問子貢以弓”[167][頁487]。按《左傳·哀公二十六年》：“衛出公自城鉏使以弓問子贛。”此亦爲以弓問之事，楊倞因之而亂成公十六年傳。

《左傳·哀公十七年》“非天子，寡君無所稽首”，《尚書·太甲中》疏[128][頁165]、《儀禮·士昏禮》疏[128][頁970]、《禮記·檀弓上》疏[128][頁1275]引，“非天子”作“天子在”。按《左傳·襄公三年》：“天子在，而君辱稽首。”與此文相近，各書皆因此而誤。

《左傳·昭公三十一年》“黑肱以濫來奔”，《後漢書·光武帝紀》李賢注引作“邾庶其以濫來奔”[72][頁40]。按《春秋·襄公二十一年》：“邾庶其以漆、閭丘來奔。”與此文相近，李賢因之而誤。

以上皆因同一書之相近内容而誤。又有因他書相近之内容而誤者，如：

《左傳·桓公二年》“大羹不致”，《儀禮·特牲饋食禮》疏引作“大羹不和以鹽菜”[128][頁1184]。按：《禮記·樂記》“大羹不和”，鄭玄注：“大羹，肉湆，不調以鹽菜。”與此文相近，賈公彦蓋因之而誤。

《左傳·閔公元年》“親有禮，因重固，間攜貳，覆昏亂，霸王之器也”，《北堂書鈔》卷一一三引，“親”作“殖”[5][頁476]。按：《古文尚書·仲虺之誥》：“殖有禮，覆昏暴。”與此文相近。則虞世南蓋因彼文而誤。

（六）因抄注不合規範而誤

《太平御覽》引古書之注，多有錯亂，尋其原因，則多因抄手偷懶，不依正常書寫方式抄寫而誤。王繼宗《〈太平御覽〉引〈禮記〉考》已言之①，現在再引兩例：

《左傳·成公十七年》杜預注："郤至本意欲稟君命而死，今矯等不以君命而來，故欲逃凶賊爲害，故曰威，言可畏也。"《御覽》卷三五一引作"郄至本□君命而死今矯等意欲稟□不以君命而來，故欲逃也"[150][頁1615]。按：《御覽》所用底本當爲如下格式：

郄至本
×××××
意欲稟

君命而死今矯等不以
×××××
君命而來故欲逃也

《御覽》抄注至"本"字時，本應接抄"意欲"以下，但抄手却接抄"君命"以下至"不以"，而後再抄"意欲"以下，遂成今本之貌。

《左傳·文公三年》杜預注："茅津在河東大陽縣西。封，埋藏之。"《御覽》卷七八〇引作"茅津在河東埋文陽縣西封藏"[150][頁3406]。按：《御覽》所用底本當爲如下格式：

茅津在河東
×××××
文陽縣西封

埋
×××
藏

《御覽》抄注至"東"字時，本應接抄"文（大）陽"以下，但抄手却接抄"埋"字，而後再抄"文（大）陽"以下，遂成今本之貌。

《太平御覽》中此類之例極多，姑舉此二例以示之。

（七）書名錯亂

古代文獻引書，往往會誤標書名。一些書名帶"傳"的書，較易與《春秋》經傳注相混，如：

《爾雅·釋宫》疏："椹者，斫木所用，以藉者之木名也……又名櫃。《穀梁傳》曰'裘纏櫃以爲臬'是也。"[128][頁2579]《校勘記》："浦鏜云：《穀梁傳》作'葛覆質以爲槷'。按：《毛詩·車攻》傳作'裘纏質以爲槷'，……邢氏引《毛詩》傳誤記爲《穀梁》耳。"[38][頁128]《校勘記》之

① 見王繼宗《〈太平御覽〉引〈禮記〉考》，浙江大學碩士學位論文，2006年，第37—39頁。在敦煌伯2537《籯金》抄本中已有這種情況。

説是，邢昺誤將《毛詩》傳誤作《穀梁傳》。

《慧琳音義》中這種例子更多，如：

《慧琳音義》卷八十："《毛詩》、《左傳》云：'噎不能息也。'"[172][冊58頁1088]按：此實引《詩經·王風·黍離》毛傳，《慧琳音義》遇"傳"而誤衍"左"字。

《慧琳音義》卷十七[172][冊57頁731]、卷四三[172][冊58頁264]："杜注《左傳》云：'娛亦樂也。'"按：此實引自《詩經·鄭風·出其東門》毛傳。

《慧琳音義》卷五一："《左傳》：'濡，潤澤也。'"[172][冊58頁442]按：此實引自《詩經·鄭風·羔裘》毛傳。

《慧琳音義》卷八五："《左傳》：'大曰囊。'"[172][冊59頁91]按：此實引自《詩經·大雅·公劉》毛傳。

另外，其他書的杜氏注者之文也易與《左傳》杜預注相混，如：

《慧琳音義》卷九一："杜預曰：'五十里爲近郊，百里爲遠郊。'"[172][冊59頁182]按：此實引自《周禮·載師》杜子春注。

（八）注文誤作正文

文獻中又多有引用時將《春秋》傳注誤入傳文中者，如：

《北堂書鈔》卷八一引《左傳》："以相及也。以惡相及。明神先君，是糾是殛。"[5][頁341]按：據《左傳·僖公二十八年》，"以惡相及"爲"以相及也"下杜預注。

《慧琳音義》卷四三："《春秋傳》云'疾如蠱，蠱或疾，非鬼非食，或以喪志'，杜預云：'蠱，或疾也。'"[172][冊58頁262]按：據《左傳·昭公元年》，"蠱或疾"爲"疾如蠱"下杜預注。《慧琳音義》下文既引此注，此處又誤將杜注抄入正文。

《太平御覽》中多以雙行小字的形式抄注文，這就更易與傳文相混，如：

《御覽》卷三五引《左傳》："貶食省用，務嗇（原注：儉也。）勸分，無有相濟，此其務也。"[150][頁167]按：據《左傳·僖公二十一年》，"無有相濟"爲此處杜預注，本作"勸分，有無相濟"。

（九）正文誤作注文

如上所述，由於《太平御覽》中多以雙行小字的形式抄注文，正文又多有誤作雙行小字而成注文者，此處僅舉一例：

《御覽》卷五一四引《左傳》："鄭莊公弟共叔段居京，謂之京城太叔。祭仲諫曰：‘都城過百雉，國之害也。無使滋蔓，（原注：蔓難圖也。蔓草猶不）可除，况君之寵弟乎？’”[150][頁2339]按：據《左傳·隱公元年》，“蔓難圖也蔓草猶不”八字亦爲《左傳》正文。

第二節　《春秋》引文與古籍校勘

清代的古籍整理達到中國古代的最高峰，出現了許多精校本，如阮元所校的《十三經注疏》、胡克家所校的《文選》等。另外，近些年來的標點本《二十四史》、《新編諸子集成》等也都屬精校本。但這些精校本中仍有不少失校之處，尤其是各書的引文。如果對文獻的引文核對原文的話，可以在很大程度上提高文獻的整理質量。本書就以上提到的幾種精校本中的《春秋》引文核對原文，就一般的訛脱（這些書引文的大部分異文都與其引書體例有關，上文已作過討論）提出如下一些校勘意見。

《尚書正義》

1.《禹貢》疏：“昭九年《左傳》云：‘先王居檮杌於四裔，故允姓之姦居于瓜州。’杜預云：‘允姓之祖與三苗俱放於三危。瓜州，今燉煌也。’”[128][頁150]按：依《左傳·昭公九年》杜預注，“允姓”下當補“陰戎”二字。杜注意以“陰戎之祖”釋“允姓”，《尚書正義》脱“陰戎”二字，與杜注相背。

2.《泰誓中》疏：“莊三年《左傳》例云：‘凡師，一宿爲舍，再宿爲信，過宿爲次。’”[128][頁181]按：此引《左傳·莊公三年》，“過宿”之“宿”當作“信”。《四部叢刊》本《尚書正義》即作“信”，不誤。

3.《召誥》疏：“昭三十二年晋合諸侯城成周，《左傳》稱‘命役書於諸侯，屬役賦文’。”[128][頁212]依《左傳·昭公三十二年》，“文”當作“丈”。

4.《秦誓》疏：“《左傳·僖三十年》，晋文公與鄭穆公圍鄭。”[128][頁256]按：依《左傳·僖公三十年》，“鄭穆公”當作“秦穆公”。

5.《秦誓》疏：“《公羊傳》説此事云：‘四馬隻輪無反者。’”[128][頁256]按：此引《公羊傳·僖公三十三年》文，“四”當爲“匹”之形訛。

《毛詩正義》

1.《鄘風·柏舟》疏:"《春秋公羊》之説云:'存稱世子,君薨稱子某,既葬稱子。'"[128][頁312]按:此引《公羊傳·莊公三十二年》文,"存"上脱"君"字。

2.《陳譜》疏:"杜預云,周封夏、殷二王後,又封舜後謂之恪,并二王之後爲三國,其禮轉降,示敬而已,故三恪。以爲陳與杞宋共爲三。"[128][頁375]按:據《左傳·襄公二十五年》杜預注,"故三恪","故"下脱"曰"字。後世抄刻者蓋誤讀"故曰三恪"與下句"以爲……"爲一句,而脱"曰"字。

3.《陳譜》疏:"若大姬無子,而《左傳》子產云'我周之自出',杜預曰'陳周之出'者,蓋大姬於後生子,以禱而得子,故彌信巫覡也。"[128][頁375]據《左傳·襄公二十五年》杜預注,"周之出"當作"周之甥",蓋因上文"周之自出"而誤。

4.《曹譜》疏:"曹都雖在濟陰,其地則踰濟北。《春秋·僖三十一年》'取濟西田',《左傳》曰:'濟西田,分曹地也。'"[128][頁384]按:據《左傳·僖公三十一年》,"濟"上當增"取"字。

5.《大雅·文王》疏:"桓九年《公羊傳》曰:'京師者何?天子之居也。京者何?衆也。天子之居,必以衆大之辭言之。"[128][頁505]按:據《公羊傳·桓公九年》,"京者何"下脱"大也師者何"五字,因兩"何"字而脱。

6.《大雅·桑柔》疏:"贅,猶綴也,謂繫綴而屬之。《長發》云'爲下國綴旒',襄十六年《公羊傳》曰'君若綴旒然',是贅、綴同也。"[128][頁559]按:所引《公羊傳》之"綴"當依今本作"贅",《毛詩正義》因《長發》作"綴旒"《公羊》作"贅旒"而謂"贅"、"綴"同。若《毛詩正義》引《公羊傳》作"綴",則下句無着落。

《周禮注疏》

1.《地官·大司徒》疏:"《公羊》云:'祭仲者何?鄭相也。何以不名?賢乎祭仲,以爲知權也。'"[128][頁705]按:據《公羊傳·桓公十一年》,"不名"下當增"賢也何"三字,因兩"賢"字而誤脱。

2.《地官·載師》疏:"云'《春秋傳》曰,買之百兩一布',此昭公二十六年《左氏傳》文。案彼文齊侯以師欲納昭公，申豐從女賈，以弊錦二端，以適齊師。"[128][頁726] 按：據《左傳·昭公二十六年》，"弊" 當作 "幣"。又，"端" 當作 "匹"，《校勘記》已言。

3. 《春官·序官》疏："先鄭所引《春秋》者，《左氏·襄十九年》，季武子與晉師伐齊，所以得齊之兵作林鍾而銘魯功焉。"[128][頁754] 按：據《左傳·襄公十九年》，"所以" 二字當互乙。

4. 《春官·大卜》疏："昭十七年，吴人伐楚，陽晋爲令尹，卜戰不吉。"[128][頁803] 按：據《左傳·昭公十七年》，"晋" 爲 "匄" 字之誤。

5. 《夏官·大司馬》疏："《左氏·宣十八年》秋七月云 '邾人戕鄫子于鄫'，傳曰：'凡其君曰弑，自外曰戕。'"[128][頁835] 按：據《左傳·宣公十八年》，"凡" 下脱 "自虐" 二字。

6. 《夏官·大司馬》疏："昭三十二年，晋士彌牟營成周，計丈數，揣高卑，度厚薄，仞溝洫。又云：以令役於諸侯，屬役賦丈尺。"[128][頁839] 按：據《左傳·昭公三十二年》，"尺" 字當删，蓋因與 "丈" 字常連用而誤衍。

7. 《夏官·環人》疏："《公羊傳·莊公三十年》：'秋七月，齊人降鄣。鄣者何？紀人之遺邑也。'"[128][頁844] 按：據《公羊傳·莊公三十年》，"紀人" 之 "人" 字當删，蓋因與 "之" 字形近而衍。

《禮記正義》

1. 《曲禮下》疏："隱五年《公羊傳》云：'天子三公者何？天子之相也。則何以三？自陝而東者，周公主之；自陝而西者，召公主之；一相處乎内。'"[128][頁1264] 按：據《公羊傳·隱公五年》，"相也" 下當補 "天子之相" 四字，因與上文重而誤脱。

2. 《曲禮下》疏："知坎血加書者，案僖二十五年《左傳》云 '坎血加書' 又襄二十六年《左傳》云 '猷，用牲，加書' 是也。"[128][頁1266] 按：據《左傳·襄公二十六年》，"猷" 當作 "歃"，形近而誤。

3. 《王制》疏："按《春秋》文十五年《左傳》云：'諸侯五年再相朝，以脩王制，古之制也。'"[128][頁1328] 按：據《左傳·文公十五年》，"王制" 當作 "王命"。

4. 《雜記下》疏："《左傳》成十七年子叔聲伯夢食瓊瑰，哀十一年齊陳子行命其徒貝含玉，此等皆是大夫而以珠玉爲含者。"[128][頁1566] 按：據

《左傳・哀公十一年》，“貝”當作“具”。

《論語義疏》

《子路》疏：“吴公子札出聘于上國，適衛，説蘧瑗、史狗、史鰌、公子荆、公子叔、公子朝，曰：‘衛多君子，未有患已。’事在（《春秋》第十九卷）襄公二十九年傳也。”[104][頁439]《校勘記》：“《論語聽塵》引皇疏‘叔’作‘發’，與《左傳》合。又，鮑本‘已’作‘也’。”按：“公子叔”當作“公叔發”，蓋始因上下文而衍“子”字，後又誤脱“發”字。

《論語注疏》

1. 《八佾》疏：“此及閔元年《左氏傳》皆言‘諸夏’，襄四年《左傳》魏絳云‘諸夷必叛’，華夏皆謂中國。”[128][頁2466]按：據《左傳・襄公四年》，“夷”當作“華”。上文言“夏”，此作“華”，故下文曰“華夏皆謂中國”，後人蓋誤讀“諸華必叛華夏”爲一句，覺其不通而又改“華”爲“夷”。

2. 《八佾》疏：“云‘婦人謂嫁曰歸’者，隱二年《公羊傳》文，何休曰：‘婦人生以父母爲家，嫁以夫爲家，故謂嫁曰歸，明有三歸之道也。’”[128][頁2468]按：據《公羊傳・隱公二年》注，“三歸”當作“二歸”。

3. 《述而》疏：“文十一年《左傳》云：‘楚子西曰，臣歸死於司敗也。’”[128][頁2483]按：此文在《左傳・文公十年》，此衍“一”字。

《爾雅注疏》

1. 《釋地》疏：“杜預云：‘湨水出河墳軹縣，東南至温入河。’”[128][頁2615]按：據《左傳・襄公十六年》注，“墳”當作“内”。因下行《爾雅》正文“墳莫大於河墳”而誤。

2. 《釋木》疏：“《左傳・宣十二年》，晋楚戰于邲……杜注云：‘董澤，澤名。河東聞喜縣東北有黄池陂。既，盡也。’”[128][頁2636—2637]按：據《左傳・宣公十二年》杜注，“黄”當作“董”。

《經典釋文》

1. 《詩經・召南・何彼襛矣》釋文引《左傳》杜預注：“王姬以上爲

尊。"[84][頁57] 按：此引《左傳・莊公元年》杜預注，"上"當作"王"，《彙校》未校。

2.《左傳・隱公五年》釋文："他竟，音境。"按：此爲"且言遠地也"下杜預注"棠，魯地竟"的注音，"他竟"不詞，當依傳本杜注作"地竟"。宋本《釋文》已如此，《彙校》亦未校。

《史記》

趙生群在《〈史記〉三家注稱引〈左傳〉〈國語〉考校》一文中對《史記》三家注中的《左傳》引文多有校勘，本書僅就趙文未及者言之。

1.《秦始皇本紀》集解："《公羊傳》曰：'楚莊王伐鄭，鄭伯肉袒，左執茅旌，右執鸞刀，以逆莊王，莊王退舍七里。'何休曰：'茅旌，鸞刀，祭祀宗廟所用也。執宗廟器者，示以宗廟血食自歸。'"[130][頁293] 據《公羊傳・宣公十二年》傳注，《史記集解》所引何注末句當作"示以宗廟不血食，自歸首"，《史記集解》原文不可讀。

2.《項羽本紀》索隱："姚察按：《左氏》'楚子登巢車以望晉軍'，杜預謂'車上櫓也'，故李氏云'軍中巢櫓'，又引時人亦謂此爲俎也。"[130][頁328] 按：據《左傳・成公十六年》傳注，《史記索隱》所引杜注"櫓"上脱"爲"字。

3.《趙世家》："趙武續趙宗二十七年，晉平公立。平公十二年，而趙武爲正卿。十三年，吴延陵季子使於晉，曰：'晉國之政卒歸於趙武子、韓宣子、魏獻子之後矣。'趙武死，謚爲文子。"[130][頁1786] 按：《左傳・襄公二十九年》："（季札）適晉，説趙文子、韓宣子、魏獻子，曰：'晉國其萃於三族乎？'"前揭《史記》之文即本此。"趙武子"實當作"趙文子"，即趙武。春秋時期趙氏無謚"武子"之人，《史記》因趙武之名而誤作"武子"。

4.《匈奴列傳》索隱："《左氏》'晉師敗狄于箕，郤缺獲白狄子'。杜氏以爲'白狄之别種，故西河郡有白部胡'。"[130][頁2884] 按：據《左傳・僖公三十三年》傳注，《史記索隱》所引杜注"之"當作"狄"，蓋本爲重文符，後世誤作"之"。

《漢書》

1.《律曆志》："十八年距辛亥百三十一歲，五月有丙子、戊寅、壬午，火始昏見，宋、衛、陳、鄭火。"[67][頁1021]按：昭公十八年《春秋》經，三家皆作"宋、衛、陳、鄭災"，《漢書》之"火"當爲"災"字之誤。

2.《五行志》："嚴公十七年'冬，多麋'……京房易傳曰：'廢正作淫，大不明，國多麋。'"[67][頁1396]按：據《穀梁傳·莊公十七年》范甯注引《京房易傳》，"大"當作"火"。

3.《楚元王傳》顏師古注："隱九年三月癸酉大雨震電，庚辰大雨雪，莊六年冬十月雨雪，僖十年冬大雨雪，皆是也。"[67][頁1939]按：據《春秋》，魯莊公六年無"雨雪"事，隱公九年至僖公十年間，《春秋》經所記之雨雪事僅桓公八年一次，《漢書》注中"莊六"當作"桓八"。

4.《地理志》北海郡淳于下應劭注："《春秋》'州公如曹'，《左氏傳》曰'淳于公如曹'。"臣瓚注："州，國名也，淳于公國之所都。"[67][頁1584]按：應劭所引《左傳》在桓公五年，杜預注曰："淳于，州國所都，城陽淳于縣也。"臣瓚注即本此。疑臣瓚注中"公"字因應注而衍，原文當作"州，國名也。淳于，國之所都"。

5.《楚元王傳》顏師古注"僖五年楚滅弦，晋滅虢，滅虞；十二年楚人滅黄；十七年楚滅項……昭四年楚子滅賴；十三年晋滅肥；十六年楚子取戎蠻氏；十七年晋滅陸渾戎；二十一年晋滅鼓……"[67][頁1940]按：《春秋·僖公十七年》"滅項"，三傳皆以爲齊滅之，是顏注"楚滅項"之"楚"當作"齊"，蓋因上文而誤；又"十三年晋滅肥"，《左傳》此事在昭公十二年，"三"當作"二"；又"二十一年晋滅鼓"，《左傳》此事在昭公二十二年，"一"當作"二"。

《後漢書》

1.《耿純傳》注："《公羊傳》曰：'力沛若有餘。'何休注曰：'沛，有餘優饒貌。'"[72][頁762]按：中華書局整理本《後漢書》據今本何休注删"優饒"二字，恐未必是，《慧琳音義》卷四十引何休注，亦有此二字[172][册58頁202]。

2.《陸康傳》注："《公羊傳》曰：'初税畝者何？履畝而税也。'何休注云：'宣公無恩信於人，人不肯盡力於公田，起履踐案行，擇其畝穀好者税取之。'"[72][頁1114]按：據《公羊傳·宣公十五年》傳注，《後漢書》注所引"起"當作"故"。

3.《樊宏傳》注："《左傳》曰，鄭人鑄刑書……錐刀之末，將盡爭之，鄭其敗乎！杜預注云：'錐刀喻小事也。'"[72][頁1127]按：據《左傳·昭公六年》注，《後漢書》注所引杜注“刀”下當補“末”字。

4.《楊震傳》注：“《公羊傳》曰：‘劉子、單子以王猛入于王城者何？西周也。其言入何？簒辭也。’”[72][頁1763]按：據《公羊傳·昭公二十二年》年，“王城”下當再補“王城”二字。

5.《李固傳》注：“《公羊傳》曰：‘宋殺其大夫，何以不名？宋三世無大夫，三世内娶也。’何休注云：‘内娶，娶大夫女也。言無大夫者三世，禮不臣妻之父母，國内皆臣，無娶道，故絶去大夫名，正其義也。’”[72][頁2075]按：據《公羊傳·僖公二十五年》傳注，“大夫者”下“三世”當删，蓋因前文而誤衍。

6.《袁紹傳》注：“《左傳》曰：‘局部也。’杜預注曰：‘遠其部曲爲離局。’”[72][頁2396]按：所引《左傳》脱誤嚴重，致不可讀。今本《左傳·成公十六年》作“離局，姦也”。

7.《南蛮西南夷列傳》注：“《左傳》‘楚屈瑕伐羅及鄢，亂次以濟，其水遂無次，且不設備，羅與盧戎兩軍之，大敗之。莫敖縊于荒谷，群帥囚于冶父’也。”[72][頁2831]《後漢書校勘記》曰：“張森楷校勘記謂據《左傳》，無‘其水’字，當有‘師’字。”[72][頁2862]按：《左傳釋文》：“本或作亂次以濟其水。”[84][頁226]《水經注·沔水》引，“濟”下亦有“淇水”二字[134][頁667]。《左氏會箋》本有“其水”二字[211][頁209]。是《後漢書》注正存《左傳》古本，張氏删之，大誤。

8.《郡國志》劉昭注：“左傳桓八年齊侯師于首止，杜預曰在襄邑東南，有首止城。”[72][頁3449]按：整理本改“桓八”爲“僖五”，改“師”爲“會”，所改毫無根據。《春秋·桓公十八》：“齊侯師于首止。”杜預注：“首止，衛地，陳留襄邑縣東南有首鄉。”劉昭注本此。故前揭《郡國志》注僅於“桓”下脱“十”字耳。

9.《郡國志》劉昭注於泰山郡蓋縣下曰：“《左傳》‘會于防’，杜預曰，在縣東南有防城。”[72][頁3453]按：《春秋·隱公九年》：“公會齊侯于防。”杜預注：“防，魯地，在琅邪縣東南。”據《校勘記》，杜注“縣”上脱“華”字。東漢無華縣，其地屬費縣。則劉昭此注或當在同郡費下。

10.《郡國志》劉昭注：“《左傳·襄三年》楚子伐吴，剋鳩兹，杜預曰在縣之東。”[72][頁3487]按：據《左傳·襄公三年》文，《郡國志》注“楚子”下脱“重”字。

11.《郡國志》巴郡魚復下劉昭注：“古庸國，左傳文十［六］年魚人逐楚師是也。”[72][頁3507]按：所引《左傳》既稱“魚人”，則此謂“古庸國”，文不相屬。且《郡國志》上文於漢中郡已稱上庸爲庸國。疑此“庸”爲“魚”之誤。

《水經注》

1.《陰溝水》：“杜預曰：龍亢縣東有向城。”[134][頁555]按：今本《左傳》杜注謂向城在龍亢縣東南，《漢書》顔師古注[67][頁1572]、《後漢書》李賢注[72][頁738]引亦同。《水經注》當脱“南”字。

2.《淮水》：“春秋左傳哀公十年，大夫對孟孫曰：禹會諸侯于塗山，執玉帛者萬國。杜預曰：塗山在壽春東北。非也……故塗山有會稽之名。”[134][頁709]按：《左傳》此文在哀公七年，“十”當作“七”。

3.《禹貢山水澤地所在》：“定公四年，左司馬戍敗吴師于雍澨。”[134][頁957]按：據《左傳·定公四年》，“戍”當作“戌”。

《通典》

1. 卷四九：“《公羊傳》曰：‘周公白牡，魯公騂剛，群公不毛。’”[154][頁1365]按：據《公羊傳·文公十三年》，“剛”當作“犅”。又，同卷下文亦引《公羊傳》，亦誤作“剛”。

2. 卷五十：“按《禮記正義》引鄭玄《禘祫志》云：‘《春秋》，僖公三十三年十二月薨。文公二年八月丁卯，大享於太廟。《公羊傳》云：大享者何？祫也。’”[154][頁1397]按：據《公羊傳·文公二年》，《通典》所引經傳“大享”皆當作“大事”。《禮記·王制》疏本亦作“大事”[128][頁1336]。

3. 卷九九：“按《穀梁傳》曰：‘周人有喪，魯人有喪，周人弔，魯人不弔。魯人曰：“吾君，親之者也，使大夫則不可。”周人喪，魯人不弔，是其下成康未爲久也。’”[154][頁2643—2644]按：據《穀梁傳·定公元年》，“周人喪”之“喪”當作“弔”，因上文而誤。

4. 卷一五一：“春秋時，吴師伐楚州來……陳大夫齧壯而頑，頓與許、蔡疾敵。”[154][頁3868]按：據《左傳·昭公二十三年》，《通典》“敵”字當作“楚政”。

5. 卷一五二：“三軍之士皆如挾纊。”注：“纊，綿也。言悦以亡寒。”[154][頁3880]按：此引《左傳·宣公十二年》傳注，據彼文，此處注“亡”當作“忘”。

6. 卷一五五："楚晨壓晉軍而陣。"注："壓窄其未備。"[154][頁3970]按：此引《左傳·成公十六年》傳注，據彼文，注中"窄"當作"笮"。

7. 卷一五六："此道在二骰之閒，南谷中谷深委曲，兩山相嶔，故可以避風雨，古道由此。魏武帝西討巴、漢，嘆其險，而更開北山高道。"[154][頁4000]按：此引《左傳·僖公三十二年》杜預注，據彼文，"嘆"當作"惡"。蓋"惡"有"噁"之俗體，又因上文"漢"而類化作"嘆"。

8. 卷一七三："白水，秦文公分清水爲白水，即此。漢彭衙縣故城在今縣東北。《左傳》云秦晉戰於彭衙，即此也。"[154][頁4514]按：漢無"彭衙縣"，僅有"衙縣"。《通典》誤因《左傳》而衍"彭"字。

9. 卷一八〇："胙城，漢南燕縣，古南燕國，姞姓，後曰東燕。《左傳》曰'蔣、胙、邢、茅'，注云：'東燕西南有胙亭。'"[154][頁4757]按：《左傳·隱公十一年》注作"東郡燕縣西南有胙亭"。《元和郡縣圖志》曰："胙城……漢爲南燕縣，在後慕容德都之，復號東燕縣。"[180][頁200]則"東燕縣"爲十六國之南燕以後的稱呼。又，顧祖禹曰："漢置南燕縣，屬東郡。東漢爲燕縣。晉省……晉省縣而城猶存，謂之東燕城。"[33][頁2306]則晉雖有"東燕"之稱呼，但杜注於地名無省去縣名而直稱某城者。故《通典》所引杜注當誤，蓋因前"後曰東燕"而誤脱"郡"字。

10. 卷一八三："江陵……有夏水口，《左傳》所云'沈尹戍奔命於夏汭'也。"[154][頁4864]按：據《左傳·昭公四年》，"戍"當作"射"，沈尹戍即葉公諸梁與沈尹射非一人，《通典》因"沈尹戍"常見而誤。

11. 卷一八九："至襄王時，魯僖公之二十一年，秦晉遷陸渾之戎於伊川。"[154][頁5127]按：此事見《左傳·僖公二十二年》，《通典》"一"當爲"二"之訛。

《文選》李善注

1. 潘岳《西征賦》注："何休《公羊傳》注曰：如其事曰訊，加誣曰譖。"[157][頁158]按：據《公羊傳·莊公元年》，"訊"當作"訴"。

2. 陸機《文賦》注："《左氏傳》，仲尼曰：志有之，言足以志，文足以言，不言誰知其志，言而不文，行之不遠。"[157][頁241]按：據《左傳·襄公二十五年》，當作："'言以足志，文以足言。'不言，誰知其志？言之無文，行而不遠。"

3. 潘岳《笙賦》注："杜預曰：汶水，太山出萊蕪縣。"[157][頁260]按：

據《左傳·僖公元年》注，“出”字當在“太山”上。

4. 謝靈運《廬陵王墓下作》注：“《左氏傳》曰：吴伐楚，以報朱方之役。杜預曰：朱方，吴也。”[157][頁331] 按：據《左傳·昭公四年》注，“吴也”當作“吴邑”。

5. 陸機《贈尚書郎顧彦先》注：“《左氏傳》，申豐曰：春無凄風，秋無苦雨。杜預曰：苦雨，爲人所患苦也。”[157][頁347] 按：據《左傳·昭公四年》注，《文選》注所引杜預注“苦雨”當作“霖雨”，因上文而誤。

6. 王融《永明十一年策秀才文》注：“《左傳》曰：季武子如晋，晋侯饗之，范宣子爲賦黍苗，季武子再拜曰：小國之仰大國也，如百穀之仰膏雨焉。若常膏之，其天下集睦，豈惟獘邑。”[157][頁512] 按：據《左傳·襄公十九年》，“集睦”當作“輯睦”。

7. 干寶《晋紀總論》注：“《左氏傳》曰：晋輔氏之役，魏顆見老人結草以亢杜回，回躓而顛仆。”[157][頁689] 按：據《左傳·宣公十五年》，“杜回”下當補“杜”字。《文選集注》本有“杜”字[151][册3頁432—433]。

8. 王褒《四子講德論》注：“《公羊傳》曰：宋公與楚人期戰于泓之陽，宋師大敗。故君子大其不鼓不成列，臨大事而不忘大禮，有君而無臣，以爲難，雖文王之戰，亦不過此也。”[157][頁714] 按：據《公羊傳·僖公二十二年》，“難”字當删，蓋因與“雖”形近而誤。《文選集注》本無“難”字[151][册3頁617]。

9. 班彪《王命論》注：“《穀梁傳》曰：五穀不升，謂之饉。”[157][頁718] 按：據《穀梁傳·襄公二十四年》，“五”當作“三”。

10. 嵇康《養生論》注：“《穀梁傳》，荀息曰：夫人玩好在耳目之前，而患在一國之後。”[157][頁729] 按：據《穀梁傳·僖公二年》，“人”字當删。

11. 陸機《辯亡論上》注：“《左氏傳》曰：晋人使子貢對鄭使曰：君有楚命，亦不使一介行李告于寡君。”[157][頁738] 按：據《左傳·襄公八年》，“子貢”當作“子員”，形近而誤。

12. 陸機《五等論》注：“《左氏傳》，冶區夫曰：爲乏令主。”[157][頁744] 按：據《左傳·昭公十三年》，“乏”當作“之”。

13. 劉孝標《辯命論》注：“《左氏傳》：……太子聞之，懼，下召石乞、盂黶敵子路，以戈擊之，斷纓。”[157][頁753] 按：據《左傳·哀公十五年》，“召”字當删，蓋因與“石”字形近而衍。

14. 潘岳《陽給事誄》注：“《左氏傳》曰：師徒撓敗。杜預曰：撓，敗也。"[157][頁789] 按：據《左傳·成公二年》傳注，"敗也"當作"曲也"。此因前文"橈敗"之文而誤。《文選集注》本正作"曲"[151][冊3頁755]。

15. 王儉《褚淵碑文》注："《左氏傳》曰：魯季武子如宋，褚師段逆之。杜預曰：段，共公子子石也；褚師，官也。"[157][頁803] 按：據《左傳·昭公二年》注，"官也"上當有"市"字，蓋因與"師"音近而脱。《文選集注》本有"市"字[151][冊3頁808]。

16. 王儉《褚淵碑文》注："《左氏傳》，隨武子曰：蔿敖爲太宰，擇楚國之令典。"[157][頁808] 按：據《左傳·宣公十二年》，"太"字當删。《文選集注》本無"太"字[151][冊3頁840]。

17. 陸機《弔魏武帝文》注："左氏傳曰：秋七月壬午朔，日有蝕之。公問於梓慎曰：是何物也？禍福何爲？對曰：二至二分，日有蝕之，不爲災。日月之行也，分同道，至相遇也。其他日則爲災，陽不克也。"[157][頁833] 按：據《左傳·昭公二十一年》，"相遇"當作"相過"。

18. 謝惠連《祭古冢文》注："《左氏傳》，楚子曰：窀穸之事。杜預曰：窀，厚也；穸，夜也。厚夜，長夜，葬爲埋也。"[157][頁836] 按：據《左傳·襄公十三年》傳注，"葬爲埋"當作"謂葬埋"。

第三節　《春秋》引文與古籍標點

近60多年來，中國出版界推出了一大批標校精良的古籍整理本，爲廣大學者的學習、研究提供了方便。但這些整理本却還不盡完善，在標點方面還有一些問題。本書就幾種常見古籍中關於《春秋》引文的標點提出一些商榷意見，供大家參考。

《史記》

趙生群在《〈史記〉三家注稱引〈左傳〉、〈國語〉考校》一文對《史記》三家注中的《左傳》引文標點多有補正，本書僅就趙文未及者言之。

1.《周本紀》正義：杜預云："允姓之戎居陸渾，在秦、晋西北，二國誘而徙之伊川，遂從戎號，今洛州陸渾縣，取其號也。"（155—156）

按：此引《左傳·僖公二十二年》杜預注文，今本無"今洛州"以下。"洛州"爲唐時地名。《舊唐書·地理志》："高祖受命之初，改郡爲州。”[89][頁1384]是“今洛州”以下爲張守節按語而非杜預之文，引號當至“戎號”下止。

2.《周本紀》正義：《括地志》云：“故麻城謂之蠻中，在汝州梁縣界。《左傳》‘單浮餘圍蠻氏’，杜預云‘城在河南新城東南，伊洛之戎陸渾蠻氏城也。俗以爲麻蠻聲相近故耳’。”（156）

按：《括地志》所引傳爲《左傳·哀公四年》傳，所引注爲《左傳·成公六年》注，原文作“河南新城縣東南有蠻城”，“伊洛”以下皆非杜注文。且“俗以爲麻蠻聲相近”，顯與前“故麻城謂之蠻中”相呼應，乃《括地志》自加按語。

3.《秦始皇本紀》正義：《括地志》云：“安平城在青州臨淄縣東十九里，古紀之酅邑。《帝王紀》云周之紀國，姜姓也。紀侯譖齊哀公於周懿王，王烹之。《外傳》曰紀侯入爲周士。《竹書》云齊襄公滅紀、郱、鄑、郚。”（293—294）

按：《括地志》爲唐初一部地理書，其中主要是對各個地名的記載。《史記正義》引述《括地志》也僅爲釋地名而已。“帝王紀”以下顯非《括地志》之文。又，據《左傳·莊公元年》，郱、鄑、郚爲紀之三邑，標點者在“紀”與“郱”間加頓號，則以爲“紀”與三邑并列，亦非。此時齊襄公所滅者僅爲三邑，紀則至魯莊公四年方滅。故正確的標點應爲：

《括地志》云：“安平城在青州臨淄縣東十九里，古紀之酅邑。”《帝王紀》云：周之紀國，姜姓也。紀侯譖齊哀公於周懿王，王烹之。《外傳》曰：“紀侯入爲周士。”《竹書》云：“齊襄公滅紀郱、鄑、郚。”

4.《高祖本紀》正義：《括地志》云：“故聊城在博州聊城縣西二十里。春秋時齊之西界。聊，攝也。戰國時亦爲齊地。秦漢皆爲東郡之聊城也。”（388）

按：《左傳·昭公二十年》“聊、攝以東”，杜預注：“聊、攝，齊西界也。平原聊城縣東北有攝城。”是聊、攝爲并列的兩個地名，依前揭標點，則似《括地志》以“攝”釋“聊”，顯非。畫線一句是爲了説明聊與攝同爲齊之西界，當標點作“春秋時齊之西界聊、攝也”。

5.《吴太伯世家》：歌《魏》。曰：“美哉，渢渢乎，大而寬，儉而易，行以德輔，此則盟主也。”（1452）

按：此用《左傳·襄公二十九年》文，杜預注曰：“大而約，則儉節易行。惜其國小無明君也。”是依杜注當“儉而易行”一逗，“以德輔此”

一逗。

6.《吴太伯世家》《索隱》：昭元年經曰“冬十有一月，楚子麇卒”。《左傳》曰“楚公子圍將聘于鄭，未出竟，聞王有疾而還。入問王疾，縊而殺之，孫卿曰：以冠纓絞之。遂殺其子幕及平夏。葬王于郟，謂之郟敖”也。(1460)

按：依此句讀，極易讓人誤以爲“孫卿曰”一句爲《左傳》之文，實則此句乃杜預注文。故當依此標點：

昭元年經曰“冬十有一月，楚子麇卒”。《左傳》曰“楚公子圍將聘于鄭，未出竟，聞王有疾而還。入問王疾，縊而殺之。”孫卿曰：“以冠纓絞之。”“遂殺其子幕及平夏。葬王于郟，謂之郟敖”也。

7.《衛康叔世家》：免子三死。《正義》：杜預云：三罪，紫衣、袒裘、帶劍也……(1600)

按：此用《左傳·哀公十五年》文，杜預注原文曰：“三死，死罪三。”不見“紫衣”等文。實則《正義》所引杜預注僅“三罪”兩字而已，“紫衣”以下皆張守節自加按語，故畫綫一句當標點作“杜預云三罪。紫衣……”。

8.《鄭世家》：公怒，溉逐群公子。(1766)

按：《史記集解》引徐廣曰：“一作‘瑕’。”《史記索隱》曰：“音旣。《左傳》作‘瑕’。”依二注之意，則以“溉”爲“瑕”之異文。“瑕”爲一鄭公子，依二注意“溉”當上屬。整理者“溉”下屬，蓋以之通“概”，其説雖亦可通，但與二注不合。

9.《吕不韋列傳》索隱：何休注《公羊》“櫱，賤子也。以非嫡正，故曰櫱”。(2506)

按：所引何休注在《公羊傳·襄公二十七年》，原文作“庶孽，衆賤子，猶樹之有孽生”，“以非嫡正故曰櫱”一句非何休注，乃司馬貞自加按語。

10.《樊酈滕灌列傳》正義：杜預云“霍人，晋邑也。‘霍人’當作‘葰’，《地理志》云葰人縣屬太原郡”。(2658)

按：所引杜預文爲《左傳·襄公十年》杜預注，原文作“霍，晋邑”。“‘霍人’當作‘葰’”一句爲張守節自加按語，《史記·周勃世家》正義亦有“‘霍’字當作‘葰’”一句[130][頁2069]，可證。“地理志”以下也非杜預注，當獨立出來。

《漢書》

1.《高帝紀》應劭注："璽，信也，古者尊卑共之。《左傳》襄公在楚，季武子使公冶問璽書，追而與之。秦漢尊者以爲信，群下乃避之。"（23）

按：應劭注中"璽書"當下讀。應氏所引《左傳》在襄公二十九年。前年魯公如楚，此時猶在楚未還，季武子取卞以自益，而使公冶問，所問者魯公也，杜注曰"問公起居"[128][頁2005]，是也。"璽書追而與之"，是指公冶問公起居猶在途中，季武子另派人將璽書追而與之。若讀"璽書"上屬，則"追而與之"一句不可解。

2.《律曆志》：斗綱之端連貫營室，織女之紀指牽牛之初，以紀日月，故曰星紀。五星起其初，日月起其中，凡十二次。日至其初爲節，至其中斗建下爲十二辰。視其建而知其次。故曰"制禮上物，不過十二，天之大數也"。（984）

按：此處"上物"當屬下讀。"故曰"後所引爲《左傳·哀公七年》中的內容，彼處杜預注曰："上物，天子之牢。"[128][頁2162]陸粲《左傳附注》曰："上物亦通言之，如冕與旂俱十二旒，玉路樊纓十二就之類皆是。不專謂牢而牢亦在其中矣。"[203][頁721]可見此處《左傳》之文的原意爲，制禮之時，最高等級的物品也不過十二而已。原讀"上物"上屬，不可解。

3.《律曆志》：經曰春王正月，傳曰周正月"火出，於夏爲三月，商爲四月，周爲五月。夏數得天"，得四時之正也。（984）

按：此句當標點爲："經曰'春王正月'，傳曰'周正月'。'火出，于夏爲三月，商爲四月，周爲五月，夏數得天'，得四時之正也。""經曰'春王正月'，傳曰'周正月'"是隱公元年的《春秋》經和《左傳》，"火出"以下乃是昭公十七年的《左傳》，兩段話中間應用句號隔開。且依原書標點，容易讓人理解爲周正月火出，這是不符合常識的。

4.《郊祀志》顔注：《春秋左氏傳·哀公三年》傳稱"劉氏、范氏世爲婚姻，萇弘事劉文公，故周與范氏趙鞅以爲討，周人殺萇弘也"。（1199）

按：顔注中"周與范氏"下當加句號。"周與范氏"，謂因劉、范世爲婚姻，而劉氏執掌周王朝政治，故周王朝親近范氏。"趙鞅以爲討"，討周王朝親近范氏也。依原書標點，似意爲周王朝與范氏、趙鞅皆以爲討，與上下文句意不符。

5.《五行志》：成公十三年，晋侯使郤錡乞師于魯，將事不敬。孟獻子曰："郤氏其亡乎！禮，身之幹也；敬，身之基也。郤子無基。且先君之嗣卿也，受命以求師，將社稷是衛，而惰棄君命也，不亡何爲！"十七年，郤氏亡。(1357)

按：此引《左傳·成公十三年》文。"而惰棄君命"，"惰棄"連文，甚爲不詞。"惰"下當一逗，"惰"即上文"將事不敬"。

6.《楚元王傳》：李梅冬實。七月霜降，草木不死。顏注曰："僖三十三年經書'冬隕霜，不煞草。'李梅實，未知在何月也。而此言李梅冬實，又云七月霜降，草木不死，與今《春秋》不同，未見義所出。"(1939)

按：《春秋·僖公三十三年》經作"隕霜不殺草，李梅實"，故顏注中"李梅實"一句亦爲《春秋》經文。又，《漢書》正文之"七"當爲"十"字之誤，《春秋》經次此條於十二月之後，周之十二月當夏之十月也，故《漢書》改稱"十月霜降"。

7.《梁孝王傳》：太中大夫谷永上疏曰："臣聞：'禮，天子外屏，不欲見外'也。"(2216)

按：引號當至"外屏"止。"天子外屏"，先儒相傳爲然，《儀禮·覲禮》鄭玄注、《禮記·郊特牲》鄭玄注、《公羊傳·莊公三十一年》注皆然。"不欲見外"乃是谷永對"天子外屏"的解讀，而非禮文。這種形式在古人引書時是普遍存在的，以下僅舉《漢書》中兩例：《漢書·吾丘壽王傳》："禮曰男子生，桑弧蓬矢以舉之，明示有事也。"[67][頁2796]"男子生，桑弧蓬矢以舉之"乃約《禮記·内則》之文而成，"明示有事"爲吾丘壽王自己的解釋。《漢書·韋賢傳》載匡衡上書："禮，公子不得爲母信，爲後則於子祭，于孫止，尊祖嚴父之義也。"[67][頁3122]"公子不得爲母信，爲後則於子祭，于孫止"乃據《喪服》推理而得。"尊祖嚴父之義也"則是匡衡自己對禮意的體會。

至於"天子外屏"的原因，漢儒的意見并不統一。《後漢書·齊武王傳》："朕聞人君正屏，有所不聽。"[72][頁553]李賢注引《白虎通》："所以設屏何？以自障也，示不極臣下之敬也。天子德大，故外屏；諸侯德小，故内屏。"[72][頁554]漢章帝和白虎觀群臣都不認爲"天子外屏"是"不欲見外"，可見"不欲見外"并非"禮"文，而是谷永自己的體會。

《後漢書》

1.《孝獻帝紀》：有星孛于東方。李賢注：杜預注《左傳》云“平旦，衆星皆没，而孛星乃見”，故不言所在之次。（389）

按：所引杜預注見《左傳·哀公十三》，“故不言所在之次”亦爲杜預注文。

2.《桓譚馮衍列傳》李賢注：委質猶屈膝也。《左傳》曰：“策名委質，貳乃辟也。臣無二心，古之制也。”（971）

按：所引《左傳》爲《左傳·僖公二十三年》文，“古之制也”一句非《左傳》文。

3.《樊宏陰識列傳》：與夫愛而畏者，何殊閒哉！李賢注：《左傳》曰：“是以其人畏而愛之，何殊閒哉！”言不異也。（1122）

按：所引《左傳》爲《左傳·襄公三十一年》文，“何殊閒哉”一句非《左傳》文，下句“言不異也”爲李賢解釋“何殊閒哉”者。故正確的標點應爲：“《左傳》曰：‘是以其人畏而愛之。’何殊閒哉，言不異也。”

4.《鄭范陳賈張列傳》李賢注：《左傳》曰：“冬，邾黑肱以濫來奔。賤而書名，重地故也。君子曰：‘名之不可不慎。’以地叛，雖賤必書。地以名其人，終爲不義，不可滅已。是以君子動則思禮，行則思義。”（1236）

按：所引《左傳》爲《左傳·昭公三十一年》文，“以地”以下皆“君子”之議論。

5.《第五鍾離宋寒列傳》：左丘明有言：“仁人之言，其利博哉！”晏子一言，齊侯省刑。若鍾離意之就格請過，寒朗之廷爭冤獄，篤矣乎，仁者之情也！（1418）

按：所引左丘明語爲《左傳·昭公三年》文，“晏子一言，齊侯省刑”亦爲《左傳》之文。

6.《虞傅蓋臧列傳》李賢注：吴破楚，申包胥如秦乞師，立依於庭牆而哭，日夜不絶聲，勺飲不入口，七日秦師乃出，以車五百乘救楚，敗吴兵於稷。事見《左傳》及《史記》。（1893）

按：此文見《左傳·定公四年》，原文作：“立依於庭牆而哭，日夜不絶聲，勺飲不入口七日。秦哀公爲之賦《無衣》，九頓首而坐。秦師乃出。”據此，“七日”當上屬。

7.《馬融列傳》：至于陽月，陰慝害作。李賢注：《左傳》曰："唯正月之朔，慝未作。"杜注云："慝，陰氣也。害作言陰氣肅殺，害於百草也。"（1959）

按："害作"以下顯然爲李賢釋《後漢書》"陰慝害作"者，整理者以其爲杜預注文，殊非。

8.《馬融列傳》：李賢注：《左傳》云："晋趙盾爲國，政由質要。"杜預注曰："由，用也。質要，契券也。"（1969）

按：所引左丘明語爲《左傳·文公六年》文，原文作："宣子於是乎始爲國政。制事典，正法罪，辟刑獄，董逋逃，由質要。"據此，"政"字顯當上屬。

9.《逸民列傳》：武王亦即紂於牧野，而大城於郟鄏。李賢注：杜預注《左傳》曰："今河南也。河南縣西有郟鄏陌。"（2758）

按：所引杜預注見《左傳·宣公三年》，"河南縣"以下非杜預注。

10.《南蛮西南夷列傳》李賢注：《左傳》"楚屈瑕伐羅及鄢，亂次以濟，其水遂無次，且不設備，羅與盧戎兩軍之，大敗之。莫敖縊于荒谷，群帥囚于冶父"也。（2831）

按：據《左傳·桓公十三年》，屈瑕所伐僅羅而已，"鄢"爲水名，而非國名。"遂無次"所指爲楚師。故李注標點應爲："楚屈瑕伐羅，及鄢，亂次以濟其水，遂無次。"

11.《禮儀志》劉昭注：《公羊傳》曰："日有食之，鼓，用牲于社，求乎陰之道也。以朱絲縈社，或曰脅之，或曰爲闇。恐人犯之，故縈之也。"何休曰："……或曰爲闇者，社者土地之主尊也，爲日光盡，天闇冥，恐人犯歷之，故縈之。……"（3101—3102）

按："主尊"連文，不詞，中間當加一逗號。"社者，土地之主，尊也"，是説社爲土地之主，地位尊崇，所以需要縈之。

12.《郡國志》劉昭注：杜預曰："縣東南有韋城。古豕韋氏之國。"（3451）

按：所引杜預注在《左傳·襄公二十四年》，"古豕"以下非杜預注文。

《國語》

1.《晋語四》韋昭注：傳曰："高辛氏有季子曰實沈，遷于大夏，主祀參，唐人是因。成王滅唐而封叔虞。南有晋水，子燮改爲晋侯，故參爲

晋星。”（366）

按：所引爲《左傳·昭公元年》文，“南有”以下非《左傳》文。

2.《晋語九》韋昭注：傳曰：“梗陽人有獄，魏戊不能斷，以獄上其大宗，賂以女樂，獻子將受之。”（489）

按：所引爲《左傳·昭公二十八年》文，杜預注“以獄上”曰：“上魏子。”注“其大宗”曰：“訟者之大宗。”若依前揭句讀，似魏戊以獄上訟者之大宗，而後又曰“獻子受子”，邏輯混亂。正確的標點應爲：“梗陽人有獄，魏戊不能斷，以獄上。其大宗賂以女樂，獻子將受之。”

3.《楚語下》韋昭注：懿公，齊桓公之子商人也。爲公子時，與邴歜之父爭田，弗勝。及即位，乃掘而刖之，而使歜僕納閻職之妻，而使職驂乘。（588）

按：所引爲《左傳·文公十八年》文，杜預注：“僕，御也。”“使歜僕納閻職之妻”一句不可解，“僕”後當加一句號。

4.《吴語》：爲虺弗摧，爲蛇將若何？韋昭注：虺，小蛇。大傳曰：“封豕長蛇。”（596）

按：韋昭注所引爲《左傳·定公四年》文。但《國語》韋注引《左傳》多稱“傳”、“内傳”，無稱“大傳”者。實則整理者標點錯誤，當作“虺小，蛇大。傳曰……”

《水經注》

1.《沭水》：其水西南流，逕司吾山東，又逕司吾縣故城西，《春秋左傳》：楚執鍾吾子以爲司吾。縣，王莽更之曰息吾也。（卷二六，616）

按：“以爲司吾”非《左傳》中文，且斷“縣”下屬，恐非。當斷作：“《春秋左傳》，楚執鍾吾子，以爲司吾縣，王莽更之曰息吾也。”又，《左傳》中無“楚執鍾吾子”事，唯《左傳·昭公三十年》有“吴子執鍾吾子”，疑“楚”當爲“吴”之誤。《水經注·濟水》引作“吴子執鍾吾子”[134][頁218]，《漢書·地理志》東海郡司吾縣應劭注“《左傳》吴執鍾吾子”[67][頁1589]，可證。

2.《巨洋水》：窮後既仗善射篡相，寒浞亦因逢蒙弑羿，即其居以生澆，因其室而有豷。故《春秋·襄公四年》，魏絳曰：澆用師滅斟灌，及斟尋氏處澆于過，處豷于戈，是以伍員言于吴子曰：過澆殺斟灌以伐斟尋是也。有夏之遺臣曰：靡事羿，羿之死也，逃于鬲氏。今鬲縣也。收斟

灌、斟尋二國之餘燼，殺寒浞而立，少康滅之，有窮遂亡也。（卷二六，620）

按：此段標點錯誤較多，幾不可讀，今正確標點於下：

窮後既仗善射篡相，寒浞亦因逢蒙弒羿，即其居以生澆，因其室而有豷。故《春秋·襄公四年》魏絳曰："澆用師滅斟灌及斟尋氏，處澆于過，處豷于戈。"是以伍員言于吴子曰"過澆殺斟灌以伐斟尋"是也。有夏之遺臣曰靡，事羿。羿之死也，逃于鬲氏，今鬲縣也。收斟灌、斟尋二國之餘燼，殺寒浞而立少康，滅之，有窮遂亡也。

3.《淄水》：余按《春秋·襄公十八年》，晋伐齊，戊戌，伐雍門之萩，己亥，焚雍門，壬寅，焚東北二郭，甲辰，東侵及濰南及沂。（卷二六，626）

按："濰"字下當一逗，不然容易讓讀者誤以爲"濰南"爲一地。

4.《淮水》：《春秋左傳·隱公十一年》，鄭、息有違，言息侯伐鄭，鄭伯敗之者也。（卷三十，704）

按：《左傳·隱公十一年》"鄭、息有違言"，杜預注："以言語相違恨。"是"言"字當上屬。

5.《淮水》：《左傳·定公十年》，公及齊平，會于祝，其寔夾谷也。服虔曰：地二名。（卷三十，715）

按：定公十年《春秋》經"公會齊侯于夾谷"，傳："公會齊侯于祝其，實夾谷。"杜預注："夾谷即祝其也。"是"祝其"即"夾谷"，爲一地名，陳橋驛於"祝"下點開，顯非。

《通典》

1. 卷四三：《穀梁傳》曰："雩得雨曰雩，不得雨曰旱。"注：禮云"龍見而雩"，常祀不書，書者皆爲旱故。得雨則喜，以月爲正。不得雨則書旱，明災成也。（1201）

按：所引爲《穀梁傳·僖公十一年》傳注，范甯原注曰："常祀不書，書者皆以旱也。故得雨則喜，以月爲正也。""旱"下原有"也"字，則"旱"下當一句，"故"字當下屬可知。

2. 卷一七三：昭應。注：本周驪戎國。《春秋》"晋獻公伐驪戎"，杜注："在京兆新豐縣，秦滅以爲邑。"（4510）

按：所引爲《左傳·莊公二十八年》傳注，"秦滅"以下非杜注文。

《白虎義》

1.《爵》:《春秋傳》曰:"天子三年然後稱王者,謂稱王統事發號令也。"(39)

按:所引《春秋傳》爲《公羊傳·文公九年》文,"謂稱"以下非傳文。

2.《嫁娶》:《春秋傳》曰:"宋三世無大夫,惡其内娶也。"(476)

按:所引《春秋傳》爲《公羊傳·僖公二十五年》文,"惡其内娶"非傳文。

《文選》(上海古籍出版社1986年版)

1. 左思《魏都賦》注:《左傳》曰:吴公子札來聘,使工爲之歌《魏》,曰:美哉,大而婉,儉而易,行以德輔,此則爲明主也。(266)

按:正確的標點應爲:"儉而易行,以德輔此,則爲明主也。"其考證見上文。

2. 鮑照《蕪城賦》注:《左氏傳》曰:吴城邗溝,通江、淮。杜預曰:通糧道。(503)

按:所城者當爲城邑,邗溝爲運河,不可言"城","溝"當下屬。

3. 鮑昭《舞鶴賦》注:《左氏傳》曰:齊侯伐北,燕人歸燕姬。(633)

按:"伐北"不詞,原文"北燕"下當有重文號,今脱。李善本當作"齊侯伐北燕,[北燕] 人歸燕姬"。

4. 張衡《思玄賦》注:左氏傳曰:穆,叔孫穆子,名豹,魯大夫,有罪走向齊,及庚宗,遇婦人通之。有子在齊,夢天壓己,不勝,顧而見人,黑而上僂,深目而猳喙,號之曰:牛助余。乃勝之。(663)

按:"有子",爲婦人有子;"在齊"謂穆子在齊,兩者之間應斷開。正確的標點爲:"……遇婦人通之,有子。在齊,夢天壓己……"

5. 謝瞻《張子房詩》注:左氏傳曰:孟縶之足,不良能行。毛萇詩傳曰:良,善也。(1001)

按:"不良能行"不詞,當作"孟縶之足不良,能行"。

6. 陸機《五等論》注:左氏傳,楚子問申無宇曰:國有大城何如?對曰:鄭京櫟實殺曼伯,宋蕭亳實殺子游。由是觀之,則害於國末大必

折，尾大不掉。杜預曰：折，折其本也。(2334)

按："京櫟"、"蕭亳"都是兩地并列，中間應有頓號。另外，"於國"下當有一逗號。

7. 劉孝標《辨命論》注：左氏傳曰：楚子欲立王子職而黜太子商臣，商臣聞之，告其師潘崇曰：能事諸乎？曰：不能。能行大事乎？曰：能。以宫甲圍成王，王縊，穆王立。潘崇，太子師。(2358)

按："能事諸乎"爲潘崇問太子商臣之語，如此標點則似爲商臣告潘崇之語，不可通，"崇"字下當加一句號。疑原文"潘崇"下當有重文號，今脱。

第四節 《春秋》引文與輯佚

一 《左傳》鄭衆注

鄭衆，字仲師，河南開封人，官至大司農，故後人或稱之爲鄭司農，鄭興子，其傳附於《後漢書·鄭興傳》。本傳稱衆少從父興受《左氏春秋》，曾撰《春秋難記條例》。《隋書·經籍志》稱"梁有《春秋左氏傳條例》九卷，漢大司農鄭衆撰"[149][頁928]，則似隋唐之際此書或已不存。《舊唐書·籍志》作《春秋左氏傳條例》，注云："《章句》九卷，鄭衆撰。"[89][頁1977]則唐時此書或復出。孫啟治、陳樹華曰："據兩《唐志》所載，鄭衆實爲《條例》作《章句》，《釋文·序録》亦作《條例章句》，本傳與《隋志》當脱'章句'二字……是（劉）歆撰《條例》而興爲之作《章句》也。"[54][頁55—56]此書僅馬國翰有輯本。本書又輯得一條，并輯得一條鄭衆《春秋》説。

隱公

八年

先配而後祖。

《通典》卷九九引陳仲欣曰："尋陳鍼子之譏鄭忽，'是不爲夫婦，誣其祖矣'。鄭云：'配謂同牢食。後祭，無其敬神心，故曰誣其祖。未三月而祭，非禮也。'"[154][頁2639]

按：所引"鄭云"與《左傳》本疏所引鄭衆説義同而文詳，馬國翰輯《左傳》鄭注僅據本疏而不及此。

莊公

九年

齊小白入于齊。

《後漢書·鄭衆傳》："《春秋》書'齊小白入齊'，不稱侯，未朝廟故也。"[72][頁1218]

按：此雖非《左傳》鄭注原文，但必爲鄭衆《左傳》古説，李賢以《公羊傳》注此文，非是。

二　《左傳》賈逵注

賈逵，字景伯，扶風平陵人，《後漢書》有傳。本傳稱逵曾爲《左傳》解詁。本傳又稱"鄭、賈之學，行乎數百年中，遂爲諸儒宗"[72][頁1241]，可知其説影響甚廣。因賈逵、服虔之説相近，古人引《左傳》賈逵注多與服虔并引，故輯佚家也多將賈、服注輯在一起。前人對《左傳》賈逵、服虔注的輯佚，主要有余蕭客《古經解鉤沈》，王謨《漢魏遺書鈔》，黄奭《漢學堂經解》、《漢學堂叢書》，馬國翰《玉函山房輯佚書》，袁鈞《鄭氏佚書》，沈豫《春秋左傳服注存》，王仁俊《玉函山房輯佚書續編》，李貽德《春秋左傳賈服注輯述》，洪亮吉《春秋左傳詁》，劉文淇《春秋左氏傳舊注疏證》，重澤俊郎《左傳賈服注攟逸》等。孫啟治、陳建華曰："王應麟輯《古文春秋左傳》（一説惠棟託名爲之），中採服注，馬國翰據以增輯，與王謨、袁鈞所輯頗多互爲有無，編次亦不盡同。大抵馬、袁所採多於王，注佚文出處亦較王輯詳明。至馬、袁二輯，則各有四十餘節互爲有無。黄奭全襲王輯。王仁俊補馬採之缺，從《五行大義》採得一節。"又曰：李貽德"是書採摭賈逵、服虔佚注較前人所輯爲備，取捨尤爲審慎……賈、服注輯本以此書爲善。"[54][頁56]儀徵劉氏家傳《春秋》左氏學，其《春秋左氏傳舊注疏證》一書對於賈服注的輯録，在清儒中最爲完備，惜該書僅至襄公五年，未成完帙。

日人重澤俊郎又謂清儒之輯本有三失，而其所見日藏《玉燭寶典》又多存服義，故又重輯賈、服注，"凡一千六百餘條，其增多先儒者一百七十餘條，正先儒之誤者一百一十餘條"①。重澤氏之重輯，增補清儒處不

① 見重澤俊郎編《左傳賈服注攟逸·序》，京都研究院東方文化學院研究報告第八册，1936年版。

少，但其中也有缺陷。重澤俊郎曰：“《太平御覽》所録《左氏》注往往與杜異，而既脱姓氏，其誰擬之？《御覽》成於宋初，經籍之存於當時者，賈、服注以外應多注《左》之書。欲從其豐，則薰蕕并採；欲從其省，則玉石俱焚，先人不復分别，雜取以爲賈、服，是其三失。”但就筆者所見，李貽德《左傳賈服注輯述》中自《御覽》所輯的賈、服注，大多還是很有根據的，重澤氏以爲失，未免過當。另外，重澤氏所增又多有非服虔《左傳》注者，如於《左傳·襄公十七年》“臯門之晳”下輯《文選》卷八司馬相如《上林賦》注引“服曰，臯，澤也”之文，且曰：“杜本澤門，《釋文》云‘本或作臯門’，服本蓋然。”[205][卷9頁7B]實際上，《經典釋文》於服注異文多注出名氏，如《左傳·宣公二年》“遂扶以下”，《釋文》曰：“服虔注作跣。”[84][頁244]《左傳·昭公二十八》“忿纇無期”，《釋文》曰：“服作類。”[84][頁291]皆其例。《經典釋文》這裏作“本或作”，恐怕不是服本異文。且此處“澤（臯）門”本爲門名，若服注作“臯，澤也”，則甚爲不词。服虔曾注《漢書》，《漢書·司馬相如傳》亦收《上林賦》，則此處所引服説實爲服虔《漢書》注，而非《左傳》注。《文選》中《兩都賦》、《子虛賦》、《上林賦》、《羽獵賦》等賦之注多引服虔説，皆其《漢書》注也。

本書主要參考了李貽德、劉文淇和重澤俊郎三種輯本，又增補數條未見於三書的賈、服注。

莊公

十六年

冬，十有二月，會齊侯、宋公、陳侯、衛侯、鄭伯、許男、滑伯、滕子，同盟于幽。

《史記·周本紀》集解曰：“賈逵曰：‘滑，姬姓之國。’”[130][頁153]

按：諸書皆將此條隸僖二十年傳“滑人叛鄭”下，非。滑於此年始見於經傳，賈逵此文亦當爲該條之注。諸家蓋因《史記》正文“鄭伐滑”與《左傳·僖公二十年》文相近而誤，但此處《史記集解》又引杜預“滑國都費，河南緱氏縣”之文，亦爲前揭《春秋》經文之注。

宣公

十二年

國人大臨，守陴者皆哭。

《御覽》卷四八〇引此有注：“陴，城堞也。”[150][頁2200]

按：《御覽》本段上文引賈逵注，則依其例此注亦爲賈注，重澤俊郎不録，非是。又，清儒多録此條爲“埤，城也”，李貽德且曰：“陴正字，埤假借字……賈不云‘城上女牆’，而曰‘城’者，亦以助城之高，故舉大名以統之也。”[204][頁988]實則清儒所見《御覽》爲誤本，宋本《御覽》作“陴”，作“城堞”，不誤。後世“陴”因“城”類化爲“埤”，又誤脱“堞”字。

襄公

四年

季孫曰：“略。”

《慧琳音義》卷二九引賈逵曰：“（略）奪取也。”[172][册57頁1021]

二十九年

爲之歌《邶》、《鄘》、《衛》。

《尚書·多士》疏：“《漢書·地理志》及賈逵注《左傳》皆以爲，遷邶、鄘之民於成周，分衛民爲三國。”[128][頁219]

昭公

元年

遷實沈于大夏，主參。

《後漢書·郡國志》劉昭注引賈逵注曰：“陶唐之胤劉累也。”[72][頁3523]

按：《史記·鄭世家》集解亦引賈逵注，與此略同，“唐”下多“氏”字[130][頁1773]。

九年

辰在子卯，謂之疾日。

《漢書·翼奉傳》李奇注引賈逵注曰：“桀以乙卯亡，紂以甲子喪，惡以爲戒。”[67][頁3168]

按：此與《禮記·檀弓下》釋文所引賈注略異。各輯本皆不及此。

二十九年

少皞氏有四叔。

《御覽》卷五二三引賈逵注：“少皞，黄帝之後，金天氏也。四叔，四子皆叔。”[150][頁2414]

按：重澤俊郎僅引此條，而不及本段其餘之注。實則《御覽》例於一段首次引注時出注者，餘皆從省。此處全段當皆賈注。

實能金、木、水。

《御覽》卷五二三引賈逵注：“能順其成性也。”[150][頁2414]

顓頊氏有子曰犂，爲祝融。

《御覽》卷五二三引，無“爲”字，且有賈逵注：“黎，水土官。黎當高辛氏之世，故《外傳》曰‘黎爲高辛氏火正’也。”[150][頁2414]

共工氏有子曰句龍，爲后土。

《御覽》卷五二三引賈逵注：“共工，太皥之後，炎帝之前霸九有者也。其裔子佐顓頊，能平水土。”[150][頁2414]

稷，田正也。

《御覽》卷五二三引賈逵注：“掌田之官長后稷也。”[150][頁2414]

有烈山氏之子曰柱，爲稷。

《御覽》卷五二三引賈逵注：“烈山，炎帝之世烈山氏也。”[150][頁2414]

周弃亦爲稷。

《御覽》卷五二三引賈逵注：“周棄，周祖后稷棄也，爲唐、虞、夏后稷也。”[150][頁2414]

自商以來祀之。

《御覽》卷五二三引賈逵注：“商，殷也。柱之功至湯，浸祀周棄以爲稷也。”[150][頁2414]

定公

四年

黄父之會。

《御覽》卷三九〇引此，有賈逵注：“黄父會在昭五年。”[150][頁1802]

按：“五”上當有“廿”字。又，本段於“無始亂”下又有賈注“無爲乱始”，各書已輯。

哀公

十六年

吾聞之，以險徼幸者，其求無饜，偏重必離。

《慧琳音義》卷六六“凶險”下：“杜注《左傳》云：‘險猶惡也。’賈逵云：‘危也。’”[172][册58頁788]

按：所引杜預注爲此處之注，則所引賈逵説亦當爲此處之注。

三 《左傳》服虔注

服虔，字子慎，河南滎陽人，官至九江太守，《後漢書·儒林傳》有傳。本傳稱虔“作《春秋左氏傳解》，行之至今”[72][頁2583]。《世説新語·

文學》曰："鄭玄欲注《春秋傳》，尚未成時，行與服子慎遇宿同客舍，先未相識，服在外車上與人説己注傳意。玄聽之良久，多與己同。玄就車與語曰：'吾久欲注，尚未了。聽君向言，多與吾同，今當盡以所注與君。'遂爲服氏注。"[131][頁192]則服注或保留了部分鄭玄經義。關於前人輯《左傳》服虔注的情況，參"《左傳》賈逵注"條下。

莊公

二十一年

鄭伯之享王也，王以后之鞶鑑予之。

《史記·周本紀》集解引服虔注："惠王以后之鞶鑒與鄭厲公，而獨與虢公玉爵。"[130][頁154]

按：《左傳正義》引服注曰："鞶鑑，王后婦人之物，非所賜有功。"[128][頁1774]諸家輯佚僅輯本疏所引此段，而不及《史記集解》。後漢章句之學不僅有對經文的訓詁，更有對經文的翻譯通説，今存趙岐《孟子章句》猶用此體。但這些對經文的串講難免拖沓，故後人罕引，所以各家所輯服注多僅存訓詁而已。得此寥寥數條，可窺服注之貌。

二十七年

若驟得勝於我。

《詩經·鄭風·將仲子》釋文曰："驟，仕救反，服虔曰'數也'。"[84][頁64]

按：《左傳》"驟"字始見於此。《釋文》引服虔此説當爲《左傳》注，姑存於此。

僖公

三十三年

薨于小寢，即安也。

《儀禮·既夕禮》疏引此文後曰："服注云：'小寢，夫人寢也。禮，男子不絶于婦人之手。今僖公薨于小寢，譏其近女室。'"[128][頁1158]

按：《儀禮校勘記》曰："毛本'服'作'也'。《通解》'也'、'服'二字竝有。金曰追云：'首句雖與杜注不殊，而"禮男子"以下二十二字全非杜注，則其爲服氏注無疑。'"[174][頁605]諸輯本所用《儀禮注疏》蓋皆毛本，故不及此文。劉文淇雖輯此文，但僅以爲"舊注"而已。

宣公

六年

其在《周易》豐之離。

《慧琳音義》卷二一“窺覦”下曰：“《左傳》服虔曰：‘窺，謂舉足而視也。’”[172][册57頁811]

按：《左傳》無“窺”字。豐之離，是豐上六爻變，《周易·豐卦》：“上六，豐其屋，蔀其家，闚其户，闃其无人。”疑慧琳所引爲服虔注此《周易》之文。竹添光鴻、重澤俊郎以爲桓二年“下無覬覦”，服虔本“覬”作“窺”①，恐未必是。

《周易·豐卦》釋文引服虔“日中而昏”之文[84][頁29]，袁鈞以之爲前揭傳文之注②。若其説不誤，則服虔對《周易·豐卦》之卦象、爻辭作了較爲詳細的注釋。又，《詩經·邶風·匏有苦葉》疏曰：“鄭注《論語》及服注《左傳》皆云由膝以上爲厲。”[128][頁303]重澤俊郎以此爲《左傳·襄公十四年》“穆子賦《匏有苦葉》”下之注[205][卷9頁5B]，其説是。是服虔注於《左傳》所引述之《易》、《詩》多加詳注。

七年

公會齊侯伐萊。

《史記·夏本紀》索隱：“《左傳》云萊人劫孔子，孔子稱‘夷不亂華’，又云‘齊侯伐萊’，服虔以爲東萊黄縣是。”[130][頁56]

按：《左傳》萊國首見於此，則《索隱》所引服虔注當爲此處注文。此處杜預注“萊國，今東萊黄縣”本此。

成公

六年

必居郇、瑕氏之地。

《水經注·涑水》引服虔説曰：“郇國在解縣東，郇瑕氏之墟也。”[134][頁170]

襄公

十八年

吾驟歌北風，又歌南風，南風不競，多死聲。

《周禮·大師》疏引此文又引注曰：“北風，夾鍾、無射以北；南風，姑洗、南吕以南。南律氣不至，故死聲多。吹律而言歌與風者，出聲曰歌，以律是候氣之管，氣則風也，故言歌風。”[128][頁796]

按：此與《左傳》本疏及《周禮·保章氏》疏所引服虔相近，故知

---

① 見《左氏會箋》，第154頁，重澤俊郎編《左傳賈服注攟逸》，京都研究院東方文化學院研究報告第八册，1936年版。

② 見《鄭氏佚書》本《春秋傳服氏注》，《續修四庫全書》第117册，第26頁。

此爲服虔注。而此處之文較彼二處更詳，各書失輯。

昭公

三年

火中，寒暑乃退。

《周禮·凌人》疏引此文有注："火星季冬十二月平旦正在南，大寒退；季夏六月黄昏火中，暑退。"

按：此文與《詩經·豳風·七月》疏引服虔注基本相同，彼文"南"下有"方"字，"暑"上有"大"字[128][頁389]。各書僅輯《詩》疏而不及此。又，《詩》疏及此文引傳，"中"下皆有"而"字，或服本如此。

四年

大室。

《詩經·大雅·崧高》疏："……是五岳又數崧高之文也，故王肅之注《尚書》、服虔之注《左傳》、鄭於《大宗伯》注皆然。"[128][頁566]

按：《左傳》中唯此處有關中嶽崧高，《左傳正義》"大室，即嵩高也"，是也。則《詩》疏所引之服説則爲此文之注。

又，重澤輯服虔注，於本年"四嶽"下有"服曰東岳岱、南岳衡、西岳華、北嶽恒"之文[205][昭公卷一頁5B]，且謂出自《詩·崧高》疏，但《詩》疏并無此文。重澤氏蓋據前揭《詩》疏傅會而成。

十九年

若大城城父，而寘大子焉，以通北方。

《史記·王翦傳》正義引《括地志》："汝州郟城縣東四十里有父城故城，即服虔云城父楚北境者也。"

按：《左傳》中兩城父，除此傳外又有昭公九年傳"楚公子弃疾遷許于夷，實城父"，但此爲許國國都，不容楚寘太子。故服虔所謂楚北境之城父爲此處注。《左傳》本疏亦引服虔此注。

二十三年

吴人伐州來，楚薳越帥師及諸侯之師奔命救州來。吴人禦諸鍾離。

《史記·吴太伯世家》集解引服虔曰："鍾離，州來西邑也。"[130][頁1462]

按：《左傳》中鍾離始見於成公十五年經，但彼處與州來無涉。《史記集解》注於"公子光伐楚，拔居巢、鍾離"之下，於《左傳》當昭公二十四年，然昭公二十四年傳亦無州來。則恐《史記集解》所引爲此處之注。重澤俊郎列於昭公二十四年傳下[205][卷12頁7B]，未必是。

二十四年

紂有億兆夷人，亦有離德。

《尚書·泰誓中》疏："昭二十四年《左傳》此文，服虔、杜預以夷人爲夷狄之人。"[128][頁181]

二十九年

擾于有帝。

《御覽》卷八二引此有注："擾，順也。其德能順於天。"[150][頁385]

按：本段下"河漢各二"之注引《左傳》釋文及疏所引服虔注意同，則此段所用當爲服虔注。

帝賜之乘龍，河、漢各二。

《御覽》卷八二引此有注："四頭爲乘，各二乘，十六頭。"[150][頁385]

按：《左傳》疏引服虔云："四頭为乘，四乘十六頭也。"[128][頁2123]《左傳》釋文引服虔云："河漢各二乘。"[84][頁385]皆與此注意同。疑此注爲服注原文。

四 其他《左傳》先儒之説

僖公二十四年：昔周公弔二叔之不咸，故封建親戚以蕃屏周。杜預注：周公傷夏、殷之叔世。

按：據《詩經·小雅·常棣》疏，知鄭衆、賈逵以"二叔"爲管、蔡二叔，馬融以二叔爲夏殷之末[128][頁408]，杜預用馬融說。

昭公十八年：鄅人藉稻。

《後漢書·儀禮志》劉昭注引盧植説："藉，耕也。《春秋傳》曰'鄅人藉稻'，故知藉爲耕也。"[72][頁3107]

使司寇出新客，禁舊客勿出於宫。

《吕氏春秋·時則》高誘注："傳曰'禁舊客'，爲露情也；'有新客搜出之'，爲觀釁也。"[101][頁422]

昭公二十年：王二月，己丑，日南至。

《漢書·律曆志》："至昭二十年二月己丑，日南至，失閏，至在非其月。梓慎望氛氣而弗正，不履端於始也。故傳不曰冬至，而曰日南至。極於牽牛之初，日中之時景最長，以此知其南至也。"[67][頁984]

昭公二十年：十二月，齊侯田于沛。杜預注：沛，澤名。

《風俗通義·山澤》："《左氏傳》'齊景公田于沛，招虞人以弓'……

沛者，草木之蔽茂，禽獸之所蔽匿也。”[41][頁479]

昭公二十一年：楊徽者公徒也。

《説文·巾部》“微”下引“徽”作“微”，且曰：“若今救火衣然也。”[137][頁159]

定公三年：唐成公如楚，有兩肅爽馬。

《文選》卷五左思《吴都賦》注引馬融説：“驌驦，鳥也，馬似之。”[157][頁90]

五 《左傳》無名氏注

清儒對《左傳》賈、服注的輯録大致已比較完備。但在文獻中還有不少《左傳》注的引文未標明注者，這帙逸注部分是可以根據上下文考定其作者的，如《周禮·考工記·輿人》疏引《左傳》“請斷三尺焉而用之”後又引注曰：“斷三尺使至於較，大夫旗至較。”[128][頁910]下文即曰“或可服君誤”，則此注必爲服虔注。但這些逸名古注中的大部分是難考作者的，清代輯佚家採輯了部分這種逸注，而冠以賈、服之名。重澤俊郎則認爲這些未必是賈、服注而全部予以删除。其實這兩種做法都是不妥當的，隨便指定這些逸注的作者固然有些武斷，但絶大部分逸注確是古注遺文，對《左傳》學及訓詁學史的研究都是有重大意義的。余蕭客《古經解鉤沉》輯録了部分這類古注，稱之爲“佚名注”，劉文淇對這些逸名古注蒐羅得較爲齊備，并統稱之爲“舊注”，這應是處理這類注文最爲妥當的方法。①但劉氏輯佚亦稍有不備，且全書僅至襄公五年。因此，本書將筆者閱讀中所見而各家未輯或妄標作者的《左傳》逸名古注迻録於後，并略加按語，供各位學人參考。

隱公

元年

新作南門。

《詩經·魯頌·閟宫》疏：“《春秋》有‘新作南門’，‘新作雉門’，説者皆以脩舊曰新，改舊曰作，故鄭依用之。”[128][頁618]

按：此云“鄭依用之”，則此《左傳》説當在鄭玄之前。據《隋書·經籍志》，當時所存鄭玄之前的《左傳》注僅有賈逵注，則此説或爲賈逵

① 但余氏的輯録有些問題，如《左傳·襄公二十一年》“使候出諸轘轅”，余蕭客輯《元和郡縣圖志》“緱氏縣東南有轘轅關，道路險隘，凡十二曲，將去復還，故曰轘轅”。但《史記·曹相國世家》張守節正義、《初學記》卷八均引“凡十二曲”云云，稱出自闞駰《十三州志》。則“道路險隘”下并非《左傳》古注，《元和郡縣圖志》這裏用的恐怕還是杜預注。

注文。又《詩經·邶風·新臺》釋文："馬云，脩舊曰新。"[84][頁59]據《後漢書·馬融傳》，融曾見賈逵、鄭興所注《左傳》，則馬融《詩》注或亦承襲賈逵注。

三年

鄭祭足帥師取温之麥。

《藝文類聚》卷八五引此文，有注："温，周也，蘇氏邑。"[176][頁1454]《御覽》卷四八〇引此文有注："温，周地也，蘇氏邑也。"[150][頁2200]卷八三八引此文有注："温，周蘇氏之地。"[150][頁3743]卷八三九引此文有注："温，周地，蘇氏邑也。"[150][頁3747]

按：《御覽》卷四八〇上文曾引賈逵注，則此文當爲賈注，李貽德輯賈注僅引《御覽》卷四八〇之文[204][頁951]而不及其他。又，據《御覽》，《藝文類聚》"也"當爲"地"之誤。

庚戌，鄭伯之車僨于濟。

《白氏六帖》卷二引此文後曰："遇大風，飀之入濟也。"[2][頁1960]卷三引此文後曰："僨，風飄入濟水也。"[2][頁1975]

按：杜預注："既盟而遇大風，傳記異也。"孔穎達疏："車踣而入濟，是風吹之隊濟水。"是此舊注與孔同。劉文淇曰："傳文無風吹事，杜注意爲之説。"則或此舊注亦爲杜氏後學。

莊姜以爲己子。

《白氏六帖》卷六引此文後曰："言若己生。"[2][頁1998]

九年

宋公不王。

《周禮·小行人》疏引此文後曰："不宗覲于王。"[128][頁893]

按：《周禮·小行人》疏曰："隱九年'宋公不王'，不宗覲于王。'鄭伯爲王左卿士，以王命討之，伐宋'也。""宋公不王"及"鄭伯"以下皆《左傳·隱公九年》文，依《周禮注疏》體例，"不宗覲于王"當爲《左傳》舊注。

該疏下文又引《左傳·莊公二十三年》"諸侯有王"後引"注"曰："有王，朝於王。"《詩經·曹風·下泉》疏："莊二十三年《左傳》曰：'諸侯有王，王有巡守。'巡守是天子巡省諸侯，則知有王是諸侯朝聘天子。"[128][頁386]王引之《經義述聞》曰："諸矦見於天子曰王，王之言往也，往見於天子也。'宋公不王'，猶言宋公不朝。'諸矦有王，王有巡守'，猶言諸矦有朝，王有巡守。上言‘朝以正班爵之義，帥長幼之序’，謂諸矦相朝也。此言‘諸矦有王’，謂諸矦朝於天子也。”[87][頁399] “王”字的動詞義即爲朝聘宗覲，諸説皆是。而此處杜注曰“不共王職”，則恐非經旨。

桓公

二年

大路越席。

《周禮·御史》疏曰：“《左氏》義以爲行於道路，故以路名之。”[128][頁822]

按：《左傳》疏曰：“路訓大也，君之所在，以大爲號。”與此不同，不知此《左氏》義爲何家説。

十六年

初，衛宣公烝於夷姜，生急子。

《藝文類聚》卷三五引此有注：“姜，公之母，淫上曰蒸。”[176][頁618]

按：杜注：“夷姜，宣公之庶母也。上淫曰烝。”與此略同。

莊公

四年

楚武王荆尸，授師孑焉。杜預注：揚雄《方言》：“孑者，戟也。”

《周禮·考工記·冶氏》疏引此文後曰：“注云：‘孑，句孑。凡戟而無刃，秦晋之間謂之孑，或謂之鏔；吴揚之間謂之伐；東齊秦晋之間，其大者謂之曼胡，其曲者謂之句孑曼胡。’”[128][頁915]

按：各家輯此條，僅輯“孑，句孑”一句。“凡戟”以下爲《方言》文，《周禮注疏》引書多標注出處，不當於此處全用《方言》文而不標注《方言》書名。竊疑此處當爲《左傳》舊注引《方言》。此處杜預注：“揚雄《方言》：‘孑者，戟也。’”亦引《方言》，恐即節取舊注者。

句孑爲漢晋通語，《周禮·夏官·叙官》“司戈盾”鄭玄注：“戈，今時句孑戟。”[128][頁832]《考工記·冶氏》“戈廣二寸”，鄭玄注：“戈，今句孑戟也。或謂之雞鳴，或謂之擁頸。”[128][頁915]《禮記·文王世子》“春夏學干戈”，鄭玄注：“戈，句孑①戟也。”[128][頁1404]句孑亦稱孑。《方言》卷九：“戟，楚谓之釨。”郭璞注：“取名於鉤釨也。”[171][頁580]孑、釨古今字。《方言》舊本即作“孑”，《御覽》卷三五二引亦作“孑”。《左傳》疏曰：“戟是擊刺之兵，有上刺之刃，又有下鉤之刃，故以鉤孑爲名也。”《禮記·

① “孑”原誤作“矛”，據《校勘記》改。

文王世子》疏：“以其形句曲，有孑刃。”《周禮·夏官·叙官》疏：“漢時見戈有旁出者爲句孑，亦名胡孑，故號戈爲句孑戟也。”《考工記·冶氏》鄭注引鄭司農曰：“胡，其孑。”孫詒讓曰：“孑者，小枝之名。《釋名·釋兵》説孑盾云：‘孑，小稱也。’故枝兵小枝亦謂之孑也。先鄭意亦以胡爲戈之横刃也。”[194][頁3246]綜觀諸説，是孑本爲戈、戟之横刃，句孑戟則下之横刃句曲，故又名句孑，又或簡稱孑。

“凡戟”以下爲《方言》文，《方言》卷九：“凡戟而無刃秦晋之間謂之釨，或謂之鏔；吴揚之間謂之戈。東齊秦晋之間謂其大者曰鏝胡，其曲者謂之鉤釨鏝胡。”[171][頁580]據此，則《周禮注疏》之“鏞”蓋“鏔”之誤，“伐”爲“戈”之誤。戟戟、孑釨、句鉤、曼鏝皆古今字。

十年

肉食者謀之。

《御覽》卷八六三引此文後有注：“肉食，謂朝大夫。”[150][頁3883]

按：杜注：“肉食，在位者。”與此義近。

十四年

人之所忌，其氣燄以取之。

《白氏六帖》卷二十七引此文後又引注曰：“人如火之所忌其燄，不堅正則自取也。”[2][頁2187]

按：舊注之義，蓋以火喻人。“火之所忌其燄”，火燄所至則致燒傷，人亦如是，不堅正則妖生。杜預注：“《尚書·洛誥》：‘無若火始燄燄。’未盛而進退之時，以喻人心不堅正。”《潛夫論·巫列》引此傳後曰：“是謂人不可多忌，多忌妄畏，實致妖祥。”[117][頁304]《漢書·藝文志》引此傳，顔師古注曰：“炎謂火之光始燄燄也。言人之所忌，其氣燄引致於災也。”[67][頁1773]其義皆與此舊注不異。楊伯峻曰：“妖怪爲人所畏忌，由於其氣燄不能勝而謂有妖。”[26][頁197]認爲傳文并非比喻，恐與傳意不合。

二十年

王子頽享五大夫樂及徧舞。

《白氏六帖》卷十八引此文有注：“僭禮，備用六代之舞。”[2][頁2120]

按：《史記·周本紀》集解引賈逵注：“徧舞，皆舞六代之樂也。”[130][頁152]杜預《左傳》注、韋昭《國語》注皆略同其説，不言“僭禮”。《左傳·襄公十年》“魯有禘樂，賓、祭用之”，杜預注：“禘，三年大祭，則作四代之樂。”孔疏：“魯之禘祭用四代樂，則天子禘用六代樂也。”是王子頽徧舞六代樂爲僭天子禮。

二十一年

王予之爵。

《御覽》卷七六〇引，“予”作“賜”，且有注曰：“玉爵也。爵人貴石也。”[150][頁3376]。

按：《左傳正義》引服虔注曰：“爵，飲酒器，玉爵也。一升曰爵。爵，人之所貴者。”[128][頁1774]則此注蓋爲服注。又，《御覽》之“石”字當爲“所”字壞字，又與“貴”字互乙。

又，《御覽》引作“賜”，或服本《左傳》作“賜”。

二十三年

丹桓宫楹。

《御覽》卷四五一引此文有注：“丹，雕。桓宫，桓公廟。楹謂之柱。”[150][頁2074]

按：嚴蔚、洪亮吉、劉文淇等已輯此條。

丹楹，謂以丹塗楹，“丹”并無雕義。疑“雕”本當作“彤”，一誤爲“彫”，再誤爲“雕”。《左傳・哀公元年》“器不彤鏤”，杜預注：“彤，丹也。”《國語・楚語》“不聞其以土木之崇高彤鏤爲美”，韋昭注：“彤謂丹楹。”[61][頁542]

二十四年

刻其桷。

《御覽》卷四五一引此文有注：“經書‘刻桓公桷’。桷謂之榱。榱，椽也。”[150][頁2074]《白氏六帖》卷二十引“刻桓宫桷，丹桓宫楹”，後有夾行注：“皆僭天子禮。”[2][頁2138]

按：嚴蔚、洪亮吉、劉文淇已輯《御覽》條。

“刻其桷”爲莊公二十四年《左傳》之文，其《春秋經》作“刻桓宫桷”。此注稱“經書刻桓宫桷”，則該注所本之《左傳》不附《春秋經》，故有重録經文之必要。杜預《春秋經傳集解序》曰“分經之年，與傳之年相附，比其義類，各隨而解之”云云，則在杜預之前《左傳》與《春秋經》别行。此注稱“經書”，正存單行《左傳》之貌。

《南齊書・陸澄傳》：“《左氏》太元取服虔，而兼取賈逵《經》，由服傳無《經》，雖在注中，而《傳》又有無《經》者故也。今留服而去賈，則《經》有所闕。”[113][頁684]據此，則服虔注僅注《左傳》傳文，而於注中存經文。此文稱“經書”云云，或正服虔注無經之證。又，襄公二十六年傳“乃縊而死”，《御覽》卷一四七引服虔注：“《經》書‘宋公殺其世子痤’，平公用伊戾之譖，聽夫人、左師而之言世子師①之言，世子無罪而死，故稱宋公殺，罪之也。”[150][頁716] 亦稱“《經》書”，與此同。嚴尉、洪亮吉皆以前揭《御覽》文爲服虔注，當是。然各家皆輯此注於經文之下，於服注體例不合，殊爲不當。

又，《御覽》此段下文尚有他注，因與杜注基本相同，本書不再輯録。

《穀梁傳·莊公二十四年》：“禮：天子之桷，斲之礱之，加密石焉。諸侯之桷，斲之礱之。大夫斲之，士斲本。刻桷，非正也。”《白氏六帖》“僭天子禮”之説蓋本此。

二十七年

天子非展義不巡守。杜預注：天子巡守，所以宣布德義。

《藝文類聚》卷三九引有注：“巡守，所以布德展義。”[176][頁698]

按：杜注云：“天子巡守，所以宣布德義。”與此相近。

二十八年

諜告曰：“楚幕有烏。”乃止。

《御覽》卷七〇〇引此有注：“諜，間也。鄭所使間候伺楚也。幕，帳也。”[150][頁3126]

二十九年

凡馬日中而出，日中而入。

《藝文類聚》卷九三引有注：“中，分也。春分出之，秋分内之。”[176][頁1612]《初學記》卷二九引有注：“中，春秋分也；春分放出之，秋分收入之。”[7][頁701]

按：杜注曰：“日中，春秋分也。治廄當以秋分，因馬向入而脩之，今以春作，故曰不時。”釋“書，不時也”一句，而於“日中而出，日中而入”無詳説。《春秋釋例》中曰：“凡馬，春分百草始繁，則牧於坰野；秋分農功始藏，水寒草枯，則皆還廄。”則其説與前揭之注不異。《周禮·夏官·趣馬》“辨四時之居治”，賈公彦疏曰：“謂二月已前八月已後在廄，二月已後八月已前在牧。”[128][頁861] 與前揭之注亦同。沈文倬《“執駒”補釋》結合生産實踐解釋説：“所謂放牧是：在春分時把馬從廄内放牧到牧

① “而之言世子師”六字當衍。

地上就食新草……到秋分，再把馬趕回廄內。"① 此爲"出"、"入"的解。

閔公

二年

師在制命而已。

《白氏六帖》卷十五引此有注："命由己制。"[2][頁2092]

按：前文曰"夫帥師，專行謀"，"命由己制"即"專行謀"之事。

僖公

二年

今虢爲不道，保於逆旅。

《白氏六帖》卷十引此有注："逆旅，旅舍主人。"[2][頁2042]

四年

唯是風馬牛不相及也。

《御覽》卷八九八引引有注："風，放。"[150][頁3985]

按：《尚書·費誓》疏引賈逵曰："風，放也，牝牡相誘謂之風。"[128][頁255]《左傳》本疏引服虔説同，則不知引處所引爲何家注。《尚書·費誓》"馬牛其風"，《史記·魯世家》集解引鄭玄注曰："風，放逸。"[130][頁1525]此處杜注曰"牛馬風逸"，以"逸"釋"風"，則鄭玄、杜預與賈服之説亦略同。

本段又有兩處注，但與今本杜注大致相同，故不録。

十九年

又用諸淫昏之鬼。

《白氏六帖》卷二十引此文又引注曰："睢社非命祀，故曰淫昏也。"[2][頁2142]

二十三年

出於五鹿。

《御覽》卷八四七引此文有注："五鹿，鄭地。"[150][頁3785]

按：杜預注"衛地"，此作"鄭"，未知爲訛字抑或異説。當此時也，晉文由衛適齊，不當過鄭，舊注之説誤。

稽首，受而載之。

《白氏六帖》卷一引此文有注："有土之象。"[2][頁1942]

二十四年

昔周公弔二叔之不咸。

① 沈文倬：《宗周禮樂文明考論》，浙江大學出版社 1999 年版，第 521 頁。

《白氏六帖》卷十一引此後曰："咸，和也。弔，傷也。"[2][頁2053]

按：孔疏曰："鄭衆、賈逵皆以二叔爲管叔、蔡叔，傷其不和睦而流言作亂，故封建親戚。鄭玄《詩》箋亦然。"是鄭衆、賈逵、鄭玄皆訓"咸"爲"和"，與此舊注同。或《白氏六帖》所引即賈逵注。舊注訓"咸"爲"和"，較杜注訓"同"爲優，詳參《經義述聞》卷十七[87][頁410—411]。

二十五年

王饗醴，命之宥。

《白氏六帖》卷十七《宴第一》引此後有注曰："先行享禮，次行宴飲也。宥，助也。宴則命幣物，所以助歡敬意。"[2][頁2112]《酬幣第十五》亦此文後有注曰："宥，加幣帛也。"[2][頁2113]

按：《左傳·莊公十八年》"王饗醴，命之宥"，杜預注："飲宴則命以幣物。宥，助也，所以助歡敬之意，言備設。"① 亦謂"宥"爲以幣物助歡。王引之《經義述聞》曰："《聘禮》曰：'若不親食，使大夫各以其爵朝服致之以侑幣，致饗以酬幣。'是侑幣用於食禮，非饗禮所用也。"[87][頁403] 舊注或已意識到這一問題，故曰"先行享禮，次行宴飲也"，侑幣則於宴飲時行之。而凌廷堪引陳祥道曰："《春秋傳》享醴皆曰'宥'，以侑者勸酬之通名也。"② 其説更爲通達③。

二十八年

楚師背酅而舍。

《御覽》卷四四八引此有注："酅，丘陵之限也。"[150][頁2060]

按：杜注："酅，丘陵險阻名。"与此義近。《説文·邑部》"酅，東海之邑也"，朱駿聲《説文通訓定聲》："酅叚借爲崖。"④ 引此傳爲説。其説或是。《説文·屵部》"崖，高邊也。"徐鍇《繫傳》："水邊地有垠堮也。"[135][頁187]《淮南子·本經》"肆畛崖之遠"，高誘注："崖，垠也。"[74][頁590] 是"崖"爲邊畔垠堮之義，舊注釋"酅"爲"丘陵之限"，或亦以之與"崖"同義。

天誘其衷。

---

① 《白氏六帖》卷十七引《左傳·莊公十八年》文後亦曰："以幣物助歡也。"（第2112頁）與杜注意近，本書未輯。

② 凌廷堪：《禮經釋例》，《凌廷堪全集》第一册，黄山書社2009年版，第152頁。

③ 王引之：《經義述聞》又據"命之宥"語法不通，而謂"宥"與酬酢同義，與古注不同，可備一説。

④ 朱駿聲：《説文通訓定聲》，中華書局1984年版，第527頁。

《尚書·臯陶謨》疏："《左傳》云'天誘其衷'，説者皆以衷爲善。"[128][頁139]

按：《廣雅·釋詁》："衷，善也。"[60][頁9]《國語·晋語二》"鬼神降衷"，韋昭注："衷，善也。"[61][頁309]是"衷，善"爲古書常訓。杜預注："衷，中也。"衷爲中之分别文，二字多通。

己酉，王享醴，命晋侯宥。

《白氏六帖》卷十七引此有注："命以幣帛助晋侯歡也。"[2][頁2112]

叔武將沐。

《白氏六帖》卷二十引此後引注："叔武，衛侯弟守國者。"[2][頁2140]

三十一年

夏，四月，四卜郊，不從，乃免牲。

《白氏六帖》卷二十引此有注："郊不吉，故免牲不郊。"[2][頁2140]

按：《白氏六帖》此段略有錯亂，此依今本順序稍作調整。

非禮也。

《白氏六帖》卷二十引此有注："禮，不卜常祀。而卜之，故曰非禮。"[2][頁2140]

猶三望。

《白氏六帖》卷二十引此有注："望祭山川星辰也。"[2][頁2140]

禮，不卜常祀。

《白氏六帖》卷二十引此有注："必以其時。"[2][頁2140]

而卜其牲、日。

《白氏六帖》卷二十引此有注："但卜牛爲牲、擇日而已。"[2][頁2140]

牛卜日曰牲。

《白氏六帖》卷二十引此有注："牛卜得吉，乃改名牛曰'牲'。"[2][頁2140]

牲成而卜郊，上怠慢也。

《白氏六帖》卷二十引此有注："怠於古典，慢棄舊法。"[2][頁2140]

三十三年

唯是脯資餼牽竭矣。

《周禮·掌客》疏引此文後又引"注"曰："餼，死牢；牽，生牢。"[128][頁902]

《論語·八佾》疏引此文曰："故解者以爲腥曰餼，謂生肉未煑者也。"[128][頁2467]

按：《儀禮·聘禮》疏引服虔注曰"服氏以爲腥曰餼"[128][頁1048]，《禮記·聘義》疏又曰："《左傳·僖三十三年》云'餼牽竭矣'，服虔云'死曰餼'者，以餼與牽相對，牽既爲生，餼則爲死。"[128][頁1693]則不知服虔注本文當作“死曰餼”抑或爲“腥曰餼”。或《論語》疏所引“解者”即服虔。

《周禮·宰夫》“以牢禮之灋掌其牢禮、委積、膳獻、飲食、賓賜之飧牽與其陳數”，鄭玄引鄭司農注：“牽，牲牢可牽而行者。《春秋傳》曰‘餼牽竭矣’。”[128][頁656] 《周禮·掌客》“牽四牢”，鄭玄注：“牽，生牢也。”[128][頁900] 《詩經·小雅·瓠葉》序“雖有牲牢饔餼”，鄭玄箋：“繫養者曰牢，熟曰饔，腥曰餼，生曰牽。”[128][頁498] 是餼爲死牢，牽爲生牢之義。《儀禮·聘禮》“歸饔餼五牢”，鄭玄注：“牲，殺曰饔，生曰餼。”胡培翬曰：“饔兼飪與腥言，皆是已殺者，餼是生物，故以生與殺對言之。”① 與此不同。《瓠葉》疏曰：“其實餼亦生……《論語》及《聘禮》注云：‘牲生曰餼。’而不與牽、饔相對，故爲生也。”欲調和二説，然《聘禮》明明“饔餼”相對，其説顯誤。《周禮·宰夫》孫詒讓正義曰：“以其可食則謂之餼，以其可牽而行則謂之牽，其實一也……餼者，牲殺而腥致之也。對孰牢則曰腥，曰生，對生牢則曰死牢，其義通也。”[194][頁204] 然既曰餼牽是一，又謂餼爲已殺，亦前後矛盾。竊謂鄭玄《詩》、《禮》注或本有矛盾，不必強爲牽合。《説文·米部》：“氣，饋客之芻米也。”[137][頁148] “氣”字從“米”，或如孫詒讓所云，本側重其“可食”，無所謂生殺。

子墨衰絰。

《白氏六帖》卷十九引此後有注曰：“晋文未葬，襄公以凶服從戎，故墨衰絰，稱子。”[2][頁2131]

凡君卒哭而祔，祔而後特祀於主，烝嘗禘於廟。

《通典·禮十二》引王儉上奏中有《左傳》此文，杜佑於注中曰：“先儒云：‘特祀於主者，特以喪禮奉新亡者主於寢，不同於吉。烝嘗禘於廟者，卒哭成事，群廟之主，各反其廟。則四時之祭，皆即吉也。’”[154][頁1438]

按：杜預注曰：“以新死者之神祔之於祖，尸柩已遠，孝子思慕，故造木主立几筵焉，特用喪禮祭祀於寢，不同之於宗廟。……新主既立，特祀於寢，則宗廟四時常祀自如舊也。三年禮畢，又大禘，乃皆同於吉。”此與杜佑所引先儒之説較爲相近。劉文淇謂此先儒之説即杜説，雖未必是，然二説義同可知。《儀禮·士虞禮》“明日，以其班祔”，賈

① 胡培翬：《儀禮正義》，《清經解續編》第三册，上海書店 1988 年版，第 650 頁。

公彦疏："案《左氏·僖公三十三年傳》云……服注云：'特祀於主，謂在寢；烝嘗禘於廟者，三年喪畢遭烝嘗則行祭皆於廟。'言遭烝、嘗乃於廟，則自三年已前，未得遷於廟而禘祭。此賈、服之義，不與鄭同。"[128][頁1175]前引服虔，後謂"賈、服之義"，則賈、服之説不異。《左傳正義》引杜預《釋例》曰："舊説以爲諸侯喪三年之後乃烝嘗。"蓋謂賈、服之流。黄以周曰："古者喪中不祭，而特祀于新死者之主。至禫月之後，遇有烝嘗之吉祭，斯得禘于太廟，徧及群主。對禘言，故曰特祀；對羣廟言，故止稱主。"① 此與賈、服説同，皆謂三年喪畢而後得烝嘗。《周禮·鬯人》疏："《左氏》説，凡君薨，祔而作主，特祀主於寢，畢三時之祭，朞年，然後烝嘗禘於廟……賈、服以爲三年終，禘，遭烝嘗則行祭禮，與前解違。"[128][頁771]此處《五經異義》所引《左氏》説謂喪畢復期年而可行祭，與賈、服不同，皆與杜預及此"先儒"謂卒哭之後即祭群廟之主於廟之説不同。或杜預之前諸儒皆謂喪畢方可烝嘗，則此杜佑所引"先儒"當爲杜預後學。

文公

元年

履端於始。

《白氏六帖》卷九引此文後注曰："以啓三百六旬。"[2][頁2033]

舉正於中。

《白氏六帖》卷九引此文後注曰："用定二十四氣。"[2][頁2033]

按：杜注："日月之行又有遲速，而必分爲十二月，舉中氣以正。"是"舉正"爲舉十二中氣，十二中氣正則餘十二氣亦正，舊注稱"定二十四氣"，與杜注不殊。

丁未，王縊。謚之曰靈，不瞑；曰成，乃瞑。

《白氏六帖》卷十引此文後又引注曰："禮，既葬乃謚。商臣忍人，既弑父，未斂而加惡謚。"[2][頁2036]

按：《穀梁傳·桓公十八年》："桓公葬而後舉謚，謚所以成德也，於卒事乎加之矣。"范甯注："謚者行之迹，所以表德。人之終卒，事畢於葬，故於葬定稱號也。"是"既葬乃謚"也。又《禮記·檀弓下》："公叔文子卒，其子戍請謚於君，曰：'日月有時，將葬矣。請所以易其

① 黄以周：《禮書通故》，中華書局2007年版，第596頁。

名者。'"[128][頁1309] 是將葬議謚，葬後改稱謚號也。杜預注："言其忍甚，未斂而加惡謚。"其意與舊注同。孔疏曰："既見其不瞑目，則是未斂於棺。"

二年

"大事于大廟，躋僖公"，逆祀也。

《白氏六帖》卷二十引此文後有注曰："僖公是閔公庶兄，繼閔公而立，廟當在閔公下。今夏父弗忌爲宗伯，以僖公年長，又是文公之父，阿傾時君，故升僖公於閔公上，故曰'逆祀'。"[2][頁2142]

縱逆祀。

《白氏六帖》卷二十引此文後有注曰："聽夏父弗忌躋僖公，故曰'縱'也。"[2][頁2142]

三年

濟河焚舟。

《白氏六帖》卷十五引此文後引注曰："示必死，不復渡也。"[2][頁2094]

六年

陳之藝極。

《白氏六帖》卷二十二《賦税第九》引此文後注曰："制度。"[2][頁2158] 同卷《貢賦第二十二》又引此文後注曰："藝極，法度。"[2][頁2160]

按:《説文·木部》:"臬，射埻的也。"段玉裁注："臬古假'藝'爲之。《上林賦》'弦矢分，藝殪仆'，文穎曰：'所射準的爲藝。'《左傳》'陳之藝極'，皆是也。臬之引伸爲凡標準法度之偁。"[140][頁264] 俞樾曰："藝、極一也……藝，准也。極亦准也。"[119][頁411] 二氏之説是，舊注訓"藝極"爲法度、制度，尤可證。

七年

正德、利用、厚生，謂之三事。

《周禮·大司樂》疏引此後又引注曰："正德，人德；利用，地德；厚生，天德。"[128][頁790]

按：此條各家已輯，或以爲服虔注，或以爲賈逵注。劉文淇則直稱"賈、服曰"，與其書體例不合。今輯出此條，特加説明。

十年

楚范巫矞似。

《御覽》卷七三四引此有注："矞似，范巫之名。"[150][頁3252]

按：原文引，"裔"誤作"商"，今正。

十二年

君不忘先君之好，照臨魯國，鎮撫其社稷，重之以大器，寡君敢辭玉。

《白氏六帖》卷十一引此有注："已聘而還其圭璋，輕其禮，不欲與之爲好也。"[2][頁2050]

按：杜預注："不欲與秦爲好，故辭玉。"意與此略同。孔疏曰："《聘義》曰：'以圭璋聘，重禮也。已聘而還圭璋，此輕財而重禮之義也。'然則玉必還其來使。"是依聘禮，主人本當辭玉。沈欽韓曰："傳言襄仲辭玉，正合禮文。杜未見《禮經》，故爲肊説。"[201][頁38]而舊注稱"輕其禮"云云，則又固陋於杜注也。

十三年

繞朝贈之以策。

《白氏六帖》卷十引此文又引注："以有策而不用也。"[2][頁2042]

十四年

九月，卒于齊。告喪，請葬，弗許。

《白氏六帖》卷十九引此文後有注："請歸以卿禮葬，魯不許。"[2][頁2134]

十五年

惠叔猶毀以爲請。

《白氏六帖》卷十九引此文後有注："惠叔，穆伯子，代居位。毁，過喪禮，以請父葬。父卒逾年，猶毀，故曰'猶'。"[2][頁2134]

按：上年傳曰："穆伯之從己氏也，魯人立文伯。……文伯卒，立惠叔。"是惠叔爲代居位者。據《儀禮·士喪禮》、《禮記·間傳》等，服喪哀傷之程度隨時間而漸輕，期年已小祥則寢有席，食有蔬果，不必毀。《左傳》孔疏曰："傳言'猶毀'，是不復應毀。"其説與舊注同。

十六年

振廩同食。

《白氏六帖》卷三引此文後有注："賑廩，開倉。同食，上下無異饌也。"[2][頁1972]卷二十三引此文又引注曰："振廩，開倉。同食，上下無異食也。"[2][頁2167]《御覽》卷一九〇引此文之注與《白氏六帖》卷三略同，脱"饌也"二字[150][頁919]。

按：杜預注："振，發也。廩，倉也。同食，上下無異饌也。"與此同。

十八年

不分孤寡。

《白氏六帖》卷七引此文後有注："不分救也。"[2][頁2009]

宣公

二年

睅其目，皤其腹。

《白氏六帖》卷七引此文後曰："睅，睛大；皤，腹大。"[2][頁2006]

按：《説文·目部》："睅，大目也。"[137][頁71]與舊注相近。《説文·目部》矎、睅、暖皆訓"大目"，音皆相近。杜預注作"出目"，蓋以"睍"字釋之，《説文·目部》："睍，出目也。"[137][頁71]又"皤，腹大"，杜預注作"大腹"，意同。

四年

又射，汰輈，以貫笠轂。杜預注：兵車無蓋，尊者則邊人執笠，依轂而立，以禦寒暑，名曰笠轂。

《御覽》卷三〇八引此文，又引注作"兵車，尊者則邊人執笠，依轂下，以禦寒暑"[150][頁1418]。

八年

壬午，猶繹。

《白氏六帖》卷二十引此文又引注曰："卿佐之喪，不爲廢繹，非禮也。故曰'猶'，猶者，可止之辭。"[2][頁2138]

十二年

還無社與司馬卯言，號申叔展。

《御覽》卷七四一引此有注："還無社，蕭大夫。司馬卯、申叔展，皆楚大夫也。無社欲叛，以求免死。無社素識叔展，故因卯使呼之。"[150][頁3288]

按：此處所引較今本杜注多"無社欲叛，以求免死"一句，未知爲杜注佚文抑或他家之注。

"有山鞠窮乎?"曰："無。""河魚腹疾柰何?"

《白氏六帖》卷九引，"鞠窮"作"芎藭"，且有注："欲使還無射逃水中，故問無禦濕之藥，奈腹疾何?"[2][頁2038]

十四年

見犀而行。

《白氏六帖》卷十引此後有注："犀，舟之子。託其子而行，示必死。"[2][頁2047]

十五年

晉侯賞桓子狄臣千室，亦賞士伯以瓜衍之縣。

《白氏六帖》卷十四引此後又引注："獲狄土、救伯氏之功。"[2][頁2086]

成公

二年

丑父使公下，如華泉取飲。

《白氏六帖》卷八引此文有注："丑父代公居位，故公得下車而免。"[2][頁2019]

齊侯使賓媚人賂以紀甗、玉磬與地。

《白氏六帖》卷四引此文有注："有底曰甗，無底曰甑。"[2][頁1982]卷二十四引此後曰："甗，無底甑也。賓媚人，國佐也。"[2][頁2172]

按：《周禮·考工記·陶人》"爲甗，實二鬴，厚半寸，脣寸"，鄭司農注："甗，無底甑。"賈公彥疏："云'甗，無底甑'者，對甑七穿，是有底甑。"[128][頁924]《説文·瓦部》："甑，甗也。"又曰："甗，甑也，一穿。"段玉裁注："蓋甑七穿而小，甗一穿而大，一穿而大者無底矣。甑下曰甗也，渾言之。"[140][頁638]是甑下有七孔，甗一孔，故無底曰甗，有底曰甑，《白氏六帖》卷四"甗"、"甑"互訛。渾言之，甗、甑可互稱，故杜預注曰："甗，玉甑。"

用蜃炭。

《白氏六帖》卷五引此文後又引注曰："以禦濕也。"[2][頁1991]

按：《周禮·掌蜃》"掌斂互物、蜃物，以共闉壙之蜃"，鄭玄注："將井椁，先塞下以蜃禦濕也。"賈公彥疏曰："未葬前，井椁材乃往施之壙中，則未施椁前已施蜃灰於椁下，以擬禦濕也。"[128][頁748]是以蜃炭禦濕之義。

十二年

郤至將登，金奏作於下，驚而走出。

《白氏六帖》卷十七引此文後有注曰："非常所聞，故驚也。"[2][頁2112]

爭尋常以盡其民。

《白氏六帖》卷二十三引此文後有注曰："八尺曰尋，倍尋曰常。尋常之地，言少也。"[2][頁2163]

十三年

不能者敗以取禍。

《白氏六帖》卷十七引此文後引注曰："敗失威儀以取禍也。"[2][頁2110]

十五年

聖達節。

《白氏六帖》卷八引此文後曰："謂不守小節。"[2][頁2025]

次守節。

《白氏六帖》卷八引此文後曰："謂善人守其節，若子臧、季札之屬。"[2][頁2025]

十六年

乃逸楚囚。

《白氏六帖》卷十三引此文又引注曰："緩之令逸，欲楚人知其謀也。"[2][頁2076]

王怒曰："大辱國！詰朝爾射，死藝！"

《白氏六帖》卷二十五引此文又引注曰："賤其不尚智謀矜射，言必當以藝死也。"[2][頁2177]

襄公

三年

與之禮食，使佐新軍。

《白氏六帖》卷五引此有注："禮食以表其功。"[2][頁1990]

四年

季孫爲己樹六檟於蒲圃東門之外。

《白氏六帖》卷十九引此又引注曰："將自以爲椁也。"[2][頁2135]

按：《爾雅·釋木》"槐，小葉曰榎"，郭璞注："槐當爲楸……《左傳》曰'使擇美榎'。"[128][頁2637]是《左傳》之"檟"即《爾雅》之"榎"，爲楸梓之屬。禮以梓爲親身之棺，《禮記·檀弓上》："天子梓棺二。"鄭玄注："所謂屬與大棺。"[128][頁1293]《喪大記》："上大夫大棺八寸，屬六寸。下大夫大棺六寸，屬四寸。士棺六寸。"鄭玄注："然則大棺及屬用梓。"[128][頁1582]是古以梓爲棺，《白氏六帖》引舊注謂季孫以檟爲椁，恐爲誤字。《禮記·檀弓上》："柏椁以端長六尺。"是椁以柏木爲之，不用檟。

七年

公登亦登。

《白氏六帖》卷十七《升階第二十》引此有注："禮，臣下君一等。公登亦登，與敵禮也。"[2][頁2114]《晏第十一》引此亦有注："與公敵禮。"[2][頁2112]

按：杜預注："禮，登階，臣後君一等。"義與此同。《儀禮·聘禮》："至于階，三讓。公升二等，賓升。"鄭玄注："先賓升二等，亦欲君行一，臣行二。”[128][頁1054]《公食大夫禮》：“于階，三讓。公升二等，賓升。”[128][頁1080]是依禮，臣當下君二等。《士冠禮》：“主人升，立于序端，西面，賓西序，東面。”鄭玄注：“主人、賓俱升，立相鄉。”[128][頁952]《士昏禮》説納采之禮曰：“主人以賓升，西面。”賈公彦疏曰：“禮之通例，賓主敵者，賓主俱升，若《士冠》與此文是也。”[128][頁961]是若賓主敵體，則俱升。故舊注謂“公登亦登，與敵禮也”。

九年

始往而筮之，遇艮之八。

《周禮·大卜》引此文後又引注曰：“爻在初六、九三、六四、六五、上九，惟六二不變，《連山》、《歸藏》之占以不變者爲正，但《周易》占九六，而云‘遇艮之八’。”[128][頁802—803]

按，惠棟、吴静安輯此以爲服虔注。

杜預注曰：“二《易》皆以七八爲占，故言遇艮之八。”亦以此“艮之八”爲用《連山》、《歸藏》者。然《國語·晋語四》：“公子親筮之，曰：‘尚有晋國。’得貞屯、悔豫，皆八也……司空季子曰：‘吉。是在《周易》，皆利建侯。’”[61][頁362]又曰：“臣筮之，得泰之八，曰：是謂天地配亨，小往大來。”[61][頁365]按，前條曰“八”而引《周易》，後條稱“天地配亨，小往大來”，亦與《周易·泰》之卦辭“小往大來，吉亨”相近。可知此“艮之八”未必爲二《易》，楊伯峻曰：“《國語》言‘八’者亦僅二見，皆以不變之爻言之。下文解卦，仍以《周易》解之，則杜注未必可信。”[26][頁964]其説是。

祈以幣更，賓以特牲。器用不作，車服從給。

《白氏六帖》卷八引，“給”誤“儉”，且有注：“皆務儉也。”[2][頁2026]

祝、宗用馬于四墉。

《白氏六帖》卷二十九引此文後曰：“城也。城陰氣，故以禳火。”[2][頁2026]

按：《左傳·昭公十八年》“禳火于玄冥、回禄，祈于四鄘。”杜預注：“鄘，城也。城積土，陰氣所聚，故祈祭之，以禳火之餘災。”《左傳·襄公九年》孔疏亦曰：“城以積土爲之，土積則爲陰積，積陰之氣，或能制火，故祭城以禳火。”皆與此舊注義同。

十年

棄社稷也，其將不免乎！

《御覽》卷一四六引此文後有注：“免，脱也。言將不脱罪禍，不以

壽終也。傳舉此者，爲十九年‘齊殺其大夫高厚’、二十五年‘崔杼弑君光’起本也。”[150][頁715]

按：惠棟、吴静安輯此以爲服虔注，余蕭客亦辑此注。本段於“而皆不敬”下又有注“高厚與光俱不敬”，因與杜注不異，故不録。

十一年

司慎、司盟。

《儀禮·覲禮》疏引此文後又引注曰：“二司，天神。司盟司慎不敬者盟司察明者。”[128][頁1092]

按：《儀禮要義》引，作“司慎，司不敬者；司盟，司察盟者”[175][頁642]，當據正。余蕭客輯此條，吴静安輯此以爲服注。

《説文·囧部》：“盥，《周禮》曰：‘國有疑則盥。’諸侯再相會，十二歲一盥，北面詔天之司慎、司命。”[137][頁142] 段玉裁據之謂《左傳》“盟”爲“命”之誤，又謂此“司慎、司命”即《周禮·大宗伯》之“司中、司命”。此處舊注作“司盟，司察盟者”，可知傳文作“盟”不誤，《説文》作“命”者，蓋盟、命通耳①。又《周禮·大宗伯》曰：“以槱燎祀司中、司命、飌師、雨師。”[128][頁757] 文與盟會無涉，且司中、司命與風師、雨師相類，似不當與盟神牽合爲一。《儀禮·覲禮》“加方明于其上”，鄭玄注：“會同而盟，明神監之，則謂之天之司盟。”[128][頁1092] 然細體鄭玄意，稱“天之司盟”，似以《周禮》之司盟職比附之，未必與此傳文相關。《周禮·司盟》“北面詔明神”，鄭玄注：“明神，神之明察者，謂日月山川也。《覲禮》，加方明于壇上，所以依之也。”[128][頁881] 是依鄭玄意，《司盟》之“明神”即依於方明者，亦即《覲禮》注之“司盟”，乃日月山川之屬，非《左傳》之“司盟”。又《儀禮·覲禮》注：“是王巡守之盟，其神主日也……是諸侯之盟，其神主山川也……是王官之伯，會諸侯而盟，其神主月與?”則盟神除日月山川外無他神，又與《左傳》不合。“明神”即盟神也，明、盟通。《左傳》每有盟會，亦多稱“明神”，如《僖公二十八年》：“有渝此盟，明神殛之。”又曰：“有渝此盟，以相及也。明神先君，是糾是殛。”《成公九年》：“季文子謂范文子曰：‘德則不競，尋盟何爲?’范文子曰：‘……明神以要之。’”《成公十

---

① 《左傳·襄公十一年》“或間兹命”，《釋文》：“命，本或作盟。”《公羊傳·桓公三年》：“胥命者何？相命也。”《爾雅·釋詁》郭注引，“命”作“盟”。

二年》："有渝此盟，明神殛之。"《襄公九年》："明神不蠲要盟。"《哀公十二年》："盟，所以周信也，故心以制之……明神以要之。"前揭襄公十一年《左傳》原文作："或間茲命，司慎、司盟，名山、名川，群神群祀，先王、先公，七姓十二國之祖，明神殛之。"是司慎以下總稱"明神"。則《司盟》之"明神"、《覲禮》注之"司盟"皆總稱盟神，非《左傳》之"司盟"。司慎、司盟爲先秦信仰之神，孔穎達已稱"不知指斥何神"，今亦難逆測矣。

十三年

小人伐其技以馮君子。

《白氏六帖》卷二十四引此後曰："言矜技以凌上也。"[2][頁2171]

十四年

秦人毒涇上流，師人多死。

《御覽》卷六二引此有注："以毒藥投涇水之上流，晋師飲之多死。"[150][頁295]

射兩軥而還。

《御覽》卷七四四引此有注："軥，車軛卷者，今俗謂之軥心木。"[150][頁3303]

按：前半句與杜注同，"今俗"以下則不知何家説。《廣韵・侯韵》："軥，車軥心木。"[163][頁215]與此同。又，《左傳》本疏引服虔注曰"軥，車軛，兩邊叉馬頸者"[128][頁1957]，則此亦非服説。

公孫丁授公轡而射之，貫臂。

《御覽》卷七四四引此有注："貫手公他臂。"[150][頁3303]

按：此注當作"貫公他手臂"，今本誤倒。杜注作"貫佗臂"，與此略同。又本段又有三處注，與杜注同，不録。

十七年

飲馬于重丘。

《御覽》卷一五九引此有注："重丘，今乘氏縣。"[150][頁773]

按：杜注："重丘，曹邑。"不指明何地。《漢書・地理志》濟陰郡乘氏縣下應劭注："《春秋》'敗宋師于乘丘'是也。"[67][頁1572]《水經注・濟水》："荷水又東南逕乘氏縣故城南，縣即《春秋》之乘丘也。故《地理風俗記》曰：'濟陰乘氏縣，故宋乘丘邑也。'"[134][頁214]《續漢書・郡國志》濟陰郡乘氏縣下劉昭注："《博物記》曰古乘丘。"[72][頁3457]是應劭以下皆以乘氏縣當重丘，則《御覽》所引當爲漢儒舊注。

宋皇國父爲大宰，爲平公築臺，妨於農功。子罕請俟農功之畢，公弗許。築者謳曰："澤門之晳，實興我役。邑中之黔，實慰我心。"子罕聞之，親執扑，以行築者，而抶其不勉者，曰："吾儕小人皆有闔廬以辟燥濕寒暑。今君爲一臺而不速成，何以爲役?"

《白氏六帖》卷三引此文後曰："君子謂子罕能分謗。澤門，宋國也，國父所居。晳，白；黔，黑：并狀皃也。"[2][頁1971]

十八年

晉人使司馬斥山澤之險，雖所不至，必旆而疏陳之。

《御覽》卷七七二引此有注："斥，候也。疏建旍旗以陳，爲陳民衆也。"[150][頁3424]

按：杜預注："斥，候也。疏建旌旗以爲陳，示衆也。"與此略同。《御覽》所引或即杜注之衍誤者。

十九年

齊侯娶於魯，曰顔懿姬，無子。其姪鬷聲姬（兄子曰姪，懿姬所從也。顔鬷皆其母姓，懿聲諡也。傳家從後言之，故舉諡也）生光，以爲太子。諸子（諸子，妾生子氏）仲子、戎子，［戎］子嬖（二子宋女）。仲子生牙（公子牙也），屬諸戎子（戎子取牙養之）。戎子請以爲太子，許之（齊侯許之）。仲子曰："不可。廢常不祥（立長爲常，而廢之，爲不祥也），間諸侯，難（間，犯，謂光已列于諸侯，難成）。光之立也，列於諸侯矣（謂上數從諸侯北伐盟會）。今無故而廢之，是專黜諸侯也（專，獨也。光比與諸侯列於盟，不可黜也），而以難犯不祥（以難成事犯不善），君必悔之。"公曰："在我而已。"遂東太子光（東徙之東垂也），使高厚傅牙，以爲太子。夙沙衛爲少傅。齊侯疾，崔杼微逆光（微，隱匿也。），疾病而立之（疾，困也，而立爲太子）。（《御覽》卷一四六，頁715）

按：李貽德已收本段，以之爲服虔注，蓋以此文"謂上數從諸侯北伐盟會"等與《史記·齊世家》集解所引服虔注"數從諸侯征伐盟會"[130][頁1500]相近。但"東徙之東垂也"與《史記·齊世家》集解所引賈逵注"徙之東垂也"[130][頁1500]文亦相類，則似未可遽定爲服注。重澤俊郎唯取與賈、服所近者兩條，分别冒之以賈、服之名。但一段之中此用賈注而彼用服注，亦不合於《御覽》體例。故本書爲審慎起見，録《御覽》本段於此處。因本段較長，本書没有分條處理，而是整段抄出，以括號括出注文，這樣也更方便看出古注的形制。各書所輯與本書略有不同，蓋所據《御覽》版本不同，本書所用《御覽》爲宋本，似更可信。另外，“妾生子氏”，“生”當作“姓”；“子孌”上當補“戎”字；“謂上數從諸侯北伐盟會”，“上”當作“光”，“北”當從《史記集解》作“征”。

晋士匄侵齊，及穀，聞喪而還，禮也。

《白氏六帖》卷十引此有注：“嫌其不待君命爲失禮，故明言其禮也，又善不伐喪也。”[2][頁2047]

二十一年

闕地，下冰。

《御覽》卷三七八引此有注：“大夫老疾受水。”[150][頁1748]

按：“水”蓋“氷”之誤，“氷”爲“冰”之俗。又，疑“疾受氷”當作“受氷疾”。

重繭衣裘。

《御覽》卷三三引此有注：“繭，袍也。《禮·玉藻》曰：‘纊爲繭，緼爲袍。’”[150][頁322]《御覽》卷三七八引此有注：“《禮記·玉藻》曰：‘纊爲璽，緼爲袍也。’”[150][頁1748]

按：《禮記·玉藻》“纊爲繭，緼爲袍”，鄭玄注：“衣有著之異名也。纊，謂今之新綿也。緼，謂今纊及舊絮也。”[128][頁1477]杜預注“繭，緜衣”，或正用鄭玄説。又，繭與袍同爲綿衣，析言或有新綿、舊絮之别，渾言則可通。《説文·衣部》：“襺，袍衣也。”[137][頁170]《左傳正義》：“繭是袍之别名。”是繭可訓爲袍也。

二十三年

斐豹，隸也，著於丹書。

《御覽》卷五〇〇引此有注：“隸，罪隸。斐豹有罪，没官爲奴。丹書，罪約也。”[150][頁2298]

按：《周禮·秋官·叙官》“司隸”，鄭玄注：“隸，給勞辱之役者。”[128][頁868]《廣雅·釋詁》：“隸，臣也。”[60][頁26]是“隸”爲奴僕之稱。古則或因罪罰没爲奴，《周禮·司厲》：“其奴，男子入于罪隸，女子入于舂槀。”鄭司農注：“謂坐爲盗賊而爲奴者，輸於罪隸、舂人、槀人之官也。由是觀之，今之爲奴婢，古之罪人也。故《書》曰‘予則奴戮汝’，《論語》曰‘箕子爲之奴’，罪隸之奴也。”[128][頁682]

《周禮·司約》“小約劑，書於丹圖”，鄭玄注：“小約劑，萬民約也。

丹圖，未聞。……《春秋傳》曰：‘斐豹，隸也，著於丹書。’今俗語有鐵券丹書，豈此舊典之遺言與？”[128][頁880]則或古於重要文件如契約、籍牒、證件之類皆以丹書。《漢書·高帝紀》：“又與功臣剖符作誓，丹書鐵契，金匱石室，藏之宗廟。”[67][頁81]則高帝所賜臣下之符契亦以丹書。舊注“丹書，罪約”，亦以“約”釋“丹書”，加“罪”字者，因斐豹爲隸耳。關於丹書之制，杜預注“以丹書其罪”，則爲丹字可知。孔穎達疏曰：“近世《魏律》緣坐配没爲工樂雜户者，皆用赤紙爲籍，其卷以鉛爲軸。此亦古人丹書之遺法。”則以爲丹書乃赤紙。揆諸史實，多以丹字書寫。如《史記·陳涉世家》：“乃丹書帛曰‘陳勝王’。”[130][頁1950]《漢書·王莽傳》：“有丹書著石，文曰‘告安漢公莽爲皇帝’。”[67][頁4078]可知古稱丹書當爲赤字，非赤帛。

張家山、睡虎地出土秦律中多有因罪没爲官奴之律條，如《睡虎地秦墓竹簡·法律答問》曰：“司寇盗百一十錢，先自告，可（何）論？當耐爲隸臣，或曰貲二甲。”又曰：“葆子獄未斷而誣告人，其罪當刑爲隸臣。”① 另外，有軍功者，還可以免除自己或家人的奴隸地位，如《睡虎地秦墓竹簡·秦律十八種·軍爵律》：“欲歸爵二級以免親父母爲隸臣妾者一人，及隸臣斬首爲公士，謁歸公士而免故妻隸妾一人者，許之，免爲庶人。”② 皆可與斐豹事對看。

且致大蔡焉。

《御覽》卷九三一引此有注：“大蔡，臧文仲所居大龜也。”[150][頁4137]

按：《論語·公冶長》“臧文仲居蔡”，包咸注：“臧文仲，魯大夫臧孫辰。文，謚也。蔡，國君之守龜，出蔡地，因以爲名焉，長尺有二寸。居蔡，僭也。”[128][頁2474]吐魯番本《論語》鄭玄注亦與包注略同。《漢書·食貨志下》：“元龜爲蔡，非四民所得居。”[67][頁1179]是居蔡爲僭。臧文仲生臧孫許，許生臧孫紇，即致大蔡之臧武仲。《論語》稱臧文仲居蔡，故舊注以爲武仲所致之蔡即文仲所居之蔡。

蔡之得名，包咸、鄭玄皆以爲蔡地出焉。《淮南子·説山》“大蔡神龜出於溝壑”，注：“大蔡，元龜之所出地名，因名其龜爲大蔡。”[74][頁1147]是先儒相傳爲然。而《漢書·食貨志下》臣瓚注曰：“蔡是大龜之名也。

① 《睡虎地秦墓竹簡》，文物出版社 1990 年版，第 95、119 頁。

② 同上書，第 55 頁。

《書》曰‘九江納錫大龜’，大龜又不出蔡國也。若龜出楚，不可名龜爲楚也。”《左傳正義》亦曰：“蔡是龜之名耳，鄭玄云‘出蔡地，因以爲名焉’，非也。”二氏則以爲大蔡非得名於蔡地。實則《尚書·禹貢》“九江納錫大龜”之文可能正與大蔡得名有關。《通典·州郡十一·蘄州》：“廣濟蔡山出大龜，《尚書》云‘九江納錫大龜’即此。”[154][頁4812]《太平寰宇記·江南道·蘄州》廣濟縣有蔡山，云：“山出大龜。《尚書》云：‘九江納錫大龜’，即謂此山之龜也。”①《路史·國名紀一》：“蘄春江中有蔡山，在廣濟縣，大龜納錫，故曰蔡，非姬姓蔡。”梁履繩《左傳補釋》曰：“攷《舊唐書·伊慎傳》，破蔡之栅，取蘄州，正與《路史》合。”② 是大蔡因出蔡山而得名，所出之地非蔡國。

失守宗祧。

《御覽》卷九三一引此有注：“祧，廟。”[150][頁4137]

按：《周禮·春官·叙官》“守祧”鄭玄注：“遠廟曰祧。”孫詒讓引金鶚曰：“對文則祧與廟别，散文則祧與廟通。《聘禮》‘不腆先君之祧’，《左氏·襄九年》傳‘以先君之祧處之’，昭元年傳‘其敢愛豐氏之祧’，祧即廟也。守祧職兼廟祧，而官以祧名，是廟祧通稱爲祧也。”[194][頁1255]其説是。故舊注以“廟”注“祧”。

敢告不弔。

《御覽》卷九三一引此有注：“言我爲人後，不至於道而失守。”[150][頁4137]

按：此亦釋“失守宗祧”者。

紇之罪，不及不祀。

《御覽》卷九三一引此有注：“不祀絶也，言宜有後也。”[150][頁4137]

按：“不祀，絶也”者，無後則無人奉祀，故古多以“不祀”喻指絶後。如《左傳·文公五年》：“臧文仲聞六與蓼滅，曰：‘臯陶庭堅不祀，忽諸。’”《左傳·昭公二十八年》：“有窮后羿滅之，夔是以不祀。”《左傳·哀公二十七年》：“陳之不祀，鄭之罪也。”

子以大蔡納請，其可。

《御覽》卷九三一引此有注：“請爲先人立後，其必可也。”[150][頁4137]

二十四年

---

① 樂史：《太平寰宇記》，中華書局 2007 年版，第 2510 頁。

② 梁履繩：《左傳補釋》，《清經解續編》第 2 册，第 109 頁。

蒐軍實。

《周禮·獸人》疏引此有注曰："蒐，數軍實兵甲器械。與隱公傳'三年而治兵，數軍實'一也。"[128][頁663]

按：杜預注："因閲數軍器，以示薳啓彊。"以"閲數"訓"蒐"，蓋本此舊注。

蒐通搜。《説文·手部》："搜，衆意也，一曰求也。"[137][頁257]故蒐可訓爲索，《説苑·修文》"蒐者，搜索之"[144][頁489]是也，亦可訓爲聚，《爾雅·釋詁》"蒐，聚也"是也。然蒐、搜似皆無"數"義，舊注以數訓蒐，蓋因此文與《左傳·隱公五年》"數軍實"相類。《左傳·隱公五年》："歸而飲至，以數軍實。"杜預注："飲於廟，以數車徒、器械及所獲也。"《周禮·獸人》："及弊田，令禽注于虞中。"鄭司農注："虞中，謂虞人釐所田之野，及弊田，植虞旗於其中，致禽而珥焉……珥焉者，取左耳以致功，若斬首折馘。故《春秋傳》曰'以數軍實'。"[128][頁663]是"數軍實"之義，即戰爭或狩獵結束之後清點戰利品，與此文"蒐軍實"完全不同。此處"蒐軍實"之目的，乃"使客觀之"，故此"蒐"可訓爲"聚"，可訓爲"閲"，獨不可釋爲"數"。舊注失之。

己皆乘乘車。將及楚師，而後從之乘，皆踞轉而鼓琴。

《白氏六帖》卷十五引此有注曰："轉，衣囊也。"[2][頁2098]卷十八引此有注曰："乘安車也。踞，倚也。轉，衣囊也。"[2][頁2121]

按：《文選》張衡《西京賦》"於後則高陵平原，據渭踞涇"，李善注："踞，却倚也。"劉良注："踞，倚也。"[98][頁45]是"踞"可訓"倚"。

杜預注："轉，衣裝也。"《釋文》："裝，一本作囊。"[84][頁265]是一本杜注與舊注同。

二十五年

昔虞閼父爲周陶正。

《白氏六帖》卷二十一引此後引注曰："陶正，復陶也。言君上之衣服。"[2][頁2152]

按："復陶"本爲冒雪之羽衣，《左傳·昭公十二年》"雨雪，王皮冠，秦復陶"，杜預注："秦所遺羽衣也。"又可指主衣之官，《左傳·襄公三十年》"使爲君復陶"，杜預注："復陶，主衣服之官。"

王應麟《困學紀聞》曰："'有虞氏上陶'。舜陶河濱，器不苦窳。周陶正猶以虞閼父爲之。"[92][頁550]則以"陶正"爲《考工記》陶人之屬，與舊注不同。

賦車籍馬。

《御覽》卷七七二引此有注："賦車，兵車也。兵，甲士也。"[150][頁3424]

按：此句無"兵"字，"兵，甲士也"當爲下句"賦車兵、徒卒(兵)、甲楯之數"之注而誤抄此處。

杜預注"車兵，甲士"，與此舊注同。《左傳正義》載劉炫説曰："兵者，戰器。車上甲士與步卒所執兵各異也。"則以"兵"爲兵器，與舊注及杜注不同。沈彤、楊伯峻等皆從劉説，可從。

天誘其衷。

《尚書·皐陶謨》疏："《左傳》云'天誘其衷'，説者皆以衷爲善。"[128][頁139]

二十六年

賜之先路三命之服。

《御覽》卷四二三引此有注："先輅，次輅，皆王所賜車。侯伯之上卿三命。"[150][頁1952]

按：杜預注："先路、次路，皆王所賜車之揔名。蓋請之於王。"蓋本此舊注。

此處賜路者爲鄭伯，則舊注及杜預稱"王所賜"者，恐非。《禮記·郊特牲》："大路繁纓一就，先路三就，次路五就。"[128][頁1444]是路分大路、先路、次路三種。《禮記·樂記》："所謂大輅者，天子之車也……則所以贈諸侯也。"[128][頁1537]大路爲天子所乘，可以贈諸侯、大夫。《左傳》中，僖公二十八王賜晋文公大路，襄公十九王追賜鄭公孫蠆大路，襄公二十四年王賜叔孫穆叔大路，昭公十五年載成王賜唐叔大路，定公四年載成王賜魯公、康叔、唐叔大路，皆是也。若諸侯得賜，則可乘，是以《禮記·明堂位》曰："命魯公世世祀周公以天子之禮樂，是以魯君孟春乘大路。"[128][頁1488]若諸侯不得贈而乘之則爲僭禮，是以《郊特牲》曰："諸侯……乘大路，諸侯之僭禮也。"《公羊傳·昭公二十五年》："設兩觀，乘大路，……此皆天子之禮也。"據此類推，則諸侯所常乘者爲先路以下，亦可以賜卿大夫，《左傳》中成公二年魯公以先路賜晋之三卿，此年鄭伯賜子展先路、賜子產次路，皆是也。若卿以下，則無路，《左傳·昭公四年》"冢卿無路"是也。是此處先路、次路自爲鄭伯所賜，不必繫之於王。

又先路、次路之形制，《尚書·顧命》"先輅在左塾之前，次輅在右墊之前”，僞孔傳：“先輅，象。次輅，木。”孔疏又引鄭玄以爲：“綴、次是從後之言，二者皆爲副貳之車。先輅是象輅也，綴輅是玉輅之貳，次輅是象輅之貳。”[128][頁239]二説雖不同，皆以《周禮》之五路與之牽合。然《左傳》、《禮記》、《尚書》、《詩經》等書中皆無玉金象革木諸路之説，諸書所説之大路、先路、次路等亦不必以五路解之。顧頡剛、劉起釪《尚書校釋譯論》曰：“西周之四輅自四輅，東周之五輅自五輅，雖其間必然有演變沿革之迹，但在没有獲得實物驗證加以深入研究之前，不必以東周之五輅去比附西周之四輅。”① 其言雖爲《尚書》而發，移之《左傳》亦無不可。

“侯伯之上卿三命”者，《周禮·典命》曰：“公之孤四命，以皮帛眡小國之君，其卿三命，其大夫再命，其士一命……侯伯之卿大夫士亦如之。”[128][頁781]

大夫逆於竟者。

《御覽》卷七七二引此有注：“逆，迎也。迎衛侯。”[150][頁3424]

按：又本段於“頷之而已”下有注“頷，摇其頭，言衎驕心易生。”，與杜注全同。

“逆，迎也”者，《爾雅·釋言》文，《説文·辵部》亦曰：“逆，迎也。關東曰逆，關西曰迎。”[137][頁40]

左師見夫人之步馬者。

《白氏六帖》卷二十九引此文又引注曰：“謂調習也。”[2][頁2202]

二十七年

以藩爲軍。

《白氏六帖》卷三引此文有注：“示不相疑。”[2][頁1973]

按：杜注：“示不相忌。”與此略同。

申鮮虞來奔，僕賃於野，以喪莊公。

《白氏六帖》卷六引此文後曰：“賃身爲僕也。”[2][頁2004]

按：《説文·貝部》：“賃，庸也。”段玉裁注：“庸者，今之傭字……凡僱僦皆曰庸曰賃。”[140][頁282]“僕賃”即賃爲僕，“僕”字以名詞作狀語修飾“賃”，其結構猶“人立而啼”之“人立”。《御覽》卷八二九《資產部·傭賃門》載此事，其下又載倪寬、范雎等事，皆自賣爲僕者，蓋自

① 顧頡剛、劉起釪：《尚書校釋譯論》，中華書局2005年版，第1770頁。

古以來皆訓“僕賃”爲自賣。而楊伯峻注曰：“郊野有自由貧民可供雇傭。”[150][頁1138]則似以“僕賃”爲另雇僕人，與舊注不同。若另雇“自由貧民”，則當稱“賃僕”，不當作“僕賃”，楊注恐非。

二十八年

歲在星紀。

《御覽》卷五引此有注：“星紀在丑。”[150][頁25]

按：此段三處注與杜預注略同。《左傳》本疏引服虔注曰：“歲爲陽，玄枵爲陰，歲乘陰，進至玄枵，陰不勝陽，故温無冰。”與本文不同，則此舊注或非服注。

淫於玄枵。

《御覽》卷五引此有注：“玄枵在子虚危之次，星紀在斗牛之次。”[150][頁25]

蛇乘龍。

《御覽》卷五引此有注：“龍，歲星木也。木爲青龍，虵爲玄武，龍失次也。”[150][頁25]

按：《御覽》本段之夾行注與杜注義同文異。

則去其肉而以其洎饋。

《白氏六帖》卷五引此文後曰：“洎，汁也。”[2][頁1989]

按：洎本指向炊具中注水，《説文・水部》：“洎，灌釜也。”[137][頁235]《周禮・士師》“洎鑊水”，鄭玄注：“洎，謂增其沃汁。”[128][頁875]引申則可指湯汁，《左傳》孔疏曰：“然則洎者，添釜之名。添水以爲肉汁，遂名。”此處《釋文》亦曰：“洎，肉汁也。”[84][頁268]皆與舊注同。

二十九年

司城氏貸而不書。

《白氏六帖》卷十引此文後曰：“不作記籍。”[2][頁2046]

見舞《象箾》、《南籥》者。

《白氏六帖》卷十八引此文後注曰：“文王舞。”[2][頁2120]

按：《白氏六帖》本段正文或有錯訛，此依今本《左傳》正之。

美哉！猶有憾。

《白氏六帖》卷十八引此文後注曰：“恨功不終。”[2][頁2120]

見舞《大武》者。

《白氏六帖》卷十八引此文後注曰：“武王舞。”[2][頁2120]

美哉！周之盛也，其若此乎？

《白氏六帖》卷十八引此文後注曰："言周德之殷盛。"[2][頁2120]

見舞《韶濩》者。

《白氏六帖》卷十八引此文後注曰："湯舞也。"[2][頁2120]

聖人之弘也，而猶有慙德，聖人之難也。

《白氏六帖》卷十八引此文後注曰："湯慙於始用伐。"[2][頁2120]

見舞《大夏》者。

《白氏六帖》卷十八引此文後注曰："禹舞。"[2][頁2120]

美哉！勤而不德，非禹，其誰能脩之。

《白氏六帖》卷十八引此文後注曰："治水之勤。"[2][頁2120]

見舞《韶箾》者。

《白氏六帖》卷十八引此文後注曰："舜舞。"[2][頁2120]

與之縞帶。

《御覽》卷四七八引此有注："縞帶，大帶也。"[150][頁2189]

按：杜注與此同。

《説文·糸部》："縞，鮮色也。"段玉裁改爲"鮮巵"[140][頁648]。《漢書·司馬相如傳上》"揄紵縞"，顏師古注："縞，鮮支也，今之所謂素者也。"[67][頁2541]《小爾雅·廣服》："繒之精者曰縞。"①《尚書·禹貢》"厥篚玄纖縞"，僞孔傳："縞，白繒。"[128][頁148]是縞爲素繒。

《禮記·玉藻》"天子素帶，朱裏，終辟……弟子縞帶"，鄭玄注："謂大帶也。"[128][頁1480—1481]此蓋舊注及杜預所本。

子産獻紵衣焉。

《御覽》卷四七八引此有注："紆衣，禪衣。"[150][頁2189]

按：《御覽》"紆"顯爲"紵"之誤。

《説文·糸部》："紵，檾屬。"段玉裁注："檾者，枲屬也。"[140][頁660]是紵本是一種麻，《詩經·陳風·東門之池》"東門之池，可以漚紵"是也。以紵所織之布亦曰"紵"，《周禮·典枲》"掌布緦縷紵之麻草之物"，鄭玄注："白而細疏曰紵。"[128][頁691]《漢書·地理志》顏師古注："紵，織紵爲布及練也。"[67][頁1531]古每以紵布爲夏衣，《禮記·喪大記》曰"絺、綌、紵不入"，鄭玄注："絺、綌、紵者，當暑之褻衣也。"[128][頁1579]褻衣則無裏，舊注稱"禪衣"是也。又，古或借"紵"爲褚衣之"褚"，《説

---

① 《小爾雅匯校集釋》，三秦出版社2003年版，第377頁。

文》“紵”下段注曰：“古亦借爲褚衣之褚”，《漢書·楚元王傳》“用紵絮斮陳漆其間”，顔師古注：“紵絮者，可以紵衣之絮也。”[67][頁1952]褚衣則有裏，舊注稱“襌衣”，或亦區别於褚衣。

杜注稱“吴地貴縞，鄭地貴紵，故各獻己所貴”，恐未必是。《尚書·禹貢》豫州“厥貢漆、枲、絺、紵”[128][頁150]，鄭正當豫州，不當貴紵。又《詩經·陳風·東門之池》“東門之池，可以漚紵”[128][頁377]，陳、鄭相去不遠，陳地常見，鄭不當貴之。又《韓詩外傳》卷九“晏子之妻布衣紵表”，而田無宇譏之[63][頁330]，可知當時不以紵衣爲貴。然紵衣又有極精美者，《戰國策·齊策四》：魯連謂孟嘗君“後宫十妃，皆衣縞紵，食粱肉”[184][頁404]，《漢書·司馬相如傳上》“於是鄭女曼姬被阿錫，揄紵縞”[67][頁2541]，《説苑·反質》禽滑釐問墨子“錦繡絺紵，將安用之”，墨子對以太奢[144][頁515]。紵之精者又可用爲贈品，《説苑·復恩》：“吴赤市使於智氏，假道於衛。甯文子具紵絺三百製……吴赤市曰：‘衛假吾道而厚贈我……’”[144][頁137]紵絺而爲厚贈，固以數量極多，而其品質想亦不差。子產贈季札者以紵衣，或正爲當時風俗。

三十年

吾公在壑谷。

《北堂書鈔》卷一五七引此後又引注曰：“壑谷，窟室之内也。”[5][頁729]

按：此文云“鄭伯有耆酒，爲窟室”，此稱“壑谷”，是壑谷即窟室也。杜注：“壑谷，窟室。”與此同。

田有封洫。

《御覽》卷八二一引此有注：“封，界。洫，溝。”[150][頁3654]

按：《小爾雅·釋詁》：“封，界也。”① 杜預注：“封，疆也。”封、疆、界意同。

“洫，溝”者，杜注同。段玉裁曰：“溝、洫對文則異，散文則通。”[140][頁554]

唯君用鮮。

《白氏六帖》卷二十五引此有注：“取鮮禽以祭。”[2][頁2175]

按：舊注之“禽”泛指鳥獸，非特指禽鳥。《左傳·宣公十二年》楚攝叔奉麇獻晋鮑癸曰：“以歲之非時，獻禽之未至，敢膳諸從者。”是麇亦屬“禽”。“鮮禽”即新獵獲之禽獸，杜預注訓爲“野獸”，與舊注不異。

---

① 《小爾雅匯校集釋》，三秦出版社2003年版，第65頁。

昭公

元年

楚公子圍設服離衛。

《白氏六帖》卷十一引此文又引注曰："設君服。離衛，陳守衛也。"[2][頁2054]

按：杜預注："設君服，二人執戈陳於前，以自衛。離，陳也。"與此義同。孔疏引服虔注曰："二人執戈在前，在國居君離宮，陳衛在門。"則以"離衛"爲"離宮之衛"，李貽德從之，然既與上下文不合，亦未有古訓之證，恐非。孔廣森、沈欽韓、楊伯峻等又訓離爲麗、爲兩。桂馥《札樸》則讀"離"爲"魚麗"之"麗"，訓爲"旅行"[214][頁72]。恐皆未必合傳意。王念孫《讀書雜志》以爲《史記·老子韓非列傳》"屬事離辭"及枚乘《七發》"比物屬事，離辭連類"之"離"皆當訓爲"陳"[34][頁116]，則杜注及舊注之訓并非孤證。此"離"當讀爲"羅"。《方言》卷七："羅謂之離，離謂之羅。"郭璞注："皆行列物也。"[171][頁524]戴震《疏證》即引此傳爲證。又《大戴禮記·五帝德》"厤離日月星辰"，《史記·五帝本紀》作"旁羅日月星辰"，《索隱》曰："羅，廣布也。今案：《大戴禮》作'歷離'。離即羅也。"[130][頁9]是"歷離"即"廣列"，王聘珍訓"離"爲"别其位次"[30][頁119]，非是。是杜預及舊注訓"離"爲"陳"，未可輕非。

是穮是蔉。

《御覽》卷八二二引，"穮"作"藨"，且有注："藨，□。擁本曰蔉。"[150][頁3660]

按：《白氏六帖》卷二十三引，亦作"藨"[2][頁2161]。張華《勵志詩》"藨蔉至功"，李善注引《左傳》亦作"藨"[157][頁276]。《説文·艸部》："藨，鹿藿也。"[137][頁19]是藨之本義爲一種草，朱駿聲曰"藨，叚借爲穮"是也①。其實，艸旁、禾旁俗書每相混，藨、穮本皆當作"麃"，《詩經·周頌·載芟》"緜緜其麃"，毛傳："麃，耘也。"[128][頁602]藨、穮皆麃之後起分化字。

"藨"下宋本《御覽》脱一字，《四庫全書》本作"耝"，或是。杜注作"耘也"，與《載芟》毛傳同。耘、耝義同。

秦后子有寵於桓。

《御覽》卷四七一引此文有注："后子，秦桓公子也。景公之母弟公

---

① 朱駿聲：《説文通訓定聲》，第310頁。

子鍼。”[150][頁2162]

弗去，懼選。

《御覽》卷四七一引此文有注：“選，數也。君子奢富弗去君，將數其罪而加也。”[150][頁2162]

按：杜預注：“選，數也。恐景公數其罪而加戮。”蓋本此舊注。桂馥《札樸》曰：“選當爲巽，《説文》：‘巽，具也。’算從具，云‘數也’。顨，從頭，頭與巽同。頭下云：‘選具也。’選亦當爲巽。”[214][頁71—72]段玉裁亦於《説文》“頭”下注曰：“巽、頭、顨、僎四字義同。”[140][頁422]然“具”義與此處“懼選”恐無關。《説文·辵部》：“選，遣也。”段玉裁引此傳以證之，并曰：“按此選字正訓遣，后子懼遣，故適晋，實非出奔也。”[140][頁72]章太炎、楊樹達、楊伯峻等皆從其説，似可從。

五降之後，不容彈矣。

《白氏六帖》卷十八引此文後曰：“降，止也。樂備五聲而止。”[2][頁2117]

皿蟲爲蠱。

《慧琳音義》卷二九[172][册57頁1030]、卷三二[172][册58頁29]引此文後皆有“晦望之所生也”一句，疑爲《左傳》舊注。

二年

見《易象》與《魯春秋》。

《白氏六帖》卷二十六引此又引注曰：“《易象》與①，周公所作彖辭也，故云‘乃知周公之德’。”[2][頁2182]

按，孔疏曰：“故先代大儒鄭衆、賈逵等，或以爲卦下之彖辭，文王所作；爻下之象辭，周公所作。”此所謂“彖辭”即今之卦辭，所謂“象辭”即今之爻辭。《周易》釋文又曰：“馬云：‘彖辭，卦辭也。’鄭云：‘爻辭也。’周同。”[84][頁33]是馬融與鄭衆、賈逵同。古來多稱卦辭文王作，爻辭周公作，舊注稱“周公所作彖辭”，則與鄭玄同謂爻辭爲彖辭。或此舊注即服虔因襲鄭玄注者乎？

三年

屨賤踊貴。

《白氏六帖》卷二十四引此文後注曰：“踊，一足之用也。”[2][頁2170]

五年

① “與”字當涉上文而衍。

宴有好貨，飧有陪鼎。

《白氏六帖》卷十七引此文後注曰："贈貨、加鼎以終歡也。"[2][頁2112]

入有郊勞。

《白氏六帖》卷十七引此文後注曰："迎於郊也。"[2][頁2112]

出有贈賄。

《白氏六帖》卷十七引此文後注曰："送以貨也。"[2][頁2112]

七年

并走群望。

《白氏六帖》卷二十引此文又引注曰："國中望祀，并走祭之。"[2][頁2141]

周文王之法曰：有亡荒閱。所以得天下也。

台東區立書道博物館藏《左傳》殘卷有注："亡，罪人。荒，大。閱，蒐。言有亡人當大蒐於衆也。"

《白氏六帖》卷二十八引此文後曰："閱，蒐也。荒，大也。亡，逃罪而隱者。"[2][頁2189]

作《僕區》之法。

台東區立書道博物館藏《左傳》殘卷有注："附，隱；區，匿也。"

按：舊注所本《左傳》蓋作"《附區》之法"。《釋文》引服虔曰："僕，隱也；區，匿也。爲隱匿亡人之法。"[84][頁277]與此舊注相近。僕、附音近，古又多互訓。《玄應音義》卷三引《廣雅》曰："僕，附也。"[173][頁159]《詩經·大雅·既醉》："景命有僕"，毛傳："僕，附也。"[128][頁537]服虔釋"僕"爲"隱"，蓋亦讀"僕"爲"附"，附則與隱義相近，沈欽韓曰："附與隱義相生也"[201][頁62]其説是。

盜所隱器。

台東區立書道博物館藏《左傳》殘卷有注："所爲盜藏器之人也。"

所以封汝也。

台東區立書道博物館藏《左傳》殘卷有注："封，界。所以北至汝也。言行此善法，所封境益廣，乃至於汝也。"

逃而舍之，是無陪臺也。

台東區立書道博物館藏《左傳》殘卷有注："臣之臣曰陪，僕之臣曰臺。"

紂爲天下逋逃主，萃淵藪。

台東區立書道博物館藏《左傳》殘卷有注："言逋逃之〼紂者若鳥之

集木、魚之入淵、獸之竄藪也。”

盜有所在矣。

台東區立書道博物館藏《左傳》殘卷有注：“言王亦盜也。”

盜有寵，未可得也。

台東區立書道博物館藏《左傳》殘卷有注：“盜有寵，王自謂也。”

楚子成章華之臺，願與諸侯落之。

台東區立書道博物館藏《左傳》殘卷有注：“□落成也□容。”

晉侯有間。

《御覽》卷三九九引此有注：“間，愈也。”[150][頁1841]

按：杜注：“間，差也。”《廣雅·釋詁》：“瘥、間，瘉也。”[60][頁25]《方言》卷二：“差、間、知，愈也。南楚病愈者謂之差，或謂之間，或謂之知。”郭璞注：“言有間隙。”[171][頁261]《説文·疒部》：“瘥，瘉也。”段玉裁注：“通作差，凡等差字皆引伸於瘥。”《説文》又曰：“瘉，病瘳也。”段注：“凡訓勝、訓賢之愈皆引伸於瘉。愈即瘉字也。”[140][頁352]是間、差、愈義近。差與瘥、愈與瘉皆古今字。瘥由差之等差義引伸，謂病之深差於往日。瘉則由愈之勝義引伸，謂病勝於往日。間則由間隙義引伸，謂病稍有間也，《論語·子罕》“病間”，孔安國注“少差曰間”是也[128][頁2490]。

余敢忘高圉、亞圉？

《禮記·王制》疏引此文後又引注曰：“周人不毀其廟，報祭之。”[128][頁1335]

按：惠棟輯此條，以爲服虔注。《禮記》疏引此文後又曰：“此是不合鄭説，故馬融説云‘周人所報而不立廟’。”則似此舊注在馬融前，故馬融作《三傳異同説》而平議之，則此注當爲馬融欲訓《左傳》時所見之賈逵、鄭衆注，而非服虔注。孫詒讓《十三經注疏校記》謂“此馬融疑張融之誤”。但《隋書·經籍志》中張融於《左傳》、《禮記》均無注，孫説似非。①

《禮記·王制》“天子七廟，三昭三穆，與大祖之廟而七”，鄭玄注：“七者，大祖及文王、武王之祧，與親廟四。”[128][頁1335]《漢書·韋玄成傳》：“周之所以七廟者，以后稷始封，文王、武王受命而王，是以三廟不毀，與親廟四而七。”[67][頁3118]《禮記·王制》疏引《白虎通》曰：“周以

① 孫詒讓：《十三經注疏校記》，第485頁。

后稷、文、武特七庿。”是漢世多謂唯始祖后稷及文、武之廟不毁耳。舊注謂高圉、亞圉之廟不毁，恐非。黄以周引劉歆“七者，其正法數，可常數者也。宗不在此數中。宗，變也，苟有功德則宗之，不可預爲設數。故於殷，太甲爲太宗，大戊曰中宗，武丁曰高宗。周公爲毋逸之戒，舉殷三宗以勸成王。繇是言之，宗無數也”（見《漢書・韋玄成傳》），謂“報必有廟，特不在宫寢左與正廟耳”①。則以漢禮釋之，未必是。

“報祭之”者，《國語・魯語上》曰：“高圉、大王，能帥稷者也，周人報焉。”[61][頁166]舊注蓋本此文。所謂“報祭”者，韋昭曰：“報，報德，謂祭也。”《左傳・昭公八年》正義引《國語》孔晁注曰：“功不及祖，德不及宗，故每於歲之大烝而祭焉，謂之報。”[128][頁2053]蓋因秋冬報賽而祭之，故稱“報”。報祭先祖唯見此處，難考其詳。

故其鼎銘云。

《御覽》卷七五六引此有注：“鼎，正考父之廟鼎也。”[150][頁3355]

饘於是。

《御覽》卷八五九引此有注：“饘，饇也。”[150][頁3813]《禮記・内則》疏引此文後又引注曰：“饘，鬻也。”[128][頁1461]

按：《左傳》下文曰“鬻於是”，饘、鬻對文義近，杜預注“饘鬻，餬屬”，亦饘、鬻合釋。

此處雖以饘、鬻昭示其儉，實則此處當指廣義之食物。《國語・越語上》“公與之饇”，韋昭注：“饇，食也。”[61][頁636]是“饇”亦可指廣義的食物。故舊注以饇訓饘。

九年

股肱或虧，何痛如之！

《白氏六帖》卷十九引“痛”作“疾”，且曰：“疾，痛也。”[2][頁2128]

冬，築郎囿，書時也。

《白氏六帖》卷二十四引此後有注：“雖未及時，而農事畢，可以成，故曰‘書事②時’也。”[2][頁2172]

十一年

朝有著定。

---

① 《禮書通故》，第729頁。

② 按，“事”字當衍。

《白氏六帖》卷二十一引此後有注："著定列位之所。"[2][頁2146]

五牲不相爲用。

《白氏六帖》卷二十引此後有注："祭馬祖不用馬之類。"[2][頁2142]

十三年

吾已！無爲爲善矣，唯夫子知我。

《白氏六帖》卷十[2][頁2044]、《御覽》卷四〇六[150][頁1878]引此又引注曰："無人知己之善，故曰'吾已'。"

八月，辛未，治兵，建而不旆。壬申，復旆之。諸侯畏之。

《白氏六帖》卷十五引此文又引注曰："將戰則旆，不戰則不旆。"[2][頁2094]

合諸侯，藝貢事，禮也。

《白氏六帖》卷二十二引此文又引注曰："藝，法也。"[2][頁2160]

十五年

夫有勳而不廢。

《白氏六帖》卷十四引此有注："加重賞也。"[2][頁2086]

有績而載。

《白氏六帖》卷十四引此有注："書功於册。"[2][頁2086]

奉之以土田。

《白氏六帖》卷十四引此有注："奉，賜也。"[2][頁2086]

撫之以彝器。

《白氏六帖》卷十四《賞戰第三》引此有注："弓族（鏃）斧鉞。"[2][頁2086]同卷《賜彝器第二十二》又引此有注："撫，授也。"[2][頁2087]

旌之以車服。

《白氏六帖》卷十四引此有注："戎輅之服。"[2][頁2086]

明之以文章。

《白氏六帖》卷十四引此有注："旌旗也。"[2][頁2086]

十七年

昔者黄帝氏以雲紀，故爲雲師而雲名。

《通典·職官一》引此有注："黄帝受命有雲瑞，故以雲紀事。春官爲青雲，夏官爲縉雲，秋官爲白雲，冬官爲黑雲，中官爲黄雲也。黄帝有景雲之應，因以名師與官也。"[154][頁462]

《御覽》卷八引此有注："有景雲之瑞。"[150][頁37]

炎帝氏以火紀，故爲火師而火名。

《通典·職官一》引此有注："火德也，故爲炎帝。春官爲大火，夏官爲鶉火，秋官爲西火，冬官爲北火，中官爲中火也。神農有火星之瑞，因以名師與官也。"[154][頁462]

共工氏以水紀，故爲水師而水名。

《白氏六帖》卷二引此有注："共工受命於水。"[2][頁1959]

大皞氏以龍紀，故爲龍師而龍名。

《通典·職官一》引此有注："師，長也。龍紀其官長，故爲龍師。春官爲青龍，夏官爲赤龍，秋官爲白龍，冬官爲黑龍，中官爲黄龍。"

按：《左傳》疏引服虔曰："黄帝以雲名官，蓋春官爲青雲氏，夏官爲縉雲氏，秋官爲白雲氏，冬官爲黑雲氏，中官爲黄雲氏。炎帝以火名官，春官爲大火，夏官爲鶉火，秋官爲西火，冬官爲北火，中官爲中火。共工以水名官，春官爲東水，夏官爲南水，秋官爲西水，冬官爲北水，中官爲中水。大皞以龍名官，春官爲青龍氏，夏官爲赤龍氏，秋官爲白龍氏，冬官爲黑龍氏，中官爲黄龍氏。"《通典》之注蓋本此。

我高祖少皞摯之立也，鳳鳥適至，故紀於鳥，爲鳥師而鳥名。鳳鳥氏，歷正也。

《白氏六帖》卷二十九引此文後又引注曰："有鳳爲瑞，故以鳥名官。歷正，掌歷之官。"[2][頁2196]

十八年

梓慎登大庭氏之庫以望之。

《周禮·誦訓》疏引此有注："大庭氏，古亡國之君，在黄帝前，其處高顯。"[128][頁747]

按：馬國翰、李貽德等皆輯此以爲服注，似無確證。

郰人藉稻。

《白氏六帖》卷二十三引此又引注曰："君藉，蓋履稻而行也。"[2][頁2165]

使祝史徙主祏於周廟，告於先君。

《通典·禮八》引"《春秋左氏傳》説"曰："'主祏於宗廟'，言宗廟有祏室，所以藏神主。"[154][頁1347]

按：《通典》本卷前篇又引《五經異義》曰："慎據《春秋左氏傳》曰：'衛孔悝反祏於西圃。祏，石主也。言大夫以石爲主。'"《説文·示部》曰："祏，宗廟主也。《周禮》有郊宗石室。一曰大夫以石爲主。"[137][頁8]則《異義》所據《左傳》説與此不同。杜預注曰："祏，廟主石函。”則與《説文》所引《周禮》之説同。杜預以下皆同此説，或《通典》所引亦爲杜預後學。

禳火于玄冥、回禄。

《白氏六帖》卷九引此有注：“玄冥，水神，祀之以抑火。回禄，火神，祀之求弭水。”[2][頁2036]卷二十引此後曰：“水、火二神。”[2][頁2143]

祈于四鄘。

《白氏六帖》卷二十引此有注：“祓除火災，禮也。皆謂禜也。”[2][頁2143]

子產授兵登陴。

《白氏六帖》卷十五引此有注：“登陴守備也。”[2][頁2096]

十九年

許悼公瘧。

《御覽》卷一四七引此有注：“許悼公，靈公之子，許男買。瘧，寒疾也。”[150][頁716]

按：惠棟輯之以爲服虔注，似無明證。

“瘧寒疾也”，疑“瘧”上脱一“瘧”字。《周禮·天官·疾醫》：“秋時有瘧寒疾。”[128][頁667]舊注之義，蓋謂此“瘧”即《疾醫》之“瘧寒疾”，非以“寒疾”釋“瘧”也。《説文·疒部》：“瘧，寒熱休作。”段玉裁於“作”下增“病”字，且曰：“謂寒與熱一休一作相代也。”[140][頁350]《釋名·釋疾病》：“瘧，酷瘧也。凡疾，或寒或熱耳，而此疾先寒後熱，兩疾似酷瘧者也。”畢沅引蘇輿曰：“瘧，有先寒後熱、先熱後寒、但熱不寒三證，見《内經·瘧論》。”① 是瘧疾忽熱忽寒，非僅寒疾而已。

五月，戊辰，飲大子止之藥，卒。

《御覽》卷一四七引此有注：“經書‘夏五月戊辰，許世子弑其君買’。止，悼公子，襄太子也。公疾不瘳，止進藥，雖嘗，而不由醫。”[150][頁716]

按：“止進藥，雖嘗”者，《禮記·曲禮下》：“君有疾飲藥，臣先嘗之。親有疾飲藥，子先嘗之。”[128][頁1268]是子當嘗藥也。《穀梁傳·昭公十九年》：“許世子不知嘗藥，累及許君也。”是《穀梁》以爲《春秋》責許世子不嘗藥，舊注稱“雖嘗”者，當即駁《穀梁傳》者。

大子奔晋。書曰“弑其君”。

① 《釋名疏證補》，第278頁。

《御覽》卷一四七引此有注："禮，醫不三世不使。君有疾飲藥，臣先嘗之；親有疾飲藥，子先嘗之。公疾未瘳而進藥，雖嘗而不由醫，而卒。故國罪之，書弑，告於諸侯。"[150][頁716]

君子曰："盡心力以事君，舍藥物可也。"

《御覽》卷一四七引此有注："原止之無惡，藥物不害，醫無以加，壽命有終。故曰'舍藥物可也'。一曰，罪止非也，刺無良史。物讀爲勿，止實孝能盡心，事君舍藥，勿以罪之。"[150][頁716]

二十年

山林之木，衡鹿守之；澤之萑蒲，舟鮫守之；藪之薪蒸，虞候守之；海之鹽蜃，祈望守之。

《周禮·大司徒》疏引此有注："衡麓、舟鮫、虞候、祈望，皆官名也。守之令民不得取之，不共利。時景公設此守以致疾，故晏子所非，非其不與民同。"[128][頁705]

《白氏六帖》卷五引"藪之薪蒸，虞候守之"後曰："大曰薪，小曰蒸。"[2][頁1991]

按：杜預注："衡鹿、舟鮫、虞候、祈望，皆官名也。言公專守山澤之利，不與民共。"蓋本此舊注。

二十一年

先人有奪人之心。

《周禮·大司馬》疏引此文又引注曰："戰氣未定故也。"[128][頁838]

後人有待其衰。

《周禮·大司馬》疏引此文又引注曰："待敵之衰乃攻。"[128][頁838]

鄭翩願爲鸛，其御願爲鵞。

《御覽》卷三〇一引此有注："鄭翩，宋大夫，華貙俱亡者。鸛，鸛陣也。鵝，雁行陣也。"[150][頁1384]

二十二年

賓孟適郊，見雄雞自斷其尾。問之，侍者曰："自憚其犧也。"遽歸告王，且曰："雞其憚爲人用乎？人異於是。"

《周禮·牧人》疏引此文又引注曰："犧者，以喻人之有純德實宜爲君。"[128][頁723] 《白氏六帖》於"自憚其犧"下引注曰："雞憚爲人用之。"[2][頁2197]

按：《國語·周語下》亦載此文，韋昭注曰："異於雞也。人之美，則宜君人，事宗廟也。"[61][頁143]義與此舊注同。

二十三年

南宫極震。

《御覽》卷八八〇引此有注："南主極，王子朝之卿士也。"[150][頁3908]

按："主"當爲"宫"之誤。余蕭客、洪亮吉等輯此段爲服虔注。

先君之力可濟也。

《御覽》卷八八〇引此有注："先君，謂劉獻公，文公父也。獻公亦欲立子猛，不欲令子朝得國。今南宫極震死，爲天所弃，先君之功事可成也。"[150][頁3908]

今西王之大臣亦震，天弃之矣。

《御覽》卷八八〇引，"矣"作"也"，且有注："西王，謂子朝也。子朝居王城，故爲之西王也。"[150][頁3908]

東王必大克。

《御覽》卷八八〇引此有注："東王，敬王，居狄泉。狄泉在王城之東，故曰東王也。"[150][頁3908]

二十五年

叔孫婼聘于宋，桐門右師見之。

《周禮·大司馬》疏引此文又引注曰："右師，宋師樂大心也。其室居桐門，故曰桐門右師。"[128][頁837]

按：洪亮吉辑此条，谓"与今杜注不合，当是服注"。

二十六年

有君子，白皙鬒鬚眉，甚口。

《白氏六帖》卷七引此後又曰："鬒，髮甚黑也。"[2][頁2005]

《御覽》卷三七〇引此有注："甚口，多口。"[150][頁1703]

按：《御覽》本段另有兩處注，與杜注略同①，唯此注爲杜注所無。

《説文·彡部》："㐱，稠髮也。鬒，㐱或从髟，真聲。"[137][頁185]髮稠則黑，《詩經·鄘風·君子偕老》"鬒髮如雲"，毛傳："鬒，黑髮也。"[128][頁314]"鬒"字又作"黰"，《左傳·昭公二十八年》："昔有仍氏生女，黰黑，而甚美。""黰黑"近義連文。

孔疏曰："甚口者，謂大口也。"後人多駁此説，焦循曰："甚口，指武

① "冉豎射陳武子，中手"下注："舟堅（冉豎），季氏臣也。""必子彊也，無乃亢諸"下注："子彊，武子。"

子之罵也，今俗稱善詈者爲口，正與此同。”[20][頁680] 沈欽韓曰：“言其善罵，疏謂大口，非。”[201][頁67] 其説皆是。舊注訓爲“多口”，“多口”即“多言”，《孟子·盡心下》“士憎兹多口”[128][頁2775]，《潛夫論·交際》“士貴有辭，亦憎多口”[117][頁354]，《義府》：“多口，謂瑣瑣致辯也。”[199][頁143] 此處“多口”，亦指其善罵而言，是舊注較孔疏爲善。

令尹子常欲立子西。

《御覽》卷一四七引此有注：“子西，平王之長庶子宜申也。”[150][頁716]

按：此段逸注馬國翰、李貽德等已輯，以爲服虔注，但似無確證，故本書録於此，下同。

大子壬弱，其母非適也。

《御覽》卷一四七引，“壬”作“任”，“適”作“嫡”，無“也”字，且有注：“太子任，昭王也，秦嬴也。”[150][頁716]

按：“秦”上當脱“其母”二字。

是亂國而惡君王也。

《御覽》卷一四七引此有注：“謂夫人故太子建娉之廢而不立，是謂亂國追惡君王也。”[150][頁716]

國有外援，不可瀆也。

《御覽》卷一四七引，“瀆”作“黷”，且有注：“外援，謂太子任，秦外孫。黷，易也。秦爲任外援，不可易。”[150][頁716]

按：杜預注：“瀆，僈也。”亦與舊注不異。《説文·水部》：“瀆，溝也。”[137][頁232] 其訓爲慢易侮辱，則爲黷、嬻之假借。《説文·黑部》：“黷，握持垢也。”段注：“垢非可握持之物，而入於握持，是辱也。”[140][頁489]《説文·女部》：“嬻，媟嬻也。”段注：“今人以溝瀆字爲之，瀆行而嬻廢矣。”[140][頁622]《玉篇·女部》：“嬻，易也，媟也。”[147][頁65] 是嬻（瀆、黷）可訓爲易，此易指慢易，非更易。《玄應音義》卷十六“媟瀆”下注：“瀆，慢也，傷也，謂相輕傷也。”

二十八年

鬷蔑惡。

《御覽》卷三八二引此有注：“惡，醜皃也。”[150][頁1762]

按：杜預注：“惡，貌醜。”與此舊注同。《吕氏春秋·去尤》“魯有惡者”，高誘注：“惡，醜也。”[101][頁1300]《莊子·德充符》“衛有惡人焉”，郭象注：“惡，醜也。”[198][頁207]

今子少不颺。

《御覽》卷三八二引此有注："言醜貌，不發揚。"[150][頁1762]

按：杜預注："顔貌不揚顯。"亦以"揚"釋"颺"。《説文·風部》："颺，風所飛揚也。"[137][頁284]是"颺"、"揚"同源，古多假借"颺"爲"揚"。《漢書·揚雄傳》"何必颺纍之蛾眉"，顔師古注："颺，古揚字也。"[67][頁3518]

昔賈大夫惡。

《御覽》卷七四四引此有注："貌醜也。"[150][頁3303]

其大宗賂以女樂。

《御覽》卷四五一引此有注："訟者之大宗也。"[150][頁2074]

魏戊謂閻没、女寬。

《御覽》卷四五一引此有注："二子，晋大夫魏子之屬。"[150][頁2074]

饋入，召之。

《御覽》卷四五一引此有注："召二大夫食。"[150][頁2074]

或賜二小人酒，不夕食。

《御覽》卷四五一引，"或"上有"昨"字，且有注："昨飲酒醉，故不夕食。"[150][頁2074]

按：《御覽》有"昨"字，或舊本如此。

及饋之畢，願以小人之腹爲君子之心，屬厭而已。獻子辭梗陽人。

《御覽》卷四五一引此有注："屬，足也。小人，二子自謂。小人腹飢，則恐食之不足，厭飽則恐君亡。君子居尊，官食重禄，而知不足，故願以其腹爲君子之心。"[150][頁2074]

夏六月，晋殺祁盈及楊食我。

《元和郡縣志》引此有注："太原祁縣也。"[180][頁370]

二十九年

公賜公衍羔裘，使獻龍輔於齊侯。

《周禮·掌節》疏引此又引注曰："龍輔，玉名，所以輔龍節。"[128][頁740]

按：《周禮·掌節》"澤國用龍節……以英蕩輔之。"，鄭玄引杜子春注曰："蕩當爲帑，謂以函器盛此節。或曰：英蕩，畫函。"[128][頁739]《左傳正義》引《周禮》此文曰："謂鑄金爲龍，以玉爲函，輔盛龍節，謂之龍輔。此獻函不獻節，故直云'獻龍輔'。玄卿云：盛龍節之玉函耳。"則孔氏及玄卿皆以此舊注文釋之，而《周禮》賈疏及孫詒讓正義皆以之爲誤。《續漢書·百官志》“舊二人在中，主璽及虎符、竹符之半者”，李賢注引《周禮》此文，又引干寶曰：“英，刻書也。蕩，竹箭也。刻而書其所使之事，以助三節之信，則漢之竹使符者，亦取則於故事也。”[72][頁3599] 孫詒讓引惠士奇曰：“干説是。英蕩者，傳也。凡達節皆有傳，傳所以輔節，節以金，傳以竹。”[194][頁1115] 是“英蕩”刻字以補節，若以玉爲之，則刻畫不易，無以爲輔。是賈、孫之説是，而《左傳》舊注非。

人實不知，非龍實知。

《御覽》卷九二九引，“知”皆作“智”，且有注：“言人實不智而謂之智，非龍智也，乃不智也。”[150][頁4128]

按：“乃”當作“人”。

后土爲社；稷，田正也。

《北堂書鈔》卷八七：“《左傳》杜預云：‘社實陰祗，稷唯穀元帥，敬成類，協讚乾坤之位也。’”[5][頁364]

按：今本《左傳》杜預注無此文。虞世南未引正文，不知此爲何文之注，僅知所注者爲“社稷”。前揭之文爲《左傳》中唯一一處分釋“社稷”二字者，姑置此注於該文後。

“社實陰祗”者，“祗”當作“祇”。《禮記·郊特牲》“社祭土而主陰氣也”，孔穎達疏：“土是陰氣之主，故云‘而主陰氣也’。”[128][頁1449]《白虎通義·災變》：“社者，陰之主也。”[1][頁273] 是社爲陰祇之義。

“稷唯穀元帥”者，《白虎通義·社稷》：“稷，五穀之長。”[1][頁83]《風俗通義·祀典》引《孝經説》曰：“稷者，五穀之長，五穀衆多，不可徧祭，故立稷而祭之。”[41][頁356]《漢書·郊祀志》引王莽説曰：“稷者，百穀之王。”[67][頁1269]《禮記·月令》“首種不入”，鄭玄注：“舊説首種謂稷。”[128][頁1357] 是稷爲穀元帥。

以鑄刑鼎。

《御覽》卷七五六引此有注：“刑書之鼎。”[150][頁3356]

按：以下句云“著范宣子所爲刑書焉”，故舊注釋此“刑鼎”爲“刑書之鼎”。

定公

四年

殷民六族。

《周禮·司約》引此有注曰：“殷民，禄父之餘民三十族六姓也。”[128][頁881]

按：洪亮吉亦引此條，謂“今無此注，賈所引當是服義”。吴静安亦以爲服注。

分之土田陪敦。

《白氏六帖》卷十四引此有注：“陪，多；敦，厚。”[2][頁2089]

按：杜預注：“陪，增也。敦，厚也。”與此同。《説文·阜部》：“陪，重土也。”[137][頁306]引申而有增益之義。《廣雅·釋詁》：“陪，益也。”[60][頁37]《左傳·僖公三十年》：“焉用亡鄭以陪鄰？”① 杜預注：“陪，益也。”“陪”之訓多訓增，字又作“倍”。本處《釋文》即作“倍”，云“本亦作陪”[84][頁294]。“敦，厚”爲古書常訓。

分康叔以大路。

《周禮·司約》引此有注曰：“復如分周公，欲使康叔以化之。”[128][頁881]

按：吴静安輯此條以爲鄭玄注，殊誤。鄭玄欲注《左傳》而不成，《世説新語》具有其文，《周禮》賈疏不當又引鄭玄注。

職官五正。

《周禮·司約》引此有注曰：“五正，五官之長。”[128][頁881]

按：杜預注：“職官五正，五官之長。”與此舊注同。然本段上引兩注皆與杜注不同，可知此注亦非杜注。

五叔無官，豈尚年哉？

《白氏六帖》卷二十一引此有注：“謂康叔、聃叔之兄有五人皆無官也。”[2][頁2146]

八年

士皆坐列，曰：“顔高之弓六鈞。”皆取而傳觀之。

《御覽》卷三四七引，“取”上有“分”字，且有注：“顔高，魯人也。三十斤爲鈞，六鈞，一百八十斤也。故異之。”[150][頁1597]

按：杜預注：“顔高，魯人。三十斤爲鈞，六鈞百八十斤。古稱重，故以爲異強。”與此略同。

九年

公三襚之。

《白氏六帖》卷十四引此有注：“先以士服，次大夫服，次卿服。”[2][頁2086]

坐引者，以師哭之，親推之三。

---

① 阮本“陪”作“倍”，據《校勘記》改。

《儀禮·既夕禮》引此又引注曰："坐而飲食之。"[128][頁1148]

按：洪亮吉、吴静安等輯此文以爲服虔注。

杜預注曰："君方爲位而哭，故挽喪者不敢立。"楊伯峻亦略同其説。然"挽喪者不敢立"當云"引者坐"，不當云"坐引者"。既稱"坐引者"，則是齊侯令引者坐。此處坐引、師哭、親推之三皆齊侯所特優待於敝無存者，然僅令引者坐似猶未爲優待，故舊注又稱"飲食之"。然諸書無飲食引者之禮，或漢禮如此。

十三年

子臣，可以免。

《御覽》卷四七一引此有注："子雖富，禮恭不失臣禮。"[150][頁2162]

按：此當爲下句"富而能臣"之注，《御覽》錯置此。

戍也驕。

《御覽》卷四七一引，"戍"作"戌"，且有注："戌子之才公救戌也。"[150][頁2162]

按：此注不可解，疑有脱誤。

十四年

靈姑浮以戈擊闔閭。

《御覽》卷三七〇引此有注："靈姑浮，越大夫。闔廬，吴王也。"[150][頁1705]

闔廬傷將指，取其一屨。

《御覽》卷三七〇引此有注："將指，中大指，亦曰大拇指。"[150][頁1705]

按：杜預注"其足大指見斬"，則以"足大指"爲"將指"，與舊注"亦曰"同。《儀禮·大射》"贊設决，朱極三"，鄭玄注："三者，食指、將指、無名指。"[128][頁1039]則以"將指"爲中指。《説文·手部》："拇，將指也。"段玉裁注："將指，謂手中指也……合三經而言之，手以中指爲將指爲拇，足以大指爲將指爲拇，此手足不同偁也。"[140][頁593]段氏蓋本《左傳正義》，《左傳·宣公四年》"子公之食指動"，疏："足之用力，大指爲多；手之取物，中指最長。故足以大指爲將指，手以中指爲將指。"皆與舊注之説同。

哀公

元年

里而栽。

《白氏六帖》卷十五引此有注："城一里設坂（板）築也。"[2][頁2097]

師及齊師、衛孔圉、鮮虞人伐晉，取棘蒲。

《御覽》卷一六一引此有注："即今平棘縣也。"[150][頁783]

按：《漢書·地理志》常山郡平棘縣，應劭注："伐晉取棘蒲也。"[67][頁1576]《史記·趙世家》"取棘蒲"，《正義》："今趙州平棘縣，古棘蒲邑。"[130][頁1799] 皆與舊注同。然《漢書》顔師古注曰："《功臣表》棘蒲侯陳武，平棘侯林摯，是則平棘、棘蒲非一地也。應説失之。"《大清一統志》引《十三州志》曰："平棘，本晉之棘蒲，戰國時改爲平棘。舊志或謂平棘在棘蒲之南，後移治於棘蒲，故以故平棘爲南平棘也。"① 此説足釋顔師古之疑，亦證舊注不誤。

三年

命藏象魏，曰："舊章不可亡也。"

《藝文類聚》卷六二[176][頁1115]、《御覽》卷一七九[150][頁871]引，"亡"作"忘"，且有注："象魏，闕也，法令懸之，故謂其書爲象魏。"

按：洪亮吉輯此文以爲服虔注。

《周禮·大宰》鄭司農注[128][頁649]、《詩經·大雅·假樂》疏[128][頁541]、《後漢書·章帝八王傳》李賢注[72][頁1805]、《文選》卷一班固《兩都賦》注[157][頁34]、卷三張衡《東京賦》注[157][頁55]、卷三四曹植《七啟》注（《集注》本作"亡"）[157][頁489]、卷五六陸倕《石闕銘》注[157][頁774]引此文，"亡"亦皆作"忘"，蓋當時或本作"忘"。《風俗通義·過譽》引，"亡"作"無"[41][頁205]，"無"與"亡"義同，而與"忘"遠，可知漢時此文當已作"亡"。

《周禮·太宰》"乃縣治象之灋于象魏，使萬民觀治象"，鄭玄引鄭司農注："象魏，闕也。"[128][頁648] 舊注及杜預注皆本此文。

於是乎去表之稾。

《白氏六帖》卷一引此又引注曰："表火道。藁，草也。"[2][頁1949]

按，疑"表火道"上當脱一"表"字。"表，表火道"，杜預注同。《白帖》作"藁"者，今本《左傳》作"稾"爲"稾"之誤，詳參阮元《校勘記》。"稾"、"藁"同，《干禄字書·上聲》："稾藁，上通下正。"②《説文·禾部》："稾，稈也。""稈，禾莖也。"[137][頁145]

① 《大清一統志》卷52下，第8頁。

② 《干禄字書》，《叢書集成初編》本，第41—42頁。

五年

齊燕姬生子，不成而死。

《御覽》卷一四七引此有注："燕姬，齊景公嫡夫人，昭七年燕人所歸。不成，未冠。"[150][頁716]

按：本段注各書輯爲服虔注，未知何據。

諸子鬻姒之子荼嬖。

《御覽》卷一四七引此有注："諸子，諸公子。鬻姒，景公妾也，淳于人所納女。荼，安孺子。"[150][頁716]

諸大夫恐其爲大子也，言於公曰："君之齒長矣，未有大子，若之何？"

《御覽》卷一四七引，無"大"字，且有注："爲子，爲太子也。荼少，故恐立之。言君年長，未有太子，一旦不諱，當若之何？欲令早立長也。"[150][頁716]

公曰："二三子間於憂虞，則有疾疢，亦姑謀樂，何憂於無君？"

《御覽》卷一四七引此有注："言二三子間於鄰國憂虞，則疾疹在其間。今無疾疹，何爲不自謀自樂，何憂無君乎？"[150][頁716]

公疾，使國惠子、高昭子立荼。

《御覽》卷一四七引此有注："國惠子，國景之子國夏也。高昭，高偃之子高張也。"[150][頁716]

寘羣公子於萊。

《御覽》卷一四七引此有注："寘，置。萊，齊東鄙邑，欲使遠齊。"[150][頁716]

六年

彼皆偃蹇，將棄子之命。

《白氏六帖》卷八引此有注："驕放之皃。"[2][頁2028]

三代命祀，祭不越望。

《白氏六帖》卷二十引此有注："望境內山川。"[2][頁2141]

江、漢、睢、章，楚之望也。

《白氏六帖》卷二十引此有注："四水在楚望祀之數。"[2][頁2141]

十二年

宋鄭之間有隙地焉，……子產與宋人爲成，曰："勿有是。"

《白氏六帖》卷三引此後引注曰："各勿有之。"[2][頁1968]

按：杜注："俱棄之。"與此舊注意同。

十三年

佩玉縈兮，余無所繫之。

《白氏六帖》卷四引此有注："言人皆佩玉，我獨無所繫？吴申叔儀曰，吴王不恤國士也。"[2][頁1977]卷十五引此後又曰："縈，佩玉白。"[2][頁2095]

按：縈無白義，疑"白"字當爲"皃"之壞字。

對曰："粱則無矣，麤則有之。若登首山以呼曰，庚癸乎！則諾。"

《白氏六帖》卷十六引此又引注曰："庚，西方，穀。癸，北方，水。軍中不敢正言，故謬諾。傳言吴王不恤士，故亡也。"[2][頁2104]

旨酒一盛兮，余與褐之父睨之。

《白氏六帖》卷十五引此後注曰："睨，邪視也。言已與被褐之人同得視之，不得飲。傳言吴王夫差不恤士也。"[2][頁2095]

十四年

西狩於大野，叔孫氏之車子鉏商獲麟，以爲不祥，以賜虞人。仲尼觀之，曰："麟也。"然後取之。

《白氏六帖》卷二十九引此又引注曰："麟者，仁獸，王者之嘉瑞也。時無明主，出而遇獲。仲尼傷周道之不興，感嘉瑞之無應，故修《春秋》，爲中興之教也。絶筆於'獲麟'之一句，所感而起，所以爲終也，故曰'感麟而作春秋'也。"[2][頁2201]《御覽》卷八八九引此有注："時所未嘗見，故怪之爲不祥。麟，仁獸，聖王嘉瑞。時無明王，出而遇獲。仲尼悲周道之不典，感嘉瑞無應，故因魯《春秋》而修中興之教，絶筆於'獲麟'一句。所感而作，故所以爲終。"[150][頁3950]

按：《史記·孔子世家》引服虔注曰："麟非時所常見，故怪之，以爲不祥也。仲尼名之曰'麟'，然後魯人乃取之也。明麟爲仲尼至也。"[130][頁3950]前半與此注同，或此亦爲服虔注。

十五年

子路曰："君子死，冠不免。"

《白氏六帖》卷四引此後曰："免至地也。"[2][頁1978]

二十三年

以肥之得備彌甥也。

《通典·禮五十二》引此文後又引先儒曰："彌，遠也，姊妹之孫爲彌甥。"[154][頁2513]

按："彌，遠也"，杜注同。

是時宋景曹卒，杜預注："景曹……季桓子外祖母。"桓子爲康子肥之父。景曹卒，則受弔者當爲景曹之子，桓子之舅。是康子爲受弔者姊妹之孫。杜預注"康子父之舅氏，故稱彌甥"，與先儒之説亦略同。《左傳·哀公二十五年》杜預注："姊妹之孫爲從孫甥。"是此類關係之準確名稱當爲"從孫甥"，"彌甥"僅爲臨時稱呼。故袁準曰："此臨時説事，而遂可爲名乎？"

二十四年

役將班矣。

《白氏六帖》卷二十二引此文有注："班，還也。"[2][頁2158]

二十七年

陳成子屬孤子，三日朝。

《御覽》卷二〇一引此有注："屬，會也。孤子，死事者之子也。"[150][頁969]

按：洪亮吉輯此段以爲服虔注，余蕭客以爲失名注，今從余氏。

"屬，會也"者，《周禮·大司馬》"大役，與慮事屬其植"，鄭司農注："屬謂聚會之也。"[128][頁839]《周禮·州長》"正月之吉，各屬其州之民而讀灋"，鄭玄注："屬猶合也、聚也。"[128][頁717]《孟子·梁惠王下》"乃屬其耆老而告之"，趙岐注"屬，會也。"[128][頁2681]皆與此舊注同。又杜注"屬會死事者之子"，亦以"會"釋"屬"。

"孤子，死事者之子也"者，《周禮·外饔》"邦饗耆老、孤子"，鄭玄注："孤子者，死王事者之子也。"[128][頁662]舊注蓋本此。

設乘車兩馬，繫五邑焉。

《御覽》卷二〇一引此有注："乘車兩馬，大夫車服也。繫五邑，加之五邑也。一曰：兩，飾也。"[150][頁969]

按："乘車兩馬，大夫車服也"者，杜預亦曰："乘車兩馬，大夫服。"然禮書中未見以兩馬御車之制。《史記·孔子世家》，孔子適周，"魯君與之一乘車，兩馬"[130][頁1909]。彼時孔子自衛反魯，魯君善待之，或即以大夫車服與之乎？

"兩，飾也"者，《左傳·宣公十二年》"兩馬、掉鞅而還"，杜預注："兩，飾也。"

隰之役，而父死焉。

《御覽》卷二〇一引此有注："隰役在哀二十三年。"[150][頁969]

六 《公羊傳》何休注

今雖仍存《公羊傳》何休注，但恐怕已非完本。古文獻中引用了一些何休之文，不見於今本何休注，很可能是何休注的逸文。即使有些不是何休注，也應是《公羊》古注。今輯得數條，迻録於下：

桓公

十一年

忽何以名?《春秋》伯子男一也，辭無所貶。

《禮記·曲禮下》疏引何休曰："直以喪降稱名，無餘罪致貶，凡以王事出會未踰年皆稱子。"[128][頁1266]

莊公

元年

於路寢則不可，小寢則嫌。

《禮記·曲禮下》疏引何休曰："路寢是君聽事之處，不可嫁他女。小寢是夫人所居，天王女宜遠別，不可住也。"[128][頁1241]

群公子之舍，則以卑矣。

《禮記·曲禮下》疏引何休曰："羣公子是魯侯之諸女也。魯侯女宫爲卑，不可處王女也。"[128][頁1241]

八年

託不得已也。

《原本玉篇殘卷·言部》"託"下引何休注："因託以也。"[181][頁6]

二十七年

公子慶父、公子牙通乎夫人，以脅公。何休注：語在三十二年。

《禮記·郊特牲》引何休注作"公病，問後於牙，牙對曰：'魯一生一及，君已知之，牙欲立慶父。'"[128][頁1447]

季子起而治之，則不得與于國政；坐而視之，則親親。

《禮記·雜記下》疏引何休注曰："不忍見其如此，故請至於陳而葬原仲，時季友討慶父，爲不與國政，力不能討。至莊三十二年，季子與國政，故逐慶父而酖叔牙也。"[128][頁1568]

僖公

十年

刎脰而死。

《玄應音義》卷十八曰："《公羊傳》云'公遂刎脰而死'，何休曰：'刎，割也。'"[166][頁75B]《後漢書·隗囂傳》注[72][頁531]、《文選》卷十潘岳《西征賦》注[157][頁157]、《慧琳音義》卷四三[172][册58頁259]、卷四四[172][册58頁287]、卷五二[172][册58頁453]、卷七三[172][册58頁935]、卷七八[172][册58頁1041]引何休注《公羊傳》亦曰"刎，割也"。

三十一年

河海潤于千里。

《文選》卷十二郭璞《江賦》注[157][頁189]、《文選》卷十三謝惠連《雪賦》注[157][頁195]引此有何休注："河海興雲，雨及千里。"《御覽》卷六十引此文亦有注："河海出雲及千里。"[150][頁287]

三十三年

爾即死，必於殽之嶔巖。

《慧琳音義》卷八一："何注《公羊傳》云：'嶔岑，山高危險也，山阜勢也。'"[172][册59頁18]《慧琳音義》卷四三："《公羊傳》云，嶔崟，山阜勢。"[172][册58頁272]

文公

十四年

秋，七月，有星孛入于北斗。

《慧琳音義》卷九十引何休注《公羊傳》曰："孛星如白絮孛孛然祆也。"[172][册59頁171]

宣公

八年

大夫以君命出，聞喪徐行而不反。

《儀禮·聘禮》引此，又引何休注有"聞大喪而不反，重君命也"一句[128][頁1070]。

十六年

成周者何？東周也。

《水經注·穀水》[134][頁391]、《史記·魯周公世家》集解[130][頁1519]引此文，又引何休注曰："名爲成周者，周道始成，王所都也。"《後漢書·郡國志》劉昭注引何休注亦有"周道始成，王之所都也"之文[72][頁3390]。

昭公

十一年

楚師滅蔡。執蔡世子有以歸，用之。

《禮記·曲禮下》疏引何休曰："稱世子者，不許楚之滅蔡也。猶若君存然，故猶稱世子。"[128][頁1266]

哀公

十四年

撥亂世，反諸正，莫近諸《春秋》。

《詩經·大序》疏[128][頁270]、《爾雅·序》疏[128][頁2567]引，何休注皆有"莫近，莫過之也"之文。

七　《公羊傳》劉兆注

劉兆，字延世，濟南東平人，《晋書·儒林傳》有傳。曾作《春秋調人》，爲《春秋》三傳及《周易》作注。據《晋書》本傳稱"兆儒德道素，青州無稱其字者"[81][頁2350]，可知當時聲望甚高，然其書今已無傳。其《公羊傳》注有馬國翰、王謨、王仁俊、龍璋四家輯本。孫啟治、陳建華稱王謨所輯未出馬輯外[54][頁65]，然馬輯亦僅五條而已。王仁俊又據《原本玉篇殘卷》補馬國翰三條。龍輯則未見。今又據《慧琳音義》輯得數條，羅列於下：

隱公

六年

《春秋》編年，四時具，然後爲年。

《原本玉篇殘卷·糸部》"編"下[181][頁161]、《慧琳音義》卷十一[172][册57頁601]、卷十五[172][册57頁684]、卷六十[172][册58頁654]、卷七七[172][册58頁1031]、卷八十[172][册58頁1069]皆引劉兆注《公羊》曰："編，比連也。"《慧琳音義》卷四七引劉兆注《公羊》曰："編，連也。"[172][册58頁347]《慧琳音義》卷九一"編韋"下引劉兆注《公羊》曰："編韋者，比連其作簡也。"[172][册58頁347]蓋因詞頭而誤。

莊公

元年

夫人譖公於齊侯。

《慧琳音義》卷五七引劉兆注《公羊傳》曰："言旁入口曰譖。"[172][册58頁594]

按：《文選》卷十九韋賢《諷諫詩》注引劉兆曰"旁言曰譖"[157][頁274]，與此文相近。馬國翰輯於莊四年傳"紀侯譖之"下。但《公羊傳》"譖"字始見於此。又，據《晋書·劉兆傳》，兆曾遍注《春秋》三傳，又撰《周易訓注》。則《文選》注所引是否爲其《公羊傳》注可能還有疑問。

二年

及者何？累也。

《慧琳音義》卷十引劉兆注《公羊傳》曰："累，次積也。"[172][册57頁597]

十七年

夏，齊人殲于遂。

《慧琳音義》卷七五引劉兆注《公羊傳》曰："殲，沽濡之言也。"[172][册58頁981]

按："沽"當爲"沾"之誤。

十八年

秋，有蜮。

《慧琳音義》卷八二引劉兆曰："狀如鱉，含沙射人，著人皮膚爲害。"[172][册59頁24]

按：此不言劉兆何書注，然必爲三傳之注無疑。《慧琳音義》多引劉兆《公羊傳》注，或當爲《公羊》注。故本書姑録於此。

三十一年

臨民之所漱浣也。

《慧琳音義》卷十五引劉兆注《公羊傳》曰："濯生練曰漱，去舊垢曰澣。"[172][册57頁692]《慧琳音義》卷七七引劉兆注《公羊傳》曰："濯生練曰涑，去舊垢曰澣。"[172][册58頁1013]《慧琳音義》卷四七引劉兆注《公羊傳》曰："濯生練曰漱。束陬反。去舊垢曰澣。"[172][册58頁365]《慧琳音義》卷八二引劉兆注《公羊傳》曰："濯生練曰涑。涑音桑候反。舊垢曰澣。"[172][册59頁32]《慧琳音義》卷五四[172][册58頁511]、卷七七[172][册58頁1021]引劉兆注《公羊傳》曰："去舊垢曰澣。"《慧琳音義》卷六三引劉兆注《公羊傳》曰："去舊垢曰浣也。"[172][册58頁741]《慧琳音義》卷七四[172][册58頁941]、卷九二[172][册59頁197]引劉兆注《公羊傳》曰："去垢曰澣。"《慧琳音義》卷七八引劉兆注《公羊傳》曰："浣去舊垢曰濯也。亦作澣。"[172][册59頁1074]

按：綜合《慧琳音義》各卷所引，當以卷十五所引爲劉兆注原貌，其他各卷所引多有誤。又，據各卷引，蓋劉本《公羊傳》"浣"作"澣"。

僖公

八年

蓋脅于齊媵女之先至者也。

《玄應音義》卷十三[166][頁58A]、《慧琳音義》卷五五[172][册58頁534]引：

“《公羊傳》‘愶于齊’，劉兆曰：‘愶，畏迫也。’今皆作脅。”《慧琳音義》卷十八“迫愶”下引劉兆注《公羊傳》曰：“畏迫也。”[172][册57頁767]

十年

桓公之享國也長。

《慧琳音義》卷三一“世享”下引劉兆注《公羊傳》曰：“食也。”[172][册58頁24]

二十八年

放乎殺母弟者，文公爲之也。

《原本玉篇殘卷·放部》“放”下：“《公羊傳》‘放乎煞母弟’，劉兆曰：‘放猶比也。’”[181][頁311]《慧琳音義》卷八十引劉兆注《公羊》云：“放，比也。”[172][册58頁1093]

宣公

十五年

易子而食之，析骸而炊之。

《慧琳音義》卷五[172][册57頁477]、卷六二[172][册58頁707]、卷八九[172][册59頁163]引劉兆注《公羊傳》曰：“骸，骨也。”

小人見人之厄則幸之。

《慧琳音義》卷二二引劉兆注《公羊傳》曰：“幸，遇也。”[172][册57頁477]

襄公

二十七年

夫負羈縶。

《慧琳音義》卷六一引劉兆注《公羊傳》曰：“縶，絆也。”[172][册58頁686]

昭公

五年

不以私邑累公邑也。

《原本玉篇殘卷·厽部》“絫”下[181][頁511]、《慧琳音義》卷三[172][册57頁454]引劉兆注《公羊傳》曰：“累，次積也。”

直泉者何？涌泉也。

《慧琳音義》卷十九[172][册57頁774]、卷二十[172][册57頁800]、卷三一[172][册58頁12]、卷三二[172][册58頁37]、卷四四[172][册58頁285]引劉兆注《公羊傳》曰：“涌，騰也。”

十三年

比之義宜乎效死不立。

《原本玉篇殘卷·放部》引，“效”作“放”，且有劉兆注：“放，至也。”顧野王案：“謂至極也。”[181][頁310]

哀公

十四年

有麕而角者。

《文選》卷十一鮑照《蕪城賦》注引劉兆曰：“麞，麞也。”[157][頁167]《慧琳音義》卷八八[172][册59頁137]、卷九二[172][册59頁196]、卷九四[172][册59頁228]、卷九七[172][册59頁279]引劉兆注《公羊傳》曰：“麕，獐也。”

按：馬國翰即據《文選》注輯。筆者疑《文選》注之“麞”乃據“麞”類化之俗字，劉兆原文當如《慧琳音義》引作“獐”。

八 《公羊傳》王愆期注

王愆期，字門子，河東人，官至散騎常侍，《晋書》有傳，附於父王接傳。愆期曾注《公羊傳》，《隋書·經籍志》、兩《唐志》皆著録。其書今早亡，留存逸文亦不多，僅王仁俊自《尚書正義》中輯得一條。今又從《毛詩正義》中輯得一條，迻録於下：

定公

十二年

五堵而雉。

《詩經·小雅·鴻雁》疏：“王愆期注《公羊》云：諸儒皆以爲雉長三丈，堵長一丈。疑五誤，當爲三。”[128][頁432]

九 《公羊傳》無名氏注

《公羊傳》何休注形成較早，影響亦較大，其後雖有王愆期、高龍（《舊唐書·藝文志》作高襲）、孔衍、劉兆等爲之作注，但流傳不廣。故文獻中所引《公羊傳》注以何休注爲主，旁及少數劉兆注，故所輯《公羊傳》逸注爲三傳中最少。但尚有數條逸注未知注者，現羅列於下：

桓公

五年

言雩則旱見，言旱則雩不見。

《通典·禮三》引此有注：“皆善人君能感懼天災，應變求索，憂人之急，非四時常祭。不雩則言旱，旱而不害物則言大雩，言大雩則大旱可

知也。"[154][頁1201]

僖公

三十一年

河海潤于千里。

《白氏六帖》卷二引此有注："海出雲雨及千里也。"[2][頁1960]

定公

八年

睋而鍰其板。

《玉篇·目部》引《公羊傳》注曰："睋，望也。"[147][頁88]

哀公

二年

父有子，子不得有父也。

《白氏六帖》卷二引此有注："有子，謂廢輒之義，可立，不以父命辭王父命。衛侯輒也。"[2][頁1996]

按，此文錯亂，疑當作："有子，謂廢輒之義，可立衛侯輒也。不以父命辭王父命。"

十　《穀梁傳》尹更始注

尹更始，字翁君，《漢書·儒林傳》稱更始從蔡千秋習《穀梁傳》[67][頁3618]，曾爲《穀梁傳》作章句。《隋書·經籍志》稱"梁有《春秋穀梁傳》十五卷，漢諫議大夫尹更始撰，亡"[149][頁931]，而兩《唐志》仍録是書。此書僅有馬國翰輯得四條，本書又從《禮記正義》中輯得一條。

僖公

十五年

天子七廟。

《禮記·王制》疏引此文又引尹更始説曰："天子七廟，據周也。"[128][頁1335]

十一　《穀梁傳》麋信注

麋信，字南山，東海人，官至魏樂平太守（據《經典釋文·叙録》）。《南齊書·陸澄傳》載澄與王儉書曰："《穀梁》太元舊有麋信注，顔（引者按：謂顔之推）益以范甯，麋猶如故……必謂范善，便當除麋。"王儉答曰："《穀梁》小書，無俟兩注，存麋略范，率由舊式。"[113][頁684—685]可見麋信注在范甯注成書之前影響較大，可惜其書早亡，逸文亦留存不多。今有馬國翰、王謨、黄奭三種輯本，孫啟治、陳樹華曰：“馬輯多於王九節，其中八節採自《太平御覽》，爲王所未及。王輯唯採僖公三年一節爲馬所無，然此節非引麋信注原文。黄奭全襲王輯。”[54][頁64] 今又自《太平御覽》中輯得《穀梁傳》麋信注數條，爲馬、王、黄書中全無，今迻録於下：

桓公

九年

朝不言使，言使非正也。

《御覽》卷一四七引，不重“言使”二字，又引“庾信”注曰：“禮，諸侯之適誓於天子，攝其君則下其君一等，未誓則以玉帛繼子男，此謂會同急王命者也。至於相朝，非急會。今曹伯有疾不朝魯，未爲有闕，而使世子攝朝，言非禮之正。”[150][頁716—717]

按：史志未有言庾信注《穀梁傳》者，“庾”當爲“麋”之誤。

以内爲失正矣。

《御覽》卷一四七引此又引“庾信”注曰：“内魯。”[150][頁717]

内失正，曹伯失正。

《御覽》卷一四七引此又引“庾信”注曰：“言二者俱失之。”[150][頁717]

世子可以已矣。則是故命也。

《御覽》卷一四七引，“故”作“放”，又引“庾信”注曰：“放，違也。言世子違命而正，是當不義則爭之。”[150][頁717]

成公

元年

齊使禿者御禿者，使眇者御眇者，使跛者御跛者，使僂者御僂者。蕭同姪子處臺上而笑之。聞於客，客不説而去，相與立胥閭而語，移日不解。

《御覽》卷七三八引此有注：“麋俗，胥閭，門名也。御，迎也。”[150][頁3272]

按：“麋俗”二字不可解，“俗”當爲“信”字之誤。

十二 《穀梁傳》劉兆注

劉兆，見前《公羊傳》劉兆注下。《穀梁傳》劉兆注舊有馬國翰、王謨、王仁俊、龍璋四家輯本。王謨未出馬外，王仁俊又據《原本玉篇殘卷》輯得數條，龍書未見。今又從《慧琳音義》等書中輯得數條。王仁俊輯本不依《穀梁傳》文排列，使用極爲不便。且見於《原本玉篇殘卷》之《穀梁傳》劉兆注又多有他書互證，故本書所輯有與王仁俊同者。另外，楊思範《〈慧琳音義〉引儒家經典研究》亦曾據《慧琳音義》輯得九條劉兆《穀梁傳》注，凡見於楊文者，本書於該條後標＊號，以示不敢掠美。

隱公

元年

若隱者，可謂輕千乘之國，蹈道則未也。

《慧琳音義》卷十二[172][冊57頁636]、卷十三[172][冊57頁657]引劉兆注《穀梁傳》曰："蹈，履行也。"《慧琳音義》卷四[172][冊57頁461]、卷三三＊[172][冊58頁58]引劉兆注《穀梁傳》曰："蹈，履也。"

寰內諸侯，非有天子之命，不得出會諸侯。

《慧琳音義》卷四＊劉兆注《穀梁傳》曰："寰，圻也。"[172][冊57頁467]《慧琳音義》卷八八＊引劉兆注《穀梁傳》曰："寰，王者千里內封域也。"[172][冊59頁146]

三年

吐者外壤，食者內壤。

《慧琳音義》卷六九＊引劉兆注《穀梁傳》曰："鑿地出土日壤。"[172][冊58頁853]

四年

祝吁之挈，失嫌也。

《慧琳音義》卷九八＊引劉兆注《穀梁傳》曰："挈，擊也。"[172][冊59頁304]

五年

初獻六羽，始厲樂矣。

《原本玉篇殘卷·厂部》引此文又引劉兆注曰："厲，咸略。"[181][頁463]

桓公

二年

臣既死，君不忍稱其名，以是知君之累之也。

《慧琳音義》卷三三＊引劉兆注《穀梁傳》曰："累，連及也。"[172][冊58頁68]

孔子曰："名從主人，物從中國。"

《御覽》卷七五六引，"名"上有"器從邑"一句[150][頁3356]。

莊公

三年

改葬之禮，緦，舉下，緬也。

《原本玉篇殘卷·糸部》"緬"下引此又引劉兆注曰："緬，謂輕而

薄也。"[181][頁123]

二十四年

斥言桓宫。

《原本玉篇殘卷·广部》"斥"下[181][頁455]、《慧琳音義》卷六二[172][册58頁698]引劉兆曰:"斥,指也。"《慧琳音義》卷五一[172][册58頁447]、卷七八[172][册58頁1041]引"《穀梁傳》"曰:"斥,指也。"《慧琳音義》卷三四*引劉兆注《穀梁傳》曰:"指亦斥也。"[172][册58頁74]《慧琳音義》卷十五引"劉兆注《公羊傳》"曰:"斥,指言也。"[172][册57頁682]

按:劉兆注本文當作"斥,指也"。《慧琳音義》多引注而標傳曰,故或引作"《穀梁傳》曰"。《慧琳音義》引經注又多僅引注義,而非原文,故於訓詁多顛倒而引,前揭或引作"指亦斥也"亦屬此類。《慧琳音義》又或引作"劉兆注《公羊傳》"則因其書多引《公羊傳》注而轉寫致誤。

僖公

元年

惡公子之紿。

《原本玉篇殘卷·糸部》引此文又引劉兆注曰:"紿,相負欺也。"[181][頁129]《慧琳音義》卷九九"詐紿"下引劉兆注《穀梁傳》曰:"紿謂相欺負也。"[172][册59頁328]《慧琳音義》卷九五"詐紿"下引劉兆曰:"相欺負也。"[172][册59頁246]

二十八年

水北爲陽,山南爲陽。

《原本玉篇殘卷·阜部》引此文又引劉兆注曰:"以見日爲陽也。"[181][頁487]

文公

二年

易檐可也,改塗可也。

《慧琳音義》卷三一*引劉兆注《穀梁傳》曰:"檐,屋梠也。"[172][册58頁23]《慧琳音義》卷八八*引劉兆注《穀梁傳》曰:"櫚,屋梠也。"[172][册59頁140]

九年

鄭父,累也。

《原本玉篇殘卷·糸部》"纍"下引作"箕鄭,累也",且有劉兆注:"累,連及也。"[181][頁157]

十四年

敻入千乘之國。

《慧琳音義》卷八八引劉兆注《穀梁傳》曰："敻，深遠也。"[172][册59頁146]《慧琳音義》卷八八*引劉兆注《穀梁傳》曰："敻亦遠也。"[172][册59頁137]《慧琳音義》卷九二*引劉兆注《穀梁傳》曰："敻，深也。"[172][册59頁199]《慧琳音義》卷九五引劉兆曰："敻，深遠也。"[172][册59頁252]《慧琳音義》卷九四引"劉兆注《公羊傳》"曰："敻，深遠也。"[172][册59頁226]《慧琳音義》卷九七引"劉兆注《公羊傳》"曰："敻，深遠貌也。"[172][册59頁281]

按：劉兆原注當作"敻，深遠也"，《慧琳音義》各卷所引多或有誤。

緜地千里。

《原本玉篇殘卷·系部》"緜"下引此文又引劉兆注曰："綿猶經歷也。"[181][頁187]

襄公

十九年

取邾田，自漷水。軋辭也。

《原本玉篇殘卷·車部》引此文又引劉兆注曰："軋，委曲隨漷水，爲侵邾田多也。"[181][頁333]

二十三年

及慶寅，慶寅累也。

《原本玉篇殘卷·糸部》引此文又引劉兆注曰："累，黨屬也。"[181][頁157]

二十四年

一穀不升謂之嗛。

《原本玉篇殘卷·欠部》引劉兆注《穀梁傳》曰："歉，不足也。"[181][頁70]

按：《文選》卷五三陸機《辨亡論》注引劉兆《穀梁傳》注曰："慊，不足也。"[157][頁740]與此略同，馬國翰即據之輯。

四穀不升謂之康。

《原本玉篇殘卷·欠部》引，"康"作"歑"，引劉兆注曰："歑，虚也。"[181][頁73]

昭公

八年

流旁握，御轚者不得入。

《原本玉篇殘卷·車部》引，"流旁握"作"流旁容榁"，無"御"字，且有劉兆注："流旁容榁，謂車兩轊頭各去門邊容榁。榁，四寸也。

鞶，絓也，絓中門棖，則不得入矣。”[181][頁336]

二十年

兩足不能相過，齊謂之綦，楚謂之踂，衛謂之輒。

《原本玉篇殘卷·糸部》“綨”下引作“齊謂之踂衛謂之縶”，且有劉兆注：“天性然者也。綦，連絣也。踂，聚合不解放也。縶，如見絆也。”[181][頁144—145] “縶”下引作“衛謂之縶”，且有劉兆注：“天性然者也。”[181][頁178]

按：劉兆本“輒”作“縶”，餘與今本不異。“綨”下所引如彼作者，蓋“齊謂之”下本作省代符，後脱去，而“楚謂之”三字亦因兩“謂之”重而脱。又，《穀梁釋文》引劉兆注，“絣”作“併”[84][頁338]，似當據正，《原本玉篇殘卷》作“絣”蓋因“綨”而類化。又，《穀梁釋文》引無“放”字，“絆”作“糾”，當非。黄焯《經典釋文彙校》曰：“景宋本、余本作‘如見絆縶也’，是也。”[85][頁199]

哀公

元年

六月上甲，始庀牲。

《原本玉篇殘卷·广部》引作“上始庀牲”，且有劉兆注：“庀，簡核也。”[181][頁458]

十三 《穀梁傳》徐邈注

徐邈字仙民，東莞姑幕人，《晋書·儒林傳》有傳。本傳稱“所注《穀梁傳》，見重於時”[81][頁2358]。舊有馬國翰輯本，但多據《穀梁傳注疏》輯得，《北堂書鈔》等書中多引徐邈注，爲馬所未輯。今輯得未見於馬書者數條，迻録於下：

序

《北堂書鈔》卷九九：“滄海横流，則舟航濟其用；震風陵雨，而棟宇竟其功。”注曰：“徐邈《穀梁子》云。”孔廣陶曰：“此蓋徐邈《穀梁》注序文也。”[5][頁420]

隱公

十一年

天子無事，諸侯相朝，正也。考禮脩德，所以尊天子也。

《北堂書鈔》卷八一引此文又引徐邈注曰：“盟會出於有事，惟朝爲

嫌喪葬兵革，故著天子無事也。"[5][頁336]

桓公

三年

禮：送女，父不下堂，母不出祭門，諸母兄弟不出闕門。

《北堂書鈔》卷八四引此又引徐邈注曰："祭門，廟門也。闕門在祭門外，旁有雙闕是也。"[5][頁354]

諸母般申之曰："謹慎從爾父母之言。"

《北堂書鈔》卷八四引，"般"作"鞶"，"申"作"紳"，下有"誡"字，又引徐邈注曰："鞶，佩囊也。紳，帶也。諸母爲施佩帶以備用，又戒之也。"[5][頁354]

按：《初學記》卷十四亦引徐邈注曰："鞶，佩囊也；紳，帶也。諸母爲施佩帶，又戒之也。"[7][頁354]馬國翰即據之輯。《北堂書鈔》早於《初學記》，且其文較《初學記》更詳。

十四年

甸粟而内之三宫。

《北堂書鈔》卷八九引徐邈注曰："甸，掌田之官也。納粟於三宫者，三夫人也，當春之。禮，王后六宫，諸侯夫人三宫。甸粟者，循其品物歷兼春事及供也。"[5][頁372]

十八年

謚所以成德也。

《北堂書鈔》卷九四引徐邈注曰："成，猶定其德之優劣。"[5][頁398]

莊公

八年

善陳者不戰。

《北堂書鈔》卷一一七引此文又引徐邈注曰："爾整而敵自追，陣兵之善也。"[5][頁488]

按：疑"追"爲"迫"字之誤。

善師者不陳。

《北堂書鈔》卷一一七引此文又引徐邈注曰："春威以屈姦謀，禦衆人之善也。"[5][頁488]

按：當有脱誤。

善戰者不死。

《北堂書鈔》卷一一三引此文又引徐邈注曰："全軍獨克也。"[5][頁475]

二十二年

禮有納采，有問名，有納徵，有告期，四者備，而後娶，禮也。

《北堂書鈔》卷八四引，"納徵"與"告期"互倒，又引徐邈注曰："問名，問女名，當卜之，知吉凶也。納徵，即納幣也，幣，玄纁組帛之禮也。"[5][頁352]

文公

十三年

極稱之，志不敬也。

《北堂書鈔》卷八八引此又引徐邈注曰："極，直也；志，記也。"[5][頁370]

定公

八年

盜竊寶玉大弓。寶玉者，封圭也。大弓者，武王之戎弓也。周公受賜，藏之魯。

《北堂書鈔》卷一二五引此文又引徐邈注曰："封珪，始封所受珪也。皆周公錫命所受也。"[5][頁527]

十四 《穀梁傳》無名氏注

序

《御覽》卷六九〇引《穀梁傳序》曰："一字之褒賞，逾華衮；片言之貶誅，深斧鉞。"[150][頁3080]

隱公

元年

錢財曰賻。

《御覽》卷五五〇引此有注："賻，助也。"[150][頁2491]

乘馬曰賵，衣衾曰襚，貝玉曰含，錢財曰賻。

《北堂書鈔》引此後曰："謹案：賵，覆也，車馬服載人也；襚，衣遺也；啥，含之也；賻，助也，所以助營凶事。"[5][頁387]

聘弓鍭矢不出竟場。

《北堂書鈔》卷一二五引作"偏弓鏃矢不出疆場"，又引注曰："偏爲教。鏃矢，矢名也，皆天子之器也。"孔廣陶曰："注曰以下與范注不同，當是别家注逸文。"[5][頁526]《御覽》卷三四九引作"偏弓鏃矢不出境"，又

引注曰："偏，當爲敦。鏃矢，矢名，皆天子之器也。"[150][頁1607]

束脩之肉不行竟中。

《北堂書鈔》卷一二五引注曰："束脩，脯也。"[5][頁657]

二年

知者慮，義者行，仁者守，有此三者，然後可以出會。

《北堂書鈔》卷八一引此又引"鄭注"曰："智仁義皆君子所體，其次不能全備，故各以所長爲名，在上者當器而使之。"[5][頁336]

按：《隋書·經籍志》中《穀梁傳》并無鄭氏注本，此"鄭注"不知爲何家注。又《北堂書鈔》於"仁者守"下衍"衆之所歸"四字，蓋自注文中混入，與今本范甯注"衆之所歸，守必堅固"略同。

五年

考者成之也，成之爲夫人也。

《禮記·喪服小記》疏引此文又引注曰："仲子本孝公之妾，以其子本孝公之妾子，則惠公也。惠公立爲仲子之後，故成之爲夫人也。"[128][頁1501]

禮：庶子爲君，爲其母築宫，使公子主其祭也。

《禮記·喪服小記》疏引此文又引注曰："公子者，長子之弟及妾之子也。"[128][頁1501]

按：此注與范甯注不異，但此注與上節注相接，當爲一人之注，當非引自范注。

九年

震，雷也。電，霆也。

《藝文類聚》卷二引《穀梁傳》曰："陰陽相薄，感而爲雷，激而爲霆。"[176][頁35]《白氏六帖》卷一引《穀梁傳》曰："陰陽相感，薄而爲雷，激而爲霆。"[2][頁1947]

按：《穀梁傳》中無此文，疑爲此處逸注。

莊公

七年

恒星者，經星也。

《御覽》卷五引此有注："恒，經，皆常也。"[150][頁25]

十八年

一有一亡曰有。

《御覽》卷九五〇引此有注："言不常有。"[150][頁4219]

蜮，射人者也。

《御覽》卷九五〇引此有注："今短狐射人爲疾是也。"[150][頁4219]

二十三年

秋，丹桓宫楹。禮：天子、諸侯黝堊，大夫倉，士黈，丹楹，非禮也。

《北堂書鈔》卷八七引此文又引"何休注"曰："桓公廟也。黝堊，黑色也。蒼，青。黈，黄色也。"孔廣陶曰："'何休'二字是轉寫者之誤。"[5][頁363]

按：何休未曾注《穀梁傳》，孔説是。但此注與今本范甯注亦不同，則不知本爲何家注。

二十五年

大夫擊門。士擊柝。

《御覽》卷七六二引，"柝"作"杵"，且有注："舂染盛之具，示有上下陰陽。"[150][頁3382]

僖公

三年

不雨者，勤雨也。

《御覽》卷十引此有注："欲雨之心勤也。"[150][頁49]

一時言不雨者，閔雨也。

《御覽》卷十引，無"一時"二字，有注："經一時不雨，民之至憂也。閔，憂。"[150][頁49]

按：今本范甯注作"經一時則言不雨，憂民之至。閔，憂也"，與此稍異。

三十三年

匹馬倚輪無反者。

《北堂書鈔》卷一四一引，"倚"作"奇"，又引注曰："奇，隻也。"[5][頁635]

宣公

二年

靈公朝諸大夫而暴彈之。

《御覽》卷三五〇引此有注："暴，戲暴之也。"[150][頁1612]

三年

郊牛之口傷。之口，緩辭也。

《御覽》卷五二七引此有注："鼷鼠齧郊牛角，不言之，危辭也。角

者，兵之象，故給養不謹敬，鬼神不享，故緩也。”[150][頁2392]

十五年

初稅畝。

《御覽》卷八二一引此有注：“宣公履畝擇而稅之也。”[150][頁3655]

古者什一，藉而不稅。

《御覽》卷八二一引，“什”上有“田”字，且有注：“言借民力，十井而爲公耕一，謂之什一而稅也。”[150][頁3655]

成公

三年

新宫者，禰宫也。

《御覽》卷五三一引此有注：“禰，父也。成公之父宣公之宫也。”[150][頁2408]

五年

伯尊由忠問焉。

《御覽》卷六四九引，“忠”作“悉”，有注：“悉至疑，欲重問之也。”[150][頁2902]

按：“悉”當爲“忠”之形訛，但此注仍不可讀，當另有訛誤。

襄公

二十四年

一穀不升謂之嗛。

《慧琳音義》卷九九引劉兆注《穀梁傳》曰：“歉，謂食不飽也。”[172][册59頁318]

按：《原本玉篇殘卷·欠部》引劉兆注《穀梁傳》曰：“歉，不足也。”[181][頁70]《文選》卷五三陸機《辨亡論》注引劉兆《穀梁傳》注曰：“慊，不足也。”[157][頁740]與《原本玉篇殘卷》所引略同（馬國翰即據之輯），則前揭《慧琳音義》所引《穀梁》注當非劉注。今難考其爲何家注，姑録於此。

○《御覽》卷六三引此，“嗛”作“歉”，又有注：“歉，食不足。”[150][頁165]

四穀不升謂之康。

《北堂書鈔》卷一五六引此又引注曰：“康，空也。”[5][頁723]

五穀不升謂之大侵。

《北堂書鈔》卷一五六引此又引注曰：“大侵，甚窘。”[5][頁723]

二十五年

古者大國過小邑，小邑必飾城而請罪，禮也。

《御覽》卷一九二引此有注："明己國無罪。"[150][頁926]

昭公

八年

陳侯之弟招殺陳世子偃師。

《御覽》卷一四七引此有注："招，成公子。偃師，哀公子，所謂悼太子者也。哀公愛其世子，留託之招。哀公之□，哀公有疾，招殺太子偃師而立留。"[150][頁717]

鄉曰陳公子招。

《御覽》卷一四七引，"鄉"作"嚮"，且有注："招發於十年矣。"[150][頁717]

按："十"當爲"元"字之誤。

今曰陳侯之弟招，何也？曰盡其親，所以惡招也

《御覽》卷一四七引此有注："盡其親，謂稱公子又稱弟。招，先君之公子，今君之母弟也。"[150][頁717]

按：此注與今本范甯注略同。

世子云者，唯君之貳也。

《御覽》卷一四七引，無"云"字，且有注："貳，副。"[150][頁717]

其弟云者，親之也。親而殺之，惡也。

《御覽》卷一四七引此有注："惡哀公使招至放殺之。"[150][頁717]

定公

元年

故周人弔，魯人不弔，以其下成、康爲未久也。

《通典·禮五九》引此文有注："下猶去也，言去成康之時不遠，無愧於不往也。"[154][頁2643]

第五節 《春秋》引文與《春秋》經傳注整理

一 《春秋》經傳注校勘

歷代對《春秋》三傳校勘的論著極多，但也并非題無賸義，《春秋》三傳中仍有些問題亟待解决，筆者將另有專書討論，此處略舉幾例。

（一）《春秋》傳校勘

1.《左傳·宣公二年》："臣侍君宴，過三爵，非禮也。"

《白氏六帖》卷五[2][頁1987]、《御覽》卷三五五[150][頁1631]引，無"君"

字。《御覽》卷三〇二引，“臣侍君宴” 作 “臣將侍宴”[150][頁1390]。

按：無“君”者當更接近《左傳》原貌。既稱“臣侍宴”，所侍者自然是君，“君”字似不必再出。日本保延五年《左傳》抄本亦無“君”字，可證。

2.《左傳・宣公四年》：“公子宋與子家將見。”

《太平御覽》卷三七〇引此文，“見” 上有 “入” 字[150][頁1705]。

按：此處各家無説。日本保延五年《左傳》抄本亦有“入”字，金澤文庫本作“如”，當即“入”字之訛。“入見”特指入宮朝見，古籍中習見。而僅作“見”字則句意不明，《太平御覽》引作“入見”者是。

尤其應當注意的是，自來對《春秋》傳校勘的著作往往關注於實詞的校勘，但《春秋》傳中的部分虚詞可能也有問題。

3.《左傳・隱公元年》：“公賜之食，食舍肉。”

陶淵明《卿大夫孝傳》① 次 “食” 作 “而”[153][頁568]。《御覽》卷八六一引作“食而捨肉”[150][頁3823]。《左氏會箋》本作“食而舍肉”[211][卷1頁24]。

王叔岷曰：“舊鈔卷子本‘食’下有‘而’字，蓋存此文之舊。”[207][頁3]

按：蓋《左傳》古本當有“而”字。《卿大夫孝傳》蓋本作“食而舍肉”，與舊鈔卷子本及《御覽》所引同，“食”字因與上句“食”字同而作重文符（《左氏會箋》本即如此），而爲後世抄刻者脱落。

4.《左傳・昭公六年》：“火未出而作火，以鑄刑器，藏爭辟焉。火如象之，不火何爲?”

《漢書・五行志》引作 “火而象之”[67][頁1327]。

按：杏雨書屋藏敦煌本《左傳》寫卷亦作“火而象之”，可能這確是《左傳》古本。

另外，有些問題前人可能已經解決，但通過收集文獻中引用《春秋》經傳的内容，也可以爲前人的發現補充證據。

5.《公羊傳・文公十三年》：“周公拜乎前，魯拜乎後。”

《校勘記》：“唐石經、鄂本作‘魯公拜乎後’，此脱。《禮記・明堂位》正義引有。”[43][頁18]

按：《北堂書鈔》卷四六[5][頁168]、《尚書・洛誥》疏[128][頁217]、《周禮・大宰》疏[128][頁646]引，皆作“魯公拜乎後”，可證《校勘記》之説。

---

① 陶淵明：《五孝傳》及《集聖賢羣輔》（又名《四八目》），《四庫提要》以爲僞作，而袁行霈以爲不僞（參《陶淵明集箋注》，第597—600頁），本書引用，仍題陶淵明之名。

（二）《春秋》注校勘

歷來校勘家關注的都是《春秋》經傳的校勘，對於三傳的注文則少有措意。除陳樹華的《春秋經傳集解考正》和阮元的《校勘記》外，再無專門對三傳之注進行校勘的著作。但現存的三傳注文中仍有不少訛誤，影響讀者閱讀，甚至影響對《春秋》經傳的理解。藉助對文獻中引用《春秋》引文的研究，可以校正不少三傳注文中的訛誤。例如：

1.《左傳·隱公五年》“衛師入郕”，杜預注：“郕，國也，東平剛父縣西南有郕鄉。”

《説文繫傳》卷十二引，杜注無“父”字[135][頁131]。

惠棟引羅苹曰：“郡有剛縣，晋爲東平國之剛平，無剛父。”[21][頁712—173]沈欽韓曰：“剛父即亢父，漢屬東平國，在濟甯州。”[202][頁76]

按：沈氏之説殊爲無據，亢、剛音雖可通，但自古地理書未有言亢父附近有名“郕”之地。《漢書·地理志》亢父雖屬東平，但至東漢，亢父已歸任城國，見《後漢書·郡國志》。杜預不當遥用西漢行政區劃。《晋書·地理志》東平國僅有剛平縣，無剛父縣。剛平縣東漢作剛縣，疑杜注“父”字衍。《左傳·哀公八年》杜預注：“闡在東平剛縣北。”“剛”即“剛”之俗字，彼作“剛縣”，知此作“剛父”誤衍。

2.《左傳·隱公十年》“辛未，取郜”，杜預注：“濟陰城武縣東南有郜城。”

《説文繫傳》卷十二於“郜”下引杜注，“郜”上有“南”字[135][頁130]。《會箋》本亦有“南”字[211][卷1頁84]。

竹添光鴻曰：“杜於桓二年傳‘郜鼎’注云‘北郜城’，於此經‘取郜’注云‘南郜城’，分别犁然。自宋本‘郜城’上脱南字，二郜混而爲一矣。”

按：竹添所説是，《説文繫傳》所引亦可爲證。《左傳·桓公二年》杜預注：“濟陰城武縣東南有北郜城。”孔疏：“劉君難杜注‘郜國，濟陰成武縣東南有北郜城’，‘郜，宋邑，濟陰成武縣東南有郜城’，俱是成武縣東南，相去不遠，何得所爲郜國，所爲宋邑？劉以南郜、北郜并宋邑，别有郜國以規杜氏。”[128][頁1741]其所引杜注雖已無“南”字，然下文稱“南郜”、“北郜”，則恐孔氏所見本亦作“南郜城”。

3.《左傳·隱公十一年》“原”，杜預注：“在沁水縣西。”

《水經注·濟水》引杜注作：“沁水縣西北有原城者。”[134][頁187]《史記·晋世家》集解引杜注作:“河内沁水縣西北有原城。”[130][頁1664]《後漢書·郡國志》劉昭注引杜注作:“沁水西北有原城。”[72][頁3395]

《校勘記》:“《春秋釋地》亦作‘河内沁水縣西北有原城’。然據閻若據、胡朏明并云,説地理之書多有舉西以該北,舉東以該南者。”[27][頁795]

按:《校勘記》此處引閻、胡二氏爲説,恐怕未必是。杜注應據各書所引增“北”字。

4.《左傳·僖公二十三年》“遂取焦、夷,城頓而還”,杜注:“焦,今譙縣也。夷,一名城父,今譙郡城父縣。”

《御覽》卷一五九引,“譙縣”作“譙國”[150][頁773]。

按:《太平寰宇記》曰:“及文帝即位,黄初元年以先人舊都,又立爲譙國,與長安、許昌、鄴、洛陽,號爲‘五都’。”① 是魏晋譙郡稱譙國。今檢《左傳》杜注,其中亦多稱“譙國”。隱公二年注:“譙國龍亢縣東南有向城。”襄公元年注:“譙國酇縣東北有犬丘城。”襄公二十六年注:“譙國酇縣東北有棘亭。”昭公六年注:“乾谿,在譙國城父縣南。”皆是其例。稱“譙郡”者唯此處引昭九年注“城父縣屬譙郡”而已,疑皆後人妄改。

5.《左傳·僖公三十二年》“晋人禦師必於殽”,杜預注:“殽在弘農澠池縣西。”

《原本玉篇殘卷·山部》“崤”下引,杜注“澠”作“黽”[181][頁436]。

按:《漢書·地理志》、《後漢書·郡國志》皆作“黽池”,今本杜注作“澠”,蓋因“池”字類化而來。

6.《左傳·文公二年》“晋侯及秦師戰于彭衙,秦師敗績”,杜預注:“馮翊郃陽縣西北有彭衙城。”

《史記·秦本紀》集解[130][頁192]、《御覽》卷一六四[150][頁798]引杜注無“彭”字。

按:《漢書·地理志》左馮翊有衙,顔師古以爲即《春秋》之“彭衙”[67][頁1545];《後漢書·郡國志》及劉昭注同[72][頁3406];《後漢書·孝安帝紀》“上郡徙衙”,李賢注:“衙,縣,故城在同州白水縣東北。《左傳》曰‘秦晋戰于彭衙’,即此也。”[72][頁216]《魏書·地形志》:“三門,真君七年置,有陽苑城、衙城。”[156][頁2626]可見當時僅有衙城,而無彭衙城,今

① 見(宋)樂史《太平寰宇記》,王文楚等點校,中華書局2007年版,第229頁。

本作“彭衙城”，乃因正文誤。

7.《左傳·襄公十九年》“荀偃癉疽，生瘍於頭”，杜預注：“癉疽，惡創。”

《玉篇》[147][頁218]、《後漢書·鮮卑傳》李賢注[72][頁2992]、《通典·邊防十一》[154][頁5369]、《慧琳音義》卷二九[172][册57頁1033]、卷五五[172][册58頁541]引，杜注無“癉”字。

按：《説文·疒部》：“癉，勞病也。”又曰：“疽，久癰也。”[137][頁155]是“疽”本即爲惡瘡義，“癉”當爲動詞。若依今本杜注，以“癉疽”爲一詞，則“荀偃癉疽”一句没有動詞。《左傳正義》曰：“傳言荀偃病此疽腫，腫潰，遂生創於頭。”[128][頁1968]則似孔穎達所見杜注亦作“疽，惡創”，故孔氏以“病”訓“癉”。

8.《左傳·襄公十九年》“衛奔高唐以叛”，杜預注：“高唐在祝柯縣西北。”

按：《漢書·地理志》平原郡僅有“祝阿縣”[67][頁1579]，《後漢書·郡國志》“祝阿，春秋時曰祝柯”，亦作“祝阿”[72][頁3472]。是杜預注之“柯”當作“阿”。《四部叢刊》本《左傳》注正作“阿”。

9.《左傳·定公十四年》“句踐患吴之整也，使死士再禽焉，不動”，杜預注：“使敢死之士，往輒爲吴所禽。欲使吴師爲取之，而吴不動。”

《通典·兵十四》[154][頁4150]、《御覽》卷二八二[150][頁1311]引，杜注“爲取”作“亂取”。

按：句踐既患吴之整，故杜預注以爲句踐使死士往的原因是“欲使吴師亂取之”，也就是使吴師亂。是作“亂”正與傳意合，今本作“爲”則不知所云。《四部叢刊》本《左傳》注亦作“亂”，是。

10.《公羊傳·隱公三年》：“日食，則曷爲或日，或不日？或言朔，或不言朔？曰：某月某日朔，日有食之者，食正朔也。其或日，或不日，或失之前，或失之後。失之前者，朔在前也。失之後者，朔在後也。”何休注：“不言月食者，其形不可得而覩也，故疑言日有食之。”

《詩經·小雅·十月之交》疏引何休注，“月食”下有“之”字[128][頁445]。

按：《毛詩正義》所引是，當據正。《校勘記》曰：“鄂本食下有之，是也。之字謂日也，無之字則疑説《春秋》不記月食矣。”[43][頁3]漢語中“月食”一般與“日食”相對，指月被食而缺，如《禮記·昏義》：“日食則天子素服，而脩六官之職，蕩天下之陽事；月食則后素服，而脩六宫之職，蕩天下之陰事。”而此處何休注意謂日食實質上是被月食，而不言“月食之”，是因月食日之形不可見。此處“之”字絶不可省。文獻在流傳過程中，“之”、“也”等虚字每被隨意增減，大多數情況下并不影響文義，但也有使文義不通者，此條之例是也。

11.《公羊傳·哀公十二年》“譏始用田賦也”，何休注：“不言井者，城郭里若亦有井，嫌悉賦之。”

《校勘記》：“閩、監、毛本同誤也，鄂本若作井，當據正。”[43][頁36]

按：《校勘記》之説非，《通典·食貨四》引，“若”作“巷”[154][頁75]，《四部叢刊》本《公羊傳》同。此“若”當爲“巷”字之誤。

12.《穀梁傳·桓公十四年》“無冰”，范甯注：“皆君不明去就，政治紀緩之所置。”[128][頁2377]

《校勘記》：“閩監毛本紀作舒，置作致，是也。疏引同。”[56][頁43]

按：“舒”、“紀”形不近，何以互誤？《御覽》卷十八引，范注“紀”作“紓”，“置”作“致”[150][頁91]。是注疏本《穀梁傳》范注“紀”本當作“紓”，形近而誤作“紀”也。

二　《春秋》經傳注標點

1.《左傳·莊公三十二年》：“生子般焉。雩，講于梁氏，女公子觀之。圉人犖自牆外與之戲。”杜預注：“雩，祭天也。講，肆也。梁氏，魯大夫。女公子，子般妹。”

《史記·魯世家》：“斑長，説梁氏女，往觀。圉人犖自牆外與梁氏女戲。”[130][頁1531]

按：依《史記》，則《左傳》之“女”爲梁氏女，當屬上讀。先秦文獻中僅此一例“女公子”一詞，杜預之注恐未必是。吴闓生即據前揭《史記》文曰：“據《史記》、班説……則‘梁氏女’三字連文，疑‘雩講’下更有脱文。”[208][頁114]

2.《左傳·昭公十五年》：“及辛有之二子董之晋於是乎有董史。”杜預注：“辛有，周人也。其二子適晋爲大史，籍黶與之共董督晋典，因爲董氏，董狐其後。”

《潛夫論·志氏姓》：“晋大夫孫伯黶實司典籍，故姓籍氏。辛有二子董之，故氏董氏。”[117][頁454]

《國語·晋語四》韋昭注：“傳曰，辛有之二子董之晋，故晋有董

史。"[61][頁366]

按：沈欽韓引前揭《國語》後曰："則'董'是人名顯然。"[201][頁64]依沈説，則"董"爲"二子"之同位語，"之"爲動詞，逗號當在"晋"下。楊伯峻即依此標點[26][頁1373]。而杜預以"董督"釋"董"，則以"董"爲動詞，逗號當在"之"下。《潛夫論·志氏姓》作"辛有二子董之"，後無"晋"字，則王符亦讀"之"下逗。蓋後漢皆以董督釋"董"，杜預當自有師説，未可輕易否定。

3. 《左傳·哀公十二年》："宋鄭之間有隙地焉，曰彌作、頃丘、玉暢、嵒、戈、鍚。"

按：以上依阮元句讀，然《原本玉篇殘卷·山部》"嵒"下引作："《左氏傳》'宗（宋）鄭之間有隟地曰暢嵒也'。"[181][頁433]則似讀"暢嵒"一讀，與今句讀不同。

4. 《公羊傳·僖公五年》："晋侯殺其世子申生。曷爲直稱晋侯以殺？殺世子母弟直稱君者，甚之也。"[128][頁2250]

按：以上依阮元句讀。《後漢書·楊終傳》李賢注引《公羊傳》曰："晋侯殺其太子申生。曷爲直稱晋侯？曰以殺其太子母弟，直稱君者甚之也。"[72][頁1600]按："以殺"上有"曰"字，則李賢顯自"晋侯"下一讀，與今不同。

5. 《穀梁傳·隱公元年》："寰内諸侯，非有天子之命，不得出會諸侯。不正其外交，故弗與朝也。"[128][頁2366]

按：以上依阮元句讀。《文選》卷六左思《魏都賦》注[157][頁97]、卷五七謝莊《宋孝武宣貴妃誄》注[157][頁795]引《穀梁傳》曰："寰内諸侯，非天子之命，不得出會。"則依李善當"會"下句，"諸侯"下屬。

6. 《春秋·襄公二十四年》經："叔孫豹如京師。大饑。"《穀梁傳》："五穀不升爲大饑。"

按：《御覽》卷八三七引《穀梁傳》曰："京師大飢。五穀不升爲大飢……"[150][頁3738]則當時或有讀《春秋經》之"京師"二字下屬者。但如此讀則"叔孫豹如"不成句，或當時《春秋經》與今本不同。

三 《春秋》經傳闡釋

（一）提供訓詁依據

《春秋》經傳引文的異文，以及引者對引文的解釋都可爲《春秋》經傳的闡釋提供線索，有些還可以更正之前錯誤的解釋。如：

【度】

《左傳·隱公十一年》："山有木，工則度之。"《爾雅·釋器》"木謂之剫"郭璞注引，"度"作"剫"[128][頁2600]。

陳樹華曰："張參《五經文字》云：'剫，音度，見《周禮》注及《爾雅》。'不云見《春秋傳》，則知唐時本字已無有作剫者。"[14][册142頁77]楊樹達曰："《爾雅·釋器》郭璞注引作'剫'，治木謂之剫。又可解爲丈量長短。"[26][頁72]魯毅曰："'度'，唐陸德明《經典釋文》云：'大洛反。'當讀爲'踱'，乃丈量、計算義……如將下一句'賓有禮，主則擇之'與此句對照觀察，則顯出陸説更爲近真。上句之'度之'與下句之'擇之'兩相儷偶，其句意略同。因爲，木工丈量、計算樹木之長短粗細，歸根到底是爲了選擇合適之木材。故若訓'度'爲丈量、計算義，則與下一句'主則擇之'文義吻合。反之，如依郭、楊之説，訓'度'爲'剫'（分割、整治），孤立地講，意雖可通，然置於上下文中，則于文意扞格了。"[206][頁23—24]

按：魯説非。"度"本有度量義，不必讀爲"踱"。且"剫"亦讀"大洛反"，《釋文》讀作"大洛反"并不代表陸德明訓"度"爲"踱"。

《詩經·魯頌·閟宫》："徂來之松，新甫之柏，是斷是度，是尋是尺。"詩義與《左傳》之諺同。馬瑞辰曰："度者，剫之省借……剫與斷義近，故《詩》以斷、度并舉。"[106][頁1154]其説是，故"山有木，工則度之"，即山有樹木，工擇而斫斷之，正與下句"賓有禮，主則擇之"義對。若依魯説，反使文義扞格矣。

【軍】

《左傳·桓公十三年》："及羅，羅與盧戎兩軍之，大敗之。"

《列女傳·仁智傳》："至羅，羅與盧戎擊之，大敗。"[52][頁63]

《左傳·隱公五年》："原繁、洩駕以三軍軍其前，使曼伯與子元潛軍軍其後。"章太炎曰："然則軍其前、軍其後者，圍守其前、圍守其後也。"[23][頁100]楊伯峻曰："軍，動詞，駐也，列也。"[26][頁45]

《左傳·桓公十三年》云云，楊伯峻曰："兩軍之，謂由兩面迫而擊之。"[26][頁138]夏維新曰："此注不確……'兩軍之'當釋爲'從兩面包圍之'。"①

① 夏維新：《〈春秋左傳注〉商補》，南京師範大學碩士學位論文，2005年，第4—5頁。

趙生群曰："'軍'當訓'圍'……《左傳》、《國語》等書，'軍'用作'圍'義者，不一而足。"①

《左傳·僖公十九年》："文王聞崇德亂而伐之，軍三旬而不降，退脩教而復伐之，因壘而降。"楊伯峻曰："軍三旬而不降者，文王之軍攻之三旬而崇不降也。"[26][頁383]趙生群曰："軍：圍，包圍。"[25][頁206]

按：《説文·車部》："軍，圜圍也……从包省，从車。"段玉裁曰："於字形得圜義，於字音得圍義，凡渾輝煇等軍聲之字皆兼取其義。"[140][頁727]《廣雅·釋言》："軍，圍也。"王念孫曰："《吕氏春秋·明理》篇：'其日有暈珥。'高誘注云：'暈，讀如君國子民之君，氣圍繞日周帀，有似軍營相圍守，故曰暈也。'《淮南子·覽冥訓》：'畫隨灰而月運闕。'高注云：'運，讀連圍之圍。運者，軍也。將有軍事相圍守，則月運出也。'軍、運、圍古聲竝相近。"[60][頁167—168]章太炎、趙生群、夏維新之釋"軍"爲"圍"均來源於此。但這裏却有一些問題。

首先，《説文》及《廣雅》中釋"軍"爲"圍"，并非"圍攻"義。王氏所引《吕氏春秋》高誘曰"軍營相圍守"，這應當是東漢時的普遍認識，《説文》中的"圍"也就是此義。《周禮·鄉師》："大軍旅、會同，正治其徒役與其輂輦。"鄭玄注："輂，駕馬。輦，人輓行，所以載任器也，止以爲蕃營。"[128][頁714]《左傳·襄公二十七年》："以藩爲軍。"《漢書·李陵傳》："軍居兩山間，以大車爲營。"[67][頁2452]《漢書·衛青霍去病傳》："於是青令武剛車自環爲營。"[67][頁2484]可見，以輦車圜而爲營，應該是秦漢時的習俗。王筠《説文釋例》曰："知軍者，即今之所謂營盤，必有營壘匍乎其外，故從勹。"[141][頁214]可謂得許氏之旨。章、趙諸先生據《説文》而謂"軍"有"圍攻"之義，恐怕有斷章取義之嫌。

其次，《説文》的釋義并不正確。許慎乃據當時的圜車以爲營的習俗及其對"軍"字字形的分析而釋"軍"爲"圜圍"，但其字形分析并不正確。"軍"字甲骨文未見，金文中作""（中山王嚳鼎 2840）、""（中山侯鉞 11758）等形，并不從包省。苗夔《説文聲訂》曰："從包省，非。當作從車，勻省、亦聲。"② 馬叙倫曰："……苗謂從車、勻省聲，皆是也。但不從勻得義，僅取其聲。"[138][卷27頁113]林清源曰："'軍'字中山王嚳

① 趙生群：《左傳志疑（三）》，《中國典籍與文化》2006 年第 1 期。

② 見《説文解字詁林》，第 13859 頁。

鼎作‘’，从車，勻聲。本銘（左軍戈）作‘’，从勻省聲，庚壺作‘’，勻聲已不可識，此蓋《説文》‘從包省，從車’所自昉。”① 馬、林二氏之説皆是，“軍”本爲形聲字，并不從“包”省，則《説文》釋義有誤，章、趙以《説文》立説，恐非。

“軍”之本義即指軍隊，爲名詞，金文中凡 14 例②，皆用此義。《左傳》中 270 個“軍”字，除 24 例活用爲動詞外，也都是此義。對於這 24 例動詞“軍”，可以分爲三類：

第一類：《左傳・桓公五年》：“祝聃射王中肩，王亦能軍。”楊伯峻注：“王雖受肩傷，尚能指揮全軍。”[26][頁106]此類以某個人爲主語，没有賓語，指“指揮軍隊”。

第二類：前揭隱公五年傳即是，楊伯峻釋爲“駐”，極是。又如《左傳・桓公六年》：“楚武王侵隨，使薳章求成焉，軍於瑕以待之。”此類“軍”字《左傳》中較多，共有 16 例。一般“軍”字後接以方位詞或地名作地點狀語，没有賓語。有個别地方，似乎“軍”字有賓語，如《左傳・僖公三十年》：“晋軍函陵。”其實這種情况只是省略了“於”字而已。前揭隱公五年傳也屬於這種情况，而章太炎誤把“其前”、“其後”當作“軍”的賓語。

第三類，此類之“軍”皆有賓語。也就是趙生群所説的“‘軍’用作‘圍’義者，不一而足”的，共 7 例，除前揭桓公十三年及僖公十九年兩傳外還有：

①《左傳・成公七年》：“鄭共仲、侯羽軍楚師，囚鄖公鍾儀。”

②《左傳・成公十六年》：“諸侯遷于潁上。戊午，鄭子罕宵軍之。”

③《左傳・襄公六年》：“乙未，王湫帥師及正輿子、棠人軍齊師。”

④《左傳・襄公二十六年》：“楚師輕窕，易震蕩也。若多鼓鈞聲，以夜軍之，楚師必遁。”

⑤《左傳・定公七年》：“齊國夏伐我。陽虎御季桓子，公斂處父御孟懿子，將宵軍齊師。”

第④例中，若釋“軍”爲“圍”，則楚師已被合圍，將安遁？《周禮・朝士》：“凡盗賊軍鄉邑及家人，殺之無罪。”鄭司農注：“謂盗賊羣輩若軍

---

① 《兩周青銅句兵銘文彙考》，轉引自《古文字詁林》第 10 册，第 736 頁。

② 參《殷周金文集成引得》，第 789 頁。

共攻盜鄉邑及家人者，殺之無罪。”[128][頁878] 釋“軍”爲“攻”，爲此“軍”字確詁。前揭桓十三年傳，《列女傳》引，改“軍”爲“擊”，明漢人即釋“軍”爲“擊”。前揭僖十九年例，前言“伐”，而後稱“軍”，則“軍”亦攻伐義。是此類之“軍”字皆當釋作“攻”。

【攝】

《左傳·襄公十四年》：“於是齊崔杼、宋華閱、仲江會伐秦。不書，惰也。向之會亦如之。衛北宫括不書於向，書於伐秦，攝也。”

《中論·修本》：“故君子不恤年之將衰，而憂志之有倦……故《書》舉穆公之誓，善變也；《春秋》書衛北宫括伐秦，善攝也。”[191][頁42—43]

杜預注：“能自攝整，從鄭子蟜俱濟涇。”沈欽韓曰：“《有司徹》禮‘司宫攝酒’，注：‘更洗益，整頓之。’《士冠禮》‘再醮攝酒’，注：‘攝猶整也。’則攝是更新之義。”[201][頁50] 俞樾曰：“攝非攝整之謂，攝之言佐也、助也。言北宫括於此役有佐助之功也。”[119][頁423] 章太炎曰：“攝借爲躡。《方言》：‘躡，急，謂黽勉從事。’正與‘惰’相反。”[23][頁494] 楊伯峻曰：“攝有整頓之義，亦有佐助之義，此處則兩義皆可通。”[26][頁1010]

按：杜注自可通，沈氏之補亦言之鑿鑿，而俞、章别作新釋，皆屬不必。俞氏釋作“佐助”，雖合於故訓，但於此處實不可通。章氏之説亦嫌稍曲。《説文·手部》：“攝，引持也。”段注：“凡云攝者皆整飭之意，《論語》‘攝齋’，《史記》‘矦生攝弊衣冠’……皆引持之意。”[140][頁597]“攝”之本義爲“提起”，“攝衣”、“攝袂”皆此義。引申則爲“整飭”之義，段玉裁所舉例及前揭《左傳》例皆是。是“攝”訓“攝整”符合詞義引申的規律。《春秋》經向之會僅書“衛人”而伐秦則書“北宫括”，則北宫括之行爲前後有差别，“攝”正是説明這種差别。前揭《中論》“攝”與“變”對文，正是沈氏所謂“更新”之義。而徐湘霖則引俞樾説以爲《中論》之“攝”亦爲“佐助”義[191][頁45]，殊非。

【王】

《左傳·隱公九年》：“宋公不王。”杜注：“不共王職。”

《左傳·莊公二十三年》：“諸侯有王，王有巡守。”杜注：“從王事。”

《周禮·秋官·小行人》鄭玄注引鄭司農曰：“入王，朝於王也。故《春秋》傳曰：‘宋公不王。’又曰：‘諸侯有王，王有巡守。’”又，“隱九年‘宋公不王’，不宗覲于王。”疏引《左傳》逸注：“有王，朝於王。”[128][頁893] 《詩經·曹風·下泉》疏：“莊二十三年《左傳》曰：‘諸

侯有王，王有巡守。’巡守是天子巡省諸侯，則知有王是諸侯朝聘天子。”[128][頁386]

王引之《經義述聞》："諸矦見於天子曰王，王之言往也，往見於天子也。‘宋公不王’，猶言宋公不朝。‘諸矦有王，王有巡守’，猶言諸矦有朝，王有巡守。上言‘朝以正班爵之義，帥長幼之序’，謂諸矦相朝也。此言‘諸矦有王’，謂諸矦朝於天子也。”[87][頁399]後即引《周禮》鄭注爲說。

按：《述聞》據鄭司農説以爲“王”爲“往見於天子”，大致是正確的。《左傳·昭公五年》："小有述職，大有巡功。”與前揭莊二十三年傳文相近，彼“巡守”即此“巡功”，則彼“王”即此“述職”。《孟子·梁惠王下》："諸侯朝於天子曰述職。”[128][頁2675]是“諸侯有王”之“王”即“述職”，亦即“朝於天子”也。但《述聞》“王之言往”的聲訓在這裏却未必合適。《説文·王部》："王，天下所歸往也。”[137][頁10]王氏的聲訓顯然來源於此。現代學者對“王”字的本義尚有爭論，或以爲指“火盛之王”[吴大澂《字説》、顧實《釋王皇呈》(《國學輯林》一期)、馬叙倫《説文解字六書疏證》、商承祚《説文中之古文攷》、戴家祥《金文大字典》]，或以爲像人立之形（孫海波《甲骨金文研究》，《中國大學講義》)，或以爲像人端坐之形（徐中舒《士皇王三字之探源》，《史語所集刊》第四本第四分册)，或以爲像斧之形（吴其昌《金文名象疏證》，《武大文哲季刊》五卷三期)，或以爲“祖”字對轉（郭沫若《甲骨文字研究·釋祖妣》)，等等。但《説文》以“往”訓“王”的觀點已普遍被拋棄。“王”字的“朝於王”義也不過是“君王”義的自然引申而已。所以，前揭《左傳》中的“王”，從鄭衆釋作“朝於王”即可，不必再作新釋。

（二）提供字義新説

【寤生】

《左傳·隱公元年》："莊公寤生，驚姜氏。”杜預注：寐寤而莊公已生，故驚而惡之。

《風俗通義》："俗説：兒墮地便能開目視者，謂之寤生；舉寤生子，妨父母。謹案：《春秋左氏傳》……武公老終天年，姜氏亦然，安有妨其父母乎？”[41][頁561]

徐文靖曰："《十六國春秋》曰：‘西燕慕容覬其妻方娠，夢日入臍，喜而不敢言。一日，晝寢而生子，左右以告，方寤而起，其大夫曰：此兒易生，似鄭莊公，長必有大德。遂以德名。’此則以寤寐而生爲寤生也。若名，則姜氏何由惡之?《魏書·高句麗傳》曰：‘莫來裔孫宫，生而開目能視，國人惡之。及長凶虐，國以殘破。曾孫位宫，亦生而視人，以其似曾祖宫，故名爲位宫。魏正始中，入寇遼東安平，爲幽州刺史毋丘儉所破。’世以生而開目能視爲寤生，故武姜惡之。”[58][頁173]

按：《風俗通義》之説蓋漢代經師舊説。

【貳】

《左傳·隱公元年》：“既而大叔命西鄙、北鄙貳於己。公子吕曰：‘國不堪貳，君將若之何?’”

孔疏：“兩屬，則賦役倍；賦役倍，則國人不堪也。”[128][頁1716]是孔穎達以爲公子吕語中之“貳”爲“兩屬”。沈玉成《左傳譯文》譯作“國家不能忍受這種兩面聽命的情況”[213][頁2]，也認爲“貳”爲兩屬義。

《禮記·坊記》鄭玄注：“不貳，不自貳於尊者也。自貳，謂若鄭叔段者也。”孔疏：“公子吕曰‘國不堪貳’，謂除君身之外，國中不堪更有副貳之君，是段之自貳於君也。”[128][頁1621]則依《禮記》疏之義，《左傳》公子吕語中之“貳”爲“副貳”義，與《左傳》疏及沈玉成説不同。

（三）提供地名方位

杜預對於《左傳》地名的解説大多比較精審。《説文繫傳》卷十二曰：“許慎地名多見《春秋左傳》，地名精考莫精於杜預，比於今又近，故春秋地名一取於杜預。”[135][頁128]徐鍇的贊賞并非過譽。但杜預於《春秋》經傳中的地名也多有闕，或解説有誤。據歷代地志、史書中引用《春秋》經傳的内容，頗可以考見一部分《春秋》經傳地名的方位。江永《春秋地理考實》、沈欽韓《左傳地名補注》、徐文靖《管城碩記》卷十一等書都對杜預注《左傳》地名之闕誤處進行過修正。本書再舉幾例如下：

1.《左傳·莊公十年》：“公敗宋師于乘丘。”杜預注：“乘丘，魯地。”

《漢書·地理志》濟陰郡乘氏縣下應劭注：“《春秋》‘敗宋師于乘丘’是也。”[67][頁1572]《水經注·濟水》：“荷水又東南逕乘氏縣故城南，縣即《春秋》之乘丘也。故《地理風俗記》曰：‘濟陰乘氏縣，故宋乘丘邑也。’”[134][頁214]《後漢書·郡國志》濟陰郡乘氏縣下劉昭注：“《博物記》曰古乘丘。”[72][頁3457]

《漢書·地理志》泰山郡乘丘縣下顔師古注：“《春秋·莊公十五年》‘公敗宋師于乘丘’，即此是也。”[67][頁1583]《御覽》卷一八三引《郡國

誌》："兖州乘丘，《左傳》"……大敗宋師于乘丘"，即此也。"[150][頁889]

江永曰："公子偃自雩門竊出，蒙臯比先犯宋師，可知乘邱去魯城不遠。若曹縣界内有乘邱城，去魯遠，且其地本漢之濟陰郡乘氏縣，非乘邱，應劭謂敗宋師在此，《一統志》因之，誤矣。"[10][頁241]

按：江說是。經書"夏，六月，齊師、宋師次于郎，公敗宋師于乘丘"，《左傳·隱公元年》杜預注："高平方與縣東南有郁郎亭。"方與在今魚臺縣界，乘氏在今巨野縣，齊宋之師既已至郎，不應退至乘氏始敗。又，杜預稱乘丘爲魯地，若乘氏，則距定陶極近，乃曹地。又，乘丘縣則在今兖州市界，傳稱"（公子偃）自雩門竊出，蒙臯比而先犯之"，是乘丘距魯城極近，而公子偃得以偷襲成功；若乘氏縣，距魯城一百五十餘公里，急行軍亦須數日方至，甚不合情理。

《左傳·襄公十七年》："衛孫蒯田于曹隧，飲馬于重丘。"《太平御覽》卷一五九引此文有注曰："重丘，今乘氏縣。"[150][頁773]是古以乘氏縣當春秋之重丘，應劭等蓋以乘、重音近，而誤以重丘爲乘丘。而《博物記》、《水經注》及《大清一統志》等皆沿其誤。

2.《左傳·文公三年》："秦伯伐晋，濟河焚舟，取王官及郊。"

《水經注·涑水》："涑水又西逕王官城北，城在南原上。《春秋左傳·成公十三年》……今世人謂其城曰王城也。"[134][頁168—169]《史記·秦本紀》正義引《括地志》曰："王官故城在同州澄城縣西北九十里。"又曰："蒲州猗氏縣南二里又有王官故城，亦秦伯取者。"[130][頁194]《元和郡縣圖志》於同州澄城縣下曰："王官故城，在縣西北。《春秋傳》曰'俘我王官，翦我羈馬'。"[180][頁39]又於河中府虞鄉縣下曰："王官故城，在縣南二里。《左傳》曰秦伯濟河焚舟取王官。"[180][頁327]又於蒲州聞喜縣下："王官故城，今名王城，在縣南十五里。《左傳》曰：'俘我王官'。"[180][頁334]又於《御覽》卷一六四引成十三年傳有注："王官，今在登城。"[150][頁798]"登"當爲"澄"之誤。

沈欽韓曰："虞鄉、聞喜地相連……秦伯已濟河，不當在同州。"[202][頁85]

按：《元和郡縣圖志》澄城之王官，即《括地志》、《太平御覽》澄城之王官；其虞鄉之王官，即《括地志》猗氏之王官；其聞喜之王官，即《水經注》所言之王官。《左傳》既稱"濟河"，又曰"伐我涑川"，則此年之王官不在澄城。沈欽韓以爲"虞鄉、聞喜地相連"，蓋謂兩"王官"實一地。但《括地志》謂王官在猗氏縣南二里，則距聞喜遠，疑非一處也。《左傳》又稱“取王官及郊”，則王官與郊當相近。《史記·秦本紀》正義引《括地志》稱郊在澄城縣北[130][頁194]，顯非。閻若璩《四書釋地又續》以郊爲遠郊、近郊之郊，其説是。則王官距絳不遠，當即聞喜之地也。

但古籍中對地名的解説又不可全信。如：

1.《春秋·莊公九年》：“冬，浚洙。”杜預注：“洙水在魯城北，下合泗。浚深之，爲齊備。”

《慧琳音義》卷九五引杜注作：“洙在魯國下縣西南。”[172][册59頁250]

按：《慧琳音義》“下”當爲“卞”之誤。據《水經注》，洙水出泰山蓋縣，西南至卞縣，入於泗。又曰：“洙水又西南流于卞城西，西南入泗水，亂流西南至魯縣東北，又分爲二水……洙水西北流逕孔里北，是謂洙、泗之間矣。”[134][頁607]江永曰：“《水經注》云：泗水西南逕魯縣北，分爲二。北爲洙瀆，南則泗水，洙泗之間夫子領徒之所。”酈氏“亂流”之説既不可信，江説又誤。但曲阜（魯城）北古有二流，洙水乃其南者。顧祖禹曰：“《通志》：‘洙水故道，自縣東北經孔林西而入泗。’今洙與泗水不通，上流在孔林東，止一溝瀆，過夫子墓前，西南流入於沂，其故道不可攷矣。”[33][頁1515]其説是，今孔林猶有洙水故道。洙水據魯城較近，故杜預以爲浚洙爲備齊，則《春秋》浚洙之洙即曲阜北之洙，與卞縣之洙無涉。

據酈道元説，洙水先已入泗，至魯城北又分出，後又至石門跨泗與洸合。則此水合而又分，且跨泗，極不合理。江永則臆以魯城北二水之北者爲洙水，以牵就酈氏洙合洸之説，實誤。今有水從泗水金口壩（即《水經注》所謂石門）出，逕兖州城，西南流，與洸水合，俗謂之府河，古或稱濟河①，疑即酈氏所謂與洸合之洙。蓋洙本合沂而自金口壩入泗，府河又自金口壩出，故酈氏誤以府河即洙水也。實則此水與魯城北之洙、卞縣之洙又皆無關係。泗水北而入洸者有漢馬河（古稱官莊河）、漕河二流，距曲阜皆遠，浚之不足以備齊，且古亦無稱其爲洙水者，江永之説實誤。

《慧琳音義》以卞縣之洙当此浚洙事，蓋非杜注。而《水經注·泗水》曰：“京相璠、服虔、杜預竝言洙水在魯城北，浚深之，爲齊備也。”[134][頁592]則諸家《春秋》説不異，不知慧琳所引爲何家説也。

---

① 見于慎行《兖州府志》卷十九，齊魯書社1954年版，第16頁B。

2.《左傳·莊公二十八年》："蒲與二屈，君之疆也。"杜預注："蒲，今平陽蒲子縣。"

《國語·晋語一》韋昭注："蒲，今蒲坂。"[61][頁262]《漢書·地理志》河東郡蒲反下顔師古注引孟康曰："本蒲也，晋文公以賂秦，後秦人還蒲，魏人喜曰'蒲反矣'。謂秦名之，非也。"[67][頁1550]

《後漢書·郡國志》常山國蒲吾縣下劉昭注："杜預曰晋之蒲邑也。"

按:《左傳》晋文公無賂秦事，《左傳·僖公十五年》晋惠公"賂秦伯以河外列城五"，蒲坂在河東，亦非晋惠公賂秦者。孟康之説甚爲無稽。但以蒲反（阪、坂）當晋之蒲城，則漢以來信之者頗多。《史記·晋世家》曰："蒲邊秦，屈邊翟。"[130][頁1641]蒲子在晋北，距戎狄近而據秦遠。則太史公亦以晋之蒲爲漢之蒲反。《左傳·閔公元年》"滅魏"，《太平御覽》卷一六三引服虔注："在晋之蒲坂。"[150][頁791]《通典·州郡九》："蒲州，唐虞所都蒲阪也。春秋時地屬魏，及晋獻公滅魏，以其地封大夫畢萬。"[154][頁4726]是蒲反（阪、坂）至魯閔公元年始屬晋，驪姬不當先謂蒲爲晋之疆。可見太史公、韋昭等人之説非。《漢書·地理志》："蒲反……故曰蒲，秦更名。"[67][頁1550]《戰國策·秦策·頃襄王二十年》："取蒲、衍、首垣。"[184][頁242]蓋即此地。是此地古亦名蒲，故諸家或誤以之爲晋之蒲邑。

晋之邑見於《春秋》經傳者，似僅此重耳所居之地名"蒲"，杜注謂蒲在漢河東郡蒲子縣者是。劉昭又以常山之蒲吾爲晋蒲邑，不知何據。

3.《春秋·僖公九年》："夏，公會宰周公、齊侯、宋子、衛侯、鄭伯、許男、曹伯于葵丘。"杜預注："陳留外黄縣東有葵丘。"

《史記·秦本紀》正義引《括地志》："葵丘在曹州考城縣東南一里一百五十步郭内，即桓公會處。"[130][頁187]《通典·州郡七》："雍丘，春秋時，齊桓公會諸侯於葵丘，即此。"[154][頁4663]《御覽》卷一五八引此文有注："今在雍丘縣。"[150][頁767]

按：葵丘蓋實在考城縣界（今屬民權縣），晋省考城縣，故杜預謂在外黄。顧祖禹曰："杜預曰：在外黄東。蓋晋省考城入外黄也。"[33][頁2335]是也。唐貞觀元年廢外黄縣①，其地併入雍丘縣，或有人據杜預外黄之注而謂葵丘在雍丘縣，則誤矣。《括地志》謂在考城縣，是。

① 見《舊唐書·地理志》，第1434頁。

4.《左傳·襄公十年》:“衛侯救宋，師于襄牛。”

《漢書·地理志》陳留襄邑下應劭注:“《春秋傳》曰‘師于襄牛’是也。”[67][頁1559]

按：襄牛爲衛地，僖公二十八年傳“衛侯出居於襄牛”是也。襄邑爲宋地，顔師古曰:“圈稱云襄邑宋地，本承匡襄陵鄉也。宋襄公所葬，故曰襄陵。秦始皇以承匡卑溼，故徙縣於襄陵，謂之襄邑，縣西三十里有承匡城。然則應説以爲襄牛，誤也。”其説是。

5.《左傳·昭公四年》:“穆有塗山之會。”

《史記·夏本紀》索隱:“皇甫謐云‘今九江當塗有禹廟’，則塗山在江南也。”[130][頁81]

按：兩漢九江在江北，今淮南市一帶，隋時曾稱江州（今九江）爲九江，在江南，司馬貞蓋誤以漢之九江與隋之九江同地，而誤以塗山在江南。

結　語

學術思想史、語言文字學和文獻學是人文學科中非常重要的三個研究方向，前輩學者在這三個方面都取得了極大的成就，但他們對引文研究都没有給予足夠的重視。而做引文研究的學者往往只局限於研究異文，并没有揭示出引文豐富的學術價值。本書就是將引文研究拓展到學術思想史、語言文字學和文獻學研究領域的一個嘗試。

傳統做經學史研究的學者一般都重視經學對社會影響的宏觀把握，或具體某一經學家的思想研究。本書則通過對《春秋》引文的分析勾勒出《春秋》經傳的某些具體内容被當時的學者如何理解，對當時的學術、思想和社會產生了哪些具體的影響。但受筆者學識所限，本書僅寫到漢代，筆者今後將對此進行更深入的研究。

張永言、汪維輝等學者都大力呼籲加强對詞彙史、詞彙演變的研究。但目前對詞彙演變的研究主要集中在中古一段，上古漢語則由於材料較少，研究得很不充分。引文異文恰恰提供了上古詞彙史研究的線索。限於題目，本書僅對《春秋》經傳異文中所體現的詞彙演變作了討論。而其他文獻的異文也同樣有着豐富的詞彙史價值，筆者將另書討論，以進一步揭示異文研究在詞彙史研究中的重要意義。

傳統的校勘學一般都是建立在清人經史校勘的基礎上的，一般古籍的校勘理論研究則并不充分。本書通過對類書、音義中《春秋》引文的考察，得出了一些通俗文獻的校勘通例，這也是建立通俗文獻校勘學的一個嘗試。另外，筆者曾作“校勘字表”，但限於篇幅，没有收入本書，筆者試圖通過收集這種校勘材料，研究古籍中文字訛誤的通例，這對校勘實踐也是大有裨益的。

在文獻整理方面，本書對古人引書通例的總結爲古籍整理提供了一些幫助，通過對各書中《春秋》引文的考察也可以爲具體文獻的校勘、標點提供參考。

《春秋》引文研究對《春秋》經傳研究的價值是顯而易見的，可以提供豐富的《春秋》經傳異文，校勘《春秋》經傳注，并完善對《春秋》經傳的訓釋。將引文研究與歷代《春秋》經傳注疏研究相结合，還可以建立起比較完善的《春秋》學闡釋史。另外，引文研究對音韵學、語法學和輯佚學都有不小的價值，本書也各有叙述。

從文獻異文形成的原因來分析，筆者認爲可將異文分爲三個層次：（一）最淺層次的文字訛誤、異體字、古今字；（二）較深一個層次，包括因語言演變和編撰體例造成的異文；（三）最深層次的思想轉變造成的異文。具體到有關《春秋》經傳注引文中的異文，本書分别做了相關的論述。筆者計劃爲《春秋》三傳分别做"異文集證"的工作，所以本書中的異文研究僅是舉例，并未做全面探討。

本書只是對《春秋》一經相關引文的研究，我們期待將來有關於其他文獻引文的高質量的研究著作！

徵引文獻

[1]（清）陳立撰：《白虎通疏證》，吳則虞點校，中華書局 1994 年版。

[2]（唐）白居易撰：《白氏六帖事類集》，《唐代四大類書》第 3 册，清華大學出版社 2003 年版。

[3]（南朝宋）鮑照著，錢仲聯增補集説校：《鮑參軍集注》，上海古籍出版社 1980 年版。

[4]（唐）李延壽撰：《北史》，中華書局 1974 年版。

[5]（唐）虞世南撰：《北堂書鈔》，《唐代四大類書》第 1 册，清華大學出版社 2003 年版。

[6] 陳槃撰：《不見於春秋大事表之春秋方國稿》，上海古籍出版社 2009 年版。

[7]（唐）徐堅等：《初學記》，中華書局 1962 年版。

[8]（宋）洪興祖撰，白化文、許德楠、李如鸞、方進點校：《楚辭補注》，中華書局 1983 年版。

[9] 陳槃撰：《春秋大事表列國爵姓及存滅表譔異》，上海古籍出版社 2009 年版。

[10]（清）江永撰：《春秋地理考實》，《清經解》第 2 册，上海書店 1988 年版。

[11]（清）蘇輿撰：《春秋繁露義證》，鍾哲點校，中華書局 1992 年版。

[12]（清）孔廣森撰：《春秋公羊通義》，《清經解》第 4 册，上海書店 1988 年版。

[13]（宋）李明復撰：《春秋集義》，《景印文淵閣四庫全書》第 155 册，

（臺北）臺灣商務印書館 1983 年版。

[14] （清）陳樹華撰：《春秋經傳集解考正》，《續修四庫全書》第 142—143 冊，上海古籍出版社 1994—2002 年版。

[15] 方銘主編：《〈春秋〉三傳與經學文化》，長春出版社 2010 年版。

[16] （清）李富孫撰：《春秋三傳異文釋》，《叢書集成初編》3661—3663 册，商務印書館 1936 年版。

[17] （晉）杜預撰：《春秋釋例》，《叢書集成初編》3628—3633 册，中華書局 1985 年版。

[18] （清）趙坦撰：《春秋異文箋》，《清經解》第 7 册，上海書店 1988 年版。

[19] 陳新雄撰：《春秋異文考》，（臺北）嘉新水泥公司文化基金會 1964 年版。

[20] （清）焦循撰：《春秋左傳補疏》，《清經解》第 6 册，上海書店 1988 年版。

[21] （清）惠棟撰：《春秋左傳補注》，《清經解》第 2 册，上海書店 1988 年版。

[22] （清）馬宗璉撰：《春秋左傳補注》，《清經解》第 7 册，上海書店 1988 年版。

[23] 章炳麟撰：《春秋左傳讀》，《章太炎全集》第 2 册，上海人民出版社 1982 年版。

[24] （清）洪亮吉撰：《春秋左傳詁》，李解民點校，中華書局 1987 年版。

[25] 趙生群撰：《春秋左傳新注》，陝西人民出版社 2008 年版。

[26] 楊伯峻注：《春秋左傳注》，中華書局 1990 年版。

[27] （清）阮元主編：《春秋左氏傳校勘記》，《清經解》第 5 册，上海書店 1988 年版。

[28] 趙振鐸撰：《辭書學論文集》，商務印書館 2006 年版。

[29] 黄懷信主撰，孔德立、周海生参撰：《大戴禮記彙校集注》，三秦出版社 2005 年版。

[30] （清）王聘珍撰：《大戴禮記解詁》，王文錦點校，中華書局 1983 年版。

[31] （清）杭世駿撰：《訂訛類編》，陳抗點校，中華書局 2006 年版。

[32] （漢）劉珍等撰，吴樹平校注：《東觀漢記校注》，中華書局 2008 年版。

[33] （清）顧祖禹撰：《讀史方輿紀要》，賀次君、施和金點校，中華書

局 2005 年版。
[34]（清）王念孫撰：《讀書雜志》，江蘇古籍出版社 1985 年版。
[35] 張涌泉師主編、審訂：《敦煌經部文獻合集》，中華書局 2008 年版。
[36] 張小艷撰：《敦煌書儀語言研究》，商務印書館 2007 年版。
[37] 張涌泉師撰：《敦煌俗字研究》，上海教育出版社 1996 年版。
[38]（清）阮元編：《爾雅校勘記》，《清經解》第 6 册，上海書店 1988 年版。
[39]（清）郝懿行撰：《爾雅義疏》，上海古籍出版社 1983 年版。
[40] 黄侃箋識，黄焯編次：《爾雅音訓》，上海古籍出版社 1983 年版。
[41]（漢）應劭撰：《風俗通義校注》，王利器校注，中華書局 2010 年版。
[42]（清）趙翼撰：《陔餘叢考》，商務印書館 1957 年版。
[43]（清）阮元編：《公羊校勘記》，《清經解》第 6 册，上海書店 1988 年版。
[44] 方詩銘、王修齡撰：《古本竹書紀年輯證》，上海古籍出版社 2005 年版。
[45] 王力主編：《古代漢語》（校訂重排本），中華書局 1995 年版。
[46] 趙克勤撰：《古代漢語詞彙學》，商務印書館 1994 年版。
[47] 何樂士撰：《古漢語語法論文集》，商務印書館 2000 年版。
[48] 楊伯峻、何樂士：《古漢語語法及其發展》（修訂版），語文出版社 2001 年版。
[49] 王彦坤撰：《古籍異文研究》，（臺北）萬卷樓圖書有限公司 1996 年版。
[50]（宋）鄧名世撰：《古今姓氏書辯證》，王力平點校，江西人民出版社 2006 年版。
[51] 洪成玉撰：《古今字》，語文出版社 1995 年版。
[52]（漢）劉向撰：《古列女傳》，《叢書集成初編》第 3400 册，中華書局 1985 年版。
[53]（清）段玉裁撰：《古文尚書撰異》，《清經解》第 4 册，上海書店 1988 年版。
[54] 孫啟治、陳建華編：《古佚書輯本目録》，中華書局 1997 年版。
[55] 陳復華、何九盈撰：《古韵通曉》，中國社會科學出版社 1987 年版。
[56]（清）阮元編：《穀梁傳校勘記》，《清經解》第 6 册，上海書店 1988 年版。

[57] 王國維撰:《觀堂集林》, 中華書局 1961 年版。
[58] (清) 徐文靖撰:《管城碩記》, 范祥雍點校, 中華書局 2006 年版。
[59] 黎翔鳳撰, 梁運華整理:《管子校注》, 中華書局 2004 年版。
[60] (清) 王念孫撰:《廣雅疏證》, 中華書局 2004 年版。
[61] 上海師範大學古籍整理研究所校點:《國語》, 上海古籍出版社 1998 年版。
[62] (清) 王先慎撰:《韓非子集解》, 鍾哲點校, 中華書局 1998 年版。
[63] 屈守元箋疏:《韓詩外傳箋疏》, 巴蜀書社 1996 年版。
[64] 龔鵬程撰:《漢代思潮》, 商務印書館 2005 年版。
[65] [日] 島田翰撰:《漢籍善本考》, 北京圖書館出版社 2003 年版。
[66] 馬无咎撰:《漢石經集存》, (臺北) 藝文印書館 1976 年版。
[67] (漢) 班固撰, (唐) 顔師古注:《漢書》, 中華書局 1962 年版。
[68] (清) 沈欽韓等撰:《漢書疏證》(外二種), 上海古籍出版社 2006 年版。
[69] 王力撰:《漢語語法史》, 商務印書館 2005 年版。
[70] 王力撰:《漢語音韵》, 中華書局 1963 年版。
[71] 黄懷信撰:《鶡冠子彙校集注》, 中華書局 2004 年版。
[72] (南朝宋) 范曄撰, (唐) 李賢等注:《後漢書》, 中華書局 1965 年版。
[73] (晋) 常璩撰:《華陽國志校補圖注》, 任乃强校注, 上海古籍出版社 1987 年版。
[74] 何寧撰:《淮南子集釋》, 中華書局 1998 年版。
[75] 楊樹達撰:《積微居小學金石論叢》, 科學出版社 1955 年版。
[76] (宋) 丁度編:《集韵》, 上海古籍出版社 1985 年版。
[77] 張涌泉師、傅傑撰:《校勘學概論》, 江蘇教育出版社 2007 年版。
[78] 陳垣撰:《校勘學釋例》, 中華書局 1959 年版。
[79] (清) 顧炎武輯:《金石文字記》,《叢書集成初編》第 1517—1518 册, 中華書局 1991 年版。
[80] 戴家祥主編:《金文大字典》, 學林出版社 1995 年版。
[81] (唐) 房玄齡等撰:《晋書》, 中華書局 1974 年版。
[82] (清) 朱彬撰:《經傳考證》,《清經解》第 7 册, 上海書店 1988 年版。
[83] (清) 王引之撰:《經傳釋詞》, 岳麓書社 1984 年版。
[84] (唐) 陸德明撰:《經典釋文》, 中華書局 1983 年版。

[85] 黄焯撰:《經典釋文彙校》, 中華書局 1980 年版。
[86] (清) 孔廣森撰:《經學卮言》,《清經解》第 4 册, 上海書店 1988 年版。
[87] (清) 王引之撰:《經義述聞》, 江蘇古籍出版社 2000 年版。
[88] (清) 臧琳撰:《經義雜記》,《清經解》第 1 册, 上海書店 1988 年版。
[89] (後晋) 劉昫等撰:《舊唐書》, 中華書局 1975 年版。
[90]《孔子家語》,《百子全書》第 1 册, 浙江人民出版社 1984 年版。
[91] (晋) 王肅注:《孔子家語》,《四部叢刊初編》本, 上海書店 1989 年版。
[92] (宋) 王應麟著, (清) 翁元圻等注, 欒保羣、田松青、吕宗力校點:《困學紀聞》, 上海古籍出版社 2008 年版。
[93] 劉笑敢撰:《老子古今: 五種對勘與析評引論》, 中國社會科學出版社 2006 年版。
[94] (清) 阮元編:《禮記校勘記》,《清經解》第 5 册, 上海書店 1988 年版。
[95] (清) 顧藹吉編撰:《隸辨》, 中華書局 1986 年版。
[96] (宋) 洪适撰:《隸釋·隸續》, 中華書局 1985 年版。
[97] 劉師培撰:《劉申叔遺書》, 江蘇古籍出版社 1997 年版。
[98] (南朝梁) 蕭統編, (唐) 李善、吕延濟、劉良、張銑、吕向、李周翰注:《六臣注文選》, 中華書局 1987 年版。
[99] (遼) 釋行均撰:《龍龕手鏡》, 中華書局 1985 年版。
[100] (宋) 吕本中撰:《吕氏春秋集解》,《景印文淵閣四庫全書》第 150 册, (臺北) 臺灣商務印書館 1983 年版。
[101] 王利器撰:《吕氏春秋注疏》, 巴蜀書社 2002 年版。
[102] 黄暉撰:《論衡校釋》(附劉盼遂集解), 中華書局 1990 年版。
[103] (清) 阮元編:《論語校勘記》,《清經解》第 6 册, 上海書店 1988 年版。
[104] (南朝梁) 皇侃撰:《論語義疏》,《儒藏精華編》第 104 册, 北京大學出版社 2007 年版。
[105]《馬王堆漢墓帛書》(叁), 文物出版社 1983 年版。
[106] (清) 馬瑞辰撰:《毛詩傳箋通釋》, 陳金生點校, 中華書局 1989 年版。

[107]（清）阮元編：《毛詩校勘記》，《清經解》第 5 册，上海書店 1988 年版。
[108]《十三經注疏》整理委員會整理：《毛詩正義》，北京大學出版社 1999 年版。
[109]（清）張廷玉等撰：《明史》，中華書局 1974 年版。
[110]（清）孫詒讓撰：《墨子閒詁》，中華書局 2001 年版。
[111] 鄭傑文撰：《穆天子傳通解》，山東文藝出版社 1992 年版。
[112] 王獻唐撰：《那羅延室稽古文字》，齊魯書社 1985 年版。
[113]（南朝梁）蕭子顯撰：《南齊書》，中華書局 1972 年版。
[114]（唐）李延壽撰：《南史》，中華書局 1975 年版。
[115]［日］山井鼎撰，［日］物觀等補遺：《七經孟子考文補遺》，《叢書集成初編》第 115—124 册，中華書局 1985 年版。
[116]（清）錢謙益撰，（清）錢曾箋注，錢仲联標校：《錢牧齋全集》，上海古籍出版社 2003 年版。
[117]（漢）王符著，（清）汪繼培箋，彭鐸校正：《潛夫論箋校正》，中華書局 1985 年版。
[118]《清人考訂筆記七種》，中華書局 2004 年版。
[119]（清）俞樾撰：《群經平議》，《續修四庫全書》第 178 册，上海古籍出版社 1994—2002 年版。
[120]（唐）魏徵編：《群書治要》，《四部叢刊初編》本，上海書店 1989 年版。
[121]（清）顧炎武著，（清）黄汝成集釋，欒保羣、吕宗力校點：《日知録集釋》，上海古籍出版社 2006 年版。
[122]（晉）陳壽撰：《三國志》，中華書局 1971 年版。
[123] 唐作藩編著：《上古音手册》，江蘇人民出版社 1982 年版。
[124]（漢）荀悦撰：《申鑒》，《四部叢刊初編》第 59 册，上海書店 1989 年版。
[125]（清）李富孫撰：《詩經異文釋》，《清經解續編》第 2 册，上海書店 1988 年版。
[126]（清）錢大昕撰：《十駕齋養新録》，上海書店 1983 年版。
[127]（清）萬希槐撰：《十三經證異》，湖北官書局 1923 年版。
[128]（清）阮元校刻：《十三經注疏》，中華書局 1980 年版。

[129]（春秋）孫武撰，（三國）曹操等注，楊丙安校理：《十一家注孫子校理》，中華書局 1999 年版。
[130]（漢）司馬遷著，（劉宋）裴駰集解，（唐）司馬貞索隱，（唐）張守節正義：《史記》，中華書局 1959 年版。
[131] 余嘉錫撰，周祖謨、余淑宜整理：《世説新語箋疏》，中華書局 1983 年版。
[132]（清）張之洞撰，范希曾補正，徐鵬導讀：《書目答問補正》，上海古籍出版社 2001 年版。
[133]（北魏）酈道元著，（清）楊守敬、熊會貞疏，段熙仲點校，陳橋驛復校：《水經注疏》，江蘇古籍出版社 1989 年版。
[134]（北魏）酈道元著，陳橋驛校證：《水經注校證》，中華書局 2007 年版。
[135]（南唐）徐鍇撰：《説文繫傳》，中華書局 1987 年版。
[136] 黄侃箋識，黄焯編次：《説文箋識四種》，中華書局 1983 年版。
[137]（漢）許慎撰：《説文解字》，中華書局 1963 年版。
[138] 馬叙倫撰：《説文解字六書疏證》，上海書店 1985 年版。
[139]（清）鈕樹玉撰：《説文解字校録》，《續修四庫全書》第 212 册，上海古籍出版社 1994—2002 年版。
[140]（漢）許慎撰，（清）段玉裁注：《説文解字注》，上海古籍出版社 1981 年版。
[141]（清）王筠撰：《説文釋例》，中華書局 1987 年版。
[142]（清）柳榮宗撰：《説文引經考異》，《中華漢語工具書書庫》第 35 册，安徽教育出版社 2002 年版。
[143]（清）錢坫撰：《説文解字斠詮》，《續修四庫全書》第 211 册，上海古籍出版社 1994—2002 年版。
[144]（漢）劉向撰，向宗魯校證：《説苑校證》，中華書局 1997 年版。
[145]（清）永瑢等撰：《四庫全書總目》，中華書局 1965 年版。
[146] 余嘉錫撰：《四庫提要辨證》，中華書局 1980 年版。
[147]（南朝梁）顧野王撰：《宋本玉篇》，中國書店 1983 年版。
[148]（南朝梁）沈約撰：《宋書》，中華書局 1974 年版。
[149]（唐）魏徵等撰：《隋書》，中華書局 1973 年版。
[150]（宋）李昉等撰：《太平御覽》，中華書局 1960 年版。

[151]《唐鈔文選集註彙存》，上海古籍出版社 2000 年版。
[152] 劉俊文撰：《唐律疏議箋解》，中華書局 1996 年版。
[153] 袁行霈撰：《陶淵明集箋注》，中華書局 2003 年版。
[154]（唐）杜佑撰，王文錦、王永興、劉俊文、徐庭雲、謝方點校：《通典》，中華書局 1988 年版。
[155] 王力撰：《同源字典》，商務印書館 1982 年版。
[156]（北齊）魏收撰：《魏書》，中華書局 1974 年版。
[157]（南朝梁）蕭統編，（唐）李善注：《文選》，中華書局 1977 年版。
[158]（宋）李昉等編：《文苑英華》，中華書局 1966 年版。
[159] 王利器撰：《文子疏義》，中華書局 2000 年版。
[160]（漢）趙曄撰，吴慶峰點校：《吴越春秋》，齊魯書社 2000 年版。
[161]（唐）唐玄度撰：《新加九經字樣》，中華書局 1985 年版。
[162]（漢）賈誼撰，閻振益、鍾夏校注：《新書校注》，中華書局 2000 年版。
[163] 余廼永校注：《新校互注宋本廣韵》，上海辭書出版社 2000 年版。
[164]（漢）劉向編著，石光瑛校釋，陳新整理：《新序校釋》，中華書局 2001 年版。
[165]（漢）陸賈撰，王利器校注：《新語校注》，中華書局 1986 年版。
[166]（唐）釋玄應撰，周法高編製索引：《玄應一切經音義》，（臺北）中央研究院歷史語言研究所 1992 年版。
[167]（清）王先謙撰，沈嘯寰、王星賢點校：《荀子集解》，中華書局 1988 年版。
[168] 陸宗達、王寧撰：《訓詁與訓詁學》，山西教育出版社 1994 年版。
[169] 王利器校注：《鹽鐵論校注》，中華書局 1992 年版。
[170] 吴則虞編著：《晏子春秋集釋》，中華書局 1962 年版。
[171] 華學誠匯證，王智群、謝榮娥、王彩琴協編：《揚雄方言校釋匯證》，中華書局 2006 年版。
[172]（唐）釋慧琳撰：《一切經音義》，《中華大藏經》第 57—58 册，中華書局 1993 年版。
[173]（唐）釋玄應撰：《一切經音義》，《叢書集成初編》第 739—741 册，中華書局 1985 年版。
[174]（清）阮元編：《儀禮校勘記》，《清經解》第 5 册，上海書店 1988

年版。

[175] （宋）魏了翁撰：《儀禮要義》，《景印文淵閣四庫全書》第104册，（臺北）臺灣商務印書館1983年版。

[176] （唐）歐陽詢撰，汪紹楹校：《藝文類聚》，上海古籍出版社1965年版。

[177] 黄懷信、張懋鎔、田旭東撰，李學勤審定：《逸周書彙校集注》，上海古籍出版社2007年版。

[178] 陳夢家撰：《殷虚卜辭綜述》，中華書局1988年版。

[179] （隋）杜臺卿撰：《玉燭寶典》，（臺北）藝文印書館1970年版。

[180] （唐）李吉甫撰，賀次君點校：《元和郡縣圖志》，中華書局1983年版。

[181] （南朝梁）顧野王撰：《原本玉篇殘卷》，中華書局1985年版。

[182] 羅國威校注：《〈冤魂志〉校注》，巴蜀書社2001年版。

[183] （漢）袁康、吴平編，吴慶峰點校：《越绝書》，齊魯書社2000年版。

[184] （漢）劉向集録：《戰國策》，上海古籍出版社1998年版。

[185] （清）劉逢禄撰：《箴膏肓評》，《清經解》第7册，上海書店1988年版。

[186] （明）張自烈撰：《正字通》，《中華漢語工具書書庫》第3—5册，安徽教育出版社2002年版。

[187] 瞿同祖撰：《中國法律與中國社會》，中華書局1981年版。

[188] 胡道静撰：《中國古代的類書》，中華書局1982年版。

[189] ［日］本田成之：《中國經學史》，孫俍工譯，上海書店出版社2001年版。

[190] 楊樹達編著：《中國修辭學》，上海古籍出版社1983年版。

[191] 徐湘霖校注：《中論校注》，巴蜀書社2000年版。

[192] （清）盧文弨撰：《鍾山札記》，《清經解》第2册，上海書店1988年版。

[193] （清）阮元編：《周禮校勘記》，《清經解》第5册，上海書店1988年版。

[194] （清）孫詒讓撰，王文锦、陳玉霞點校：《周禮正義》，中華書局2000年版。

[195] 劉正浩：《周秦諸子述左傳考》，（臺北）臺灣商務印書館1970

年版。
[196]（清）李道平撰，潘雨廷點校：《周易集解纂疏》，中華書局 1994 年版。
[197]（宋）黎靖德編，王星賢點校：《朱子語類》，中華書局 1986 年版。
[198]（清）郭慶藩撰，王孝魚點校：《莊子集釋》，中華書局 1961 年版。
[199]（清）黄生撰，（清）黄承吉合按，包殿淑點校：《字詁義府合按》，中華書局 1984 年版。
[200]（明）梅膺祚撰，（清）吴任臣補：《字彙・字彙補》，上海辭書出版社 1991 年版。
[201]（清）沈欽韓撰：《左傳補注》，《清經解續編》第 3 册，上海書店 1988 年版。
[202]（清）沈欽韓撰：《左傳地名補注》，《清經解續編》第 3 册，上海書店 1988 年版。
[203]（明）陸璨撰：《左傳附注》，《續修四庫全書》第 167 册，上海古籍出版社 1994—2002 年版。
[204]（清）李貽德撰：《左傳賈服注輯述》，《清經解續編》第 3 册，上海書店 1988 年版。
[205]［日］重澤俊郎編：《左傳賈服注纂逸》，京都研究院東方文化學院研究報告第八册，1936 年版。
[206]魯毅撰：《左傳考釋》，湖北人民出版社 2009 年版。
[207]王叔岷撰：《左傳考校》，中華書局 2007 年版。
[208]（清）吴闓生著，白兆麟注：《左傳微》，黄山書社 1995 年版。
[209]（清）李富孫撰：《左傳異文釋》，《清經解續編》第 2 册，上海書店 1988 年版。
[210]（清）錢綺撰：《左傳札記》，《續修四庫全書》第 128 册，上海古籍出版社 1994—2002 年版。
[211]［日］竹添光鴻撰：《左氏會箋》，（東京）富山房 1978 年版。
[212]吴崢嶸撰：《〈左傳〉索取、給予、接受義類詞彙系統研究》，巴蜀書社 2009 年版。
[213]沈玉成撰：《左傳譯文》，中華書局 1981 年版。
[214]（清）桂馥撰，趙智海點校：《札樸》，中華書局 1992 年版。

主要參考文獻

（一）專著

[1]《白虎通德論》，《四部叢刊初編》本，上海書店 1989 年版。

[2] 彭邦炯撰：《百川匯海——古代類書與叢書》，（臺北）萬卷樓圖書有限公司 2001 年版。

[3] 秦公輯撰：《碑別字新編》，文物出版社 1985 年版。

[4] 鄧球柏撰：《帛書周易校釋》，湖南人民出版社 2002 年版。

[5]（清）袁鈞輯：《春秋傳服氏注》，《續修四庫全書》第 117 册影印《鄭氏佚書》本，上海古籍出版社 1994—2002 年版。

[6] 楊樹達撰：《春秋大義述》，上海古籍出版社 2007 年版。

[7] 段熙仲撰：《春秋公羊學講疏》，南京師範大學出版社 2002 年版。

[8]（清）鍾文烝撰：《春秋穀梁傳補注》，駢宇騫、郝淑慧點校，中華書局 1996 年版。

[9] 李啟原撰：《春秋三傳異同考釋》，（高雄）高雄文化出版社 1995 年版。

[10] 趙伯雄撰：《春秋學史》，山東教育出版社 2004 年版。

[11]（唐）孔穎達撰，饒尚寬編著：《春秋戰國秦漢朔閏表》，商務印書館 2006 年版。

[12]《春秋正義》，《四部叢刊續編》本，上海書店 1984 年版。

[13]（清）沈豫輯：《春秋左傳服注存》，《芋園叢書》本。

[14] 沈玉成、劉寧撰：《春秋左傳學史稿》，江蘇古籍出版社 1992 年版。

[15]（清）劉文淇撰：《春秋左氏傳舊注疏證》，科學出版社 1959 年版。

[16] 吴静安撰：《春秋左氏傳舊注疏證續》，東北師範大學出版社 2005 年版。

[17] 鄧紅編著:《董仲舒的春秋公羊學》，中國工人出版社 2001 年版。

[18] 許建平師:《敦煌經籍叙録》，中華書局 2006 年版。

[19] 蔣慶撰:《公羊學引論》，遼寧教育出版社 1995 年版。

[20] （清）陳立撰:《公羊義疏》，《清經解續編》第 5 册，上海書店 1988 年版。

[21]《古文字詁林》，《古文字詁林》編纂委員會，上海教育出版社 1999 年版。

[22] 王輝編著:《古文字通假字典》，中華書局 2008 年版。

[23] 高亨纂:《古字通假會典》，董治安整理，齊魯書社 1989 年版。

[24]（清）俞正燮撰:《癸巳類稿》，商務印書館 1957 年版。

[25]《國語》，《四部叢刊初編》本，上海書店 1989 年版。

[26] 馬勇撰:《漢代春秋學研究》，四川人民出版社 1992 年版。

[27] 黄肇基撰:《漢代公羊學災異理論研究》，（臺北）文津出版社 1998 年版。

[28] 陳蘇鎮撰:《漢代政治與〈春秋〉學》，中國廣播電視出版社 2001 年版。

[29] 王利器、王貞珉撰:《漢書古今人表疏證》，喬仁誠索引，齊魯書社 1988 年版。

[30] 許寶華、[日] 宫田一郎主編:《漢語方言大詞典》，中華書局 1999 年版。

[31] 王力撰:《漢語音韵學》，中華書局 1957 年版。

[32] 吕叔湘撰:《漢語語法論文集》，商務印書館 1984 年版。

[33] 王力撰:《漢語語音史》，中國社會科學出版社 1985 年版。

[34] 郭鵬飛撰:《洪亮吉〈左傳詁〉斠正》，（香港）商務印書館（香港）有限公司 1996 年版。

[35] 鍾肇鵬、周桂鈿撰:《桓譚、王充評傳》，南京大學出版社 1993 年版。

[36] 何炳棣撰:《黄土與中國農業的起源》，（香港）香港中文大學 1969 年版。

[37] 姚永銘撰:《慧琳〈一切經音義〉研究》，江蘇古籍出版社 2001 年版。

[38] 楊樹達撰:《積微居讀書記》，上海古籍出版社 2006 年版。

[39] 中國科學院考古研究所編輯:《甲骨文編》，中華書局 1965 年版。

[40] 李孝定編述:《甲骨文字集釋》，（臺北）中央研究院歷史語言研究

所 1974 年版。

[41] 王叔岷撰:《斠讎學　斠讎别録》, 中華書局 2007 年版。

[42] 程千帆、徐有富撰:《校讎廣義》, 齊魯書社 1998 年版。

[43] 管錫華撰:《校勘學》, 安徽教育出版社 1991 年版。

[44] 王葆玹撰:《今古文經學今論》, 中國社會科學出版社 1997 年版。

[45] 容庚主編:《金文編》, 中華書局 1985 年版。

[46] [英] 詹·喬·弗雷澤:《金枝》, 徐育新、汪培基、張澤石譯, 中國民間文藝出版社 1987 年版。

[47] (唐) 陸德明撰:《經典釋文》, 上海古籍出版社 1985 年版。

[48] (清) 皮錫瑞著, 周予同注釋:《經學歷史》, 中華書局 1959 年版。

[49] 張濤撰:《經學與漢代社會》, 河北人民出版社 2001 年版。

[50] (清) 段玉裁撰:《經韵樓集》, 上海書店 1988 年版《清經解》第 4 册。

[51]《景刊唐開成石經》, 中華書局 1997 年版。

[52] 程樹德:《九朝律考》, 中華書局 1963 年版。

[53] (清) 陳士珂輯:《孔子家語疏證》,《叢書集成初編》第 506 册, 中華書局 1985 年版。

[54] 葉程義撰:《禮記正義引書考》, (臺北) 義聲出版社 1981 年版。

[55] 孫筱撰:《兩漢經學與社會》, 中國社會科學出版社 2002 年版。

[56]《列女傳》,《四部叢刊初編》本, 上海書店 1989 年版。

[57] (漢) 劉向撰, (清) 王照圓、臧庸、王念孫注:《列女傳補注》,《續修四庫全書》第 515 册, 上海古籍出版社 1994—2002 年版。

[58] 劉咸炘著, 黄曙輝編校:《劉咸炘學術論集 (子學編)》, 廣西師範大學出版社 2007 年版。

[59]《潛夫論》,《四部叢刊初編》本, 上海書店 1989 年版。

[60] 張培瑜撰:《三千五百年曆日天象》, 河南教育出版社 1990 年版。

[61] (清) 王鳴盛撰:《十七史商榷》, 商務印書館 1959 年版。

[62] (清) 孫詒讓撰, 雪克輯點:《十三經注疏校記》, 齊魯書社 1983 年版。

[63] (清) 汪文臺撰:《十三經注疏校勘記識語》,《續修四庫全書》第 183 册, 上海古籍出版社 1995 年版。

[64] (漢) 劉向編:《説苑》,《百子全書》第 1 册, 浙江人民出版社 1984 年版。

[65] (漢) 劉向編:《説苑》,《四部叢刊初編》本, 上海書店 1989 年版。

[66] 周生杰:《〈太平御覽〉研究》,巴蜀書社 2008 年版。
[67] (宋) 王溥撰:《唐會要》,中華書局 1955 年版。
[68] [日] 斯波六郎撰:《文選李善注所引尚書考證》,(东京) 汲古書院 1982 年版。
[69] 楊樹達撰:《文字形義學》,上海古籍出版社 2006 年版。
[70] (唐) 張參撰:《五經文字》,《叢書集成初編》第 1064 册,中華書局 1985 年版。
[71] 張亞初、張雨撰:《西周金文官制研究》,中華書局 1986 年版。
[72] 錢穆撰:《先秦諸子繫年》,商務印書館 2001 年版。
[73]《新編孔子家語句解》,《續修四庫全書》第 931 册,上海古籍出版社 1994—2002 年版。
[74]《新序》,《四部叢刊初編》本,上海書店 1989 年版。
[75]《徐幹中論》,《四部叢刊初編》本,上海書店 1989 年版。
[76] (明) 于慎行編:《兖州府志》,齊魯書社 1954 年版。
[77] 朱承平:《異文類語料的鑒別與應用》,岳麓書社 2005 年版。
[78] (清) 馬國翰輯:《玉函山房輯佚書》,上海古籍出版社 1990 年版。
[79] (清) 王仁俊輯:《玉函山房輯佚書續編三種》,上海古籍出版社 1989 年版。
[80] 程樹德編:《中國法制史》,中華印行所 1931 年版。
[81] 齊思和撰:《中國史探研》,中華書局 1981 年版。
[82] 侯外廬撰:《中國思想通史》第二卷,人民出版社 1957 年版。
[83] 陳遵嬀撰:《中國天文學史》,上海人民出版社 2006 年版。
[84] 游汝杰撰:《中國文化語言學引論》,高等教育出版社 1993 年版。
[85] 周法高撰:《中國語法札記》,(香港) 圖鴻制版印刷公司 1968 年版。
[86] 馮友蘭撰:《中國哲學史新編》(中卷),人民出版社 1998 年版。
[87] 黄覺弘撰:《左傳學早期流變研究》,中國社會科學出版社 2010 年版。

(二) 學位論文

[1] 郜同麟:《〈春秋左傳正義〉引經研究》,浙江大學碩士學位論文,2008 年。
[2] 李玲玲:《初學記引經研究》,浙江大學博士學位論文,2009 年。
[3] 劉黎:《先秦否定副詞"不"、"弗"之比較》,陝西師範大學碩士學位論文,2004 年。

[4] 劉强:《兩漢時期"春秋决獄"研究》,蘭州大學碩士學位論文,2010年。
[5] 毛春紅:《論"春秋决獄"》,中國政法大學碩士學位論文,2006年。
[6] 史娟:《陸賈及〈新語〉研究》,首都師範大學碩士學位論文,2006年。
[7] 蘇芃:《讀左脞録》,南京師範大學碩士學位論文,2007年。
[8] 湯太祥:《〈易林〉援引〈左傳〉典語考》,福建師範大學碩士學位論文,2005年。
[9] 王成效:《"無道桓文"與"羞稱五伯"——早期儒家的春秋觀》,曲阜師範大學碩士學位論文,2008年。
[10] 王廣勇:《陸賈〈新語〉在儒家思想史上的地位初探》,山東大學碩士學位論文,2005年。
[11] 王繼宗:《〈太平御覽〉引〈禮記〉考》,浙江大學碩士學位論文,2006年。
[12] 王建華:《〈韓詩外傳〉與其他文獻異文研究》,四川大學碩士學位論文,2004年。
[13] 楊蕓:《〈新序〉文獻異文研究》,四川大學碩士學位論文,2003年。
[14] 夏維新:《〈春秋左傳注〉商補》,南京師範大學碩士學位論文,2005年。
[15] 楊思範:《慧琳音義引經研究》,蘇州大學博士學位論文,2008年。
[16] 岳宗偉:《〈論衡〉引書研究》,復旦大學博士學位論文,2006年。
[17] 張華:《〈左傳〉否定詞"非"、"未"、"勿"、"毋"、"弗"、"不"研究》,黑龍江大學碩士學位論文,2003年。
[18] 張磊:《〈新撰字鏡〉研究》,浙江大學博士學位論文,2009年。
[19] 張雲濤:《〈左傳〉〈史記〉異文研究》,内蒙古師範大學碩士學位論文,2007年。
[20] 趙陽:《賈誼〈新書〉與儒家經傳的思想聯繫》,揚州大學碩士學位論文,2004年。
[21] 鄭穎:《〈白虎通〉引文釋例》,浙江大學碩士學位論文,2009年。
[22] 周玲:《宋本〈玉篇〉引十三經注疏異文整理》,華東師範大學碩士學位論文,2007年。

(三)期刊論文

[1] 貝羅貝、吴福祥:《上古漢語疑問代詞的發展與演變》,《中國語文》

2000 年第 4 期。

[2] 陳寶勤:《試論“而後”、“而已”、“而況”、“而且”、“既而”、“俄而”、“然而”》,《古漢語研究》1994 年第 3 期。

[3] 陳永正:《西周春秋銅器銘文中的聯結詞》,《古文字研究》第 15 輯。

[4] 池昌海:《〈史記〉中副詞“弗”的功能分析》,《古漢語研究》2003 年第 4 期。

[5] 崔燦:《論漢代的〈春秋決獄〉》,《法制與社會》2009 年第 8 期。

[6] 丁聲樹:《釋否定詞“弗”、“不”》,《中央研究院歷史語言研究所集刊》外編第一種《慶祝蔡元培先生六十五歲文集》1933 年。

[7] 丁喜霞:《常用詞“疾病”的歷史來源考辨》,《洛陽師範學院學報》2006 年第 3 期。

[8] 方建新:《先秦漢語“弗”字用法及其性質再探》,《寧波大學學報》(人文科學版) 2004 年第 4 期。

[9] 過常寶:《“春秋決獄”: 漢儒話語權力的構成和實踐》,《北京師範大學學報》(社會科學版) 2010 年第 1 期。

[10] 何晋:《〈左傳〉賈、服注與杜注比較研究》,《國學研究》第 4 期,北京大學出版社 1997 年版。

[11] 洪華志:《“疾”輕“病”重辨》,《杭州大學學報》1996 年第 2 期。

[12] 胡吉宣:《〈玉篇〉引書考異》,《中華文史論叢》增刊《語言文字研究專輯》(上),上海古籍出版社 1982 年版。

[13] 黄金貴、姚柏舟:《“病”之本義考》,《杭州師範大學學報》(社會科學版) 2009 年第 5 期。

[14] 黄金貴:《“病”、“疾病”的名詞疾病義之由來考》,《漢語史學報》第十一輯,上海教育出版社 2001 年版。

[15] 黄景欣:《秦漢以前古漢語中的否定詞“弗”、“不”研究》,《語言研究》1958 年第 3 期。

[16] 吉本道雅:《史記述春秋經傳小考》,《史林》第 71 卷第 6 號。

[17] 李學勤:《評陳夢家〈殷虛卜辭綜述〉》,《考古學報》1957 年第 3 期。

[18] 林燾、陸志韋:《經典釋文異文之分析》,《燕京學報》1950 年第 38 期。

[19] 劉春萍:《戰國時代疑問代詞“惡、安、焉”》,《平頂山學院學報》2007 年第 4 期。

[20] 劉桓:《卜辭所見商王田獵的過程、禮俗和方法》,《考古學報》2009

年第 3 期。

[21] 劉黎:《從語義角度對先秦否定副詞“不”與“弗”的考察——兼論否定副詞“弗”的消亡》,《唐都學刊》2010 年第 4 期。

[22] 劉黎:《先秦否定副詞“弗”字消失之原因》,《求索》2010 年第 2 期。

[23] 劉黎明:《漢代的“〈春秋〉決獄”》,《文史雜志》2001 年第 6 期。

[24] 劉明怡:《從應劭著述看漢末學術風氣的變遷》,《許昌學院學報》2006 年第 6 期。

[25] 龍文玲:《〈鹽鐵論〉引書用書蠡測》,《中國典籍與文化》2010 年第 1 期。

[26] 陸志韋:《經典釋文異文之分析——補正》,《燕京學報》1951 年第 40 期。

[27] 吕志興:《“春秋決獄”新探》,《西南師範大學學報》(人文社會科學版)2000 年第 5 期。

[28] 寧赫、孫琳:《楚簡〈老子〉否定副詞“不”與“弗”的比較》,《長春工程學院學報》(社會科學版)2004 年第 1 期。

[29] 潘重規:《春秋公羊疏作者考》,《學術季刊》第 4 卷第 2 期。

[30] 裘錫圭:《畀字補釋》,《語言學論叢》第 6 輯,商務印書館 1980 年版。

[31] 孫永正:《西周春秋銅器銘文中的聯結詞》,《古文字研究》第 15 輯,中華書局 1986 年版。

[32] 湯餘惠:《略論戰國文字形體研究中的幾個問題》,《古文字研究》第 17 輯,中華書局 1989 年版。

[33] 唐蘭:《永盂銘文解釋》,《文物》1972 年第 1 期。

[34] 唐蘭:《永盂銘文解釋的一些補充》,《文物》1972 年第 10 期。

[35] 藤川熊一郎:《韓非子所傳春秋經考》,《東洋文化》第 126 號至第 128 號。

[36] 王海棻:《疑問代詞“奚”及其與“何”字用法的比較》,《遼寧師範大學學報》(社會科學版)1981 年第 4 期。

[37] 王彤偉:《常用詞“疾”、“病”的歷時替代》,《北方論叢》2005 年第 2 期。

[38] 吳瓊:《試論“惡、安、焉”的演變和“那(哪)”的産生》,《語言研究》2002 年特刊。

[39] 吳濤:《賈誼〈新書〉引〈春秋〉述略》,《洛陽師範學院學報》

2009 年第 3 期。

[40] 吴澤順:《〈史記〉引書異文釋例》,《古籍整理研究學刊》1993 年第 4 期。

[41] 徐時儀:《也談“疾”與“病”》,《辭書研究》1999 年第 5 期。

[42] 徐孝寔:《春秋左氏傳鄭箋輯述》,《文史》第 8 輯,中華書局 1980 年版。

[43] 楊恒平:《〈説文解字繫傳〉引書考》,《古籍整理研究學刊》2006 年第 2 期。

[44] 余潔平:《從王充論桓譚看二人思想上的淵源關係》,《淮北煤師院學報》(哲學社會科學版)2000 年第 2 期。

[45] 張濤:《劉向〈列女傳〉的版本問題》,《文獻》1989 年第 3 期。

[46] 張先坦:《先秦“動·之(其)·名”結構的重新考察》,《重慶三峽學院學報》2002 年第 6 期。

[47] 張涌泉師:《敦煌寫本重文號研究》,《文史》2010 年第 1 期。

[48] 張玉金:《甲骨文“不”和“弗”語義指向方面的異同》,《語言研究》2005 年第 4 期。

[49] 張造群:《王充經學思想探微》,《中華文化論壇》2010 年第 1 期。

[50] 趙生群:《〈左傳〉訓詁叢札》,《南京大學學報》(社會科學版)2006 年第 5 期。

[51] 趙生群:《左傳志疑(三)》,《中國典籍與文化》2006 年第 1 期。

[52] 周少元、汪漢卿:《〈春秋決獄〉佚文評析》,《安徽大學學報》(哲學社會科學版)2000 年第 2 期。

[53] 朱宏才:《百年來“春秋決獄研究的突破性進展》,《攀登》2009 年第 2 期。

後　記

這部小書是在博士學位論文的基礎上修改而成的。畢業雖已三年有餘，可一則是學術興趣已經轉變，再則是學問并没什麽長進，所以没做太大改動。本想再放一段時間，可轉念一想，一顆臭雞蛋無論如何也孵不出金鳳凰，索性把它出版了吧，也算對自己三年的學習經歷有個交待。

十年前，頭腦一熱，從一個頗有“錢途”的專業轉到這個没什麽“錢途”的專業，現在想來，也不知是禍是福。但生活的樂趣，不也就在多嘗試幾種人生的可能性嗎？這本不成樣子的小書，其實也是盡可能多地嘗試引文研究的可能性，雖然可能各部分都很差，可至少我已從中體會過求知的樂趣。人生也是如此，也許最後我將一事無成，但至少已讀了不少好玩的書，認識了許多有意思的人。在這些“有意思的人”中，有不少都在筆者寫作此書的過程中提供了很大的幫助，以下一一致謝。

感謝我的碩士導師許建平教授，是許老師把我引上了學術的道路，手把手地教會了我如何做研究。筆者的學術方向和本書的選題也是在許老師的影響下形成的。

感謝我的博士導師張涌泉教授，張老師無論在學問上還是在人品上，都爲我樹立了永遠的榜樣。張老師在生活上對我無微不至的關懷，更使我感佩終生！

感謝南京師範大學蘇芃老師、浙江交通職業技術學院楊思範老師、浙江大學金少華老師和蔡淵迪老師，他們都無私地將自己收集的相關材料惠賜於我，使我節約了不少收集材料的時間。感謝山東大學威海分校朱新林老師，他利用到日本交流的寶貴時間，爲我複印了許多海外的罕見資料。

感謝浙江師範大學張磊老師和中華女子學院譚翠老師，作爲同門，我有幸與他們在浙江大學敦煌資料室共度了兩年快樂的時光。當時我們經常一起討論學術，互相批改論文，他們當時一些寶貴的意見直接影響了本書的寫作。另外，張磊老師在繁重的教學科研任務之餘還審閱了全書，并提出了許多中肯的意見。感謝中國社科院歷史所凌文超先生，他也爲本書提出了不少寶貴意見。

感謝秦佳慧、陳葉兩位老師，她們既是老師，也是我最好的朋友，除了在圖書查詢和行政管理方面給予我很大的方便外，她們對我的生活也多有幫助。

感謝竇懷永、張新朋、張鉉、李玲玲、陸娟娟、劉培榮、儲小昆、王杏林、潘薇妮、洪鈺、牟玄、翁彪等諸位師兄師弟師姐師妹，他們都在學習和生活上給我很大的幫助，他們的一些觀點也影響了本書的寫作。

感謝本書的編輯郭曉鴻女士，她細心負責的編校工作爲這本小書增色不少。

感謝我的家人，感謝他們一貫的支持和理解。